창세기 강해 (하)

박 종 안 지음

좋은 책으로 하나님의 사람을 만들어가는
엘 맨

머 리 말

　만물의 찌끼만도 못한 죄인을 들어 하나님의 거룩하신 강단을 지키게 하시고 부서지기 쉬운 시간들을 모아 서재에 앉아 하나님의 말씀을 강해할 수 있도록 섭리역사하신 하나님께 엎드려 감사드리오며 그 성호를 찬양하옵니다.
　수년 전에 에베소서와 갈라디아서를 묵상하면서 강해 출판하였고, 수년 동안 사랑하는 우리 시온성교회 성도들에게 창세기를 강해하면서 은혜의 깊은 세계에 잠겼던 자료들을 모아 이번에 창세기를 상중하 세 권으로 출판하게 되었습니다.
　여기에 이르기까지 누구보다도 나의 가장 사랑하는 아내의 헌신적인 뒷받침이 있었고, 우리 시온성교회 성도 모두의 정성된 기도의 후원이 있었습니다.
　저는 창세기를 골방에서 연구하였으나 창세기 속에서 구원의 광명한 세계를 보게 되었고, 신관·우주관·인류관·구원관에 이르는 아름다운 현관문들을 열어볼 수 있었습니다.
　저자의 바람은 이 책을 여는 모든 독자들이 확실한 신앙의 기준위에 위대한 믿음의 세계를 창조해 나가시기를 기대하는 것입니다. 저자는 미국에 이민하여 오랫동안 교민목회에 정열을 바쳐왔습니다. 각박한 이민 생활에 찌든 영혼들이 이 책을 통해서 놀라운 창조적 역사를 만들어 나가게 되기를 손모아 비는 바입니다.
　창세기의 저자는 모세입니다. 그것은 율법서의 내증이나 외증에서도 틀림없는 사실입니다.
　창세기는 계보·세대·기원·생성·출생이라는 의미가 있으며, 천지창조, 족장들의 계보 등이 소개되면서 구원계시의 장을 활짝 열어주고 있습니다. 유일하신 하나님에 대해 분명하게 기록하고 있기 때문에 다신론이나 범신론이나 무신론을 절대부정합니다.

족장들과 이스라엘을 통해 범죄 타락한 인간들을 여인의 후손을 통해 구원하실 계획을 완성하시는 하나님이십니다. 그 내용은 태초의 역사(1:1-11:32)와 족장들의 역사(12:1-50:26)지만 전체의 흐름은 구원의 역사입니다.

강해방법은 미숙한 성도라고 할지라도 충분히 이해할 수 있도록 쉽게 풀었습니다. 되도록 딱딱한 신학적인 면을 피하면서 이해되고 은혜받을 수 있도록 부드럽게 한 것입니다.

또한 문자해석과 함께 역사적 근거 위에 해석하여 오늘날 우리의 삶과 연결시키도록 시도했습니다. 그러므로 과거적 성경이 현재적이면서 미래의 소망의 문턱으로 이끌어갈 것입니다.

끝으로 이 책은 강해 및 설교 형식으로 되어 있습니다. 교회에서 성직자들의 외치는 설교에서 받는 은혜 못지 않게 이 책에서 얻어지는 풍성한 은혜가 독자들의 영혼을 만족하게 하리라고 믿습니다.

이 책이 읽으시는 모든 사랑하는 독자 제위의 생애에 위대한 변화를 주어 삶이 기름지고 윤택하게 되기를 바라는 마음 간절합니다.

로스엔젤레스 시온성교회 제단에서
저자 박 종 안

추 천 사

　기독교는 "책의 종교", "성경의 종교"라고도 말한다. 성경은 기독교의 자랑스러운 경전이다. 성경은 우리를 영원한 생명이신 예수 그리스도에게 인도해 주며 우리를 하나님의 의와 진리로 인도하여 예수 그리스도의 장성한 분량에 이르기까지 성장하도록 한다. 신학자 헬만 바빙크(Herman Bavinck)는 그의 저서 <개혁 교회의 교의학>(Gereformeerde Dogmatiek)에서 "성경은 자증적(自證的) 권위를 가지고 있기 때문에 우리 신앙의 최종적 기초이다. 어떤 사람이 왜 당신은 성경을 믿느냐고 묻는다면 하나님의 말씀이기 때문에 믿는다고 대답할 수밖에 없다. 한걸음 더 나아가 어떻게 성경이 하나님 말씀임을 믿느냐고 묻는다면 더 이상 대답할 수가 없다"고 했다. 두고두고 음미할 만한 말이라고 생각된다.
　사실 성경의 권위를 어떻게, 어느 정도까지 받아들이느냐 하는 문제는 논리보다는 신앙의 영역에 관한 것이다. 그러므로 성서를 받아들이고 믿는 일은 성도의 신앙적 결단에 의해서만 가능한 것이다.
　성경전서는 한 권으로 되어 있으나 내용으로는 구약, 신약 66권으로 이룩된 책임을 잘 알고 있다. 그 중 일반적으로 구약이라고 부르는 책은 이스라엘이라는 특정한 민족의 역사적 상황 속에서 이스라엘 사람들에 의해 기록된 책으로서 그들의 민족 종교인 유대교의 경전이었다. 구약은 분량도 많고, 내용도 역사적인 기록이 많고, 단순치가 않아서 기독교인 중에서도 신약성경보다 못한 것으로 생각하는 사람도 있다. 그러나 이는 잘못된 태도이다. 구약이 그 짝인 신약과 합하여 본질적으로 다른 어떤 책보다도 비교할 수 없는 가치를 가지고 있다. 그것이 하나님의 말씀, 곧 신적 권위를 가진 책이기 때무이다.

특히 개혁신앙을 수립하는 데 필요한 중심적인 기초로서는 성경 가운데 창세기보다도 더 중요한 책은 없다. 창세기는 세계의 창조주이며 역사의 주인이신 하나님의 창조와 인류 구원의 행위, 그리고 하나님에 대한 신앙고백들을 기록하고 있다. 이러한 사실을 알기 쉽게 이해하도록 창세기 강해집이 출판되었다.

본 창세기 강해집의 저자인 박종안 목사는 이미 갈라디아서, 에베소서의 강해집을 출간한 분으로서 오랜 목회생활과 신학교 강단에서 가르친 경험을 토대로 이번에는 창세기의 주석서가 아닌 강해집을 내어놓았다.

저자는 창세기를 통하여 우리에게 말하고 싶어한다. 어려운 창세기를 쉽게 풀이하여 들려주고 싶어한다. 요즘 강단의 설교의 추세는 문어체(文語體)가 아닌 구어체(口語體)라 하던가?

어느 편에 치우침이 없이 복음적으로 성서를 바르고 쉽게 전하려는 저자의 노력을 깊이 사고 쉽다. 잘 요리한 맛있는 음식상처럼 본서가 한국 교회 강단에 입맛을 돋구는 영의 양식이 될 것을 확신하며 동역자들과 성도들게 일독을 권한다.

김상우 목사(Litt.D., Th.D.)
California Union University
구약학 교수/교수부장
목회자 성경연구회 회장
크리스천포스트 발행인

차 례

머리말 / 3
추천의 글 / 5
라반과 야곱의 화해 (31:44-55) / 11
하나님의 군대 (32:1-2) / 18
에서를 두려워하는 야곱 (32:3-12) / 24
야곱의 전략과 예물 (32:13-23) / 31
하나님과 씨름한 야곱 (32:24-32) / 37
쌍둥이 형제의 상봉 (33:1-4) / 46
쌍둥이 형제의 대화 (33:5-15) / 53
에서와 야곱의 석별 (33:16-20) / 61
강간을 당한 디나 (34:1-12) / 68
할례를 빙자한 음모 (34:13-24) / 76
세겜성 대학살 (34:25-31) / 83
일어나 벧엘로 올라가라 (35:1-4) / 89
벧엘로 올라가는 야곱 (35:5-15) / 97
헤브론으로 가는 길 (35:16-29) / 105
에서의 자손들 (36:1-8) / 114
에돔족속의 조상 에서의 대략 (36:9-30) / 121
에돔의 왕과 족장들 (36:31-43) / 127
형들에게 미움받는 요셉 (37:1-4) / 132
꿈을 꾸는 요셉 (37:5-11) / 140
아버지 곁을 떠나 세겜으로 가는 요셉 (37:12-17) / 147

구덩이에 던져지는 요셉 (37:18-24) / 155
상인에게 팔려 애굽으로 가는 요셉 (37:25-36) / 162
유다의 결혼과 그 아들들 (38:1-11) / 169
유다와 다말의 수치 (38:12-23) / 176
다말이 낳은 유다의 쌍둥이 아들 (38:24-30) / 182
보디발의 종으로 팔린 요셉 (39:1-6) / 188
유혹을 받는 요셉 (39:7-18) / 196
요셉의 투옥생활 (39:19-23) / 206
두 관원의 범죄와 투옥 (40:1-4) / 212
술맡은 관원장의 꿈 (40:5-15) / 218
떡맡은 관원장의 꿈 (40:16-23) / 225
바로왕의 꿈 (41:1-8) / 232
바로왕 앞에 선 요셉 (41:9-16) / 239
바로의 꿈을 해몽한 요셉 (41:17-36) / 246
애굽의 총리대신 요셉 (41:37-45) / 252
일곱 해 풍년 (41:46-57) / 258
애굽에 곡식이 있다 하니 (42:1-5) / 264
열 형을 시험하는 요셉 (42:6-20) / 271
형들을 환대하는 요셉 (42:21-28) / 276
가나안으로 돌아간 형들 (42:29-38) / 282
야곱의 신앙적 결단 (43:1-15) / 290
요셉을 두려워하는 형제들 (43:16-25) / 298
형제들을 맞는 요셉 (43:26-34) / 303
요셉의 마지막 시험 (44:1-13) / 309
유다의 간절한 호소 (44:14-34) / 315
자기를 밝힌 요셉 (45:1-15) / 321
가나안으로 돌아간 형제들 (45:16-28) / 328
이스라엘의 발행 (46:1-4) / 335
이스라엘의 이주 (46:5-27) / 341

요셉과 야곱의 상봉 (46:28-34) / 347
바로 앞에 선 이스라엘인들 (47:1-12) / 352
요셉의 정책 (47:13-31) / 359
이스라엘의 두 손자 (48:1-7) / 365
에브라임과 므낫세의 축복 (48:8-22) / 370
레아의 아들들을 예언 (49:1-15) / 375
첩들의 아들들의 예언 (49:16-21) / 383
라헬의 아들들을 예언 (49:22-33) / 388
야곱의 장례 (50:1-14) / 394
요셉의 죽음 (50:15-26) / 400

라반과 야곱의 화해

(창 31:44-55)

참으로 길고도 곤고한 세월이었다. 20년을 한 집에서 살았으나 종교가 다르고 인간성이 달라서 시궁창에서 싸우는 짐승처럼 평안할 날 없이 지루한 세월을 살았다. 라반은 어떻게 더 이상 야곱을 붙잡을 수 없다는 상황파악을 하면서 감정을 일소하고 새로운 인간관계를 맺자고 제의했다. 라반과 야곱 사이의 살의와 분노, 미움의 공포 분위기는 사라지고 평화의 언약을 맺게 된 것이다.

7일 간의 여정은 야곱에게는 반성할 수 있는 기회와 하나님의 간섭과 보호인도, 그리고 여러 가지 경험을 갖게 했다. 라반에게는 자신의 이러한 처신이 무익하다는 것과 생질이며 사위인 야곱을 이렇게 대해서는 안된다는 것을 알게 했다.

사실 이 두 사람 사이에 평화의 언약이 중요한 것은 아니었다. 왜냐하면 두 사람이 사는 거처가 엄청나게 멀리 떨어져 있어서 서로 싸울 일은 없을 것이기 때문이다. 그러면서도 이 언약을 통해서 라반은 위신을 회복하고, 야곱은 귀향에 대한 합법적 절차를 받았다는데 그 의미가 있을 것이다.

그리고 무엇보다도 중요한 한 가지 사실은 라반과 야곱 사이의 화해는 하나님께서 하셨다는 것이다. 하나님께서는 인간과 인간 관계에 있어서 각자의 인격을 세우게 하시고 합당한 관계를 이루게 하심으로써 평화롭게 살게 하시는 것이다.

이스라엘 사람들은 문제 해결을 하나님 앞에서 한다는 특징이 있다. 라반과 야곱의 경우에는 하나님께서 문제를 해결해 주셨다. 라반은 아브라함과 나홀의 하나님, 야곱은 이삭의 경외하는 하나님을 가리켜 각각 맹세하여 그 협정에 조인했다. 여기서 볼 수 있는 특이함은 그들 두 사람은 개인이 아닌 그들 조상들의 하나님을 믿고 있었다는 것이다.

그리고 그들은 미스바, 즉 "망대, 파수대, 지키는 곳"이라는 곳을 떠난 후에도 이곳에서의 약속이행 여부를 하나님께서 지켜봐 주실 것을 기원했다. 인간의 치졸한 경쟁과 불화를 평화로 정착시킬 수 있는 유일한 힘은 평화의 왕 하나님만이 가지고 계시다는 것을 알 수 있다. 야곱은 가나안의 선민, 라반은 아람의 이방인이었다. 그러나 이 두 사람을 화평케 하신 것은 십자가에 돌아가신 예수 그리스도시다. 유대인과 이방인, 은혜주의와 율법주의, 신앙주의나 인본주의자들 사이의 진정한 평화도 예수 그리스도 뿐이시다.

1. 라반의 화해 제안에 야곱이 동의했다.

라반은 친절을 구실로 화해를 제의했다. 라반은 야곱의 아내를 "내 딸들"이라고 했고 야곱의 자식들을 "자기 자식들"이라고 말하였다. 야곱에게 이렇게 말함으로써 야곱에게 고통을 주어서 더 이상 자기에게 대들 수 없도록 구실을 삼은 것이다. 지금까지 라반은 자기 딸들이나 야곱의 자식들에 대해서 낯선 사람이나 나그네가 남처럼 취급해 왔고 돈 모으는 데만 정신이 팔려 있었다.

그런데 야곱에게 매섭게 공박을 당하게 되자 어떻게 변명할 길이 없어서 야곱의 아내와 아이들과 친척관계라는 것을 강조하면서 애정을 구실로 하여 화해를 제의한 것이다. 애정이 전혀 없는 라반이 매우 애정이 깊고 두터운 것처럼 가장하여 야곱의 분내는 마음을 누그러뜨리려고 했다. 한바탕 싸우려고 7일을 달려왔다가 야곱 앞에 스스로 수그러들고 만 것이다.

그러면서, "네가 보는 모든 것은 다 내 것이라"고 하였다. 라반은 아직도 야곱의 권리를 인식하지 못한 말을 하고 있다. 그가 말하는 중에 양떼는 "나의 양떼", 딸들은 "내 딸", 자식들은 "내 자식", "네가 보는 것은 다 내 것"이라고 했다.

사실 양떼와 레아와 라헬, 야곱의 자식들은 모두 야곱의 것이다. 20년 간 수고하고 봉사하는 대가로 소유하게 된 것이다. 그런데 여기까지 와서도 그것을 인정하지 못하고 "네가 보는 것은 모두는 다 내 것이라"고 했다. 탐심은 사람을 어둡게 만들어 남의 소유, 남의 가족, 남의 재산까지도 내 것이라고 주장하게 한다. 세상의 속된 말 중에 "네 것도 내 것, 내 것도 내 것이다"라는 말이 유행하듯이 라반이 바로 그런 위인이었다.

라반은 "너와 나 사이에 언약을 세우자"고 했다. 하나님께서는 라반에게 현몽하사 야곱을 해롭게 하지 말라고 명령하셨는데 막상 여러 날 동안 추격해서 한 바탕 싸움을 하려고 했다. 그러나 야곱의 진실한 항의와 라반을 향한 매서운 비난을 들었다. 라반은 양심에 찔리고 야곱에 대해 할 말이 없었다. 라반의 생각에는 야곱이 고향에 돌아가 힘을 모아 라반에게 보복하려 한다면 어떻게 하나 하는 불안과 두려움이 있었다. 그리하여 화해하자고 제안한 것이다.

야곱은 어떤 보상이나 항복을 라반에게 요청하지 않고 동의했다. 서로 분쟁이 생겼을 때는 어떠한 조건에서든 다시 화해할 수 있어야 한다. 그러나 이 언약의 의미는 야곱의 귀향을 라반이 승인했다는 것과 하나님께서 자기 백성과 관련된 문제를 처리하실 때에 이렇게 은혜스럽게 합법적인 해결을 주신다는 것을 보여준 것이다.

야곱이 동의하고 돌을 가져 기둥으로 세웠다. 라반과 야곱이 화친의 조약을 맺는데 기둥과 돌무더기를 만들어 기념했다. 이 기념물에 대하여 세 가지 칭호가 있는데, "여갈 사하두다"와 "갈르엣"과 "미스바"이다. 전자는 "증거의 무더기(아람말)", "갈르엣" 역시 "증거의 무더기(히브리어)"이다. 그리고 마지막 의미는 "망대(히브리어), 지키다"는 뜻이다.

라반과 야곱이 사용한 아람어와 히브리어는 같은 셈족 계통에 속하였기 때문에 그 당시 의사소통에 있어서는 거의 불편이 없었던 것 같다. 여기가 처음으로 아람어가 사용된 곳이며 메소보다미아 지역에서는 아람어로, 가나안 지역에서는 히브리어가 사용되었다는 가장 오래된 증거인 것이다.

그리고 미스바는 라반과 야곱이 헤어진 후에 피차 약속을 지키나 안지키나를 하나님께서 지켜보아 주시기를 기원한다는 뜻에서 라반이 히브리어로 명명한 "길르엣"의 또다른 명칭이다. 이곳은 이스라엘 역사의 중요한 무대가 되었다.

2. 라반과 야곱이 화친한 몇 가지 내용이 있다.
첫째, 야곱은 아내를 박대하지 않기로 약속했다.
"박대하거나"는 "괴롭히다, 압박하다"라는 뜻으로 먼 곳으로 떠나보내는 아버지의 부성애에서 라반은 사위 야곱에게 이렇게 엄숙하게 말한 것이다. 야곱은 레아와 라헬 외에 다른 여자를 아내로 취하여 레아와 라헬을 박대하는 일이 없게 하겠다는 약속을 장인에게 했다.

당시 일부다처제 하에서의 한 아내가 다른 여자에 의해 그 지위와 권리를 빼앗기는 경우에 당하는 억압을 우려한 것이었다. 그러나 알고 보면 야곱은 지금까지 아내들에게 좋지 못한 남편은 아니었다. 오히려 라반이 그들을 많이 괴롭혔음에도 불구하고 야곱으로 하여금 그렇게 괴롭게 해서는 안된다는 조건을 내세웠다. 의무를 수행하지 않는 사람이 다른 사람에게 의무를 수행하도록 한 것이다.

둘째, 돌무더기를 넘어 서로 해하지 않기로 약속했다.
라반은 갈르엣에 있는 돌무더기를 넘어가서 야곱을 해하지 않기로 작정하였고 기둥에 대해서는 전혀 아무 언급이 없다. 따라서 이 기둥은 야곱이 단독으로 종교적인 목적을 위해서 세운 것이 아닌가 생각된다. 야곱은 돌무더기를 넘어 라반을 해하지 않기로 하였는데, 그리스도인은 모든 사람들과 평화로운 분위기를 조성하면서 살아야 한다는 것을 보여준다.

지금까지 라반이 야곱을 해하는 생활을 해왔지 야곱은 라반에게 조금도 해를 끼친 적은 없었다. 그럼에도 불구하고 돌무더기를 세워놓고 경계선을 긋고 서로 해하지 말자고 말하니 라반이야말로 한심한 사람이 아닌가 생각된다. 그러나 그럴지라도 하나님의 사람들은 평화롭게 대하는 것이 옳다.

셋째, 라반과 야곱은 하나님을 증인으로 삼고 맹세하였다.

라반은 "아브라함의 하나님, 나홀의 하나님, 그들의 조상의 하나님은 우리 사이에 판단하옵소서" 하였고 야곱은 그 아비 이삭의 경외하는 이를 가리켜 맹세하였다.

아브라함의 하나님은 야곱 조상의 하나님이요, 나홀의 하나님은 라반의 조상의 하나님이다. 라반과 야곱의 공통된 조상이신 하나님이 그들 사이에 "판단하옵소서"한 것은 결국 같은 하나님을 공경하고 있다는 의미도 있으니 그들의 마음도 하나여야 했다. 하나님은 분쟁하는 파당 사이에 계신 심판자이시다.

그리하여 어느 편이든 이 화평의 언약을 깨뜨리면 그것이 어느 편인지 아시고 심판하시는 것이다. 그들은 서로 자신들이 마주보고 있지 않아서 볼 수 없지만 하나님은 언제나 보시고 아시기 때문에 숨길 수 없다. 그러므로 라반과 야곱의 이 약속은 하나의 기도라고 할 수도 있다. 엄밀하게 보면 라반이 증인으로 세운 나홀과 데라의 하나님은 야곱과 세운 아브라함의 하나님 여호와와 구별된다. 라반은 범신론에 젖어있었음이 분명하다.

3. 라반과 야곱이 화친하고 서로 헤어졌다.

야곱은 산에서 제사를 드렸다. "산에서 제사를 드리고"는 "죽여서 죽이고"의 뜻이다. 이것은 희생제사를 뜻하며 언약의 비준을 의미한다. 그 당시에는 언약과 동맹관계의 조약이 이루어지면 화목과 우애의 표시로 희생제사를 드리고 잔치를 벌여 먹고 마셨다(26:28-30).

제사예물은 언약 수행에 있어서 본질적인 것이다. 하나님과 인간 사이에서도 이러한 관계가 필요하다. 왜냐하면 하나님은 속죄의 방편을 통해서 죄인과 원만한 관계를 유지하시기 때문이다.

사람과 사람 사이에서도 그리스도의 속죄의 피로 인해서 영원히 화해의 언약관계가 성립되고 그것은 평화로 나아간다. 라반은 일방적으로 많은 말을 했으나 야곱은 조용하고 별로 말을 하지 않았다. 지혜로운 처신이다. 성도는 하나님이 판단하실 줄 믿기 때문에 억울한 일을 당하거나 오해를 받는 경우에도 말이 없다.

야곱은 형제들을 불러 떡을 먹이고 산에서 경야했다. 라반과 함께 온 자들은 저만큼 떨어져 있었을 것이다. 라반과 야곱이 한참 동안 이야기하는 때에 거리를 두고 떨어져서 두 사람의 일이 어떻게 되나를 지켜보고 있었을 것이다. 라반과 함께 온 자들은 그의 아들들과 건장한 일꾼들이었을 것이다. 라반이 야곱을 추적할 때는 야곱을 해하려고 싸움 잘할 일꾼들을 차출했을 것이기 때문이다.

그런데 야곱이 그들을 불러 잔치석을 베풀고 떡을 먹였다. 그들은 형제 친척들이었기 때문이다. 떡을 먹고 산에서 경야했으니 제사음식은 히브리 의식의 중요한 부분이 되었다.

라반이 입맞추고 축복하고 떠나갔다. 라반은 여기서 자기 고향으로 돌아가고 그 이후에 성경에는 어느 곳에도 다시 등장하지 않는다. 그것은 언약의 후손인 야곱의 상대로서의 그의 역할이 다 끝났기 때문이다.

라반의 집에 야곱이 처음으로 온 때에는 입을 맞추며 기쁘게 영접했건만 이번에는 입을 맞추지 아니하고 "손자들과 딸들에게 입맞추었다"고 했다. 그러나 이러한 라반의 입맞춤은 그들을 용서해 주었을 뿐만 아니라 그들을 통해서 야곱을 용서해 주었다는 표시였다. 그러므로 그것은 화해의 입맞춤인 것이다. 라반은 손자들과 딸들에게 축복했는데 그것은 부성적 축복이다. 하나님은 인간들의 마음을 다스리신다. 그리고 적이 우리에게 호의를 보이게 하고 두려움에서 인자하심을 체험하게 하신다. 하나님의 사람이 죄악 세상이라는 하란을 탈출하는데 얼마나 어려움이 많은가를 보았다.

라반은 중생 못한 신자의 모형으로 세상으로 돌아갔다. 세속에 젖은 이들은 언제나 성도들이 가나안 천국으로 가는 길에 발목을 잡고 늘어지고, 세상 하란에 영원히 잡아 두고, 자기들 이익의 방편으로 종으로 부려 먹으려고 한다.

그러나 야곱은 떠났다. 성도는 세상을 떠나 천국 가나안으로 향해 가야 한다. 라반의 추격을 두려워 할 것 없다. 하나님의 보호의 약속은 성취되기 때문이다.

하나님의 군대

(창 32:1-2)

　인간에게는 영적 삶이 있고 육적 삶이 있다. 즉 내적인 삶과 외적인 삶이다. 하나님의 지시를 따라 가나안으로 돌아가는 외적인 삶이 있고 홀로 얍복강변에 기도한 내적 삶이 있다. 야곱의 두 가지 삶 속에 하나님의 사자들이 나타났으니 그의 두 삶은 하나님의 뜻에 의한 것이었음을 말해주는 것이다

　인간은 영육을 막론하고 하나님께서 전적으로 주관하시는 것이다. 야곱의 눈에는 보이는 세계와 보이지 않는 세계가 있었다. 외숙 라반의 난을 피한 야곱은 이제 형 에서의 증오 앞에 서야 하는 두려운 마음이 있었다. 그것은 육안으로 보여지는 것이었다. 그러나 하나님께서는 육안으로는 볼 수 없는 하나님의 군대를 볼 수 있도록 야곱의 눈을 열어주셨다.

　야곱은 자신의 육안으로 볼 때에는 한없이 나약하고 무력한 존재였다. 그러나 영안으로 볼 때에는 막강한 힘을 가지고 적으로부터 구원해주시는 하나님의 군대를 보았다. 한쪽은 라반의 방향에서 올 수 있는 공격을 막기 위한 것이고, 또다른 한 쪽은 이제 앞으로 대면하게 될 에서와 그의 4백명의 무사들의 힘을 막기 위한 것이었다.

　헤아릴 수 없이 많은 하나님의 사자들은 하나님이 하늘에서 보내신 하늘나라 군대이기 때문에 이 세상에 어떤 군대라도 당할 수 없다. 그 하나님의 군대는 언제나 믿는 자들의 편에 선다. 그러므로 요엘 선지자는 "여호와께서 그 군대 앞에서 소리를 발하시고 그 진은 심히 크고 그 명령을 행하는 자는 강하니 여호와의 날이 크고 심히

두렵도다. 당할 자가 누구랴"(욜 2:11)고 하였다. 하나님의 군대는 대부분이 보이지 않으나 실제로 존재하며 강력한 힘을 가지고 하나님의 백성을 보호한다.

그들은 하나님의 명령을 어김없이 따랐다. 야곱이 하나님의 말씀을 믿고 길을 떠났듯이 말씀대로 하나님의 사자들이 야곱을 만나기 위해 나아왔다. 그가 움직이자마자 천군천사들도 행동을 개시하여 가나안 땅에 무사히 이르도록 인도하셨다.

우리는 오늘도 육안으로는 우리를 포위하고 보호하며 활동하는 하나님의 군대를 볼 수 없지만 심령의 눈으로는 얼마든지 할 수 있다는 사실에 감사해야 하는 것이다.

1. 야곱이 그 길을 진행할 때 하나님의 사자를 만났다.

하나님의 사자들은 피조되었으나 영광의 존재자이다. 바울은 여러 곳에서 천사는 하나님의 피조된 영물로 영광스러운 존재자이기 때문에 그들의 거처는 하늘나라라고 했다. 천사들은 능력과 권세에 있어서 인간보다 우월하다.

그들은 권세가 있고 큰 능력을 가지고 있다. 그러므로 그들은 옥문을 열고 적의 수많은 군대를 일시에 송장이 되게 하고, 하나님의 사람을 구출하고, 시공간을 초월해서 성도들을 돕는다. 그러나 천사들은 예배의 대상이 결코 아니다. 하나님이 부리시는 영이며, 우리가 천국에 올라가면 우리의 종이다. 천사들은 결혼하지 않으며 영원히 죽지도 않는다. 영원히 하나님의 아들 예수께 경배하나 어떤 천사들은 교만해져서 범죄하기도 했다. 야곱은 라반과 평화조약을 맺은 직후에 천사를 만났다.

우리는 숨막히는 듯한 라반과 야곱의 쫓고 쫓기는 장면을 바로 전장 마지막 절까지 읽어보았다. 라반과 야곱은 극적으로 하나님의 개입에 의해 화해가 이루어졌다. 두 사람은 돌무더기와 돌기둥을 세워 그곳을 넘어 서로 해하는 일이 없게 하기로 맹세하고 제사를 드리며 떡을 먹었다. 그후에 라반은 고향으로 돌아가고 야곱은 이제 갈르엣을 떠나 남쪽 곧 요단강의 북쪽 지류인 얍복강을 향해 출발하고 있었던 것이다.

그런데 평화와 용기를 주는 천사의 방문은 적대감을 갖고 불화하는 사람에게는 나타나지 않는다. 야곱과 같이 평화하는 사람에게 나타나시는 것이다.

고향을 떠나올 때 하나님의 사자는 벧엘에서 나타났다. 그런데 이제 20년 만에 고향으로 귀향하는 이 길에 그 하나님의 천사가 나타난 것이다. 이것은 지난 날에 하나님이 그와 함께 하셨던 것을 회상케 하며 라반의 마수에서 보호하셨듯이 에서의 손에서도 구원해 주실 것이라는 확신을 갖게 하고 "그 땅으로 돌아가게 하리라"는 약속을 재보증하기 위해서이다.

야곱이 그 길을 진행할 때에 천사를 만났다. 야곱은 "그를 만났다"고 했으나 어떤 식으로 만났는지는 알 수 없다. 옛날 경우처럼 꿈으로가 아니면 영안을 열어 직접 보게 하셨을 것이고 아브라함이나 롯처럼 가시적인 형태로의 천사를 보았을 것이다. 그런데 야곱이 라반과 영원한 이별을 하고 가나안 언약의 땅을 향하여 걸어갈 때에 천사가 나타났다는 것이다. 하나님의 사자는 하란 땅이라는 죄악의 도성, 라반이라는 옛 사람의 곁에서 영원히 아주 멀리 이별하고 돌아서는 하나님의 사람을 위로하고 도와주기 위해서 천사를 보낸 것이다. 그러므로 우리가 세상을 버리고 천성으로 돌아설 때 하나님의 위로와 보호와 인도하심을 받는 것이다.

"가나안 땅으로 진행할 때" 천사를 만났다고 한다. 지금 야곱이 가는 길은 가나안 땅으로 하나님께서 그곳으로 가라고 명령하신 길이다. 하나님의 지시를 따라 언약의 하늘기업을 얻기 위하여 가야 하는 길이었다. 하나님의 사람이 하나님의 말씀을 좇아 길을 진행할 때 하나님께서는 직접적으로 또는 천사를 통해서 만나주시는 것이다. 왜냐하면 성도의 가는 길에도 에서라는 무서운 적이 다가오기 때문이다.

2. 야곱이 하나님의 사자들을 하나님의 군대라고 이름했다.

"하나님의 군대"는 "구부리다, 진을 치다"는 말에서 온 것과 "원형의 진"을 의미하는 말의 합성어로서 "하나님의 진영"이라는 뜻이다. 신약적으로 말하면 "성도들의 진-교회"를 의미하는 것이다(계 20:9). 하나님의 군대는 진을 치고, 막강한 하늘 군대의 힘을 가지고 하나님의 백성들을 수호하는 일을 한다. 다윗은 "여호와의 사자가 주를 경외하는 자들을 둘러 진치고 저희를 건지신다"(시 34:7)고 고백했다.

그리고 하나님의 사자가 "네 모든 길에 너를 지키게 하심이라"(시 91:11) 하였고, 히브리 기자는 "천사는 하나님의 부리는 영"(히 1:14)이라 했으며, 바울은 하나님의 사자가 난파선상에서 곁에 서서 보호했다고 외쳤다(행 23).

예수께서 잡히시는 때에 "열두 영이 더 되는 천사"(마 26:53)를 동원할 수도 있다고 말씀하셨다. 로마의 군대가 아무리 막강한 부대라고 해도 하나님의 열두 영이 더 되는 군대 앞에 무슨 힘이 있겠는가? 그러므로 "하나님의 사자"를 "하나님의 군대"라고 한 것은 하나님의 진영의 군대라는 뜻이다. 사단 마귀도 "군대마귀"(막 5:9-10)고 했으나 하나님의 진영에 있는 하나님의 군대에게 당할 수 없다.

하나님의 군대는 야곱의 귀향을 환영하기 위해 진쳤다. 하나님의 군대는 하나님의 명령대로 복종하여 진영을 이루고 야곱이 장막을 치면 그들도 야영부대처럼 야곱의 둘레에 자기들의 장막을 쳤다. 사람들은 그 천사들의 진친 것을 보지 못했다. 그런데 이제 야곱은 분명히 보았다. 그들은 야곱을 완전히 둘러싸고 두 대열로 나란히 서서 야곱을 대하고 있었다. 마치 개선장군을 환영하는 듯한 광경이었다.

천사의 숫자, 정렬상태, 군사적인 성격 등은 야곱과 야곱이 거느린 가족들을 돕고 환영하려는 모습이었다. 그러기에 야곱은 하나님의 사자를 하나님의 군대라고 이름한 것이다.

야곱은 지금 20년 만에 고향으로 돌아가는 길목에 있다. 가나안땅의 주인이 될 야곱이 돌아오는 것을 환영하는 하나님의 군대들을 보면서 야곱은 얼마나 감격했을까? 이것은 장차 세상이라는 하란을 떠나 영원한 고향 천국으로 돌아갈 성도들을 천군 천사가 두 줄로 나란히 서서 환영하는 것을 모형하는 것이다(마 24:31, 눅 16:22). 그러므로 우리가 천국 가나안에 들어가는 것은 우리의 힘에 의한 것이 아니며 온전히 하나님의 군대의 보호에 있는 것이다.

하나님의 군대는 야곱을 보호하기 위해서 진쳤다. 야곱은 이제 그리운 고향 가나안 땅을 밟게 되었다. 얼마나 사모하고 그리워 했는지 모른다. 그리고 가나안 땅의 주인이 되어 하나님의 뜻을 이루어야 한다는 사명의식이 항상 마음 속에 살아있었다. 그러나 야곱의 마음 속에는 적지 않은 근심과 공포심을 가지고 무거운 발길을 옮기고 있었다.

그것은 험상궂은 사냥꾼 형 에서의 보복을 예상하고 있기 때문이다. 20년의 세월이 흘렀으나 야곱이 잊지 못하는 만큼 형 에서도 야곱에게 속은 것을 잊지 못했을 것이다. 그래서 에서를 만날 때 어떤 비극이 일어나게 될까 불안했다. 하나님의 군대가 라반쪽에 진치고 에서쪽에 두 진영으로 진을 쳤던 것이다. 그것은 라반도 에서도 하나님의 군대 앞에 아무것도 아니라는 담대함을 야곱에게 주는 것이었다. 형 에서로부터의 보복의 두려움 때문에 떨고 있는 야곱에게 하늘에서 내려온 하늘의 군대가 친히 야곱의 친위대가 되어 지켜준다는 것이었다.

3. 야곱이 그 땅 이름을 마하나임이라 하였다.

마하나임이라는 말은 "두 진영, 두 군대"라는 뜻이다. 이것은 천사들의 두 진영을 의미하는 것으로 천사들의 전후에 한 떼 씩 무리를 지어 있다는 것이다. 곧 뒤에는 하란의 세력 라반이라는 자가 있다. 앞에는 가나안의 세력 4백명의 군대를 거느리고 에서가 다가오고 있다. 마치 이스라엘이 애굽을 탈출하여 홍해에 이르렀을 때에 애굽의 병마가 무서운 병력으로 달려오고 있었고 그들의 앞에는 홍해가 가로막고 있었다.

그러나 하나님께서 두 진영에 군대를 보내사 애굽의 병사를 막으시고 홍해를 육지처럼 갈라지게 하사 이스라엘 백성들을 구원하셨던 것이다. 사단 마귀의 군대가 우리의 행로에 앞뒤에서 위협하고 괴롭힌다. 그러나 야곱은 여기서 두 진영의 하나님 군대를 보고 확신있게 마하나임이라고 말했다.

마하나임은 두 진영의 교회를 의미한다. 여기서 한 진영은 야곱과 그의 거느린 가족들을 의미하고 있는데, 그들은 세상에 살면서 죄악의 세상을 등지고 하나님 나라의 가나안 땅을 향하여 가는 한 진영으로 지상의 교회를 의미하는 것이다. 이세상에 있는 교회는 하나님의 군대의 단체임을 알 수 있다. 비록 야곱의 가족이 유약하고 힘이 없지만 이들은 하나님의 교회의 군대들이다.

또다른 진영의 군대는 하나님 나라에 있는 천상의 교회이다. 그러므로 교회는 유형적 교회와 무형적 교회가 있고, 지상의 교회와 천상의 교회가 있으며, 전투적 교회와 승리적 교회가 있는 것이다. 야곱의 가족이라는 지상의 교회는 유형적이며 전투적인 교회이고, 천국의 교회는 무형적이며 승리적인 교회이다. 그러므로 지상의 전투적 교회는 패하거나 망하는 법이 없다. 승리하고 만다. 그것은 하늘의 교회 군대가 지상교회를 지키고 보호하며 둘러 진치고 있기 때문이다.

마하나임은 먼 훗날에 레위지파의 성읍으로 주어졌다(수 21:38, 대상 6:80). 그리고 사울의 아들 이스보셋이 잠시 수도를 세웠던 곳이다(삼하 2:8, 12). 다윗 왕이 왕자 압살롬의 반란을 당했을 때 도망했던 곳이기도 하다(삼하 17:24). 현재의 아주룬의 동북 와데이마하네의 북안에 있는 마하네 부근이라고 하는데 요단 동쪽 갈르엣과 얍복 사이에 위치하지 않았나 생각된다. 이곳 여자들은 춤을 잘 추는 것으로 유명하다(아 6:14).

"마하나임"은 하나님의 군대, 하나님의 두 진영 교회라는 뜻으로 그곳에 사는 성도들은 마땅히 하나님의 군대의 보호를 받음으로 춤추고 찬양하고 감사할 것이 아닌가?

에서를 두려워하는 야곱

(창 32:3-12)

야곱이 하란을 떠나는 데는 결단이 필요했다. 그러나 가나안에 이르는 길은 결코 쉬운 일이 아니었다. 라반의 악의에 찬 추격에서 겨우 벗어난 야곱은 또다른 상황 앞에 두려워 했다.

라반은 경제적인 이유에서 야곱을 추격했고, 에서는 20년 동안 야곱을 죽이려고 했었으니 지금의 상황이 더 심각할 수밖에 없었다. 그리하여 야곱은 어느 때보다도 내적 고민에 빠졌다. 하나님께서 하늘의 천사들을 보내서 야곱을 지원하고 보호하셨으나 야곱은 마음 속에 깊숙이 살아있는 두려움을 떨쳐버리지 못하고 도피방안을 모색했다. 그것은 하나님의 보호와 사랑이 부족했기 때문이 아니고 야곱의 믿음이 부족한 때문이다.

비록 우리의 육신의 눈으로는 볼 수 없지만 하나님의 사자들은 우리가 생각하는 것보다 훨씬 가까운 곳에서 우리와 함께 있다. 믿음이 돈독한 사람에게는 그의 집이 바로 벧엘이며 그의 인생길이 곧 하나님의 사자를 만날 수 있는 마하나임이다.

그렇기 때문에 우리의 외면세계와 내면세계에서 우리는 이러한 하나님의 사자들을 끊임없이 만날 수 있는 것이다. 그때 그의 천사는 야곱의 가족을 보호해 주었을 뿐 아니라 위로해 주었고 그 길을 계속 인도해 주셨다. 하나님의 군대들이 맡고 있는 직무의 역할은 이렇게 다양하고 심오하며 치밀했다. 그러므로 지상에 그 어떤 군대의 힘도 하나님의 군대를 당할 수 없는 것이다. 우리는 삶 가운데 매순간 접하게 되는 우연과 필연의 연속에서 그들의 어떤 역할이 내재되어 있는지 알지 못한다. 그러나 분명한 사실은 우리는 안전하고 승리하게 된다는 것이다.

기계문명으로 사회가 메마른 현대에도, 인간의 처절한 투쟁과 암담한 시련의 시간에도 하나님의 사자들은 하늘 진영에서 지상 진영으로 이동해 가면서 우리를 돕는다. 그러기 때문에 하나님을 찾으려고 애쓰는 자는 하나님의 음성을 들을 수 있다. 인생길의 도처에서 하나님의 영광을 볼 수 있다. 마하나임에서만 아니고 어디에나 하나님의 은총이 우리를 둘러싸고 있는 것이다.

1. 야곱이 형 에서에게로 사자들을 보냈다.

에서는 세일 땅 에돔 들에 있었다. 마침내 꿈에도 그리던 가나안 땅으로 야곱은 돌아오게 되었다. 한걸음에라도 아버지와 어머니에게 달려가서 뵙고 싶었다. 20년 만의 귀향길이라 말할 수 없이 즐겁고 흥분할 상태까지의 행복감을 느낄 수 있는 순간이었을 것이다. 그런데 그에게 있어서 해결하지 못한 채 떠났던 형님 에서와의 관계 때문에 두려워하고 불안해 했던 것이다.

이에 야곱은 세일 땅 에돔들에 있는 형 에서에게 자기의 사자를 보냈다. 에서는 세일 땅에 거했으니 그것은 이삭이 예언한 대로였다(27:39). 세일은 본래 호리 사람들이 차지했던 곳인데 후에 에서와 그의 후손들의 거처가 되었다(신 2:4, 대하 20:10).

세일은 "거칠고 험악한 산"을 의미하는 것으로 에서가 이곳을 거처한 것은 사냥생활의 적지요 또한 부모들이 이방 며느리에 대해 근심하기 때문에 부모에게서 되도록 멀리 떨어져 살기 위한 것이었는지도 모른다. 아무튼 야곱은 형이 세일 땅 들에 거한다는 것을 알고 자기 앞서 자기의 사자를 그에게 보냈다.

야곱의 사자는 하나님의 사자와 비교도 되지 않았다. 야곱은 형에게 인사를 드리고 감정을 푼 후에 그곳을 지나가기를 원했다. 하나님의 사람들은 언제나 그 잘못이 어느 쪽에 있든지 먼저 화목의 손을 내밀 수 있어야 한다. 예의 바른 행동은 반목을 없앤다. 야곱은 하나님의 사자를 보고서도 자기의 사자들을 형에게 보냈다. 그것은 잘한 일이라고 생각되는데 하나님의 보호하심을 믿는다면서 사람의 할 일을 하지 않으면 그것은 하나님을 시험하는 일이 되기 때문이다.

형을 "내 주"라고 하고 자기를 "형의 종"이라고 했다. 야곱의 사자들은 야곱에 대해서 에서에게 알리는 일이요, 그들의 사명은 에서의 지난 날의 노를 가라 앉히고 형제애로의 상봉을 하게 하는 일이었다. 이에 야곱은 형에게 갈 사자들에게 에서를 만나면 친절하고 정중하게 대하라 하였고, 형은 주인이요 나는 종이라고 하였다.

"내 주 에서"는 외교적인 상투어로 자신을 최대한 낮추고 상대방을 최대 높이는 표현이다. "내 주"는 에서에게 자신의 모든 권한을 위임하는 겸손을 의미한다. 이것은 형 에서와 화친을 맺으려는 생각이요 에서에 대한 자신의 잘못 되었던 처세를 정중히 사과하는 것이기도 하다. 그리고 비겁한 자의 아부가 아니라 두려워 할 자를 두려워 하는 태도인 것이다(출 13:7). 우리에게 부당하게 분을 내는 자에게 겸손하고 유순한 태도로 말하는 것은 참으로 귀한 것이다.

야곱이 이러한 자세로 나온 이유는 무엇일까? 4백 명의 무사를 거느리고 오는 에서와 화목하려는 것이고, 하나님의 사자를 만난 이후 물질관과 축복관의 변화로 인해 자신의 모든 것을 에서에게 양보하고자 함일 것이라고 볼 수 있다. 하나님의 영원한 천국 가나안에 완전히 들어가려는 자는 사람 간에 조그마한 문제까지도 해결하지 않으면 안된다.

"붙여서…있었다"는 것은 혈족이 아닌 사람들 사이에 나그네로 잠시 머물러 있었다는 것이다. 야곱은 하란에서 본래의 계획과는 달리 오랫동안 지체했으나 항상 가나안으로 돌아올 것을 소망하면서 살았다는 것이다.

내 주께 은혜받기를 원한다고 했다. 야곱이 "내게 소와 나귀와 양 떼와 노비가 있다"고 했다. 그것은 야곱은 20년 간 고향을 떠나 있었지만 가족을 이루고 재산을 많이 모아서 노비까지 거느리는 동생이 되었다는 것을 알리는 것이다. 자기의 단단한 경제기반을 언급함으로써 자기는 거지가 아니며, 재산을 탕진하고 고향 친척들에게 짐이 되려고 오는 것이 아니며, 이삭의 재산에 대한 상속권 주장에는 전혀 관심이 없다는 것을 에서에게 보여주려 한 것이다. 이것은 틀림없이 에서에게 호감을 갖게 하는 말이었을 것이다.

야곱은 "내가 내 주께 은혜입기를 원하나이다"라고 에서의 호의를 간구하게 되었다. 극한 상황의 악조건에서 사정을 보다 호전시키기 위하여 화해를 간청하는 것이나 보다 낮아져서 상대방의 마음을 누그러지게 하여 평화할 수 있도록 노력한다는 것은 참으로 귀중한 일이다.

2. 야곱이 심히 두렵고 답답해 하였다.

에서가 400인을 거느리고 온다는 소식 때문이다 야곱이 에서에게 자기 사자들을 그의 앞서 보냈는데 그들이 가서 에서를 만나고 야곱에게 돌아와서 보고하기를 에서가 400명을 거느리고 주인에게 오고 있다는 것이다.

400명의 무사는 아브라함이 롯을 구출하기 위해서 자기 집에서 길리운 자 318명(14:14)에 비하면 훨씬 많은 숫자로 당시에는 그것은 대병력 이동이었다. 그가 400명을 거느렸다는 것은 칼을 믿고 살아왔던 에서가 강력한 전투력을 갖춘 부족의 족장으로 성장했다는 것을 보여주는 것이다(27:40). 그는 호리 사람의 영토를 침공했고, 가나안에서 완전히 퇴각하지 않았으며, 세일 땅에 있었다.

그가 이렇게 큰 병력을 끌고 전투에 임하는 것같이 야곱에게 오는 것은 개인적인 허세이거나 자신이 강력한 족장이라는 거을 과시하기 위한 것이거나, 그 형제에게 형제로서 우정을 표시하기 위해서나, 적대감을 분명히 보여주기 위해서 였을 것이다.

복수의 장면을 연상케 했고 야곱은 이에 두려워 떨었던 것이다. 반가움의 마음이 일고 있으면서도 두려워 견딜 수가 없었다. 에서 또한 동생을 만나는 반가움이 있었고 그러나 복수하고자 하는 마음도 같이 움직였을 것이다.

야곱은 심히 두렵고 답답해 했다. "심히 두렵고 답답하여"는 "그것이 그에게 협소하여"라는 것으로 무엇에 짓눌린 듯한 고통과 좌절감으로 피곤해 있는 상태, 당황하여 안절부절해 하는 것이다. 야곱은 사자들에게 전해 들은 대로라면 환영하려는 것이 아니고 복수하기 위한 적대감으로 형이 온다고 생각했다.

이제 야곱은 에서에 대한 사기죄를 회상했다. 양심의 가책을 깊이 느꼈다. 20년 전에 형에게 저지른 죄과에 대해서는 하나님께 한번도 회개하지 않았고 에서의 용서를 받지 못했다. 이제 에서의 땅을 통과하려 할 때 옛날의 지은 해결받지 못한 죄에 대한 가책을 강하게 받았다.

죄는 심히 두렵게 하고 답답하여 견딜 수 없게 만든다. 라반에게서 받은 두려움은 아무것도 아니었다. 하나님의 사람들은 세상에서 많은 일들을 당한다. 어떤 때는 라반과 같은 일이 끝나면 또다시 그 사건의 끝에 이어 에서의 문제가 시작된다.

야곱은 신앙이 대단한 사람이었지만 견딜 수 없는 공포에 떨었다. 그러나 두려움을 통해 야곱은 겸손해지고 하나님의 약속의 말씀을 의지했으며, 엎드려 전능하신 하나님께 기도하게 되었다. 그러므로 성도에게는 어떤 경우의 사건도 유익을 주고 실패하게 하시지 않는 것이 하나님의 섭리 방법이시다.

야곱이 두 떼로 나누어 도피책을 강구했다. 야곱은 "자기와 함께 한 종자와 양과 소와 약대를 두 떼로 나누고… 에서가 와서 한 떼를 치면 남은 한 떼는 피하리라" 했다. 피하리라는 말은 "도피시켜 구하는 것"을 의미한다. 유목민들은 위험에 직면할 때 가축을 여러 떼로 분산시켜 희생을 줄인다고 한다. 그러므로 야곱은 에서의 강력한 공격에 대하여 맞서서 싸우기 위한 도피책을 강구한 것이다. 한 쪽이 에서에게 희생되면 다른 한쪽이라도 피할 수 있을 것이라는 생각인 것이다.

야곱은 자신보다도 가족 식구들의 안전에 대해 더욱 생각했다. 물론 여기서 야곱은 믿음이 없었다는 것과 매우 이기적인 면도 없지 않으나 그 침착성은 있어 보인다. 그리고 에서의 공격에 대하여 대항해서 싸우려 하지 않고 평화로운 방법으로 화해를 모색한 점도 있다.

하나님을 믿는 사람은 하나님의 군대가 둘러 진치고 있음을 보았고 하나님이 함께 하겠다는 말씀도 믿을 때 두려워할 이유가 없는 것이다. 그러나 야곱은 그것이 적었다.

3. 야곱이 하나님의 말씀을 믿고 기도했다.

야곱은 아브라함과 이삭의 하나님께 기도했다. 야곱이 믿는 하나님은 그의 조부 아브라함 때부터 섬겼다. 야곱이 조부 아브라함과 이삭의 하나님은 그들에게 신실하셨다.

그 하나님은 살아계셔서 조상들에게 축복하신 계약의 하나님이시다. 여호와는 택한 백성과 계약하시고 그대로 이루시는 참되신 신이라는 뜻이다. 이것은 야곱에게 커다란 위로가 되었다. 왜냐하면 그 여호와는 하나님의 백성이 곤란에 처하면 보호하시기 때문이다. 야곱은 조부의 하나님에게 기도하면서 그 하나님의 말씀을 붙잡고 했다.

"주께서 전에 내게 명하시기를 네 고향 네 족속에게로 돌아가라 내가 네게 은혜를 베풀리라 하셨나이다"라고 한 것이 바로 그것이다. 야곱이 라반의 집을 떠난 것은 하나님의 명령 때문이었다.

20년 전에 벧엘에서의 꿈에서도 고향으로 돌아오게 하겠다고 하나님은 약속의 말씀을 하신 바가 있다. 야곱은 하나님의 말씀을 그대로 믿고 기도한 것이다. 성도에게 주신 구원의 약속은 얼마든지 믿을 수 있다. 약속의 말씀을 붙잡고 기도하는 자의 간구를 하나님은 물리치지 못하신다.

야곱은 감당할 수 없다면서 겸손하게 기도했다. 야곱은 "나는 감당할 수 없나이다"라고 기도했으니 자기 부정과 자기 격하는 하나님께 기도할 때 가장 적당한 태도이다. "나는 여태껏 미천하고 보잘것없었듯이 지금도 부족투성이입니다"라는 고백인 것이다.

예수께서는 "주여 내가 감당치 못하겠나이다"(마 8:8)라고 하면서 간구한 백부장의 믿음과 "주여 옳소이다"(마 15:27)라고 간구한 가나안 여자의 믿음을 높이 평가하고 축복하셨다.

여기서 야곱이 내적 변화가 있음을 보게 된다. "은총"은 복수이다. 다함이 없는 샘물, 수를 헤아릴 수 없는 물의 흐름과 같은 은혜이고, "진리"는 하나님께서 야곱에게 대하여 약속 지키신 사실을 말하는 것으로 하나님의 성실성이다. 하나님은 은혜와 진리가 충만하셔서 20년 동안의 하란에서 이 약속의 성취를 야곱에게 보게 하셨다.

야곱은 감사하면서 구원받기를 기도했다. 과거의 야곱은 지팡이 하나만 가지고 요단을 건넜다. 그때에는 안내자나 친구나 시종자나 교통수단도 없이 기막힌 사정을 안고 홀로 걸었었다. 그러나 이제는 그의 가족이 두 떼를 이루고 가축들은 셀 수 없이 많은 거부가 되어 있는 것이다. 절망적인 순간에 처해 있으면서도 하나님의 은혜에 대하여 감사하며 기도했다.

야곱은 에서의 손에서 구원받게 해달라고 기도했다. 그의 기도의 내용은 분명했다. 직접적이었다. 기교가 없었다. 자기가 고통의 극에 달했음을 호소한 것이다. 야곱이 두려워 한 것은 살인자 에서이며 자기의 죽음이 아니라 가족들의 생명을 잃을까 함이었다. "환난날에 나를 부르라 내가 너를 구원하리니 네가 나를 영화롭게 하리라"(시 50:15) 하였다.

야곱은 하나님의 약속을 믿고 기도했다. 야곱은 "내가 정녕 네게 은혜를 베풀어 네 씨로 바다의 모래와 같이 많게 하리라"고 하신 하나님의 약속을 믿고 기도한 것이다(시 119:49). 하나님의 약속은 기도 중에 바라는 모든 소원의 가장 확실한 안내자이며 소망의 가장 견고한 근거인 것이다.

야곱은 자손의 번성을 약속하신 하나님의 말씀을 말하며 지금 그들이 에서의 손에 죽는다면 어찌 그 약속이 이루어질 수 있겠느냐 하면서 하나님께 간구했다.

한 가정의 가장은 언제나 가정 식구들의 생명을 위하여 결사적으로 기도할 책임이 있다. 기도는 어떤 난관 앞에서도 구원의 길을 열기 때문이다.

야곱의 전략과 예물

(창 32:13-23)

야곱은 한 가지 것을 붙잡으면 놓지않는 끈질긴 집념의 사람이었다. 우리는 그에게서 많은 약점과 허물을 발견했다. 그러나 그에게서 꼭 한 가지 사실만은 본받아야 될 것이 있다. 그것은 다름이 아니고 어떠한 희생과 대가를 지불하고라도 하나님이 조상 때부터 약속하신 기업, 고향 가나안에 들어가려는 필사의 각오가 그것이다. 야곱은 하란에서 부요하게 살 수 있었고 에서와 아주 먼 곳으로 가도 얼마든지 잘 살 수 있었다.

그러나 에서가 길목을 막고 있다는 야곱 생애의 최고 고난 중에도 그의 가족 한 떼가 희생된다고 해도 기필코 가나안 땅으로 가야 하겠다고 결심한 것이다. 이러한 야곱의 집념은 아브라함이나 이삭에게도 있었다. 오늘 우리들도 세상의 모든 것을 포기하고서라도 하나님나라 가나안을 기업으로 소유하고야 말겠다는 신령한 집념과 경건한 열망이 있어야 하는 것이다.

그런데 야곱이 고향에 들어가 그 땅을 소유해야 하겠다는 결심 못지않게 중요한 그 가나안으로의 길을 여는 열쇠는 믿음이라는 것이다.

본문에 보면 야곱은 에서와 가까워짐에 따라 공포와 불안 속에 떨고 무슨 뇌물이나 바치듯이 많은 예물을 앞서 보냈다. 그리고 형이면 형이지 형에게 "내 주", 자기를 "종"이라는 비굴해 보이는 표현으로 아부하는 듯 4했고, 에서와 만났을 때에 어떻게 대처할까를 생각하여 인간적인 만반의 준비를 마쳤다.

얼핏 보면 이것은 그의 불신앙이 아닌가 오해할 수도 있다. 그러나 앞에서 야곱은 하나님께 간구하며 기도했다. 그 기도에 이어 이러한 준비에 들어갔다. 언제나 우리는 기도하고 우리가 할 수 있는 노력은 게을리 하지 말아야 하는 것이다. 그의 행동은 불신앙이 아니고 신앙의 행위였다.

인간 사회에서 볼 수 있는 큰 차이는 하나님을 믿느냐? 하나님을 믿지 않느냐 하는 것이다. 야곱은 무력하고 오류와 유혹에 빠지는 허물이 많은 인간이었다. 그러나 그에게 조상의 하나님, 언약의 여호와, 말씀을 이행하시는 하나님을 믿는 믿음이 있었다.

1. 야곱이 경야하고 에서에게 예물을 보냈다.

야곱이 경야하고 예물을 보냈다. 야곱이 거기서 경야했다는 것은 그냥 밤을 새웠다는 것이 아니라 밤새도록 기도했다는 뜻이다. 그는 에서에게 선물을 보냈다. 기도하는 사람은 기도만 하고 아무 일도 하지 않고 막연하게 잘 되기만을 기다리는 자가 아니다. 밤새도록 간절한 기도를 올려 하나님과 대화한 야곱은 선물을 통하여 에서의 복수심을 풀도록 세심한 노력을 한 것이다.

에서는 두려운 대상이었다. 그러나 야곱은 두려워 하는 자리에만 있을 수 없었다. 어떤 대책을 강구해야 했다. 하나님께 기도한 다음에 그는 노력을 동원했다. 그렇지 않으면 그것은 하나님을 시험하는 것이었기 때문이다. 우리는 밤이 맞도록 하나님께 간구하는 것과 사람이 할 수 있는 어떤 대책을 강구하는 것을 병행할 수 있어야 한다.

야곱이 그 소유 중에서 에서를 위해 예물을 택했다. "그 소유중에서"는 "그의 손에 온 것으로부터"라는 뜻으로 야곱이 자기 손에 잡히는 대로 가축들을 모았다는 의미가 되는 것이다. 그때는 캄캄한 밤중이고 에서는 무섭게 다가오는 상황이었다. 그래서 속히 그가 좋아할 예물을 택하는 데 있어서 그의 손에 잡히는대로 가축들을 모아서 에서에게 보냈다는 그런 인상을 주고 있다. 그러나 여기 에서를 위하여 택했다고 하는 말을 볼 때 에서가 어떤 가축을 좋아하는가를 야곱이 잘 알고 있었기 때문에 기술적으로 선별하고 좋은 것으로 택했음을 말하는 것이라고 할 수 있다.

야곱은 그동안 얻은 것이 많았다. 그리하여 자기 소유의 일부를 에서에게 떼어줌으로 나머지 가축을 구하려고 했다. 그것은 지혜로운 생각이었다. 야곱은 종들의 손에 맡겨 떼를 나누어 보냈다. 어떤 이들은 욕심을 부리다가 가지고 있던 전부를 잃어버리는 경우가 있다. 조그만 일에 인색하여 큰 일에 손해보는 수가 있다는 것이다.

다윗이 망명생활할 때에 나발이라는 어리석은 자가 인색하여 다윗의 일행에게 필요한 만큼의 적은 물질적 지원을 거절했다가 끝내 자기 목숨을 잃고만 경우가 있다.

야곱은 예물을 보내 에서와 화해하려 했다. 야곱이 에서에게 보낸 예물은 암염소가 200마리, 수염소가 20마리, 암양이 200마리, 수양이 20마리, 젖나는 약대 30마리와 그 새끼, 암소가 40마리, 황소가 10마리, 암나귀가 20마리, 그 새끼 나귀가 10마리였으니 도합 550마리가 넘었다.

유목생활을 하는 사람에게 있어서의 부는 소유한 가축의 수가 많고 적음에 따라 판단되었다. 이것을 통해 볼 때 하나님께서 야곱에게 번영하는 축복을 주셨다는 것을 알 수 있다.

야곱이 에서에게 이렇게 많은 가축을 보낸 것은 야생동물들을 사냥하는 그에게 호감이 가는 것이라고 생각한 때문일 것이고 에서의 수행원이 400명이나 된다고 하니까 넉넉하게 보냄이 옳은 것이라고 판단한 것이라고 할 것이다. 이렇게 많은 가축을 종들에게 보낸 것은 형의 마음을 풀고 형제의 화해를 하고자 함이었다.

잠언에 "뇌물은 임자의 보기에 보석같은즉 어디로 향하든지 형통케 하느니라"(잠 17:8)하였고, "선물은 그 사람의 길을 너그럽게 하며 또 존귀한 자의 앞으로 그를 인도하느니라"(잠 18:16) 하였다. 또한 "은밀한 선물은 노를 쉬게 하고 품의 뇌물은 맹렬한 분을 그치게 하느니라"(잠 21:14)고 하였다.

2. 야곱이 자기 종들에게 부탁하는 말과 함께 보냈다.

맨앞에 선 자에게 부탁한 말이 있다. 야곱은 가축을 각각 떼로 나누어 종들의 손에 맡기고 나보다 앞서 건너가라고 하였다. 각 떼로 상거가 뜨게 했으니 그것은 일정한 거리를 두고 예물의 양이 많아 보이게 하는 효과를 생각한 것이고 동시에 세 번의 선물을 줌으로써 성질이 급한 에서의 격한 감정을 완화시키려 한 것이다. 그것은 야곱의 지혜였다. 세심하게 생각한 것이다. 공포와 초조한 중에도 이렇게까지 야곱은 신경을 썼다.

그리고 야곱은 황급한 상황에서도 종들에게 에서의 예상 질문과 답변을 준비시켜 보냈으니 그는 타고난 책략가였다. 또한 "야곱도 우리 뒤에 있다"고 대답하라고 하였으니 그것은 물질적 보상만 아니고 몸소 죄에 대한 용서까지도 빌겠다는 것을 알려주는 것이다. 도주할 의사나 딴 속셈은 전혀 품고 있지 않다는 것을 에서에게 전하여 에서로 하여금 안심케 했다. 참으로 그럴듯한 생각이었다.

여기에는 야곱의 공손하고 겸손한 자세가 있어 에서의 마음을 움직이게 하려는 목적이었다. 곧 "주의 종 야곱", "자기 주에서"라는 말들이 그것이다. 종들은 에서를 "주인"이라고 해야 했고, 야곱을 "에서의 종"이라고 불러야 했다. 그리고 야곱의 종들은 선물로 끌고가는 가축의 떼가 수백 마리로 길게 늘어섰으나 "조그마한 선물"이라고 말했다.

야곱은 종들이 가축의 떼를 따라가게 했다. 목축업을 하는 이들은 평소에는 가축보다 목자가 앞서가는 법이다(요 10:4). 그런데 야곱은 자기 종들로 하여금 가축 떼를 뒤따라 가게 하였으니 그것은 혈기많고 물질에 약한 에서가 야곱의 종이 아니라 가축의 떼가 길게 오는 것을 보면서 그 마음이 변하게 하려는 의도에서였던 것이다. 야곱은 정말 지혜로운 사람이었다.

그런데 앞서 보낸 종에게나 둘째, 셋째로 가는 종들에게 부탁한 말은 같은 말이었다. 같은 말을 종들에게 부탁한 것은 에서를 여러 차례 기쁘게 하려는 목적에서이다. 그들이 전하는 선물이 더 귀하고 더 많게 보이려 한 것이다. "야곱이 우리 뒤에 있다"는 말을 이 종들에게도 일렀으니 야곱은 형 에서를 두려워 하지 않고 있다는 것을 보여주어서 에서도 야곱에게 공포의 대상이 될 수는 없다는 것을 기대했던 것이다.

야곱은 형의 감정을 푼 후에 대면하려 했다. 야곱이 이렇게 1차, 2차, 3차로 종들을 앞세워 여러 차례 선물을 에서에게 보낸 것은 형의 감정을 푼 후에 형을 대면하면 형이 야곱을 받으리라고 생각했기 때문이다.

"내 앞에 보내는 예물"은 "내 얼굴 앞에 가서"라는 뜻이다. 아비가일이 예물을 가지고 다윗에게 갈 때의 모습과 같은 것이다(삼상 25:18-32). "형의 감정을 풀면"이라는 말은 "내가 그의 얼굴을 덮으리라", 즉 형이 자기를 용서하고 모든 잘못을 덮어주리라는 것이다. 피해자에게 선물을 안겨 그 얼굴을 가림으로써 자신에게 행해진 해를 보지 못하게 하는 유화책이다.

"형의 감정을 풀면"은 "내 얼굴을 들면"이라는 뜻도 있다. 형이 야곱을 친절하게 받아들이는 모습에 대한 표현이다. "나를 받으리라"는 것은 그 사람의 인격을 대변하는 것으로 "나의 실체를 있는 그대로 모두 인정하고 용납하리라"는 것이다. 야곱의 값진 선물과 그것을 3차에 걸쳐 보낸 것은 에서의 감정을 푸는 데 주중했다.

3. 야곱은 가족을 인도하여 얍복 나루를 건너게 했다.

야곱은 예물을 보내고 무리 가운데서 경야했다. 야곱은 20년 동안 쉴새없이 일해서 모은 재산을 에서에게 보내기 위해서 종들에게 떼를 붙여 자기보다 앞서 보냈다. 그리고 착잡한 심정으로 무리 가운데서 경야했다. 그것은 야곱의 불안초조해 하는 모습인 것이다. 공포 가운데 불안하고 초조하지만 야곱은 경야하면서 기도했고, 경야하면서 방책을 강구했으며, 최선의 지혜를 짜내었다.

앞에 절망적인 상황이 전개되고 있는 때에 안절부절 앞뒤 가리지 못하고 포기하고 좌절해 버리는 인간이 아니라 최후의 순간까지 하나님께 기도하고 신뢰하며 최선의 방법을 강구한 것이다. 우리는 우리의 앞길에 에서라는 무서운 적이 오는 것을 보는 때에 경야하며 예물을 보내며 침착하게 하나님의 하시는 일을 지켜볼 수 있는가?

야곱은 밤에 일어나 가족들이 얍복나루를 건너게 했다. 야곱은 "두 아내와 두 여종과 열한 아들을 인도하여 얍복나루를 건넸다"고 하였다. 그런데 디나라는 딸에 대한 언급이 없다. 디나는 야곱의 딸로 성경에 유일하게 기록되어 있다(34:1). 그때는 밤이라고 하였으니 자연의 밤이지만 야곱의 마음에도 밤이었다. 두렵고 떨리는 밤을 맞고 있었다.

밤은 사단 마귀가 역사하는 시간이다. 밤은 무서운 시간이다. 사냥으로 일생을 힘하게 산 에서와 그의 종들이 이 밤에 야곱의 진에 쳐들어올지도 모르는 캄캄한 밤이다. 그야말로 밤은 환난의 때요, 핍박의 때며, 고통과 시련의 때이다. 이러한 두려움이 짙게 깔린 이밤에 야곱은 일어났다. 그리고 두 아내와 두 여종과 자녀들을 인도하여 얍복 나루를 건너게 했다. 가장 위험한 위기에 가장으로서 연약한 여인들과 철없는 어린 자식들을 인도했다. 야곱은 가족과 그 소유를 모두 다 건너게 했다.

얍복은 갈릴리 호수와 사해 중간에 위치한 요단강의 동쪽 지류로서 우기에만 집중적으로 물이 흐른다고 한다. 얍복은 비어있다, 싸우다, 씨름하다의 뜻이 있다고 하는데 강의 천연적 모습 때문이거나 야곱이 여기서 하나님과 씨름했기 때문에 그것을 기념하기 위해서 후대인들이 그렇게 불렀을 것이다. 오늘에는 "맑고 푸른 강(와디젤카-Wadiez Zerka)"이라고 부른다고 한다. 이 나루는 세겜을 맞은편에 두고 있고, 요단 동편 험준한 산악지대를 흐르기 때문에 물줄기가 세고 때로는 강둑에 유도화 꽃이 만발하다. 나루는 건너는 장소를 의미하며 야곱은 잔잔하고 얕고 안전한 곳을 골라서 가족과 모든 소유를 건너게 하였다. 그리고 야곱은 혼자 북쪽에 남아 있었다. 그것은 은밀한 중에 기도하기 위해서였다.

하나님과 씨름한 야곱

(창 32:24-32)

본문에서 야곱의 생애의 역사와 신비를 볼 수 있다. 야곱의 씨름은 성경에 기록되어 있는 것 중 가장 유명한 신비로운 싸움이다. 그것은 일찍이 세상에 있었던 기적 중에 가장 위대한 것이다. 하나님께서 영광스러운 하늘 보좌에서 떠나 보잘것없는 지렁이 같은 야곱과 한판 싸움을 벌이기 위해 이 땅에 내려 오셨다. 이것이야말로 대 사건이 아닐 수 없다.

얍복강 나루에서의 하나님과 야곱과의 싸움이 육체적인 것인가? 정신적인 것인가? 아니면 둘 다 였는가? 하는 것이 궁금한 것이다. 어떤 이들은 이 싸움은 단지 환상이나 꿈이나 상상에서 한 싸움이고 야곱이 환도뼈가 위골된 것은 과도한 여행에 의한 것이라고 주장하기도 한다.

우리는 이 싸움이 진짜 육체적인 싸움이라고 믿는다. 그것을 증거할 만한 자료는 본문 안에 있다. 우리가 놓쳐서는 안될 중요한 것은 야곱의 싸움은 단순히 육체적이었던 것이 아니라 육체적인 동시에 영적이었다는 사실이다. 야곱은 육체적인 힘만이 아니라 신앙의 힘을 가지고 싸웠던 것이다. 호세아는 야곱이 축복받을 수 있었던 것은 씨름만 아니라 눈물어린 그의 기도의 응답이었다고 한다(호 12:3-4).

야곱은 형과 올바른 관계로 유지하고 싶었다. 그러기 위해서는 먼저 하나님과의 관계가 올바로 되지 않으면 안되었다. 도덕적 관계를 반드시 먼저 바로 잡아야 하는 것이다.

그리하여 야곱은 길고 지루한 하나님과의 씨름에서 자신의 도덕적 성품을 바로 잡을 수 있게 되었다. 야곱은 형 에서에게 죄를 지었다. 그것은 곧 하나님에게 죄를 지은 것이다. 이제 고향에 돌아가는 길목에서 야곱의 행로에 방해가 되는 최대의 적은 에서였다. 우리 인생이 하나님나라에 들어가려면 과거의 지은 죄가 그 길을 막고 선다는 사실을 알아야 한다.

야곱이 에서와의 관계를 바로 하려고 할 때에 먼저 하나님께 죄를 고백하고 새롭게 태어나야 했다. 야곱이라는 옛 사람으로는 하늘 가나안에 들어갈 수 없다. 죄라는 무서운 적이 우리를 위협하기 때문이다. 그러므로 이스라엘이라는 새 사람으로 변화되어야 천국에 들어갈 수 있는 것이다.

야곱의 최대의 적이 에서였듯이, 아니 에서에게 지은 죄 때문이었듯이 우리의 천국행로를 막는 두려운 존재는 우리의 죄악이다.

1. 야곱이 어떤 사람과 씨름했다.

야곱은 밤에 일어나 두 아내와 두 여종과 자녀들과 모든 소유를 인도하여 얍복 나루를 건너게 했다. 그리고 야곱은 홀로 남아있다가 어떤 사람과 씨름한 것이다. 야곱이 얍복 나루를 건너지 않은 것은 불리하면 자기만이라도 도망치려고 했기 때문일 것이다. 야곱이 이렇게 처자와 소유를 모두 얍복나루로 건너게 한 것은 그의 믿음의 행동을 보여주는 것이다.

얍복나루는 "싸우다"는 뜻으로 삼위 하나님 중 성자 하나님이 내려오사 야곱과 씨름한 곳이다. "맑고 푸른 강(현재)"이라는 새 이름으로 불리워지는 것은 예수 그리스도께서 죄와 더불어 싸우고 씨름하사 십자가에서 보혈의 피를 흘려 맑고 푸른 강의 구속을 이루심을 모형한다고 할 수 있다. 그러므로 야곱이 그의 가족의 생명과 육체와 모든 재산과 가축을 그 강 저편으로 건너놓은 것은 곧 그의 믿음인 것이다.

야곱은 자기의 가족들이나 종들이나 재산 소유를 어떻게 지킬 힘이 없었다. 어떻게 할 방법이 없었다. 그가 가장 좋은 방법을 선택했는데 그것은 구속의 하나님께 맡겨버렸다는 것이다. 위임한 것이다. 신앙은 하나님께 맡기는 것이다. 살든지 죽든지 하나님 편으로 맡기는 것 그것이 참 신앙이다.

시편에 "너의 길을 여호와께 맡기라"(시 37:5)하였고, "네 짐을 여호와께 맡기라 그리하면 너를 붙드시고 날마다 주께서 짐을 져 주시리라"(시 55:2, 68:19) 하였다. 잠언에는 "너의 행사를 여호와께 맡기라 그리하면 너의 경영하는 것이 이루리라"(잠 16:3) 하였다. 예수께서는 "무엇을 먹을까 무엇을 마실까 무엇을 입을까 염려하지 말라"(마 6:25, 31-32)고 가르치시고, 운명하실 때 "아버지여 내 영혼을 부탁하나이다"(눅 23:46)라고 하셨다. 베드로는 "너희 염려를 다 주께 맡겨 버리라"(벧전 5:7) 하였고, "그 영혼을 미쁘신 조물주께 부탁하라"(벧전 4:19)고 권면하였다.

야곱은 캄캄한 밤중에 어떤 사람과 씨름했다. "어떤 사람"을 야곱은 "하나님"(30절)이라고 했고, 호세아 선지자는 하나님과 천사를 교차해서 사용(호 12:3-4)했다. 이 사람은 단순한 어떤 사람이거나 천사가 아니고, 여호와의 사자(22:11, 출 3:2, 삿 6:12)라는 성육신 이전의 예수 그리스도이시다.

하나님께서 밤에 불안해 하는 야곱에게 하늘에서 떠나 내려오신 것이나 얼마 전에는 천사들을 두 진영으로 보내사 야곱을 환영하고 용기를 갖게 하셨는데 이제는 하나님께서 얍복강변에 친히 내려오사 야곱을 만나신 것이다.

이때는 캄캄한 밤중이었다. 밤에 하나님께서 나타나신 예가 많이 있다(15:1, 26:24-26, 31:24, 35:1-2, 46:1-2). 밤에 하나님의 사람들이 그 밤을 선용한 경우도 많이 있다(시 42:8, 행 16:25-.34, 아 3:1, 사 26:9, 요 3:2, 19:39, 잠 31:18, 삼하 12:16, 시 119:62). 밤은 두렵고 무서운 시간이지만 밤은 하나님을 가장 가까이에서 만나뵐 수 있는 시간이기도 하다. 밝은 낮으로 가까이 가는 시간이다. 그러므로 우리에게 밤이라는 시간이 올 때 야곱처럼 기도하는 성도가 되어야 할 것이다.

야곱은 어떤 사람과 씨름하면서 사력을 다해 싸웠다. 그것은 캄캄한 시간이라서 씨름하는 어떤 사람의 얼굴을 알 수 없어서 에서가 보낸 자객일지도 모른다고 생각했을지 모른다. 야곱은 홀로 남아있을 때에 씨름했다.

야곱의 씨름은 하나님과 한 것이 분명하지만 그 결투는 자기 자신과의 씨름이며 결투인 것이다. 20년 전의 원수는 에서가 아니다. 지금 야곱을 두렵게 하는 것이 에서가 아니고 에서에게 지은 야곱 속에 있는 잠재적인 죄악이다. 야곱은 이 옛날의 악과의 대결을 하고 있는 것이다. 인간은 누구나 이 씨름의 과정이 없이는 가나안 본국에 들어갈 수 없는 것이다.

씨름은 "먼지를 일으키다"는 뜻으로 땅에 먼지가 일어날 정도로 격렬하게 몸싸움을 한 것을 의미하는 것이다. 또는 "단단히 붙잡다, 껴안다"라는 뜻으로 필사적으로 싸우는 싸움을 말하는 것이다. 그러므로 야곱의 기도는 씨름하듯 힘을 다하여 하는 것이고(눅 22:44), 눈물로 붙들고 사생결단하는 기도이며(호 12:4), 필사적으로 간구하는 기도인 것이다(마 26:39). 야곱은 기만의 수단을 써서 장자의 명분을 샀다. 인간에게 지은 죄까지도 하나님과 관계되는 것으로 이제 하나님께서는 그 죄인의 길을 막으신 것이다. 하나님은 죄인이 어디로 가든지 따라가셔서 붙잡으신다. 실오라기만한 죄라도 하나님과 먼저 해결하지 못하면 결코 본향으로 나아갈 수 없다.

야곱은 밤중에 홀로 있었다. 고독은 귀한 것이다. 인간에게 복된 순간이다. 모세는 호렙산에 홀로 있다가 하나님을 만났고(출 3:1-12), 여호수아는 홀로 있을 때에 여호와의 사자를 만났으며(수 5:13-15), 엘리야는 호렙산 굴 속에 홀로 있다가 하나님의 음성을 들었다(왕상 19:4-9). 바울은 아라비아로 가서 홀로 3년 간 하나님을 만났다. 파스칼은 "인생이 고난에 빠지는 원인은 고요하지 못한 데 있다"라고 말했다.

2. 야곱이 어떤 사람과 씨름하다가 환도뼈가 위골되었다.

그 사람이 야곱을 이기지 못하였다. 성도가 하나님을 이길 수 있는 방도는 야곱처럼 씨름하듯이 간절히 기도하는 것밖에 없다는 것이다.

28절에 보면 "하나님과 겨루어 이기었다"고 했다. 하나님께서 어찌 인간에게 씨름해서 이기지 못하시겠는가? 그런데도 하나님이 야곱을 이기지 못했고., 야곱이 하나님과 겨루어 이겼다고 한 것은 하나님을 이기는 길은 은혜 주시는 하나님께 기도하는 것밖에 없다는 것을 역설적으로 암시한 것이다. 하나님께서 성도에게 시험과 환난을 주시는 것은 믿음으로 이기는 자가 되게 하려는 것이다(고전 10:13). 하나님이 우리로 이기게 하심으로 주시는 축복은 인내와 연단과 소망이다(롬 5:3-4).

야곱은 이 씨름에서 지면 에서에게 지는 것이라고 생각했다. 그렇게 되면 야곱만 아니고 그의 가족도 모두 지는 것이다. 그는 하나님이 주시는 영적 힘을 가지고 죽을 힘을 다해 싸워 이긴 것이다.

야곱의 환도뼈가 위골되었다. 환도뼈는 엉덩이의 우묵한 구멍, 곧 넓적다리 부분의 움푹 패인 곳을 가리킨다. 원래 환도뼈는 둔부 아래쪽에 있는 좌골 엉덩이의 골반을 형성하는 좌우 한 쌍의 뼈를 뜻한다.

하나님께서 야곱의 환도뼈를 쳐서 위골시킨 것은 인간적인 수단에만 의지하고 온 야곱을 완전히 꺾어서 무력하게 히심으로 하나님만 의지하게 하신 것이다. 그리고 장차 그의 허리에서 나올 이스라엘도 인간적 수단만 의지한다면 이렇게 될 것이니 하나님만 바라보고 의지해야 할것이라는 예언적인 예표이기도 한 것이다.

지금 야곱과 씨름하고 있는 어떤 사람은 사람이 아님을 야곱은 곧 알게 되었다. 사람으로는 누구도 한번에 환도뼈를 쳐서 위골되게 할 수 없기 때문이다.

환난과 시험에 빠진 성도는 자신의 무한한 무력함과 하나님의 무한하신 강하심을 경험하게 된다. 바울의 고백과 같이 성도가 약할 때에 하나님께서 강한 힘을 주신다(고후 12:10).

야곱은 그 사람을 가지 못하게 했다. 하나님께서는 야곱의 기도를 시험하셨다. 날이 새려 할 때에 하나님은 야곱을 버려두고 가시려고 하신 것이다. 하나님께서 야곱을 그대로 두고 가려고 하신 이유는 야곱의 신앙과 기도를 알아 보시려고 하신 것이다. 그런데 하나님께서 "날이 새려 하니 나로 가게 하라" 하셨다.

　지루하고 무섭던 공포의 밤은 지나가고 있고 광명한 새 날은 밝아 오고 있다. 야곱에게 새 날을 맞는, 새 일이 있게 될 날이 밝아오고 있었고 소망의 아침이 오고 있었다. 아침에 하나님을 뵙게 되면 야곱이 죽을 지도 모른다. 그러나 야곱은 하나님을 붙잡고 놓지 않았다. 야곱은 앞으로 가야할 길이 있었고, 할 일이 있었고, 가족들이 초조하게 기다리고 있었다. 그러나 야곱은 하나님을 붙잡았다. 그것이 야곱의 끈질긴 믿음이요 간구였던 것이다. 그러므로 우리가 축복받는 비결은 축복의 하나님을 붙잡고 가게 하지 아니하는 것이라고 할 수 있다.

3. 야곱이 그 사람과 씨름한 후 축복을 받았다.

　하나님께서는 야곱의 발목을 잡고 전진하지 못하게 하셨다. 그것은 그의 죄를 해결해야 했기 때문이다. 야곱은 자기 힘의 전부였던 환도뼈가 위골되면서부터 이 사람이 하나님이신 것을 알게 되고는, 하나님을 붙잡고 놓지 아니하고 나에게 축복해 달라고 간청한 것이다.

　하나님께서는 축복을 하시기 전에 "네 이름이 무엇이냐?"라고 물으셨다. 이름은 한 존재의 속성과 전인격을 대표하는 것이다. 하나님께서 야곱의 이름을 다 아시면서도 "네 이름이 무엇이냐?" 물으신 것은 그의 교만과 사기와 속임으로 이어진 옛 죄악의 인간을 고백하게 하심으로 새 이름의 중요함을 알게 하려는 것이었다. 전지전능하시고 야곱의 이름까지 알고 계신 하나님은 야곱이 자기 자신의 입으로 자신의 정체를 솔직하게 고백하게 하신 것이다.

　20년 전 아버지 이삭이 "네 이름이 무엇이냐?"고 물었을 때 야곱은 "에서입니다"라고 천연덕스럽게 거짓말을 하여 축복을 받았다. 그러나 여기 하나님 아버지께서 "네 이름이 무엇이냐?"고 물으셨을 때 야곱은 "야곱이니이다"라고 정직하게 대답했다. 20년 전에는 거짓말을 했으나 20년 후의 이제는 정직하게 자신의 정체를 고백하고 회개했다. 야곱은 사기, 거짓말, 그리고 지렁이같은 자(사 41:14)였다. 자기를 그대로 회개하며 고백하는 자는 복을 받는다.

하나님은 야곱에게 이스라엘이라고 축복하셨다. 하나님께서 진정으로 회개하여 자기의 정체를 고백하는 야곱에게 "네 이름을 다시는 야곱이라 부를 것이 아니요 이스라엘이라 부를 것이니 이는 네가 하나님과 사람으로 더불어 겨루어 이기었음이라"고 하셨다.

이름을 개명한다는 것은 그 사람의 삶과 신분과 인격에 변화가 있음을 의미하는 것이다. 게바를 베드로라 하고, 사울을 바울이라 하신 것도 그런 의미가 있는 것이다. 야곱이라는 사람은 이름이 셋이다(사 44:1-3). 야곱, 이스라엘, 여수룬이 그것이다. 야곱은 중생전의 인간, 이스라엘은 중생하여 새 사람이 된 신자, 여수룬은 의로운 자라는 뜻으로 의롭고 영화로워진 성도를 말하는 것이다. 이것은 한 인격의 신앙발전 과정을 말해주는 것이라고 할 수 있다.

이스라엘은 "하나님과 겨루어 이기었다"는 뜻으로 영원한 영예의 축복이다. 지상에 있는 그 어떤 위대한 사람의 이름보다도 더 위대하고 영광스러운 이름이다. 개인의 이름이 한 나라의 영원한 국호가 되었다. 이 명예는 길이 보존되어 그를 땅에서니 하늘에서 기념하는 것이다. 이제 비로소 장자의 기업을 받은 것이다.

야곱의 자손이 받은 축복이 있다(롬 9:4-5). 승리자의 받을 축복은 메시야 왕국 하늘나라 이스라엘 왕국의 축복이다. 그러므로 계시록에 이기는 자들의 복을 수차례 강조했고, 금생에 복받고 내생에 복받는 자들이다(계 2:7, 17, 26, 3:5, 12, 21, 7:14).

야곱은 "당신의 이름을 고하소서"라고 했으나 하나님은 이를 거절하셨다. 왜냐하면 내가 하나님과 더불어 씨름해서 이겼다고 하면서 교만해지지 않기 위해서였다. 하나님은 그에게 축복하셨다.

야곱은 그곳을 "브니엘"이라고 명칭했다. 브니엘은 "하나님의 얼굴"이라는 뜻으로, 하나님과 가장 가까이 교제하고 은혜를 체험한 사실을 기념하기 위해서 이렇게 이름한 것이다. 그는 내가 힘이 있어서 이겼다고 교만해하지 아니하고 하나님의 은혜로 나의 생명이 보존되었다고 하면서 하나님을 존귀케 했다.

아담의 타락 이후 범죄한 인간은 하나님을 뵈면 죽었다. 죄는 하나님의 영광에 이를 수 없기 때문이다(딤전 6:16, 출 34:20, 23). 그러나 성자 하나님의 얼굴을 대면해 보는 신령한 축복을 받은 야곱은 살아서 하나님의 이름을 높이고 영원히 기념했다.

4. 하나님과 씨름한 야곱이 절면서 브니엘을 지나갔다.

야곱은 브니엘을 지나며 전진해 갔다. 밤에는 야곱이 백사장 먼지 속에 엎치락 뒤치락하며 한 발자국도 앞으로 나아가지 못했다. 그것은 하나님이 야곱의 진로를 막고 발목을 붙잡고 계셨기 때문이다. 아니 에서의 400명 군대에 위축되어 뒤로 도망치려 했었다.

이제 하나님의 축복을 받아 장자권자가 되면서부터 야곱은 앞으로 전진하게 되었다. 신앙은 앞으로 전진하는 것이다. 뒤로 물러가면 하나님이 기뻐하지 아니하시고 침륜에 빠진다(히 10:37-39). 결코 물러설 수 없는 외길이다. 그러나 "브니엘을 지나고" 있었으니 하나님의 얼굴을 뵈오면서 하나님과 함께 걷는 길이다. 야곱은 동쪽에서 해가 돋는 것을 보았다. 브니엘은 "하나님의 얼굴"이라는 뜻인데 그 브니엘을 지날 때에 해가 돋았다는 것은 너무나 자연스러운 표현이 아닐 수 없다. 왜냐하면 하나님의 얼굴은 곧 태양빛이기 때문이다.

시편에 "여호와 하나님은 해"(시 84:11)라고 했다. 야곱은 조금 전까지도 캄캄한 밤중에 분투했었다. 불안과 공포와 사단 마귀가 작희하는 무서운 밤이었다. 그때에는 전진할 수 없었다. 그러나 이제 암흑은 사라지고 해가 떠올라 삼라만상을 찬란하게 비춰고 있었다.

야곱의 어두웠던 마음 속에도 하나님의 얼굴빛이 밝게 솟아 오르게 되었다. 하나님은 해요, 소망의 태양이시며, 치료하는 광선이시고, 만물에게 생명을 주는 빛이시다. 적을 전멸시키도록 중천에 떠 계시는 태양이시다(수 10:12-14).

야곱은 환도뼈로 인하여 절었다. "절었더라"는 계속해서 절뚝거리는 모습을 의미한다. 이제 야곱의 몸에는 하나님과 씨름한 신령하고 은혜로운 흔적을 가지게 되었다. 야곱이 걸을 때마다 하나님이 환도뼈를 친 사실을 기억하게 되고, 절며 걷는 그를 보는 사람들은 하나님의 얼굴을 대면한 사람이라고 감화있는 말들을 할 것이었다. 바울은 "내 몸에 예수의 흔적을 가졌노라"(갈 6:17)고 말했다. 은혜를 받으면 우리의 행위와 동작과 발걸음부터 변화가 생기는 것이다.

성 프랜시스는 방탕하여 중병에 걸려 신음하다가 회개하고 예수를 믿어 1224년 9월, 43세 때 라벨리아 산에 암자를 짓고 예수의 고난과 사랑을 체험하게 해달라고 기도했더니 다섯 군데에서 생살이 터지면서 피가 나와서 나귀를 타고 하산하여 성혼을 받은 다음 해 45세에 별세했다.

이스라엘 후손들은 짐승의 고기를 먹을 때에 환도뼈 큰 힘줄을 먹지 않는다고 한다. 그것은 야곱의 환도뼈 때문이라는 것이다. 이렇게 하여 이스라엘 사람들은 이 사건을 기억하고 끊임없이 야곱을 기념하면서 후대에 전하는 것이다. 그것은 야곱을 영예롭게, 그리고 영원히 기념하는 것이다. 성도는 예수에 대한 의무를 기억하고 영원히 기념하는 생활을 해야 한다.

선진들이 우리에게 성경 요소요소에 기념할 만한 흔적을 남겨 주었으므로 그들의 믿음을 기념하면서 앞으로 나아가야 하는 것이다. 우리의 앞에는 에서와 같은 적이 있다. 그러나 우리는 가야 하고 가서 목을 어긋 맞대고 피차 우는 화목한 삶을 창조하여 축복받는 후손이 되어야 한다.

쌍둥이 형제의 상봉

(창 33:1-4)

　야곱은 오랫동안 하란에서 잠을 제대로 이루지 못하였다. 그의 마음 속에서 일어나는 예리한 고통은 무엇을 하든지 항상 그를 불안하고 초조하게 만들었고 이로 인하여 야곱은 증오의 눈물을 수없이 흘렸었다.
　두려워 했던 에서와의 만남을 상상하며 그려볼 때마다 야곱은 언제나 에서와의 만남을 비극적인 것으로 생각하고 있었다. 그런데 20년 동안 그렇게 생각했던 에서와의 만남이 이제 상상도 못한 감격스러운 만남으로 다가온 것이다. 두려움이 자신을 망치고 괴롭혔으나 막상 그 만남이 왔을 때에 그것은 야곱의 생애에 있어서 가장 기쁜 만남이 되었다.
　우리는 미처 닥치지 않은 문제들을 염려하며 초조하게 기다리는 경우가 많이 있다. 그 문제들이 우리에게 다가왔을 때 그동안의 염려와 고통은 쓸데없는 것이었음을 깨닫게 되는 것이다. 우리에게는 잠재적으로 우리 자신을 비참하게 만들 수 있는 본능이 있다. 우리 생애에 있는 몇 년 후의 일을 바라보면서 그것들의 불행한 면만 계속 생각한다면 더욱 비참하게 되고 말 것이다. 그러므로 지나치게 먼 앞날의 일을 생각하며 염려하는 것은 좋지 못하다.
　이상과 같은 염려와 불안은 하나님을 전적으로 믿고 의지하는 믿음이 없기 때문이다. 하나님께서는 하나님의 방법을 통하여 두려움으로부터 인간을 구원하신다. 야곱은 어쩔 수 없는 두려움과 염려 속에서도 인간편에서 할 일을 하면서 하나님께 간구했다.

야곱의 간구가 어떻게 해서 에서의 마음을 봄볕에 눈녹듯이 변화시켰으며, 그토록 먼저 달려와 친절하게 끌어안고 울며 영접하였는지 알 수 없다. 그것은 하나님의 방법이었다.

하나님은 "환난 날에 나를 부르라 내가 너를 건지리니 네가 나를 영화롭게 하리라"(시 50:15)고 말씀하셨다. 우리의 부르짖는 기도는 우리가 염려하는 걱정이나 두려워 하는 문제들을 사라지게 한다. 우리가 피할 수 없다고 생각한 곤경도 사라지게 해주신다. 이루어지지 않을 것 같은 소망도 결국은 이루어진다. 빼앗긴 축복도 다시 우리 품으로 돌아온다.

하나님께서는 우리에게 일어나는 시련을 거룩하게 변화시켜 주시고 세상의 행복이나 성공보다 가치있는 인내와 겸손과 믿음을 갖게 하신다.

1. 야곱이 에서가 마주 오는 것을 보았다.

야곱이 눈을 들어 보았다. 창세기를 읽으면서 "눈을 들어보니"(13:10)라는 말씀이 여러 차례 나오는 것을 알게 되었다. 야곱이 "눈을 들어 보았다"는 말씀은 참으로 귀한 말씀이라고 할 수 있다. 하나님과 대면하기 전에는 야곱의 눈이 완전히 겁에 질려 있었다. 얍복강 나루에서 하나님을 대면한 후 이스라엘이라는 새로운 이름의 축복을 받고 브니엘을 지나 이제 에서와 상거가 가까운 지점에 와서 "에서를 보았다"고 했다. 야곱이 눈을 들어 본 그것은 낙심한 표정과는 전혀 반대인 즐거움과 신뢰의 표정이며, 믿음과 확신에 찬 신앙으로 에서를 바라보는 이스라엘의 눈이라는 것이다.

하나님께 매달려 철야기도하고 은혜를 받은 자는 어떤 대적이 와도 용기를 잃지 않는다. 하나님께 먼저 무릎 꿇는 자는 사람에게 무릎을 꿇지 않는다. 야곱은 희망찬 눈을 들고 다가오는 에서에게 나아갔다. 야곱은 벧엘 광야에서 사닥다리의 환상을 보았다. 창세기 32:1-2에서는 하나님의 군대가 자기를 보호하고 환영하려고 두 진영으로 선 것을 보았다. 여기서는 에서와 그의 거느린 종들을 본 것이다.

하나님의 군대에 비교해 보니 에서의 400명 종들은 아무것도 아니었다. 야곱은 용기를 얻을 수 있었고 즐거운 낯을 들고 눈에는 기쁨이 넘쳐 있었다. 언제나 신령한 것을 보는 자들은 확신에 넘치는 것이다. 야곱은 에서가 400인을 거느리고 오는 것을 보았다.

에서는 400명이나 되는 자기의 세력을 야곱에게 과시하고 복수심에 불타고 있다는 것을 보이기 위해서 그의 종들을 있는 대로 다 거느리고 군대의 집단으로 오고 있었던 것이다. 에서의 마음 속에는 야곱에 의해서 당한 과거를 회상하면서 교만, 분노, 애정이 뒤엉켜 있었을 것이라고 생각된다. 그러나 야곱은 에서가 무장을 갖추고 오는 것과는 반대로 하나님의 군대의 보호 아래 마주가고 있고 기도라는 놀라운 무기를 가지고 자신만만하게 대하게 되었다.

야곱은 에서를 만나기 전날 밤에도 철야하면서 간곡히 기도했다. 그리하여 그의 이름 야곱이 이스라엘로 변하고 에서의 불타는 복수심을 하나님께서 해제시키셨다. 사실 에서는 무장해제로 오는 것이었다. 야곱과 거리가 가까워진 때는 그의 마음이 동생을 그리워하고 사랑하는 마음으로 달려 왔고 그의 어깨에 항상 걸려있던 무기는 다 해제되어 있었다.

야곱은 신령한 눈으로 에서를 보았다. 야곱은 소망과 확신으로 차 있었다. 다리는 절고 나약해 보였으나 대단히 큰 영력으로 에서를 맞았다. 그는 하나님을 이긴 승리자였다. 그것은 에서를 이긴다는 확신을 주는 것이었다.

이스라엘이라는 이름이 그것이다. 중요한 것은 에서는 동생 야곱에 대한 복수심이 사라지고 쌍동이 동생으로의 정을 가지고 먼저 야곱에게 달려갔다는 것이다. 야곱도 에서를 볼 때 두려움의 대상이 아니고 원수가 아니라 그립고 정다운 친형님으로 보게 되었다는 것이다. 에서는 야곱이 자기에게 가까이 오기를 거만하게 기다리고 있지 않았다. 오히려 지체없이 야곱에게 달려갔다. 그리고 그들은 한참동안 말이 없었다. 왜냐하면 에서는 오랫동안 잃어버린 동생을 다시 만난 기쁨이 복받쳤기 때문이다. 그들은 얼싸안고 기쁨과 감사의 눈물을 흘렸다. 그들의 눈물은 피차간에 참회하는 눈물로 용서한다는 표시였을 것이다.

누가 이렇게 쌍둥이 형제의 상봉을 감격의 장면이 되게 했는가? 그것은 여호와 하나님이셨다. 사랑은 증오의 무기를 해제시킨다. 용서는 사랑의 눈물을 흘린다. 야곱은 신령한 눈으로 형님을 보았고 에서는 사랑의 눈으로 야곱을 보았다.

2. 야곱이 에서에게 가까이 했다.

야곱은 자식들을 나누어 레아와 라헬과 두 여종에게 맡겼다. 쌍둥이 형제의 양진영의 서로 다른 모습을 볼 수 있다. 에서는 건장하고 무장을 갖춘 용사들로 400명의 종을 거느리고 위풍당당하게 오고 있고, 야곱은 나이어린 자식들과 힘이 없는 여인들을 거느리고 마주 가고 있었다. 야곱은 자식들과 여인들을 자상하게 돌보고 안전하게 살펴주었다. 그런데 에서가 아니라 야곱이 장자의 축복을 받았고 모든 영적인 것에 언약을 받았으며 어떤 면에서는 에서보다 더 큰 자였다. 왜냐하면 하나님의 군사가 육안으로 보이지 않지만 이 두 진영 사이에서 야곱을 호위하고 있었기 때문이다.

에서는 자기 군대의 우두머리로서 보여주었으나 야곱은 자기 가족 식구들의 우두머리로서 가족을 거느리고 관심갖고 일일이 보살펴 주었으니 야곱이 더 훌륭한 우두머리라고 할 수 있다. 여종과 그 자식들, 레아와 그 자식들, 라헬과 요셉은 뒤에 두었다. 야곱은 매우 조심성있게 그러나 훌륭하게 정돈했다.

에서가 형제애의 자세일 때는 겸손을 보일 수 있게 하고, 적으로 공격하는 자세일 때는 가족 식구들의 안전을 위해 세 그룹으로 나누었다. 최전방에 자기 자신이 앞에 서로 여종과 그들이 낳은 아들들, 그다음에는 레아와 그 자식들, 맨 뒤에 라헬과 그의 아들 요셉을 서게 한 것이다. 야곱은 자기가 덜 사랑하는 자들을 에서의 공격의 처음 위치에 두고 만일의 경우 라헬과 요셉만 데리고 도망할 계획이었다. 그의 계략은 교묘한 것이었다. 아들들도 열한 명이건만 꼭 이름을 넣기는 "요셉" 뿐이었다. 야곱은 라헬과 요셉을 무척 사랑했다. 그러나 그것은 편애인 것이다.

인간의 죄는 불신앙을 가져온다. 불신앙은 의심을 가져오고 의심은 인간의 잔꾀로 수단과 방법을 동원하여 피할 길을 모색하게 한다. 야곱은 하나님의 군대를 보았고, 하나님을 대면했으며, 승리하리라는 이름까지 받았는데도 에서를 만나자 두려워하여 인간적인 수단방법에 급급했다. 그것은 불신앙이다.

야곱은 몸을 일곱 번 땅에 굽히며 나아갔다. 야곱은 자신이 가장 위험한 자리에서 걸었는데 그것은 한 가정의 책임자로서 마땅한 것이었다. 에서에게 나아갈 때 몸을 일곱 번 땅에 굽히며 나아갔다. 이것은 얼굴이 땅에 닿을 만큼 몸을 숙인 것으로 대단한 존경과 경외심을 표하는 자세이다. 야곱이 경의를 표하는 인사를 한 곳에 머물러 서서 한 것이 아니고 차츰 차츰 에서에게 가까이 가면서 계속적으로 하였음을 가리키는 것이다. 고대에는 왕이나 점령자에게 이렇게 했다.

이것은 형을 존경하는 모습보다는 비굴한 행동이라고 할 수도 있겠으나 야곱의 이러한 행위는 위선이나 아부나 야비한 모습이 아니었다. 진실로 지난 날의 잘못을 회개하고 화해를 원하는 자세에서 나온 것이라고 할 수 있다. 겸손한 것은 진노를 푸는 데 큰 역할을 한다. 사람은 스스로 겸손해짐으로써 자기 자신들을 보존한다. 더구나 20년 만에 만나는 친형에게 겸손하게 못할 이유는 없다.

3. 에서와 야곱이 입맞추고 피차 울었다.

에서가 달려와서 그를 맞았다. 에서가 달려온 것은 오랫동안 헤어져있던 야곱을 사랑하기 때문이었다. 여기서 쌍동이 형제의 감격적인 상봉과 화해를 볼 수 있다.

에서는 20년간 가슴 속에 도사리고 있었던 복수심, 살의, 원통함이 야곱을 보는 순간 눈녹듯이 사라지고 말았다. 이것은 형제간의 애정 때문이거니와 하나님께서 마음에 은혜와 사랑으로 역사하셨기 때문이다.

산과 들판을 헤매며 방랑생활로 살아온 에서의 가슴 속에서 소년 시절과 고향에 대한 생각이 스쳤을 것이다. 하나님께서는 사람의 마음을 감동시키신다. 하나님께서는 모든 사람의 마음도 마음대로 하시기 때문이다. 그 실례로 구약의 사울왕이나 신약의 바울이 된 사울이 있다. 하나님은 어제까지의 적을 오늘에 친구가 되게 하셨다.

야곱은 얍복강 나루에서 씨름하여 눈물로 하나님께 간구했다. 그것은 먼지를 뒤집어 쓴 기도요, 철야기도요, 홀로 고독한 중의 기도며, 적의 두려움을 놓고 기도한 것이다. 환도뼈가 위골되기까지 기도했고 하나님을 붙잡고 놓지않는 불퇴전의 기도였다. 호세아의 말대로 눈물로의 간구였다. 그리하여 오늘 그의 기도의 응답은 에서의 마음을 바꾸어 놓은 것이다. 기도는 우리의 환경을 바꿔놓는 것이다.

에서와 야곱은 입을 맞추고 피차 울었다. 이와 같은 극적인 형제상봉이 또 어디 있을까? 장장 20년 만에 쌍둥이 형제가 만나는데 서로 달려와 목을 어긋 맞기고 입을 맞추고 피차 울었다. 야곱은 그토록 두려워했던 형이 달려와서 끌어안아 주니 너무 기쁘고 감격해서 울고, 에서는 동생에게 악한 생각을 품었던 것이 부끄럽고 슬퍼서 울었다.

우애가 넘치는 감격한 재회이다. 감격스런 한 폭의 그림을 보는 듯하다. 뜻밖에 골육지친을 만나게 될 때에는 이렇게 감격한다. 그것은 인간 상정이다. 훗날에 요셉이 동생 베냐민을 만났을 때 이렇게 했다(45:14-15). "피차 우니라"는 말씀이 얼마나 우리의 마음을 뭉클하게 하는지 모른다. 그것도 하나님께서 쌍둥이 형제에게 울 마음을 주셨던 것이다.

에서와 야곱의 화해는 영적인 교훈이 있다.

예수께서는 "먼저 가서 형제와 화목하라"(마 5:24)고 말씀하셨다. 바울은 "너희끼리 화목하라"(살전 5:13)고 당부하였다. "마른 떡 한 조각만 있고도 화목하는 것이 육선이 집에 가득하고 다투는 것보다 낫다"고 하였다.

하나님께서는 하나님과 인간 사이의 화목을 위해서 예수 그리스도를 보내사 십자가에 돌아가시게 하셨다(엡 2:16). 그러므로 우리는 하나님과 화평하여 복을 받는다(욥 22:21). 에서와 야곱은 같은 형제이다. 예수께서는 "너희 속에 소금을 두고 화목하라"(막 9:50)고 하셨다. 우리가 형제끼리 화목하기 위해서는 소금이 되어 그 자체가 녹아서 화목케 함같이 자기를 희생하고 녹이지 않으면 안되는 것이다.

　에서가 공산주의라면 야곱은 자본주의일 것이다. 에서가 무신론자라면 야곱은 신본주의자일 것이다. 그러나 하나님께서 언젠가는 사상과 이념을 초월하여 형제들이 감격하게 상봉하도록 역사하실 것이다.

쌍둥이 형제의 대화

(창 33:5-15)

야곱이 형을 극적으로 상봉하게 되었다. 형 에서가 먼저 야곱에게 달려와서 목을 끌어안고 입맞추며 피차 울었다. 지금까지 혼자 걱정하고 불안해했던 야곱의 근심은 불필요한 것이었고 인간적인 방어 계획조차 소용이 없는 것이었다. 그것은 하나님께서 라반에게 현몽하여 마음을 달래시고 억제시키셨듯이 에서의 마음을 달래셨던 것이다.

야곱은 에서의 무서운 활과 칼을 연상시키며 두려워 떨었지만, 하나님께서는 에서의 무기를 땅바닥에 내동댕이치고 얼싸 안고 감격한 눈물을 흘리게 하셨다. 싸우고 피흘리는 대신에 그들 형제는 서로 끌어안고 눈물 흘렸다. 이것이 바로 하나님의 화해 방법인 것이다.

욥기서에 "너는 하나님과 화목하고 평안하라 그리하면 복이 네게 임하리라"(욥 22:21)고 하신 말씀이 있다. 야곱이 하나님과 화목하게 되었을 때 이러한 축복을 받았다. 하나님께서 역사하시면 악한 자들일지라도 기쁨으로 하나님의 백성들을 맞는 것이다. 왜냐하면 하나님이 악한 자의 마음도 다스리시기 때문이다.

잠언에 "사람의 행위가 여호와를 기쁘시게 하면 그 사람의 원수라도 그로 더불어 화목하게 하시느니라"(잠 16:7)고 하였다. 먼저 사람은 하나님과 화목하고 하나님을 기쁘시게 하면 그 사람의 원수라도 그들의 친구가 되는 것이다.

하나님은 아무리 감당하기 어려운 커다란 시험이 닥치게 되는 곳에서도 하나님의 사람을 위하여 사랑이 넘치는 곳으로 변화시키신다. 잘했거나 잘못했거나 형제들은 서로 다시 만나서 하나가 되게 하시고 눈물을 적시며 기쁨을 나누게 하신다. 갈대는 양보하기 때문에 바람을 견디어 낼 수 있지만 오동나무는 저항하기 때문에 그 바람에 쓰러지는 것같이 분노하는 사람은 자신을 부인하는 복종의 마음을 통해서 가장 효과적으로 겸손하게 변한다. 하나님의 섭리는 마음의 분노를 사랑으로 변화시키기 위해 사람들의 마음을 감화시키는 역사를 하시는 것이다.

본문의 야곱과 에서의 화해는 참으로 놀랍고 감동적인 사건이다. 왜냐하면 그것은 죄인과 하나님 사이의 화해를 의미하기도 하기 때문이다. 이제 쌍둥이 형제 간에 오랫만의 대화를 통해서 흐뭇한 모습을 볼 수 있다.

1. 야곱의 일행에 대해서 대화하였다.

에서가 야곱에게 너와 함께 한 이들은 누구냐고 물었다. 에서는 20년 전에 집을 떠날 때는 미혼이었는데 이제 그의 곁에 있는 여인들과 아이들을 보면서 그들과의 관계가 어떻게 되느냐고 물었다. 야곱은 자기 앞서 종들을 형에게 보낼 때에 자기 재산이 많다는 것을 알렸었다(32:5). 그러나 자기의 아내들과 어린 자식들에 대해서는 아무 언급이 없다. 그것은 형을 적으로 만나게 된다면 자기 처자들은 형의 진노 앞에 노출시키기가 싫었을 것이고 형제로서 만나게 된다면 형을 즐겁게 해주리라고 생각했기 때문일 것이다. 사실 인간사에서 혈족의 만남처럼 기쁜 일은 다시 없을 것이다. 에서는 옛날의 감정 싸움은 다 잊어버리고 형제로서 이야기하고 있다. 옛날의 불편했던 것들을 일체 다시 언급하지 않는 것이 오늘을 맞는 우리 삶의 지혜이다.

야곱이 에서에게 하나님이 은혜로 주신 자식이라고 대답했다. 에서가 처음 상면하게 되는 야곱의 처자들에 대하여 물었을 때 야곱은 진지하게 대답하기를 "하나님이 주의 종에게 은혜로 주신 자식이나이다"라고 하였다.

야곱의 대답에서 우리는 두 가지를 생각할 수 있다. "하나님"이라는 신의 칭호이다. 야곱은 언약의 하나님인 여호와를 언급함으로써 과거에 에서에게 입혔던 경험을 상기시켜서 일을 그르치지 않을까 하여 하나님의 통상적인 명칭을 사용한 것 같다. 다음으로는 자식에 대한 것인데 자식은 하나님께서 은혜로 주셨다는 말에서 감동적이다. 자식은 하나님의 귀한 선물이고, 하나님이 부모에게 주신 재산이며(시 128:3, 112:9, 107:41), 기업이며(시 127:3-4), 큰 상급이요(창 15:1). 성문에서의 원수와 싸울 때 승리하게 하는 전통의 화살과 같은 힘이다(시 127:4-5). 그러므로 하나님께서 야곱에게 이렇게 많은 자식을 주신 것은 축복이요 감사한 일이다.

에서에게 가장 가까이 마주 선 여종들이 그들이 낳은 자식들을 데리고 에서에게 정중하게 나아가 절했다. 그 다음으로 가고 있던 레아가 그가 낳은 자식들을 데리고 에서에게 가까이 가서 절하였다. 그런데 맨 뒤에 있던 라헬과 요셉, 그 모자중에 요셉이 라헬보다 먼저 나온 것으로 기록되고 있는데 그 이유에 대해서 알 수가 없다. 야곱의 아들들 중에 요셉이 막내였기 때문에 나이가 어려서 말로만 듣던 큰 아버지 에서를 보자 반가움에서 라헬보다 앞서서 절하지 않았나 생각될 뿐이다.

그러나 이것도 역시 에서의 마음을 정답게 한 것이라고 할 수 있다. 이로써 야곱의 처자식들이 에서에 대하여 예의있게 절을 하여 인사를 마쳤다. 가정에 있어서 가장이 소개히는 웃사림이나 존경하는 사람에게 온 집안 식구들이 절하여 존경을 표시하는 것은 당연한 예이고 지극히 정다운 모습이라 할 수 있다.

2. 야곱이 보낸 선물에 대해서 대화하였다.

에서가 제수되는 이들과 조카들을 만나 인사를 나누고 야곱에게 묻기를 "나에게 보낸 이 모든 떼는 무슨 까닭이냐?"라고 했다. 이것은 "이 모든 무리는 네게 무엇을 의미하느냐?"는 것이다. 예상밖의 선물에 대하여 야곱의 동기가 의아하다는 물음이다.

그때에 야곱은 "내 주께 은혜를 입으려 하나이다"라고 하였다. 에서가 가로되 "내 동생아 내게 있는 것이 족하니 네 소유는 네게 두라"고 했다. 에서는 자기도 소유가 넉넉하니 이러한 선물들이 필요치 않다면서 거절한 것이다.

　야곱이 보낸 이 많은 떼의 선물이 에서의 마음을 얻는 데 어떤 작용을 했든지간에 에서는 이것을 받으려 하지 않았다 영적 축복을 받지못한 세상의 많은 사람들 중에는 이 세상에 있는 물질적인 부를 많이 소유하고 있는 것을 알 수 있다. 에서는 무력으로 사는 사람이었다. 수백명의 종을 거느린 그 무력으로 세상의 부요한 것들과 재물을 얻었다. "내게 있는 것이 족하다"고 한 것은 "나는 많이 소유하고 있다"는 뜻이다. 그러므로 야곱의 선물이 자기에게 필요치 않다는 것을 역설적으로 표현한 것이다.

　자기 소유에 만족하는 자는 다른 사람의 소유를 탐내지 않는다. 형제간의 진정한 화해는 그 사이에 재물이 오고가는 것이 필요치 않다. 그러나 에서가 야곱에게 그대로 네 소유를 가져가라고 말한 것은 다른 사람의 겸손한 친절을 거절한 듯한 인상을 주고 있다. 언제나 이러한 예물을 주고 받을 경우에는 서로의 진심과 마음을 이해하는 것이 더 중요하다고 생각된다.

　야곱이 강권하여 예물을 받으시라고 하였다. 야곱은 예물을 거절하는 형에게 "그렇지 아니하니이다 형님께 은혜를 얻었사오면 청컨대 내 손에서 이 예물을 받으소서"라고 권했다.

　예전에 선물은 우호와 상호동맹의 조약에 대한 증표였기 때문에 상대방이 선물을 받으면 화해를, 선물을 물리치면 전쟁과 불화를 의미하는 것이었다. 야곱은 이 예물을 보낼 때에 에서에 대해 두려워하고 있었다. 그것은 용서와 화해를 원하는 예물이었는데 에서가 어떻게 나올지를 몰라서 그랬던 것이다. 그러나 이제 형제는 목을 끌어안고 화해한 이상 형의 사랑과 화해를 감사하는 마음에 권하여 예물을 받으라고 한 것이다.

　"형님께 은혜를 얻었사오면"이라고 한 것은 하나님의 은혜를 말하는 것은 아니다. 그러나 사람은 다른 사람에게 은혜를 베풀고 꾸어주면서 사는 것이다. 야곱은 형님에게 큰 은혜와 사랑을 받은 셈이다.

장자의 명분을 속인 일 한 가지만으로도 에서에게 어떤 보복을 당할지 예측할 수 없었기 때문이다. 그런데 형은 과거 얘기는 한 마디도 하지 않았고 형제애로써 감격스럽게 상봉했던 것이다.

야곱은 형님을 뵈온즉 하나님의 얼굴을 뵙는 것 같다고 했다. "하나님의 얼굴을 뵈옵는 것" 그것은 "엘로힘의 얼굴의 환상"이라는 뜻으로 형의 얼굴에 나타난 따뜻하고 친절한 우애 속에서 야곱은 하나님이 베푸신 은혜의 빛을 본다는 의미이다. 그것은 에서의 마음을 이렇게 변화시켜 애정 넘치는 형제의 상봉을 하도록 주장하신 분이 곧 하나님이시기 때문이다.

이것은 형에 대한 아첨이 아니다. 그리고 이방의 어떤 신으로 에서를 칭한 것도 아니다. 형의 권위성을 나타내는 최상급의 표현이라고 할 수 있다. 얍복강 나루에서 하나님의 얼굴을 보고서도 죽지 않고 살았기 때문에 에서의 얼굴을 보고도 죽지 않게 되리라고 믿으면서 에서에게 나타난 하나님의 역사를 말한 것이라고 할 수 있다.

이제 야곱은 형을 만나면서 브니엘에서 만났던 그 하나님의 얼굴을 보는 것 같은 감상이었던 것 같다. 진실로 하나님의 역사는 신비롭고 가히 놀랄 만하다. "형님도 나를 기뻐하심이니이다"라고 했는데, 즐거워하며 적극적으로 호의를 보이며 함께 연합하는 애정을 의미하는 것이다(시 50:18).

야곱은 "하나님께서 내게 주신 은혜"라고 했다. 그러니까 자기의 많은 재산이 하나님의 은혜라는 것이다. 모세는 "하나님이 재물 얻을 능을 주셨다"(신 8:18)고 하면서 사람이 재물을 많이 가졌다고 교만할 수 없다고 하였다. 하란에 있을 때에 라반의 것을 야곱의 소유가 되게 하신 이는 하나님이시다. 그러므로 야곱의 오늘의 이 재산들은 하나님의 은혜이다.

야곱은 "나의 소유도 족하다"고 했다. 직역하면 "나는 모든 것을 소유하였음으로"이고, "모두, 여러 가지" 등(6:17, 7:4, 출 35:22) 전혀 부족함없이 풍족한 상태를 의미한다. 에서가 "족하다(9절), 많이 가졌다"고 한 것은 많이 가졌다는 뜻이지만 야곱의 "족하오니"는 "모두"

라는 뜻이다. 세인들은 물질이 많아야 만족해 하지만 믿음의 사람은 세상에서 가진 것이 없어도 하나님 안에서 모든 것을 가진 만족이 있고 행복이 있다는 것이다.

모든 것의 주인은 하나님이시다. 모든 것은 영적인 것과 육적인 것, 세상의 모든 것, 천상의 모든 것이다. 모든 것의 주인이신 하나님을 모시고 살기 때문에 성도는 모든 것을 만족하게 소유한 자들이다. 모든 것을 다 가졌다고 믿는 사람 이상 행복한 사람은 없다.

야곱은 여기서 다시 엘로힘(5절)이라는 신명칭을 사용하는데 그것은 야곱이 하란에서 얻은 번영은 하나님께서 은혜로 주신 것임을 인정하는 것이다. 에서가 야곱의 예물을 받았다. 그것은 우정과 화해를 의미한다.

3. 앞으로의 여정에 대해서 대화하였다.

에서가 야곱의 앞잡이가 되리라고 말했다. "너의 앞잡이"는 "네 앞서, …의 곁에서"라는 의미이다. 에서가 야곱의 길 안내자가 되겠다고 자청한 것이다. 격정의 마음은 사라지고 형과 동생의 정상적인 애정으로 형이 동생에게 마땅히 제의할 제의를 한 것이다.

야곱의 일행은 유약한 부녀자들이다. 에서의 400명의 건장한 무사들이 호위와 보호를 받으면서 동행한다면 얼마나 안전하겠는가 하는 생각에서 이렇게 말한 것이다. 외롭고 약한 동생을 자기와 같이 가자는 것이고 세일까지 가서 얼마 동안이라도 평안히 지내라는 초대인 것이다. 쌍동이 형제가 이 순간처럼 행복하고 다정한 때는 없었다. 모든 사람의 마음을 사로잡으시고 주장하사 이렇게 역사하시는 하나님의 놀라운 은혜를 감사해야 하는 것이다.

언제든지 하나님의 말씀에 순종하면 실패하는 일이 있을 수 없다. 원수처럼 두렵던 자를 변화시켜 인생 여정의 길잡이가 되겠다고 자청하도록 역사하시는 하나님의 축복이 길목에서마다 있어지는 것이다.

야곱은 에서에게 겸손하게 거절하였다. 야곱은 "내 주도 아시거니와"라고 말하며 점잖고 겸손하게 에서의 제의를 거절하게 되었다. 야곱이 에서의 호의를 거절한 이유는 "자식들은 유약하고 가축들은 과도히 몰 수 없기 때문"이라고 하였다. 그 때 야곱의 장자가 13-14세요, 막내 요셉은 6세 정도였다. 그렇게 어린 자녀와 여인들을 신중하게 생각한 것이다. 좋은 가장, 선한 목자의 모습이라고 할 수 있다.

라반에게서 탈출했을 때에도 가축을 몰인정하리만큼 심하게 몰았었다. 그리고 야곱은 에서와 동행하고 싶지 않았다. 그리하여 "종보다 앞서 가소서"라고 말했다. 그리하면 세일산으로 가서 에서에게 나아가겠다는 것이다.

야곱이 가족들 모두가 정착한 후에 에서를 방문했는지에 대한 언급은 성경에 없다. 그러나 그리했으리라고 믿을 수 있다. 인간관계가 서로 화목하게 되었으면 그것을 더욱 유지하고 발전시켜 나가는 노력이 필요하다. 행보대로란 무리하지 않고 가축과 자식들의 보조에 맞추어 가겠다는 것이다.

야곱은 세일에 정착하려 하지 않고 가나안 땅에 가려는 목적 때문에 에서와 함께 가기를 거절했다. 야곱의 지금 목적지는 세일이 아니다. 아버지가 계시는 가나안 땅의 헤브론이었다. 따라서 지금은 에서와 함께 할 수 없고 후에 방문하겠다고 했다. 야곱은 아버지 장례식 때 다시 에서를 만나 마지막 아버지 장례를 의좋게 치른다(35:29).

에서는 자기의 종자 수인을 네게 미물리겠다고 했다. 에서는 자기가 거느리고 있는 종자들 중에 몇 사람을 야곱에게 있게 하여 야곱의 가는 길을 안내하고 호위하여 보호자가 되게 해주리라고 말했다. 에서는 야곱에게는 아무런 힘있는 자들이 없는 것을 보았기 때문에, 그리고 자기의 종들을 야곱이 거느리게 함으로써 야곱이 권위있게 위대한 인물인 것처럼 보이게 하려 했던 것 같다. 그는 언제나 자기 수하의 종들을 거닐고 다녔었기 때문에 더욱 그렇게 생각했는지 모른다.

그러나 야곱은 "어찌하여 그리하리이까 나로 내 주께 은혜를 얻게 하소서"하면서 또다시 거절했다. 야곱이 에서의 호의를 거절한 것은 하나님의 보호하심을 받고 있었기 때문에 시종들의 인도나 보호가 필요없었다.

쌍둥이 형제의 대화 59

하란을 떠날 때 하나님께서 함께 하신다는 약속의 말씀이 있었고, 마하나임에서 하나님의 군대가 두 진영에 서서 야곱의 가족을 지키고 있는 것을 보았고, 브니엘에서 하나님의 얼굴의 영광을 보았기 때문에 야곱은 에서같이 무력을 믿고 사는 사람이 아니고 하나님을 의지하는 성도로써 인간적인 보호자가 필요치 않았다.

하나님은 길을 여시는 분이고(믹 2:13, 출 32:34, 14:19), 사망의 음침한 골짜기로 다닐지라도 해를 받지 않도록 보호하시는 하나님이시다. 야곱은 "나로 내 주께 은혜를 입게 하소서"라고 부탁했다. 이것은 형님이 다시 한 번 은혜를 베풀어 너그럽게 저의 사양하는 뜻을 이해하시고 받아달라는 것이다. 유순한 대답은 분노를 쉽게 하지만 과격한 말은 노를 격동하는 법이다(잠 15:1).

에서와 야곱의 석별

(창 33:16-20)

　야곱과 에서의 만남에는 평화와 사랑의 천사들이 수종들었다. 그런데 이제 금방 이 아름다운 조화가 깨지는 듯한 인상을 받는다. 의심의 기운과 침묵이 야곱의 마음에 자리잡고 있었기 때문이다. 순수하게 나오는 에서의 호의마저 거절한 것인가?
　야곱은 에서의 성격을 잘 알고 있었다. 언제 갑자기 에서가 분노하는 마음이 일어날지 모르는 일이라고 생각했을 것이다. 그러므로 에서가 야곱을 보호하기 위해 종자 몇을 주어 길을 안내하기 배려했으나 야곱은 신중하게 그러나 겸손히 거절했다. 이러한 거절이 비록 회피를 위한 수단이었다 할지라도 그것은 우리가 이해할 수 있을 것이다.
　야곱은 분명히 커다란 위험을 치르지 않고는 거추장스러운 가족들과 수많은 가축들을 이끌고 에서와 동행하여 세일로 갈 수가 없었다. 그리하여 에서는 세일로 회정하여 돌아가고 야곱은 숙곳이라는 곳에 이르러 집을 지어 20년 만에 만난 쌍둥이 형제의 석별하는 서운한 장면을 보는 것이다.
　이제 야곱의 마음 속에서 꿈틀거리며 불안하게 했던 20년의 장애 요소가 다 제거된 셈이다. 그러나 그것은 하나님의 언약의 약속이라는 은혜로의 축복이요, 야곱의 잔꾀나 공로나 노력에 의한 것이 아니다. 에서의 문제는 야곱을 끈질기게 괴롭혀 왔었다. 그리하여 야곱은 고뇌로 번민했으나 하나님이 길을 열어주셨다. 하나님의 부리는 하나님의 군대의 보호와 야곱의 낮아짐의 회개, 간구하는 부르짖음에 에서의 마음이 녹아져서 형제애의 환영을 하게 했다. 기도를 통해서 먼저 하나님과의 관계가 회복되고, 하나님의 주권을 인정하는 곳에는 인간이 지닌 문제들이 은혜스럽게 해결되는 것을 볼 수 있다.

이제 에서는 세일로 돌아갔다. 그는 세일에 있다가 야곱을 맞으려고 왔다. 20년 만의 이별에 비해서 너무나 짧은 시간 동안의 상봉이었다. 형제 간의 화해와 짧은 대화를 나누고 그날에 에서는 세일로 간 것이다.

세일은 "털이 많다"는 뜻이다. 털이 많은 에서가 털이 많은 세일에 사는 것은 당연한 것이다. 그러나 에서가 완전히 간 것은 아니었다. 왜냐하면 가나안 땅에서 그가 완전히 물러간 것이 그 후에 되어졌기 때문이다.

1. 야곱은 숙곳에 이르러 집을 지었다.

에서는 세일로 가고 야곱과 이별했다. 우리는 여기서 인간적인 어떤 안타까움을 느끼지 않을 수 없다. 그것은 20년 간 헤어져 있던 형제가 짧은 시간 동안 상봉하고 또다시 헤어졌기 때문이다. 어떻게 보면 그것은 불행한 일이라고 할 수 있을 것이다.

그러나 에서는 육적인 사람이요 야곱은 약속받은 영적인 사람으로 그들이 한 거처에 머물러 있을 수는 없는 일이었다. 영과 육은 우리 속에서 끊임없이 싸우고 있어서 바울은 "나는 곤고한 사람"이라고 했다. 영을 기쁘게 하려면 육이 거스리고 육을 만족시키려면 영이 거스린다. 이스마엘과 이삭이 같은 장막에 있을 때 싸우는 것 때문에 서로 떨어져서 살게 하신 하나님은 약속의 언약을 이어나갈 야곱을 에서에게서 떨어져 있게 하지 않을 수 없었다.

야곱은 숙곳에 이르게 되었다. 숙곳은 "막들, 가축용 우리, 장막"이라는 뜻으로 얍복강에서 북쪽으로 16km 떨어진 요단 동편 계곡에 위치한 곳인데 후에 요단강 건너편에 있는 갓 족속의 도시가 되었다.

야곱은 이곳에 이르러 적어도 수년 동안 살았다. 그것은 야곱의 딸 디나가 세겜에 간 때에는 결혼할 수 있는 만큼 성숙해 있었음을 보아 알 수 있다. 그런데 야곱이 이곳 숙곳에 오랫동안 체류한 이유에 대해서는 잘 알 수 없다. 다만 짐작하기는 외가에서의 20년 간 종살이에 따른 압박감이나 에서를 되도록 빨리 피하려는 의도이거나 얍복강변에서 하나님과 씨름하다 위골된 뼈로 인하여 다리를 절며 걸어야 하는 불편함 때문이 아닐까 한다. 아니면 에서와의 만남을 전후하여 심신이 너무나도 지쳐 있어서 휴식할 곳으로 잠시 머물려고 했는지 모른다.

야곱은 집을 짓고 짐승을 위하여 막을 지었다. 야곱이 "자기를 위하여"와 "짐승을 위하여"라는 말이 있는데, 갓 족속의 후손들이 후에 "돌"로 된 집에서 살면서 유리하던 사람들이 바로 움막을 치고 살던 자기들의 조상이라는 사실을 상기했기 때문에 "숙곳"이라고 이름붙인 것이 아닌가 생각된다(신 26:5).

야곱의 시대 이후에야 사람들은 돌을 깨뜨려 집을 지었다. 돌을 가지고 야곱이 집을 지었고 짐승을 위하여 우리를 지었다. "위하여"라는 말씀이 우리에게 이상한 느낌을 갖게 한다. 왜냐하면 그것은 야곱의 큰 실수였기 때문이다.

일찍이 하나님께서는 야곱에게 "벧엘로 가라"고 명령하셨다. "나는 벧엘 하나님"(31:13)이라고 하셨고, 야곱도 무사히 고향에 돌아오게 해 주시면 벧엘로 가서 제단을 쌓겠다고 약속했었다(28:19-22). 야곱이 숙곳에서 잠시 휴식을 취하려 했다면 돌을 가지고 자기 집을 짓거나 짐승의 우리를 지을 필요가 없는 것이었다.

그는 숙곳에 오랫동안 안주하기 위하여 이렇게 한 것이다. 성도는 나그네와 같은 이 세상에 잠시 머무는 신세이다. 그러므로 이 세상에서 자기를 위하여 집을 짓지 말고 영원한 약속의 땅 하나님의 집을 사모하며 나아가야 한다.

야곱은 이기심이 강했다. 숙곳이 목초지역이어서 목축의 이점만 보았다. 자기에게 유익하다면 하나님의 말씀마저도 잊어버리고 약속도 파기해 버리는, 그래서 거하지 말아야 할 곳에 집까지 짓고 살며 영성이 때문다가 큰 환난을 그곳에서 당하게 된다. 그러므로 하나님의 말씀에 순종하면 축복이지만 불순종하면 화를 만난다.

　2. 야곱이 가나안 땅 세겜성 앞에 그 장막을 쳤다.
　야곱이 밧단아람에서 평안히 세겜에 이르렀다. 밧단아람은 하란이요 하란이라는 이름은 "문명화 한" 또는 "강한"의 뜻이 있다. 이곳은 세겜의 도성 곧 살렘이라고 부른다. 세겜은 "어깨"라는 뜻으로 하나님없이 자기 힘만 믿는다는 암시를 주는 것이다. 세상 사람들은 육체적인 힘으로만 살며 사람을 지배하려고 한다. 그러므로 세겜은 어깨만 믿는 이세상의 모형이다. 어깨는 힘과 능을 의미하기 때문이다.
　야곱이 이러한 세겜 땅에 오래 살았다는 것은 그의 신앙이 얼마나 타락하고 있었는가를 알게 한다. "벧엘로 올라가라"고 하나님께서 말씀하시고 군대를 보내사 동행하셨고 에서와도 화해케 하셨건만 야곱은 자기와 자기 사업에 유익한 곳에 오랫동안 정착했다.
　하나님의 은혜와 인도하심으로 많은 난관의 여정 끝에 안전하게 가나안 땅에 도착했던 것이다. 세상이라는 밧단아람을 탈출하여 약속의 가나안 땅까지 평안히 도착한 것은 하나님의 은혜였다.
　"평안히"는 "살렘", 즉 "평안히, 안전하게"를 의미하는 부사로 번역하기도 한다. 하나님은 우리의 살렘왕 되셔서 험난한 인간 노정에도 평안히 목적지까지 도착시켜 주셨다. 그러므로 성도는 어디까지 이르렀든지 걸어온 노정을 회상하면서 하나님께 감사하고 약속한 것은 해로울지라도 지켜야 하는 것이다.
　세겜성 앞에 장막을 치고 있었다. 우리의 높임과 축복을 위한 하나님의 계획에 미치지 못하는 것처럼 야곱 역시 세겜성 살렘으로 갔고, 뿐만 아니라 롯이 소돔성에 장막을 쳤을 때 했던 것같이 성앞에 장막을 쳤다. 그가 무엇 때문에 세겜성으로 가서 장막을 쳤는지 알 수 없지만 그것은 슬프고도 엄연한 사실이었다.
　많은 그리스도인들이 세상의 모퉁이에 살고 있다. 세상인지 하나님나라인지 모르는 어중간한 지점에서 살고 있다는 뜻이다. 그리하여 세상적인 유행과 삶의 모습을 즐기고 교회적인 예배와 형식에 젖어든다. 야곱이 그곳에다 장막을 친 이유는 그곳 사람들과 접촉하기 싫어서거나 양떼들이 성 안에 있을 수 없었거나 방축의 편리상 그리했을 것이다. 세상은 방축하는 사람들에게는 초장이 좋은 곳이었다. 야곱은 그 점을 눈여겨 보았다. 그러나 그것은 안목의 정욕이었다.

영안을 가지고 벧엘의 하나님께 단을 쌓으려 하지 않고 안목의 정욕 그러니까 목축하기에 좋게 보여지는 대로 장막을 쳤다는 것이다. 물론 야곱은 그곳에 오래 있었으나 장막을 쳤다고 하는 것을 보면 임시 머물다가 가려는 나그네의 인간상을 연상케 했다. 인간은 나그네와 같은 것임을 잘 알았던 그가 잠시만 더 하다가 큰 화를 당하게 되었다.

장막친 밭을 은 일백개로 샀다. 야곱은 가나안땅의 일부지역인 세겜에 장막을 치고 그 땅을 세겜의 아비 하몰의 아들들의 손에서 은 일백개를 주고 샀다. 비록 가나안 땅이 하나님의 약속에 의하면 야곱의 땅이 될 것이고 또 장차 후손들이 그 나라를 소유하게 될 것을 믿는다는 뜻에서 그 땅을 산 것은 그의 믿음이라고 할 수 있다. 하나님께서 아브라함에게 그것이 야곱과 그 후손의 것이 되리라고 약속하셨는데 야곱이 그 말씀을 확실하게 믿는다는 것이다. 그러므로 그가 "땅을 산 것"은 그의 믿음의 증거이다.

야곱은 이 땅이 사기와 사기의 후손이 될 것을 의심치 않았으나 그것이 완전히 자기 소유가 될 때가 아직 이르지 않았기 때문에 지금 거주인들과 싸우지 않고 돈을 주고 자기 땅으로 산 것이다. 천국 가나안을 값없이 운구한 요셉의 유해를 이곳에 장사했다(수 24:32).

하몰은 나귀라는 뜻으로 히위 족속인 세겜의 족장이다(34:1-26). 그리고 은 1백개는 정확히 알 수 없으나 성경에서 처음으로 주화에 대해 언급한 것이다.

3. 야곱이 단을 쌓고 엘엘로헤 이스라엘이라고 이름했다.

야곱이 구원받은 후에 단을 쌓았다. 야곱은 에서의 무서운 도전 앞에 벌벌 떨었다. 속수무책이었다. 400명의 거치른 사냥꾼들의 칼과 화살 앞에 식구들은 몰살당할 위기에 있었다. 그러나 하나님께서 앞서 가셔서 에서를 변화시키시고 야곱의 길을 넓게 열으셨다. 그러므로 야곱은 에서와 헤어지면서 세겜에다 장막을 친 후에 감사하는 마음으로 단을 쌓은 것이다.

에서는 400명의 종들을 데리고 와서 야곱을 대적하려 했으나 오늘에는 무신론의 세력자들은 그보다 몇 배나 더 강한 힘을 과시하면서 나와 나의 처자, 그리고 재산까지 위협하고 있다. 그럼에도 불구하고 우리는 대적자와 맞서서 싸울 힘이 도무지 없는 것이다. 그런데 하나님께서 이 위험에서 나와 나의 가족을 구원하시고 하나님 자신이 적과 싸워 주셨으니 어찌 감사하지 않을까? 야곱은 구원하신 하나님의 은혜에 감사하는 표시로 단을 쌓았다.

야곱은 자신과 자신의 땅을 구별하여 바치면서 단을 쌓았다.

"단을 쌓고"는 "세우다, 만들다, 제물을 바치다, 동물을 희생시킨다"는 여러 가지 뜻이 합해진 말로 그가 동물을 희생시키는 제단을 만들었다는 것이다.

야곱은 아브라함이 처음 가나안 땅에 들어왔을 때에 제단을 쌓았던 그곳에(12:6-7) 같은 단을 하나님께 쌓았다. 여기까지 인도 보호해 주신 하나님께 자신의 첫 땅을 거룩히 구별해 바쳤고 자신을 또한 성별되게 바치는 의미에서 희생제물을 단에 바치며 의식을 행한 것이다. 노아의 경우에도 새 땅에 발을 내딛게 되었을 때 제단을 쌓고 여호와께 제사한 바 있다.

야곱이 쌓은 단의 이름은 "엘엘로헤 이스라엘"이라고 했다. 이것은 "강하신 하나님 이스라엘의 하나님"이라는 뜻이다. 야곱이 자기 자신과 계약을 맺어주시고 이스라엘이라는 새 이름을 주신 그 하나님을 기념하기 위해서 단을 쌓았다는 뜻이다.

강하신 하나님이 야곱이라는 옛사람을 이기시고 에서라는 적을 물리치사 승리자라는 이름을 주셨으니 그것을 기념하는 것이다. 이스라엘의 하나님은 전능하시다.

야곱이라는 허물많은 죄인, 에서 앞에 무능한 인간을 하나님이 선택하시고 자기 속에 새로운 인간으로 이스라엘 되게 하셨으니 분명 삶 전체를 통해 하나님의 사랑과 은혜를 체험한 자만이 고백할 수 있는 이름인 것이다.

야곱의 제단은 하나님의 약속을 따르는 사람들의 특징이었다. 오늘 영적 이스라엘이 된 성도의 가정에는 가정예배를 드리는 생활로써 하나님의 이름을 영화롭게 할 때 축복이 그곳에 임하는 것이다.

우리가 우리의 장막을 치는 곳이면 그곳이 어떤 곳이든 하나님께 단을 쌓는 것이 옳다. 우리가 집을 짓는 곳이면 언제나 단을 쌓는 교회와 예배가 있어야 한다. 그리하면 이스라엘의 하나님은 영광을 받으시고 이스라엘 성도들은 축복을 받는다.

강간을 당한 디나
(창 34:1-12)

하나님의 은혜를 받고 중생하는 얍복강변의 경험이 있으며, 브니엘에서 하나님의 얼굴을 뵙는 성도라고 할지라도 경성하여 깨어서 하나님의 말씀에 귀를 기울이지 않으면 언제나 죄악에 빠지기 쉽다. 그러므로 인간은 불완전한 존재이다.

야곱은 세겜에서 너무 오랫동안 지체했고 벧엘로 올라가려는 생각은 아예 잊고 말았다. 하나님께서는 하나님과 서원한 것을 지키지 않고 세속에 젖어사는 야곱을 그대로 둘 수가 없었다. 그리하여 디나가 세겜에서 강간을 당하는 채찍을 내리셨다. 이 사건은 이세상의 헛됨을 보여주면서 세겜에 더 이상 미련을 두지 않고 벧엘로 올라갈 수밖에 없도록 하시는 것이다.

우리에게 가장 귀한 것이 우리를 가장 번민케 할 수 있고, 우리의 가장 큰 기쁨이라고 생각한 것이 가장 큰 고통이 될 수도 있다. 성도가 하나님의 천국기업을 약속받은 특권있는 사람이라 해도 하나님과의 바른 관계를 지키지 못한다면 세상의 믿지 않는 자들에게 조롱받고 웃음거리가 될 수밖에 없는 것이다.

그러므로 우리 하나님의 사람들이 어떤 재난이나 시련을 당하는 것은 하나님의 뜻과 조화를 이루지 못하고 불순종한 대가라는 사실을 알아야 한다.

물론 한창 사춘기에 있던 디나가 세겜인에 대한 호기심과 더불어 욕정에 눈이 먼 세겜의 성적 충동과 자재력 부족으로 인하여 강간 사건이 발생했지만, 그 뿌리를 찾아 본다면 두 청년 남녀의 잘못이기 전에 야곱이 벧엘 서원을 이행하지 않는 불순종에서 찾을 수 있다.

하나님은 가끔씩 말씀을 잊어버리고 자기 마음대로 사는 사람들에게 예상 못한 사건을 만들어 그것을 통해서 깨닫게 하시고 하나님께로 회개하여 나아가도록 역사하신다.

그런 관계로 성도는 대소사간에 어떤 사건이 생기면, 곧 하나님의 뜻이 무엇인가? 하는 것을 잘 살펴야 한다. 그리하면 채찍에 맞는 아픔과 상처는 있지만 그 상처는 신앙의 훈장이 되고 열매가 되는 것이다. 쇠붙이는 많이 두들겨 맞을수록 쓸모있는 기구가 되는 것같이 성도는 불같은 시험에서 보배로운 신앙 인격자가 되고 채찍에 맞음으로 겸손한 종이 되는 것이다.

디나는 신앙의 조상 야곱의 딸이다. 훌륭한 사람의 자녀라고 해서 모두 다 훌륭하게 되는 것은 아니다. 야곱의 자녀들 중에도 좋은 환경 속에서 자랐지만 좋지 못한 자녀들이 있었다.

1. 디나가 그 땅 여자를 보러 나갔다가 강간당했다.

디나가 강간당한 것은 야곱의 책임이 크다. 야곱은 에서를 뒤따라서 세일로 가겠다고 하고서는 요단강을 건너서 숙곳에 이르렀다가 세겜성으로 옮겨 그 성 앞에 장막을 치고 정착했다. 거기서 1년이나 2년 있었다면 디나의 나이는 아주 어린 때였다. 그러니 많은 햇수를 거기서 살다보니 디나의 나이는 사춘기를 넘었다. 아예 처음부터 야곱이 하나님과의 서원인 벧엘로 가고 세겜으로 오지 않았더라면 디나는 수치스러운 일을 당하지 않았을 것이다. 우리는 우리 자신의 불성실로 인하여 커다란 슬픔과 난관에 빠지는 경우가 있는 것을 본다. 그리고 난관에 봉착할 때마다 자신의 탓인 것을 모르고 주변환경 탓이라고 한 사람들을 볼 수 있다.

야곱은 벧엘의 하나님과의 약속을 파기하고 그 말씀을 까맣게 잊어버리고 세겜이라는 세상 재미에 빠져 살았다. 그는 즉시 벧엘로 갔어야만 했다. 그런데 세겜에서 오래 산 것이다. 세겜은 하나님의 축복지 벧엘에서 너무나도 멀리 떨어진 이방인들의 촌이었다. 야곱은 이곳에다 장막을 치고 세속에만 몰두했다. 야곱의 불신앙적 행위는 딸의 강간과 가문의 수치를 빚고 말았다. 성도는 언제, 어디에 장막을 쳐야 하는가를 알아야 하고 하나님께 서원한 말씀은 어떤 경우에라도 지켜야 하는 것이다.

디나가 그 땅 여자를 보려고 했다가 강간당했다. 아버지 야곱 때문에 디나가 강간당했다는 것은 옳은 말이다. 메소보다미아를 떠난 지 약 7-8년 후의 일이니 얼마나 야곱이 세겜에 오래 있었는가? 그런데 그것이 간접적인 원인이라고 하면 직접적인 원인은 디나 자신의 경솔과 허영심 때문이다.

당시에는 여자 나이 12세 정도면 결혼했다. 디나의 나이는 20세 전이나 한참 호기심이 많은 때였다. 디나가 "그 땅 여자를 보러 나갔다"고 했다. 경솔한 호기심 속에는 큰 위험이 도사리고 있다. 디나는 세겜인들의 생활상태나 풍속을 알고 싶었고 여자들의 유행도 보고자 했다. 그 땅 사람들이 베푼 잔치에 나아가서 그들이 술먹고 뛰놀며 춤추는 사교성 모임에 갔던 것이라고 보여진다. 이런 것들이 청년 남녀들을 타락시킨다. 디나는 부모의 보호 속에서 출입했어야 했고 이방인들의 사교장이나 우상숭배제에 나아가지 말았어야 했다(고전 15:33). 세상의 악한 풍속을 알고자 하는 헛된 호기심에 빠지는 것은 우리 영혼을 강간당하게 하는 가장 큰 위험이 된다.

디나는 레아가 야곱에게 낳은 딸이라고 하였다. 레아는 안력이 부족했던 여인이다. 디나도 그 어머니 레아처럼 세상 보는 눈이 어두웠던 것이라고 볼 수 있다. 신앙의 밝은 눈으로 세겜인들을 보았다면 그들 근처에도 가려고 하지 않았을 것이다. 그런데 디나는 눈이 어두워 있었다.

디나는 세겜에서 강간을 당했다. 레아의 자녀중에서 먼저 디나가 언급된 것은 그녀가 그 아버지 야곱의 슬픔의 첫 원인이 되었음을 의미하고 있다. 그것은 디나보다도 야곱이 하나님 앞에 잘못했기 때문에 생긴 결과라는 것을 뉘우치게 경고하는 것이다.

성도는 가까이 할 것과 멀리 할 것을 알아야 한다. 디나는 하나님게 가까이, 세겜이라는 세상은 멀리 했어야 했다. 삼손은 여인에게 가까이 하고 하나님을 멀리 하다가 망했으나 요셉은 여인은 멀리, 하나님께는 가까이 하다가 총리가 되었다.

인생은 무엇에 가까이 하느냐에 따라 성공할 수 있고 실패할 수 있다. 디나는 히위 족속 중 하몰의 아들 그 땅 추장 세겜이 가까이에서 자기를 볼 수 있는 거리까지 갔다가 그에게 강간을 당했다. 강간은 멀리 떨어져 있으면 당할 수 없다.

세겜의 죄는 심각한 결과를 가져왔다. 높은 왕자의 지위에 있으면서 그 높은 품위를 지키지 못하고 나이어린 소녀를 강간한 것이다. 힘이 없는 나약한 소녀를 욕보였으니 잘못이요 나그네로 와있는 집의 딸을 보호해 주지는 못하고 범죄했으니 가정에 참화를 자초하게 되었다.

2. 세겜의 마음이 디나에게 연련하였다.

세겜이 디나를 욕보이고 연련했다. 한때 사라와 리브가도 애굽과 블레셋에서 위험을 당한 일이 있었는데 홀로 다니는 여자는 겁탈의 대상이 되기 쉬웠던 것 같다. 그것은 당시 가나안 족속의 낮은 도덕 수준을 암시한다.

세겜은 디나를 강제로 끌어갔거나 여러 가지 말로 유혹했을 것이고 무력한 디나로서는 이미 늦었을 것이다. 여자가 보호자도 없이 위험지대로 외출한다는 것은 위험한 일인데 디나가 부주의한 것에 대해서는 변명할 수 없다.

세겜은 디나를 강간한 후 "그 마음이 깊이…디나에게 연련하며…사랑하여 그 마음을 위로하였다"고 했다. 이 말은 "그의 영혼이 디나에게 깊이 빠져 있었다"는 것으로 세겜은 디나에게 온 정신을 빼앗기고 있었다. 세겜은 디나를 여러 말로 위로하고 보상과 더불어 행복한 결혼을 하겠다고 약속한 것 같다. 그러므로 세겜은 비록 디나를 욕보이긴 했지만 불타는 연정을 가지고 결혼하리라 마음 먹었다. 그러나 순간적인 욕정이 가져온 결과는 엄청난 비극을 초래했다.

세겜이 그 아비에게 디나와 결혼하겠다고 청원했다. 그때 당시의 결혼은 당사자들의 의사보다는 양쪽 부모의 의사가 더 중요했고 신랑측은 출산과 노동력 등의 경제적 가치로서의 인원 손실을 당하게 되는 신부측에게 상당한 예물을 주어야만 했다(24:53, 34:12).

후대에 이르러 율법은 처녀를 유혹한 남자는 강간한 처녀와 결혼해야 하고, 보다 많은 예물을 보내주었으며, 결혼 후에도 그녀를 내어 쫓을 수 없다고 규정하였다(출 22:15, 신 22:28-30).

디나는 세겜의 육욕을 위한 희생물이 되고 말았다. 그녀는 아무런 보호를 받을 수 없었다. 야곱은 가족들의 안전을 지킬 수 있을 정도로 넓은 땅을 차지하고 거주했다. 그러므로 디나는 가족 식구들의 보호를 받을 수 있는 처지였음에도 불구하고 그 보호구역을 스스로 벗어나 있었기 때문에 이렇게 강간이라는 수치스러운 욕을 당한 것이다. 그러나 다행히 세겜은 한가닥 양심이 있었다. 정욕에 사로잡혀 있기는 했으나 사정이 허락하는 한 디나에게 보상하고 아내로 정당하게 맞기를 원하여 아버지 하몰에게 허락을 청원했다.

야곱은 아들들이 돌아오기까지 잠잠하였다. 디나는 야곱에게는 외동딸이었으므로 가정에서 사랑스러운 귀염둥이였으나 장성하자마자 야곱에게 근심거리가 되었다. 야곱은 디나가 더럽혀졌다는 소식을 들은 것이다. 이것은 "모욕하다"라는 뜻으로 부정개념과 함께 폭행이라는 의미도 있고 윤리적으로도 더러워짐을 의미하는 것이다.

야곱의 아들들은 들에서 양을 치고 있었다. 그들이 집에 돌아오기까지 야곱은 아무 말도 하지 않았다. 집안의 일들을 처리하는 책임이 가장 뿐 아니라 아들들에게도 있었기 때문이다. "잠잠하였고"는 마음으로는 불타는 심정이지만 손으로 입과 귀를 막음같이 자신을 굳게 제어하여 귀머거리같이 처신했다는 것이다. 그것은 그 문제에 대해서 침묵을 지키고 세겜의 죄행에 대해서 보복조치를 취하지 않고 있었다는 것이다.

아마 야곱이 잠잠한 것은 너무나 슬퍼서 그랬을 것이라고 이해할 수 있고, 어떻게 하는 것이 좋을지 몰라서 당황하여 잠잠했을 수도 있으며, 조심스럽게 처신하기 위해서 일 수도 있다. 야곱은 이러한 중대한 문제를 해결하는 데 있어서 자식들과 의논하려고 잠잠히 기다리면서 무엇을 생각하고 깨달았을까?

벌써 벧엘로 올라가지 않고 세겜에 오랫동안 정착한 자신의 불신앙을 자책했을까? 성도는 가정에 일어나는 사건의 근본 이유를 신앙적인 면에서 깨닫고 회개해야 한다.

3. 세겜의 아비 하몰이 야곱에게 와서 청혼했다.

야곱의 아들들이 들에서 듣고 급히 돌아왔다. 야곱은 성밖 들에서 듣고 급히 돌아왔다. 야곱은 성밖에 장막을 치고 있었는데 하몰이 그 아들 세겜을 데리고 와서 디나와의 결혼을 허락해 달라고 했다.

디나는 "살피다, 정의", "심판하는 자"의 뜻이다. 하몰은 "나귀"라는 뜻이고 그의 아들 세겜은 "어깨"라는 뜻이니 세겜의 왕같은 권세를 가진 자로 나귀를 타고 다니는 것을 연상할 수 있을 것 같다. 이 세상의 어깨 힘을 믿고 사는 세상 사람들은 나그네로 사는 성도에게 폭력으로 신앙의 순결을 짓밟고 적당히 혼인하여 손잡고 세상적인 비진리마저 사고팔며 교환하면서 살자고 제의해 온다.

이에 야곱의 아들들이 들에서 이 소식을 듣고 분을 냈다. "근심하고 심히 노하였으니"라는 말은 불다는 듯 이글기리는 분노로 마음이 상하고 괴로운 상태를 의미한다. 야곱은 얼마 동안 잠잠하고 있었다. 인간이 비탄에 빠지면 침묵함으로써 좋은 길을 얻을 수도 있는 것이기 때문이었다. 마침내 야곱은 아들들에게 말을 전했다. 사람은 침묵할 때가 있는가 하면 말해야 할 때가 있다. 그런데 아들들은 "심히 노하였고" 야곱은 잠잠했던 것을 보아서 아들들보다 아버지 야곱의 신앙이 좋았던 것을 알 수 있다.

그들이 분냄은 이스라엘에게 부끄러운 일이기 때문이다. 세겜의 죄악은 무엇보다도 약속된 후손의 계열중에 한 사람인 야곱의 딸을 강간하여 그 몸을 더럽힘으로 욕되게 한 것이다. 이스라엘이라는 명칭이 얍복강 사건 이후 처음으로 사용되고 있는 것을 알 수 있다. 후에

강간을 당한 디나 73

는 야곱의 후손에 대한 칭호가 국가의 칭호가 되는데 곧 약속있는 선민, 즉 영적 이스라엘 신정국가이다.

부끄럽다는 것은 하나님의 택한 백성 이스라엘 가문에서 세상 사람에게 이런 수치를 당했으니 명예와 자부심과 순결성은 짓밟은 수치가 아닐 수 없다.

야고보는 영적 간음에 대하여 경고한 바가 있다(약 4:1-4). 세상과 벗됨이 하나님과 원수되는 것이고 세상을 사랑함이 하나님을 대하여는 간음함이라는 지적이다. 우리의 신앙의 순결성은 지켜지고 있는가? 세겜의 무력 앞에 짓밟혀지고 있는가?

하몰이 세겜과 디나를 결혼케 하자고 제의했다. 세겜이 디나를 연련한다는 것이다. "연련하여"는 "더불어 나누다, 함께 연합하다"는 뜻으로 매우 흠모하여 밀접한 관계를 이루고자 하는 욕망이다. 사랑함으로 밀접하게 되어진 상태(3절)이니 하나님이나 왕이나 아내에게 희생적인 자세를 표현할 때 사용하는 낱말인 것이다. 그러나 유감스럽게도 하몰은 자기의 아들 세겜이 디나를 욕보인 처사에 대해서 한 마디의 사과도 하지 않았고 디나의 동의를 요청하는 말도 없으면서 결혼시키자고 제의한 것이다.

하몰은 너희가 우리와 통혼하자고 했다. "너희 딸을 우리에게 주며 우리 딸을 너희가 취하라"고 했는데, 결혼으로 우리와 인척관계를 맺자는 것이다. 세겜 사람들과 이스라엘인들이 통혼하여 피를 섞고 동맹하자는 것이다.

세상 사람들은 성도와 통혼하자고 한다. 그러나 교회라는 이스라엘 사람들은 절대로 그들과 통혼할 수 없다. 그것은 그들에게 속화되고 말것이기 때문이다. 여호수아는 "너희가 만일 퇴보하여… 이 민족들을 친근히 하여 더불어 혼인하며 피차 왕래하면…너희 하나님께서 이 민족들을 너희 목전에서 다시는 쫓아내지 아니하시리니 그들이 너희에게 올무가 되며 덫이 되며 너희 옆구리에 채찍이 되며 너희 눈에 가시가 되어서 필경은… 이 아름다운 땅에서 멸절하리라"(수 23:12-13)고 했다.

그리고 이 땅에 머물러 매매하며 기업을 얻으라고 했다. "매매하며"는 "장사 목적으로 두루 다니다"라는 뜻이고 무역을 하는 것도 의미한다. "기업을 얻으라"는 것은 "기업을 획득하라"는 것이다. 곧 "기업"은 여기서 "땅"으로 목축업을 하는 야곱에게 땅을 기업으로 이곳에 정착하게 하기 위한 것이다. 정착할 수 있는 권리와 사업과 재산을 늘릴 수 있는 권리를 인정하겠다는 것이다.

세겜이라는 이 세상의 왕 하몰이라는 마귀는 천국의 기업을 얻을 하나님의 백성들에게 이땅에서 같이 살자, 결혼하여 깊은 인연을 맺자, 그리하면 세상의 모든 것을 다 주겠다고 유혹하고 있다. 세겜 땅은 하나님의 것인데도 하몰은 자기 땅인 양 자기가 그 땅을 주겠다고 했다.

사단이 예수께 "내게 절하면 천하 만국을 다 너에게 주겠다"(마 4:1-11)고 거짓말했다. 천하만국은 하나님의 것이다. 예수님의 것이다. 그런데도 그는 자기것인 양 주겠다고 사기쳤다.

가나안 땅의 주인은 야곱과 그의 후손들이다. 그런데 그 가나안 땅의 세겜을 하몰이 주겠다고 했으니 사단의 모형이다.

또한 내게 청구하는 것은 내가 수응하리라 했다. "은혜를 입게 하라"는 것은 디나에 대한 상사병으로 마음이 달아 어떠한 대가를 치른다고 해도 좋으니 결혼을 허락해 달라는 것이다. 그리고 많은 빙물과 예물을 청구한다고 해도 그대로 수응하겠다고 말했다. "예물"은 신부에게 주는 선물이고 "빙물"은 신부의 아비에게 딸에 대한 대가를 지불하는 것을 의미한다. 빙물은 야곱이 라반에게처럼 노동으로 대체할 수도 있었고, 다윗처럼 특별한 요구를 수행함으로 할 수도 있었다.

할례를 빙자한 음모

(창 34:13-24)

할례는 남자의 성기 머리 부분을 덮고있는 표피를 수술하여 베어내는 일이다. 이 할례는 아브라함과의 언약체결시에 아브라함과 그 집에 있는 종들까지 모두 다 실행했었다.

그후에 모세를 중심으로 하여 시내산에서 주신 하나님의 율법을 근거로 해서 아들이나 남종들에게 히브리인이면 생후 8일 만에 할례를 받았다(21:4). 그런데 할례는 영적으로나 사회적으로 책임있는 아버지가 어머니에 의해 실시되는데(출 4:25) 어머니의 시행은 드문 경우이다.

할례 때는 칼처럼 생긴 날카로운 차돌로 남성의 생식기 귀두부분을 베었는데 쇠나 놋으로 된 칼보다 위생상으로나 종교상 더 정결한 것으로 간주했기 때문이다(출 4:25, 수 5:2).

율법시대에도 할례는 대체로 가정에서 가장에 의해서 실시한 것으로 생각된다. 성경에는 꼭 성전에서 시행했다거나 제사장에 의해 되었다는 등의 기록이 없기 때문이다.

남아의 생후 8일만에 한 것은 그 아이의 고통이다. 상처의 치료가 성인의 경우보다 훨씬 수월하기 때문이다. 그런데 할례의식은 무엇보다도 하나님의 약속의 자손들이 행하는 종교적인 거룩한 의식이었다는 것이다. 그것은 자기를 죽이며 부정한 것을 끊는 것이며 구별된 백성이라는 표였다.

남자에게 할례를 한 것은 영적 아브라함의 거룩한 후손을 위한 것이었다. 성경은 과학보다 4천년이나 앞섰다는 말들을 하는데 거기서 한 가지 예를 들어 보면 할례를 한 남자와 결혼한 여인들은 거의가 성별을 모른다는 것이다.

아브라함이 할례 후에 이삭을 낳았다. 거룩하게 구별한 후손을 그것으로 이어나간 것이다. 그러나 가슴아픈 사실은 야곱의 아들들이 기만적 술책으로써 세겜의 남자들이 할례를 받게 한 것이다.

하나님의 교회 백성들은 하나님께서 금하신 일을 예사롭게 행하면 안된다. 거룩한 것을 개에게 줄 수는 없다. 때때로 하나님의 사람들이 자신들의 사악한 목적을 위해서 하나님의 진리를 내세울 때가 있고 교회 안에서 위선을 행하는 신앙고백자들은 비난받아 마땅할 만큼 하나님의 성례를 사악하게 이용한다. 야곱의 아들들은 가증스럽게 거짓말하고 증오와 살인을 자행했다.

1. 야곱의 아들들은 할례받아야 결혼시킬 수 있다고 했다.

야곱의 아들들은 하몰과 세겜을 속여 말했다. 그들의 아버지 야곱이 거짓말을 잘했다. 라반의 집에서 어린 시절을 자라면서 라반의 속임수를 그 아들들이 많이 보아왔다. 그러면서 이제 그들의 세겜에서 속이는 것이다. 멋지게 속인다. 뿌리깊은 야곱 집안의 거짓과 간사성이 대를 이어 내려지는 것을 볼 수 있다.

하몰과 세겜은 비록 이방인이요 선민은 아니지만 또 디나를 강간해서 도덕적인 비난을 받고 있지만 여기서 단 한 마디도 거짓말은 하지 않았다. 디나를 욕보인 점, 그래서 정중히 찾아와서 사후처리로 청혼한 것 뿐이다. 그러므로 그들의 말에는 어떤 거짓이나 음모가 없었고 진심으로였던 것이다.

그런데 야곱의 아들들은 진심으로의 말에 대하여 속여서 대답한 것이다. 야곱은 속이기 잘하던 그 속임수의 대가를 외숙과 자식들에게서 되돌려받은 셈이다.

거짓말의 결과는 무서운 것이다. 하나님이 치신다(겔 13:8-9, 19-20). 호적에 기록되지 못한다(겔 13:9). 약속의 땅에 들어가지 못한다(겔 13:9). 일이 형통하지 못하다(단 11:27). 기도할지라도 응답이 없다(사 59:1-4, 렘 7:4-15). 유황불에 던져버린다(계 22:15, 21:8, 27).

그들이 할례받지 않음은 우리의 수욕이라고 했다. 할례는 "벗는다"는 뜻에서 온 말로 남성의 표피 윗부분을 잘라내어 귀두 부분이 덮이지 않게 하는 것이다.

이것은 아브라함의 후손이 이방인과 구별되는 것을 의미하며 여호와의 언약을 대대로 준수케 하여 메시야의 소망을 간직케 하는 상징적 의미가 있는 거룩한 예식이다. 그런데 할례받지 아니한 사람, 곧 하나님의 언약과 관계없는 성별되지 못한 이방인인데 그들에게 딸을 시집보낸다는 것을 그들 가문의 수치거리가 된다는 것이었다.

율법에 보면 이방인이 언약의 백성에 참예코자 하면 여호와 신앙을 고백하고 할례를 행해야 했다(출 12:47-48). 그리하면 영적 이스라엘 즉 하나님의 백성이 될 수 있었다. 그런데 여기 야곱의 아들들은 할례의 진정한 영적 의미는 무시하고 단순한 육체할례를 요구했으니 거룩한 언약의 증표를 망령되게 한 것이었다.

할례를 받으면 한민족이 되리라고 했다. 야곱의 아들들의 "할례를 받으면…"이라는 말의 목적이 진정이었다고 하면 그들의 말은 칭찬할 만한 것이었다. 왜냐하면 이스라엘은 가나안 사람들과 통혼할 수 없었기 때문이다. 그러나 그들의 이러한 말들은 하나의 기만술책이었다. 그들은 하몰과 세겜, 그리고 그 땅의 남자들을 죽이기 위해서 이렇게 거룩한 교회의 성례를 기만술책에 악용했다.

이것은 성례를 모독하는 큰 죄악이다. 그것은 살인을 위한 흉계였다. 야곱의 아들들의 제안은 죄악이 되는 것이다.

첫째로, 이들은 이방인에게 하나님의 언약의 징표를 행할 권리가 없었기 때문이다.

둘째로, 이들은 단지 인간적인 동의를 거쳐서 그것을 행할 권리가 없었기 때문이다.

셋째로, 이들은 그들의 간교한 목적을 달성하기 위해서 그것을 사용할 권리가 없었기 때문이다.

넷째로, 거룩한 징표를 계약과 상관이 없는 가나안 사람들에게 행하게 함은 자녀들의 떡을 개들에게 주는 것과 같은 것이기 때문이다.
종교가 악한 음모를 위해서 사용되어서는 안된다. 성례가 악한 계획을 위해서 사용된다면 그것은 속되게 되는 것인데 야곱의 아들들은 자기들의 목적을 위해서 사용할 줄은 알고 성례라는 사실은 중요하게 생각하지 못했다.

2. 하몰과 세겜이 그 말을 좋게 여겨 할례를 받았다.
그들의 말을 하몰과 세겜이 좋게 여겼다. "좋게 여기므로"는 "…의 눈에 좋았다"는 말로 흡족하게 여겼다는 것이다. 야곱의 아들들의 기만술책에 넘어가 하몰과 세겜은 할례받는 것에 동의했다. 하나님의 교회 백성들이 속이는 자가 되었고 이방인이 도리어 진실한 자세로 약속을 실행하려 한 것이다. 성도가 시험에 빠지면 오히려 불신자보다도 못한 경우가 많이 있다.
하몰과 세겜은 야곱의 아들들의 말을 듣고 그것을 좋게 여겨 할례가 무엇을 의미하는 것인지도 잘 모르면서 아브라함과 이삭과 야곱과 관계를 맺고 싶었던 것이다. 종교에 대해서 아무것도 모르는 사람도 종교인과 함께 관계를 맺고 생활하면 종교에 대해서 많은 것을 알 수 있다. 하몰과 세겜은 할례받는 조건에 대해 좋게 생각했으니 야곱의 경제력을 세겜으로 흡수시켜 부족을 강화시키고 야곱같은 족장과 손을 잡아 해가 될 일이 없다고 생각한 것이다.
이 소년이 그 일 행하기를 지체치 아니했다. 여기서 세겜을 갑자기 이 소년이라고 한 것은 무슨 이유일까? 세겜이라는 이름을 사용치 않고 이 소년이라 했으니 "젊은이, 청년"을 의미한다. 청년은 인생중에 가장 혈기왕성한 때여서 쉽게 정욕에 어두워지는 시기임을 암시하기 위해서일 것이다. 특히 정관사를 붙여 "그 소년"이라고 했으니 그것은 자기 자신 하나도 정욕을 주체치 못하고 무분별하게 행동함으로 그 세겜성 전체에 큰 비극을 일으킨 장본인이라는 점을 강조하는 것이다.
"그 일 행하기를 지체치 아니하였다"고 했다. 사실 종교인이 되는 진실한 표징을 얻는 일에는 지체해서는 안된다. 사람들은 너무도 지체하지 말아야 할 중대사에 대해서 지체한다. 그것은 안타까운 일이다. 세겜은 디나를 사랑했고 아비집에 존귀한 자였다. 이때에 디나는 세겜의 집에 있었다. 그러기에 그 오라비들이 "너희가 할례를 받지 아니하면 우리는 곧 우리 딸을 데리고 가리라"(17절)고 말한 것이다.

야곱에게는 열한 아들이 있어서 성문에서 싸울 때의 장사의 수중의 화살같았다. 그러므로 하몰과 세겜이 세겜의 권세자라 할지라도 야곱을 무시할 수 없었다. 그들은 야곱에게 사정하다시피 하는 것이었다. 그 이유는 강간한 죄과 때문만은 아니다. 사실 세겜은 디나를 사랑하여 상사병에 걸려 있었기 때문이다.

세겜은 하몰의 집에서 존귀한 자였다. 그것은 그 집안만 아니고 세겜이라는 지역의 수령의 아들이기 때문에 그 지역 전체에서 가장 존귀한 자였던 것이다.

3. 하몰이 세겜성 사람들의 동의를 얻게 되었다.

하몰과 세겜은 그 고을에서 영향력이 있었다. 하몰과 세겜이 성문에 이르러 고을 사람들에게 말했다. 세겜에 사는 사람들에게 이 두 사람은 큰 영향을 주는 인물임을 짐작할 수 있다. 옛날에는 성문이 모든 공공생활의 중심장소여서 재판이나 있고 매매가 그곳에서 이루어졌다. 사람들이 많이 모이는 성문에 나아가서 하몰과 세겜은 이스라엘 가족 식구들과의 교류에 대해 설득력있게 말했다.

듣는 사람들은 한 마디의 불평이나 거부가 없이 그의 말에 따르는 것을 볼 때에 그 두 사람은 그 지역에서 대단히 존경받은 지도자였음이 분명하다.

바울 한 사람이 변화를 받아 복음의 사역자가 되었을 때 교회는 크게 확장되었고 높은 지위에 있는 사람들에게까지 좋은 영향을 끼쳤다. 종교는 세겜과 같이 높은 지위에 있거나 귀한 자리에 있거나 사람들에게 존경받는 자들이 앞장을 서서 열심히 믿을 때 복음이 전파되는 것이다.

하몰과 세겜은 세 가지를 분명하게 말했다.

첫째로, 이스라엘 사람들과 친목하자고 했다. 하몰과 세겜은 야곱과 그의 아들들과 관계를 맺기 위해서 세겜인들의 동의를 얻으려고 이렇게 말했다. 그것은 좋은 말이다. 이방인이라도 하나님의 백성과 친목하고 가까이 하며 영적인 것을 얻는다.

둘째로, 이스라에 사람들에게 거주, 매매케 하자고 했다. "이 땅은 넓다"고 했으니 "그들 앞에 양편으로 넓다"는 것이다. 그들은 세겜의 지리적 여건을 들어 이스라엘을 이 넓은 곳에 살게 하면 지역사회가 발전하게 될 것이라고 대의명분을 내세웠다. 야곱은 큰 부자였다. 그러므로 이곳에서 서로 매매하고 거래한다면 부유한 지역이 될 것이 분명했다. 그들의 땅은 넓어서 목장도 많았다. 이곳저곳 다니며 방목할 수 있었다.

셋째로, 서로 결혼하기 위해 할례를 받자고 했다. 한 민족 되기는 쉬운 일이 아니다. 그러나 하몰은 그렇게 말했다. 세겜 거주민의 염려 또한 이 문제였으리라고 생각된다. 이스라엘과 그들의 자녀들이 결혼하면 그 부족의 단일성이 상실되지 않을까 함이다. 그런데 하몰은 히위족의 인구가 이스라엘보다 많기 때문에 통혼하여도 문제될 것이 없고 오히려 흡수되는 쪽은 이스라엘이라고 말했을 것이다. 그리하면 그들의 생축과 재산과 그 모든 짐승이 우리의 소유가 되지 않겠느냐고 하였다. 통혼함으로써 동맹하고 얻어질 물질적 유익을 말한 것이다. 재산은 소유물을 가리킨다. 물론 가축은 기타의 소유물 재산에 속하는 것이다.

성문으로 출입하는 남자들이 할례를 받았다. 옛날에는 다른 민족의 종교의식을 쉽게 받아들이려 하지 않았다. 그러나 세겜 사람들은 이스라엘의 종교의식을 쉽게 받아들이고 하몰의 말대로 할례를 받았다. 세겜인들이 기꺼이 이 조건을 받아들인 것은 세겜의 설득력있는 말에 동감되었거나 하몰의 권한이 절대적이어서였는지 알 수 없다. 다만 분명한 것은 그들은 할례가 종교적 의식이라기보다 사회적인 의식으로서 그들에게도 잘 알려져 있었기 때문이라는 것이다.

그러나 그들의 재산에 대한 탐욕이 결혼을 주선하게 된다면 그것은 애정을 바탕으로 한 신성한 결혼일 수는 없다. 이러한 마음에서 할례를 받는다는 것은 더욱 나쁘다.

세겜성 대학살

(창 34:25-31)

야곱의 간교한 피는 두 아들에게서 드러나고 있다. 먼저 세겜 사람들을 할례받게 하여 육체적으로 신음하기까지 약하게 만들고 다음에 보복의 칼을 빼서 무수한 사람들을 학살했다. 교활하고 잔인한 인간은 이렇게까지 악해질 수 있다. 인간은 원한을 품으면 복수의 계획을 세우고 그 복수의 단행을 위해 잔인한 방법을 사용하게 되는 것이다.

세겜성 대학살은 히브리 역사에서 수치스러운 큰 사건의 하나이다. 세겜의 권력자 하몰의 아들이 디나를 강간한 것은 부모와 형제남매들이 분노하지 않을 수 없다. 그러나 신의와 약속을 저버리고, 더구나 종교적인 성스러운 할례까지 악용하면서 세겜인들에게 보복했다는 것은 더 큰 죄악이 아닐 수 없다. 그것은 세겜의 범죄를 능가하는 추악하고 비겁한 죄악이다.

성경은 악을 악으로 갚지 말며, 원수갚는 것은 하나님께 있는 것을 알라고 가르치셨다. 그런데 이스라엘이라는 하나님의 교회 식구가 세상 사람들도 못하는 이 엄청난 살인을 자행하여 도성 전체에 피비린내가 진동하게 했으니 한탄스러운 일이다.

우리는 하몰과 세겜이 야곱의 집에 찾아와 청혼하는 때에 야곱이 한번도 나타나지 않고 그의 아들들과 대화하는 내용을 읽어왔다. 아마 야곱이 직접 아들들에게 살인보복까지 지시하지는 않았을 것이다.

그러면 이 중대한 시간에 야곱은 어디에 있었는가? 무엇을 했는가? 왜 아들들에게 하몰을 맡겼는가? 야곱이 직접 대화했다면 벧엘로 올라가지 못한 자기의 불성실, 에서에게 용서받은 사실 등 할례와 같은 종교적인 중대한 의식을 악용하는 것에 가당치도 않다고 아들들을 꾸짖고 평화적 방법을 모색할 수 있었을 것이다. 며칠 간이라도 하나님께 기도하고 신앙적 방법이 어떤 것인가를 찾을 수 있었을 것이다.

그런데 들에 있는 아들들에게 디나의 강간사건을 전해주고 지금까지 야곱은 종적을 감추고 있고 젊은 아들들만 분을 참지 못하고 감정으로 일을 저지르고 있다. 야곱은 왜 이 사건에서 쑥 빠져 있는가?

1. 시므온과 레위가 그 모든 남자를 죽였다.

할례를 행하고 "제삼일에"라고 했는데, 이때는 수술로 인한 염증과 고열이 최고조에 이르는 때라고 한다. 그러므로 세겜 남자들은 모두 하나같이 고통을 받으며 거동조차 할 수 없는 때였다. "부지중에 성을 엄습했다"고 하니 전혀 의심이나 저항을 받지 않았음을 의미한다. 세겜 사람들이 잘못한 거짓 약속을 믿고 평안한 마음을 누리는 때에 재난을 당했다는 것이다.

여기 "칼로"는 "칼날을 따라"라는 뜻으로 전례없는 무자비한 학살을 생생하게 묘사한 말이다. 야곱은 양을 치는 지팡이 하나만 가지고 살았으나 그의 아들들은 칼을 의지하고 사는 에서와 에서의 자손들인 것처럼 칼을 지니고 있었다. 그런데 비열하고 야비한 것은 세겜 남자들이 고통받고 싸울 수 없는 때에 공격했다는 것이다.

야곱의 아들들이 세겜 남자들에게 할례를 받도록 요구한 것이 그들이 할례로 고통받을 때에 디나를 구출하려 했던 것이라고 생각된다. 그런데 시므온과 레위는 여동생을 구출하는 것으로 만족하지 못하고 남자들을 모조리 죽인 것이다. 시므온과 레위는 디나에게 같은 아버지 어머니인 야곱과 레아의 소생들이다.

사람들은 아내가 다른 남자에게 강간 당한 것보다 여동생이 강간 당한 것을 더 분노하고 증오한다고 한다. 그것은 아내는 이혼하면 남남이 되지만 여동생은 남남이 될 수 없기 때문이라고 한다. 시므온과 레위는 레아의 소생으로 디나와는 같은 탯줄을 타고 태어났다. 그리고 디나는 여러 아들들이 있는 중에 가장 귀여운 여동생이었기 때문에 더욱 그들의 사랑을 받았을 것이다. 그런데 그가 강간당하고 집으로 돌아오지도 못한 채 세겜의 집에 있었다. 그리하여 시므온과 레위는 분을 참을 수 없었던 것 같다.

하나님께서는 세겜인 살상을 묵인하셨다. 야곱의 둘째 아들 시므온과 셋째 아들 레위가 칼을 가지고 무방비상태의 도성에 들어가 아파서 신음하고 있는 남자들을 죽인 일은 불행한 사건이 아닐 수 없다. 그러나 어떻게 생각하면 이것은 하나님께서 묵인하심으로 생긴 사건이 아닌가 생각된다. 그들은 하나님의 법에 의해서 할례를 받았다면 그 할례받음이 그들을 보호했을 것이다.

그러나 그들이 거룩한 이스라엘 백성의 할례의식에 동참한 것은 그들의 세겜 왕자를 즐겁게 하고 이스라엘의 딸들을 취하고 재물을 얻으려는 목적에서였다. 위장된 종교는 언제나 위험한 것이다. 그런고로 시므온과 레위 두 사람이 세겜성의 뭇 남자들을 죽인 것은 한편 하나님의 진노의 심판이라고 할 수도 있다.

노아 홍수 때의 물은 구원받는 이들에게는 세례(할례)의 표지만 멸망하는 이들에게는 심판이었듯이, 할례는 믿음의 이스라엘에게는 축복이지만 불신의 세겜인들에게는 저주가 된 것이라고 할 수 있다.

그러나 시므온과 레위의 행위는 경솔했다. 세겜이 디나를 강간하고 이스라엘 교회에 부끄러운 일을 행한 것은 사실이다. 그러나 우리는 여기서 한 가지 생각할 것이 있다. 디나가 그 범행의 장본인이라는 사실을 두 사람은 깊이 생각하지 못했다는 것이다.

세겜이 디나의 장막에까지 와서 욕을 보였다면 문제는 또 다르다. 그러나 세겜이 디나의 장막에까지 온 것이 아니고 디나 자신이 세겜 땅으로 갔고 디나의 허영심과 올바르지 못한 행동이 세겜으로 하여금 범죄케 한 것이다. 그리고 세겜이 잘못을 저지르고 그 죄를 용서받으려고 얼마나 애를 썼는지 모른다. 그는 그의 잘못을 정당화 하려고 하지 않았고 어떤 대가를 지불하든 간에 결혼하게 해달라고 사정했다. 그리하여 야곱의 아들들이 하라는 대로 했다. 그런데도 이스라엘

집 아들들은 그 약속을 어기고 세겜만 아니고 세겜땅의 모든 남자를 죽였으니 야만적인 죄악이 아닌가?

2. 야곱의 여러 아들들이 세겜성을 노략하였다.

세겜의 뭇 남자들을 칼로 찔러 죽이는 학살에는 주저하고 참가하지 않고 일의 되어지는 것을 지켜보고 있던 여러 형제들이 시체만 즐비한 도성에 저항받지 않고 뛰어들어가 약탈하는 데는 적극 참가했다.

물론 그들이 세겜성을 노략한 것은 디나를 더럽힌 연고였다. 이로써 디나라는 한 처녀의 허영심으로의 가출과 거리의 방황은 이스라엘 교회 거룩한 단체에 엄청난 비극을 만들어오고 말았다.

하나님의 거룩한 의식을 자기들의 사악한 계획을 위해 사용한 사실은 그들의 범죄를 추악하게 하는 것이다. 그들은 그들의 거룩한 종교가 지닌 거룩한 표징마저 더럽히게 한 것이다. 참으로 할례의식은 피를 흘리는 의식인데 그것이 세겜의 피의 의식이 되고 말았다. 하나의 사소한 사건에 대해서 지독하게 보복한 것이 아닌가 싶다.

야곱의 여러 아들들은 살인의 공모자가 되었다. 야곱의 아들들은 세겜성의 남자들을 모조리 죽이고 그 성을 완전히 점령하고 그 도성을 약탈했다. 그러니 그들은 디나를 세겜의 집에서 데려오려는 목적이 아니었던 것이다. 약탈하기 위한 것이다. 그들은 살인자의 공모자가 되었다.

사실 하나님께서 장차 가나안땅의 주인으로 아브라함, 이삭, 야곱, 그리고 그들의 후손을 지목하셨다. 그 예언의 약속은 여호수아 때에 부분적으로 이루어졌고 다윗과 솔로몬 때에 더 구체적으로 실현되었다. 그러나 그의 후손 메시야 예수께서는 무력의 칼, 보복의 창으로 가나안을 정복하신 것이 아니고 복음의 능력으로 하셨다. 진정 마음의 가나안 땅을 정복하려면 죄악을 공격하고 죽이고 자아가 주님의 복음으로 점령되어야 한다.

세겜성의 살인 비극이 정당하다는 말은 아니다. 이 사건에서 우리는 하나님의 정의를 발견할 수 있다. 세겜의 지도자 하몰과 그 아들 세겜, 그리고 그의 말에 설득되어 동조했던 세겜 주민들은 할례의 의미도 모르면서 할례를 받았다. "이스라엘의 생축과 재산과 그 모든 짐승이 우리의 소유가 되지 않겠느냐"(23절)하는 목적에서였다. 그러나 하나님께서 야곱의 아들들의 살인극에 침묵하심으로 결국은 야곱의 가족들이 지닌 모든 생축과 재산과 짐승을 자기들의 가져 주인이 되겠다고 했으나 오히려 이스라엘의 가족들에게 다 빼앗기고 말았다.

"다 노략한 자라"는 인간의 추악한 모습을 보여주는 것이다. 이스라엘의 열한 아들의 실책이나 범죄를 그대로 폭로한 것은 허물 투성이의 인간을 바라보지 말고 완전하신 하나님을 의지하게 하기 위함이다.

3. 야곱이 두 아들에게 나로 냄새를 내게 했다고 책했다.

야곱은 "너희가 내게 화를 끼쳤다"고 책망했다. 두 아들의 살인, 여러 아들들의 세겜 약탈 사건으로 말미암아 범죄 방조자가 되고 증오의 대상자가 되고 말았다는 탄식을 야곱이 하는 것이다.

야곱은 자기 자식들에게 책망하였으나 아주 나약하였다. 책망하는 듯이 말하고 자신이 그 사건 때문에 위험에 빠진다는 것에 대해서만 말했다. 하나님을 공경하는 이스라엘 가정에 살인과 약탈이 한 성읍을 황폐케 했다. 야곱이 아들을 교육을 이렇게 엉망으로 했던기? 책망도 아니고 자기 신변의 위험만 말했다.

케일은 "이것은 야곱이 자식들의 육신의 마음을 이해했기 때문"이라고 했으나, 어떤 이는 "자신의 속임수를 스스로 인정하고 있어서 자식들에게 충고할 수 없었다"고 했다.

그러나 야곱의 지금 마음은 최하위의 도덕적 영적 상태였다고 할 것이다. 자기 자신이 밑바닥에 내려가 있는데 자식이라 한들 책망다운 책망을 할 수가 있는가?

그는 "나를 치고 나를 죽이리니 망하리라"고 했다. 야곱은 아들들의 살인 때문에 자기에게 임할지도 모를 환난을 무척 염려하였다. "이 땅 사람" 곧 가나안 족속과 브리스 족속에게 냄새를 내게 했으니 그들이 공격해오면 "나는 수가 적고…"라고 말하였다. 여기 "나"라는 말을 많이 사용한 것을 보아서 그가 그에게 올 위험을 얼마나 걱정했는가를 알 수 있다.

야곱은 개인주의가 강한 인물이다. 그는 여기서 자기 신변의 두려움만 염려했기 때문이다. 야곱의 마음을 이해못하는 것은 아니다. 가나안 땅에 자기 집을 세우려 했었고, 아브라함과 이삭과 달리 디나의 강간사건으로 피의 복수로 선민의 명성이 여지없이 실추되었다. 그리고 인근 부족들이 공격해 올 때 "나는 어찌하면 좋은가?"하고 나만 생각했다.

이때, 아들들은 "창녀같이 대우함이 가하냐"고 했다. 아버지의 책망에 대하여 그들은 무책임한 대답을 했다. 잘못된 대답을 한 것이다. 세겜이 디나를 강간했지만 창녀같이 취급하지는 않았다. 그러므로 디나에게 빠져 열애하여 아내로 삼게 해달라고 한 것이다. 그런데 그들은 자신들의 죄악을 정당화시키면서 거만하게 아버지에게 말대꾸한 것이다.

물론 그 아들들이 디나의 사건을 이스라엘 전체에 대한 모욕과 도전, 택한 백성의 순결성 강탈의 치욕적인 사건으로 간주해서 대답한 말이기는 하지만 그들은 아버지의 책망 앞에 무릎 꿇고 회개했어야 좋았다.

일어나 벧엘로 올라가라

(창 35:1-4)

야곱은 꿈에도 그리던 고향으로 돌아왔으나 하나님께 했던 서원과 벧엘의 하나님의 지시하신 말씀을 잊어버렸다. 그래서 세겜이라는 곳에서 8년이나 정착하는 죄를 지고, 가정적으로 디나가 강간을 당한 사건으로 큰 불행을 겪게 되었다. 그 이후에야 비로소 하나님과의 약속과 의무에 소홀했음을 깨달았다.

우리는 많은 날을 세상에 살면서 지난 날에 우리에게 은혜주신 하나님을 잊고 살기 쉽다. 그러나 그러한 망각은 우리에게 불행을 몰고 온다. 누구에게나 어느 가정에나 위기의 때가 있을 수 있다.

야곱의 가정에는 야곱 한 사람의 불순종의 잘못으로 하여 큰 위기가 찾아왔다. 그는 조상들과 같이 "하나님의 경영하시고 지으실 터가 있는 성"을 찾아 나그네처럼 살아야 했고 아브라함과 이삭과 같이 방랑생활을 해야 했다. 그런데 야곱은 숙곳이라는 목초가 많은 곳에서 자기를 위하여 집을 짓고 짐승을 위하여 우리를 지으며 그곳에 정착했다.

야곱은 세겜에 8년 간 있으면서 하나님과의 영적인 교통이 끊어지고 세겜인들과 교제하게 되었다. 그런데 하나님과의 영교는 끊어지고 세상과의 교제가 이어진 때에 무서운 사건이 터진 것이다. 하나님의 자녀가 세상 사람들과 가까이 하여 사귀게 되면 해로운 결과를 낳는 것은 하나님의 자녀들 쪽이다. 물과 불이 함께 섞이지 않으며, 사람의 자손과 뱀의 자손이 함께 섞여 살 수는 없는 것이다.

하나님의 자녀와 세상 사람과는 당연히 거리가 있다. 그럼에도 불구하고 야곱은 세겜성 가까이에 장막을 치고 오랫동안 머무르면서 그 지방 사람들과 친숙해졌고 하나님과 약속한 벧엘의 제단같은 종교적인 것에는 무심해 있었다.

야곱은 이세상에서 번영을 누리는 때 혹은 이 세상의 모든 유익을 마음껏 즐길 때 믿음이 약해졌고 세속적인 성품에 물들고 있었다. 그리고 이러한 자기 만족과 영적 침체에 빠져있을 때 환난중에 하나님께 드린 서원마저 잊어버리고 이스라엘 가정에 수치스러운 죄를 짓게 되었다.

대개의 경우 극심한 고난과 시험중에 지니고 있던 죄에 대한 혐오와 행동과 사고에 있어서의 신중성을 평안 무사할 때에 상실하게 된다. 그러므로 때로 우리가 고난에 처하게 되는 것도 궁극적으로는 하나님의 섭리에 의한 것이다.

하나님은 야곱의 8년 동안의 세겜생활을 지켜 보시다가 "일어나 벧엘로 올라가라"고 명령하셨다.

1. 하나님께서 야곱에게 벧엘로 올라가라고 하셨다.

죄는 인간을 도피자로 만드는 것이다. 디나의 부끄러운 사건으로 해서 세겜의 남자들에게 할례를 행하게 한 후 무참하게 칼로 찔러 죽였기 때문에 자기 내부의 사람들 뿐만 아니라 외부의 이교도들, 본토의 여러 부족 세력들이 야곱의 아들들의 만행을 잘 알고 있었다.

야곱의 가정에는 큰 위기였다. 어떻게 해야 할지를 모르고 두려움과 슬픔이 엇갈리는데 하나님께서 찾아오시고 "일어나 벧엘로 올라가라"고 말씀하시는 것이었다. 창조주 하나님의 말씀은 죄악의 수렁에서 허우적거리는 인간을 구원하며 새 삶을 살게 하는 능력이시다.

"일어나"라는 말씀은 큰 일을 앞에 두고 그것을 향하여 떠날 것을 촉구할 때 하시는 말씀이다(신 17:8). 하나님은 하나님의 백성들이 세상의 세겜이라는 자리에서 일어나는 결단을 요구하신다 절망적인 현실의 자리에서 일어나 하나님께로 향하기를 원하시는 것이다.

위기는 어느 가정에나 찾아올 수 이다. 그러나 그런 위기에는 하나님의 말씀을 따라 결단성있는 태도가 필요한 것이다. 하나님은 이스라엘을 위기에 버려두지 않으시고 구원하신다.

하나님은 피할 때 서원한 것을 지키라고 하셨다. 벧엘은 세겜보다 천여척이나 높은 곳에 위치했기 때문에 올라가라고 하신 것이다. 거리는 30마일이었다. 그러나 지리적으로 높은 지역으로 올라가라는 말씀 속에 영적으로 죄악된 세상의 낮은 자리에서 하나님을 만나 뵙고 서원했던 높은 신앙의 자리로 올라가라는 암시를 주는 명령이시다. 벧엘로 올라가야 할 이스라엘이 지금까지 세겜에 머물러 있었다. 하나님은 그에게 환난을 주사 그곳을 떠나지 않을 수 없게 섭리하셨으니 그것은 하나님의 사랑인 것이다.

야곱은 절망중에 외가로 도망갈 때 벧엘에서 하나님을 뵈옵고 서원했었다. 그리고 밧단 아람에서 번민하며 고향을 그리워할 때 하나님은 벧엘의 하나님으로 찾아오사 "벧엘로 가라 고향으로 돌아가라"고 말씀하셨다. 그러니까 야곱은 자기가 하나님께 서원한 것을 잊어버리고 지금까지 가나안에 돌아온 지 7-8년을 지낸 것이었다. 시간은 은혜의 감사와 깊은 인상을 퇴색케 할 수 있다.

그러나 서원한 것을 지체하는 것은 죄가 되는 것이어서(전 5:4) 하나님께서 야곱을 시련을 통해 깨닫게 하시고 직접 나타나셔서 말씀해 주셨다. 사람은 잊을 수 있으나 하나님은 약속을 잊지 않으시고 지키신다. 그리고 하나님은 언약의 자손이 세속에 빠져서 하나님의 거룩하신 명예를 실추시키고 있는 야곱을 더 이상 좌시하실 수 없었기 때문에 그와 바른관계를 가지기 위해 벧엘로 가라고 하셨다. 인간의 구원, 변화, 은혜는 오직 하나님께서만이 주도하시는 것임을 알 수 있다.

하나님께서 거기서 단을 쌓으라고 하셨다. 옛날 에서의 낯을 피하여 도망할 때 벧엘에서 하나님을 만나 그곳에 다시 돌아오게 해 주시면 그곳에다 하나님의 전을 건축하겠다고 야곱이 서원했었는데 (28:22) 이제 하나님은 그것을 명령하신 것이다. 하나님의 전에서 가장 핵심적인 부분이 곧 제단이다. 제단은 희생의 피를 통해 죄악된 인간이 거룩하신 하나님과 교제하는 복된 곳이다.

야곱은 벧엘로 가야 했다. 그것이 그와 그 가족이 사는 길이었다. 비옥한 평원의 세겜을 뒤로 하고 서둘러 떠나 산행의 험한 길을 걸어 벧엘로 올라가야 했던 것이다.

야곱은 세겜에 땅을 사고 이방 토족들이 사는 곳에 정착하여 거기서 제단을 쌓았는데 "엘엘로헤 이스라엘" 즉 하나님 이스라엘의 하나니이라고 부르고 있었다. 야곱은 벧엘의 제단을 "엘 벧엘" 즉 하나님 집의 하나님이라고 했는데, 전자는 야곱 개인의 하나님을 모신 제단이고 후자는 개인적인 신앙에서 가정으로 확대되었음을 뜻한다.

신앙은 제단에서 부터이다. 그러나 아무곳에서나 개인 위주의 제단이 아니라 하나님이 지시하시고 약속하신 하나님의 집에서 제단을 쌓아야 하는 것이다.

2. 야곱이 우리가 일어나 벧엘로 올라가자고 말했다.

이 말은 이스라엘 가족들에게 가장으로서 결심하고 신앙결단을 촉구하는 말이다. 이것은 하나님께서 야곱에게 "일어나라"는 말씀을 하신 것이다. 야곱은 하나님이 하신 말씀을 그대로 가족들에게 명하는 것이다. 가정을 다스리는 가장은 언제나 하나님의 말씀에 귀를 기울여야 하고 하나님의 뜻을 계시받으면 즉시 주저함없이 가족들에게 알리고 결단성있게 행동할 수 있어야 한다. "일어나라", "벧엘로 올라가자"는 야곱의 외침은 확실히 가족들에게 희망적인 것이고 신앙 회복 운동의 모토가 되는 말이었다.

각 가정이나 어느 단체의 책임자는 그 구성원들로 하여금 하나님의 부르심에 순종하게 할 것이다. 인간의 독재적인 강압 수단으로 해서는 안된다. 하나님께서 우리에게 믿음을 일깨우시기 위하여 시련, 고통을 주시고 당황하여 어찌할 바를 모르며 불안해할 때 "일어나라 벧엘로 올라가라"고 하신다. 이스라엘이라는 교회의 구성원들은 분연히 세겜의 자리에서 일어나야 하고 하나님의 은혜를 체험한 벧엘로 올라가야 한다.

야곱은 환난날에 응답, 길에서 함께하신 하나님의 명령이라고 했다. 1절에서 하나님은 야곱에게 오셔서 "벧엘에 올라가 거기 거하며 에서의 낯을 피하여 도망하던 때에 네게 나타났던 하나님"이라고 말씀하셨다.

옛 기억을 상기하는 것은 우리가 신앙생활하는 데 대단히 유익하다. 우리는 하나님께서 환난당하여 도망가는 때에 나타나시고 기도에 응답하시며 험난한 길에서 함께 해주신 그 순간들을 항상 잊지 말아야 한다.

과거에 하나님은 야곱에게 나타나셔서 환난날에 응답하셨고 길에서 함께 하셨다. 야곱은 지금까지 이것을 잊고 산 것이었다. 비로소 가정에 비극이 터지면서 야곱의 신앙은 잠에서 깨는 듯 살아나게 되었던 것이다.

그러므로 야곱의 신앙발전에는 많은 고난과 환난의 대가를 치러야 했다고 할 수 있다. 야곱은 험난한 시련의 길에서 하나님께 대한 기억을 회상했고 하나님께 대한 지식이 증대해졌다. 그러나 야곱은 아직도 더높은 단계에 올라가야 했던 것이다.

우리는 즐거움 속에서의 봉사뿐만 아니라 고통중에도 하나님께 봉사하는 태도를 배워야 한다. 야곱은 무서운 사건이 계기가 되어 하나님의 품으로 나아가게 되는 유익을 얻었다.

야곱은 하란에서 하나님의 동행하심으로 가나안에 돌아온 지 10년이 다 돼가도록 세겜의 목초가 탐나서 거기서 사업번창에만 정신없이 살았다. 벧엘의 하나님께 벧엘에 올라가 단을 쌓겠다고 굳게 서원한 것에 대해서는 생각은 하지 않았다.

야곱의 딸이 강간을 당하고 아들들이 세겜성의 남자들을 죽이는 살상행위나 그로 인하여 야곱이 두려워 몸둘 바를 모르는 모습들은 야곱이 벧엘로 올라가야겠다는 결심을 갖도록 섭리하신 하나님의 묵인 때문일 것이다.

제단은 어떤 곳에 쌓는가? 하나님을 만난 곳, 하나님의 말씀이 있는 곳, 하나님의 나라가 보였던 곳, 참으로 그러한 신령한 곳에서 제단을 쌓는 것이다. 야곱은 평생을 두고 벧엘의 체험만은 잊을 수 없었다. 그리하여 거기 올라가서 단을 쌓으려 한 것이다. 비록 범죄한 것에 대해서는 징계를 하시나 벧엘로 올라가 제단을 쌓은 것에 대해서는 축복을 하셨다.

3. 벧엘로 올가가기 전에 세 가지를 준비시켰다.
첫째, 너희 중의 이방 신상을 버리라고 했다.
야곱은 가족들에게 명령했다. 야곱은 이스라엘이라는 가족 식구들이 벧엘에 올라가기 위해서 준비하라고 지시했다. 경건한 제단 쌓는 종교적 의식 이전에 경건한 준비가 있어야 한다. 그런데 이러한 일은 가장이 제사장적 권위를 가지고 앞장서야 한다. 여호수아는 "나와 내 집은 여호와를 섬기겠나이다"(수 24:15)라고 말했듯이 우리는 우리 자신만 아니라 우리의 온가족이 하나님만 섬겨야 한다.

이스라엘의 가정에는 이방신이 있었다. 야곱은 "너희 중에 이방신상을 버리라"고 말했으니 그동안 자기 집안에 우상이 있다는 것을 알고 있었음이 분명하다. 그것은 이상한 일이 아닐 수 없다. 이방신상이란 "낯선 신들"이라는 뜻이다. 라헬이 친정을 떠날 때 아버지 우상인 드라빔을 도적질했었으니 그것이거나 다른 우상숭배의 대상물을 포함하는 말이다. 야곱의 종들이 하란에서 가져왔거나 포로된 자들이 소유했던 것인지 알 수 없다.

야곱과 같이 여호와를 만나고 여호와의 지식을 교육받고 여호와의 경험을 많이 한 가정에 가장이 우상을 지금까지 묵인했다는 것은 커다란 잘못이다. 그러나 다행히 우상을 버리게 되었으니 가정개혁, 교회의 혁신이라고 할 것이다.

야곱의 명령에 식구들이 순종했다. 야곱의 명을 좋게 여긴 가족들은 "자기 손에 있는 모든 이방신상과 자기 귀에 있는 고리를 야곱에게 주었다"고 했다. "귀에 있는 고리"는 우상숭배를 목적으로 사용하는 것이었다. 거기에는 신상과 신비스러운 글자가 새겨져 있기도 했다. 가장은 가족들의 종교생활에 관심을 갖게 할 것이고 식구들은 가장의 명령에 순종할 의무가 있다.

야곱의 하나님은 환난 날에 응답하시고 길에서 함께 하사 보호하신 하나님이시니 그 하나님 외에 다른 이방 우상은 없애야 한다. 야곱은 세겜 근처 상수리나무 아래 우상을 묻었다. 그들은 한 가지도 숨김없이 다 버렸다. 개혁은 모든 면에 골고루 미쳐야 한다. 에브라임은 자기의 모든 우상을 버리면서 "내가 다시 우상과 무슨 상관이 있으리요"(호 14:8) 했고, 이사야서에는 "자기 우상들에게 나가라"(사 30:22)고 한 것처럼 우상을 던졌다. 귀고리처럼 미신적으로 쓰여지는 것이나 보물까지도 내어던졌으니 철저한 회개운동이 일어난 것이다.

야곱은 이것을 다시 찾아가지 못하도록 그들이 알지 못하는 곳에 묻었다. 죄악을 완전히 장사지낸 것이다(사 2:20). 상수리나무 아래는 아브라함이 장막을 치고(창 12:6) 여호수아가 기념기둥을 세운 곳이다(수 24:26). 야곱은 이 나무 아래에 우상을 몽땅 묻어버렸다. 완전하게 묻었다. 그것을 버린 자들이 다시 찾아갈 수 없게 하기 위하여 세겜 근처 나무 아래 묻었다. 세겜인들이 무서워서 어느 자식이 그 위험한 지역에까지 가서 파올 수 있겠는가 해서 그리한 것이다.

우리는 우리의 죄악의 모든 것을 십자가의 상수리나무 아래 묻어버려야 한다. 자기를 장사지내지 않고서는 벧엘의 하나님께 올라갈 수 없다.

둘째, 자신을 정결케 하라고 했다.

"자신을 정결케 하라"는 것은 "네 자신들을 정결케 하라"는 뜻으로 후에 이 말이 결례율법을 표현할 때에 사용되었다(민 19:11-12, 레 14:4, 15:13). 그들은 각자 그들의 몸을 깨끗이 씻어야 했다. 그들 이스라엘의 아들들은 세겜의 남자들을 칼로 무수히 찔러 죽이고 소유물을 약탈했기 때문에 사람의 피는 물론이거니와 짐승의 피, 그리고 온갖 더러운 것들이 그들의 의복과 속살을 더럽혔을 것이다. 그러므로 그들은 자신의 더러워진 몸을 씻어야 했다.

어떤 이는 이것을 세례의 일종으로 보인다고 했는데, 이들이 이제 여호와의 신앙을 받아들였다는 것을 의미한다. 이것은 세례 요한의 회개의 세례와 흡사한 것이다. 그러므로 자신을 정결케 함은 속사람을 하나님 앞에 회개하는 것이다. 바울 사도는 "다른 사람의 죄에 간섭하지 말고 네 자신을 지켜 정결케 하라"(딤전 5:22) 하였고, 율법에는 속죄제물의 피로써(레 14:17-20) 사람이 정결하게 된다고 하였다. 다윗은 "우슬초로 정결하게" 해달라고 간구했고(시 51:7), 에스겔이나 히브리서 기자는 "맑은 물로 씻어서" 정결케 하라고 하였다(겔 36:25, 히 9:22). 그리고 "능력의 말씀이 죄를 정결케" 한다고 했다(히 1:3). 이사야는 "거기서 나오고 부정한 것을 만지지 말라"(사 52:11) 하였고 다니엘은 "연단을 받아 정결케 된다"(단 12:10)고 했다.

사람이 속사람을 하나님 앞에 회개하면 하나님은 예수의 피로, 하나님의 말씀의 물로, 연단의 불로 정결한 심령을 창조하신다. 속사람이 정결한 심령으로 변화되지 않으면 벧엘에 올라갈 수 없는 것이다.

셋째, 의복을 바꿔 입고 올라가자고 했다.

그 때 야곱의 아들들이 입은 옷은 피로 물들은 더러운 것이었다. 그러므로 그들은 목욕하여 정결케 하고 옷은 깨끗한 새옷으로 바꿔입어야 했다. 이것은 시내산에서 주어진 명령과도 유사하다(출 19:10). 그러나 정신과 마음에 대한 도덕적이고 영적인 속사람의 정결 그것에 더 비중을 둔다. 마음을 새롭게 하고 정결케 하는 것이다.

의복을 바꾸는 것은 회개를 공적으로 단행하는 것으로 철저하게 함이다. "옷"은 성도의 옳은 행실이다(계 18:6-7). 바울은 "세례받은 자는 그리스도로 옷입었느니라"(갈 3:27)고 했다. 그리고 "빛의 갑옷을 입으라 그리스도로 옷입으라"(롬 13:11-13)고 권하고 있다. 거룩한 예복을 입지 않은 자는 천국 혼인잔치석에 들어가 앉을 수 없는 것이다. 하나님의 사람들은 예수 그리스도의 구속을 받았기 때문에 세겜에서 입었던 더러운 옷은 벗어버리고 새 사람의 옷을 입어야 한다.

벧엘로 올라가는 야곱

(창 35:5-15)

야곱은 전에 벧엘에서 하나님께로부터 받은 은혜와 그가 하나님께 한 서원을 까맣게 잊어버리고 살았다. 야곱은 하나님의 은혜를 잊어버리고 지냈지만 하나님께서는 야곱을 기억하셨다가 야곱이 또한번 환난에 던져진 때에 나타나사 벧엘로 올라가라고 명령하셨다. 하나님은 우리가 하나님께 한 서원만 기억하시는 것이 아니다. 하나님은 우리를 그 손바닥에 새기시고 기억하시는 것이다. 그리고 가끔씩 어떤 사건을 계기로 하여 깨닫게 교육하시고 훈련하시는 것이다.

야곱이 에서와 헤어진 후 바로 벧엘로 직행하지 않은 이유는 무엇일까? 세겜에서 30마일 거리에 있는 벧엘에 왜 가지 않았을까? 짐작할 수밖에 없는데 그 첫째 원인은 세겜이 목축하기에 적당하다는 판단 때문이었을 것이다. 그 다음의 원인은 아무래도 자기 집안에 우상숭배하는 라헬이 있는 것을 알고 우상숭배하는 가족을 데리고 벧엘의 하나님께 단을 쌓을 수 없다고 생각한 것이라고 할 것이다.

야곱은 라헬을 사랑했다. 두 번째 아내가 되었으나 첫 번째 부인으로 생각했고, 그의 소생 요셉은 열한째지만 첫째 아들로 여겨왔던 것이다. 그런데 그가 벧엘에 올라가서 죽게 된다면 어떻게 하나 하는 염려 때문에 이곳에 묻혀있게 된 것이 아닐까 하는 것이다. 그러니까 야곱은 자기집에 이방신상이 있다는 것을 알고도 오랫동안 묵인한 것이다. 야곱은 하나님보다 라헬을 더 사랑했다. 그리하여 수많은 나날을 하나님을 잊고 살았다.

우리는 하나님께 마음과 애정을 쏟아야 한다. 사람에게 쏟았기 때문에 라헬은 일찍 죽고 말았다. 그것은 하나님께서 그리하셨는데 하나님을 더욱 사랑하게 하기 위한 것이었다.

우리 집을 둘러보자. 안방이나 건너방이나 사랑채나 창고에나 헛간에도 찾아보자. 우리의 마음 속에 자녀들의 마음 속에 하나님의 자리에 우상이 자리잡고 있는 것은 아닌가? 만일 어느 자리에도 비록 조그만 우상일지라도 그것이 자리잡고 있다면 그것이 우리집을 불신앙과 불경건의 생활로 빠지게 하고 하나님의 진노의 매를 들게 하는 것이다.

늦게나마 야곱은 하나님의 명령에 순종하여 가정 전체를 개혁하고 이제 벧엘의 하나님이 계신 벧엘로 올라가게 되었다. 해상에 불어오는 바람은 항해하는 이들에게 두려운 것이지만 그것이 있음으로 목적지로 항해하는 것이다. 이와 같이 야곱의 가정에 불어닥친 환난은 고통스러운 것이었지만, 그것을 통해서 깨닫고 신앙개혁이 일어나서 하나님께 나아가게 되었으니 범사에 감사뿐이다.

1. 벧엘로 올라가면서 세 가지 일을 경험했다.

첫째, 하나님의 안전한 보호하심을 받으며 올라갔다.

가나안 사람들은 야곱의 아들들의 야만적인 행위에 대하여 이를 갈며 분노하고 있었다. 그리고 야곱이 이제 벧엘로 올라가는 노정은 30마일이나 되는데 험한 산길이었다. 그곳에 가는 도중에 그곳에 거주하고 있는 주민들에 대한 두려움이 없을 수 없는 것이었다. 그러므로 야곱은 전방의 주민에 대한 불만이 있었고 뒤로 할 세겜지역의 본토족들이 군대를 끌고 추격해 올 수 있다는 두려움에 불안해 했다.

본문에는 "그 사면 고을들로 크게 두려워하게 하신 고로… 추격하는 자가 없었더라"고 하였다. 그것은 하나님께서 이스라엘 교회를 보호하시기 위해서 특수 간섭하셨음을 알 수 있다. "두려워하게"는 "하나님에 의해 조성된 절대적인 공포심"이라는 뜻이다.

하나님께서는 이스라엘이 우상을 묻어버리고 신앙개혁을 단행하는 것을 보시고 기뻐하사 특별하게 보호하셨다. 야곱의 가정에 보복하려는 주변 세력들을 꺾어서 도리어 그들이 이스라엘의 집 식구들을 두려워하게 하셨다. 사람의 마음을 주장하사 공포심을 갖게 하시는 것도 하나님이 하시고, 담대한 용기를 가지고 옳은 길을 가게 하시는 섭리도 하나님이 하신다(출 34:24). 마하나임, 곧 두 진영의 사자들은 지금도 여기서 진을 쳐서 앞의 적을 두렵게 하고 뒤의 추적자를 두렵게 하시는 것이었다. 그것은 하나님께서 순종하는 자에게 행하시는 하나님의 보호방법이다.

둘째, 벧엘에 이르러 거기서 단을 쌓고 엘 벧엘이라 했다.

야곱은 벧엘에 이르러 전에 벧엘에 세운 돌기둥을 발견하고 하나님께 감사했고 십일조를 드리겠다고 서원한 대로 예물을 바쳤을 것이 분명하다. 그는 과거를 회고했고 현재를 감사했으며 미래를 소망했다. 이로써 야곱은 하나님께 했던 서원을 이행한 것이다.

"야곱과 함께 한 모든 사람"에서 우리는 언약의 후손들을 이끌고 올라가는 야곱의 모습을 볼 수 있다. 그것은 오늘도 성령을 통해 영적 이스라엘과 함께 하시는 임마누엘 예수 그리스도의 모습을 연상하게 하는 것이다.

루스는 옛 지명인데 "루스"와 새 이름 "벧엘"이라는 이름이 동시에 여기 언급된 것은 야곱의 지난 날의 경험을 생생하게 뚜렷이 환기시키는 것이다. 루스와 벧엘, 야곱과 이스라엘은 변화를 포함한다. 하나님을 만나기 전에는 "루스"였으나 하나님을 만나뵙는 이후부터는 "벧엘"이었다.

그러므로 우리 영적 이스라엘은 우리가 거하고 있는 똑같은 장소에서 그 장소를 변화시키는 은혜받은 사람이 되어야 한다. 야곱이 벧엘에 이르러 거기서 단을 쌓고 그곳을 "엘 벧엘"이라고 불렀는데 "벧엘의 전능하신 하나님"이라는 뜻이다. 그런데 "전능자"라는 명칭이 두 번 강조되고 있다. 이는 예배와 감사, 찬양과 기도를 받으시고, 그들에게 말씀하시고, 응답하시고, 보호하시며, 축복하시는 현존하시는 하나님이라는 것이다.

우리는 루스라는 황량한 광야에 하나님이 나타나신 후 벧엘이 된 것처럼, 우리가 눕는 거처에 하나님이 나타나시는 하나님의 문이라는 사실을 감사 찬양해야 할 것이다.

셋째, 리브가의 유모 드보라가 죽었다.

드보라는 야곱에게 종교적 개혁이 있은 후 죽었다. 드보라는 "꿀벌"이라는 뜻으로 부지런하여 리브가와 야곱, 2대에 걸쳐 헌신적으로 봉사한 여인이었다. 드보라는 리브가가 시집갈 때에 헤브론에 따라왔는데 150세쯤 되었다. 드보라는 야곱의 식구들이 필요로 하는 때에 죽었다. 디나 사건이나 살상사건 같은 어려움이 지난 후에 죽었고 다행히 야곱이 회개하고 벧엘로 올라간 때에 죽었으니 행복한 죽음이라고 할 수 있다.

벧엘 아래 상수리나무 밑에 장사했다. 그리고 그 상수리나무 이름을 "알론 바굿"이라 했는데 "눈물의 상수리나무, 통곡의 상수리나무"라는 뜻이다. 산 자가 죽은 자에게 할 수 있는 최선은 장례하는 일이다. 그리고 죽은 자 앞에서 산 자가 눈물짓는 것은 마지막 할 수 있는 애정의 표시일 것이다. 하나님은 야곱을 연단시키시되 눈물흘리는 아픔도 주셨다.

드보라가 어째서 야곱과 살았는지 알 수 없으나 돌아가신 어머니에게 못다한 효도를 후회하면서 야곱은 어머니의 유모였던 드보라에게 잘 대접했다. 그리고 어머니의 흔적이 있던 드보라를 장례할 때 눈물을 흘렸다.

드보라는 벧엘로 올라가는 길목에서 죽었다. 우리는 어느 길목에서 죽을지 알 수 없다. 드보라는 다행히 이삭의 장자의 축복을 받은 야곱과 함께 살다가 죽었다. 리브가가 아들과 소식 왕래를 위하여 야곱에게 보냈거나 야곱이 리브가의 사후에 드보라를 모셨는지 모른다. 그녀는 야곱의 가문에 헌신적으로 수고했다. 혈연관계는 아니지만 정중한 대우를 받았다. 그런데 이 길목에서 죽은 것이다. 언제 어디일지는 몰라도 인생에게는 죽음이 기다리고 있다. 35장에 드보라, 라헬, 이삭의 장례가 있는데 드보라는 유모, 라헬은 미녀, 이삭은 경건한 자였다. 그러나 유모도 아름다운 어머니도 경건한 아버지도 죽었다. 죽음에는 순서가 없다. 그러나 드보라는 야곱의 소망적인 생활을 바라보면서 죽었다.

2. 벧엘로 올라간 때에 하나님께서 나타나셨다.

하나님께서 야곱을 이스라엘이라고 부르셨다. 야곱이 밧단아람에서 벧엘로 돌아왔을 때 하나님께서 나타나셨다. 물론 떠날 때도 나타나셨다(28:16). 그런데 그 하나님이 또 나타나신 것은 야곱의 새로운 출발을 격려하시는 것이고 벧엘 언약을 재확인하여 비준하심이다.

이것은 야곱에게 큰 위로와 기쁨이었다. 두려운 일로 인해 세겜에서 도망치다가 드보라가 죽는 슬픔을 겪은 야곱에게 하나님께서 나타나사 복을 주시고 야곱이라 하지 말고 이스라엘이라고 부르는 말씀을 하셨다. 이것은 이스라엘이라는 새 이름 속에 메시야 언약이 내포되어 있다는 것이고 수치스러운 과거를 청산하고 새로운 삶을 살도록 하심이다. 하나님께서는 여전히 변화된 야곱과 함께 계셔 앞날을 인도하시겠다는 확인과 같은 것이다.

얍복강 나루에서 이스라엘이라고 하신 것은 에서의 두려움에 있는 그를 격려하기 위함이고, 지금은 가나안 사람들로부터의 두려움에서 용기와 안위를 갖게 하시려고 새 이름을 다시 확인시키신 것이다.

"이스라엘"이라는 이름은 야곱의 영적 생활이 새롭게 변화되었다는 것이며 왕의 칭호였다. 그러므로 이때부터 그의 가족들은 이스라엘이라는 왕국의 국민이 되었다. 하나님 안에 사는 자들은 하늘나라의 왕국 계급에 속하는 명예와 영광을 누리는 것이다.

전능하신 하나님께서 생육하고 번성하라고 하셨다. 하나님은 전능하시다고 하였다. 이는 자연법칙을 초월하여 자신의 약속을 성취시켜 나가시는 무한한 능력을 소유하신 하나님을 의미한다. 하나님은 아브라함에게 처음으로 "전능하신 하나님"(17:1)이라고 말씀하셨다. 전능하시기 때문에 거짓을 모르시고 유혹받는 일이 없으며 하시고자 하는 대로 모든 일을 처리하신다. 그리고 모든 것이 풍족하여 부족함이 없고 얼마든지 돕고 모든 것을 마련해 주실 수 있는 하나님이시다.

"생육하고 번성하라"는 것은 아브라함과 이삭에게 이미 축복하신 것을, 그리고 야곱에게도 이미 하신 말씀을 다시 확약하시는 것이다. 수년 후에 야곱의 식구들 75명이 애굽에 내려갔다가 430년 만에 생육이 중다한 무리를 이루어 출애굽함으로 성취되었으며, 신약에 이르러 예수 그리스도로 말미암아 언약의 후손이 된 모든 성도들로 인하여 성취되었다.

"많은 국민과 왕들이 네 허리에서 나온다"고 하셨다. 이스라엘의 각 족속은 하나의 국민이었고 열두 족속은 국민의 연합체였다. 이것은 이스라엘이 큰 나라가 될 것을 의미하고 궁극적으로는 예수 그리스도로 말미암아 많은 성도들이 천국의 기업을 누리게 될 것을 예언한 것이다.

"왕들이 네 허리에서 나오리라"는 것은 아브라함에게는 하시지 않은 약속을 야곱에게 하신 것이다. 곧 야곱의 혈통을 통해서 역사적으로는 다윗과 솔로몬같은 왕이 나왔고 영적으로는 만왕의 왕 예수가 탄생했다.

아브라함과 이삭에게 준 땅을 너와 네 후손에게 주리라고 하셨다. 야곱과 그의 후손들이 받게 될 땅은 이미 아브라함 때에 약속하신 축복이었다(15:16). 곧 가나안 땅을 차지하게 되리라는 것이다. 야곱은 아브라함과 이삭에게 주신 그 땅을 받는 자가 되고 그 후손 또한 그리하리라는 약속인 것이다. 아브라함은 자손과 땅, 재산 모두를 다 받았다. 그리스도는 약속된 씨이며 하늘은 약속된 땅 가나안이다.

하나님은 "그와 말씀하시던 곳에서 그를 떠나 올라가셨다"고 했다. 영광의 하나님께서 야곱에게 가시적으로 내려오사 직접 눈으로 볼 수 있게 하심으로 성도가 이 땅에서 하나님과 교통하는 행복한 교제는 일시적이라는 것을 암시한다. 그러나 하늘에서는 영원히 하나님을 볼 수 있다. 중요한 것은 야곱이 하나님과 대화, 즉 하나님이 야곱에게 보이시고 말씀을 하셨다는 것이다. 그것은 보고 들은 자만이 알 수 있는 경험이다. 생명이 유한한 인간은 아브라함이나 이삭처럼 죽는다. 그러나 하나님의 말씀은 영원하여 지금도 성취되어지고 있는 것이다.

성도는 하늘의 땅을 얻게 된다.

3. 야곱이 하나님이 말씀하신 곳에서 네 가지 일을 했다.
첫째, 돌기둥을 세웠다.
야곱은 하나님과 대화하고 갱신된 축복과 확증된 새 이름, 반복된 약속을 참으로 기념하기 위하여 수십 년 전의 벧엘을 회상하며 감격했다. 그래서 흔적마저 없어진 그 옛날의 돌기둥을 찾아 세웠다. 아마 밧단아람으로 갈 때의 그 돌이 흙 속에 묻혀 있었는지 모른다. 아무튼 그는 그 돌을 찾아 다시 세운 것이다. 이 "돌"은 하나님의 전이 될 것이라고 했는데, 하나님의 교회의 돌은 머리돌이시고 산돌이신 하나님의 아들 예수시다.

야곱은 돌기둥 세우는 것을 좋아했으나 서물 숭배자는 아니다. 벧엘, 갈르엣, 라헬의 묘에 돌 기념비를 세웠으니 그것은 기념하기 위한 것이다(28:18, 35:14, 31:54, 35:20).

둘째, 전제물을 돌기둥 위에 부었다.
"전제물"은 성경에서 처음 언급되었으나 모세의 율법에서 중요한 위치를 차지한다. 부어드리는 제물로서 포도주나 독주, 유류 등으로 드리는 예물이다. 족장시대에는 단독으로 드려졌고 율법 이후부터는 다른 제물의 보조적 역할을 했다. 이 제사는 하나님을 섬기는 자들의 헌신적인 노력과 봉사와 감사의 표상이다.

그러므로 돌기둥에 전제물을 부은 것은 그들을 세운 야곱의 헌신을 의미한다. 우리는 오늘 하나님의 거룩한 돌 제단 위에 주류나 유류보다 더 값진 땀과 눈물과 피라는 전제물을 부을 수 있어야 한다.

셋째, 그 위에 기름을 부었다.
야곱이 "기름을 그 위에 부은 것"은 자신과 그 땅에 대한 하나님의 소유권을 뜻하는 거룩한 의식으로 자신의 서원을 온전히 이루게 하신 하나님을 영화롭게 하는 예식일 것이다.

바울은 "관제와 같이 내가 마지막으로 부음이 되었다"(딤후 4:6-7)고 고백했다. 그것은 그의 마지막 헌신의 관제이다. 우리는 하나님의 진리의 제단 위에 우리의 마지막 순간까지의 생명을 쏟아부어 하나님을 기쁘시게 할 수 있는가?

　마지막으로, 하나님이 말씀하시던 곳을 벧엘이라고 불렀다.

　야곱은 같은 벧엘에서 하나님을 두 번이나 만났다. 그리하여 벧엘이야말로 하나님이 계신 하나님의 집이라고 고백한 것이다. 벧엘이라는 이름은 사닥다리의 꿈을 꾼 다음에 주어진 이름이고, 이때에 이름을 "엘 벧엘"로 바꾸었는데 여기서 또다시 옛이름을 말하는 것이다.

　성도는 하나님의 집에서 하나님을 만나고 교제하며 예배하고 찬양할 것이다.

헤브론으로 가는 길

(창 35:16-29)

 야곱은 벧엘에 영구히 거주하지 않았다. 곧 그곳을 떠났다. 그러나 그가 벧엘을 곧 떠났다고 해서 하나님의 명령에 어긋나는 일은 아니었다. 왜냐하면 하나님은 야곱에게 벧엘에서 떠나지 말고 영구히 정착하라는 말씀을 하시지 않았기 때문이다. 그리하여 야곱은 아버지 이삭에게 가기 위하여 헤브론으로 떠난 것이 아닌가 생각한다.
 그런데 벧엘에서 출발하여 헤브론까지 이르는 노정에서 야곱은 참으로 여러 가지 슬픈 사건들을 당하게 된다. 벧엘에서 온 이스라엘 가족이 신앙의 부흥이 일어나고, 자신의 신앙이 바로 서서 아버지의 신앙 수준을 견지하기 위하여 헤브론으로 가려했을 것이나, 그 헤브론으로 가는 길은 너무나 험난한 길이었다. 희비가 엇갈리고 기복과 굴곡이 심했다. 성도들이 천국을 향하여 가는 길을 보여주는 듯 하다.
 우리는 야곱이 평생에 걸쳐 믿음의 연단을 받는 사건의 연속을 본다. 야곱이 예전에 겪었던 어려운 역경은 결국 하나님께서 야곱의 믿음을 훈련시켜 야곱을 이스라엘로 세우시기 위함이었다. 하나님은 야곱의 노년기에서조차 야곱의 믿음을 단련시키는 일을 멈추지 않으셨다. 요셉이 한때 야곱의 곁을 떠나 죽은 줄 알았으며, 기근을 맞고, 베냐민에 대한 야곱의 근심 등이 하나님에 의한 야곱의 연단이라고 할 수 있다. 하나님께서 인간을 역경으로부터 출발해서 믿음을 연단시켜 이스라엘로 만드심은 얼마나 오묘하신 역사인지 모른다. 하나님께서는 시련을 통하여 하나님의 형상과 천국 아버지 집에 도달하도록 하신다. 그러므로 바울은 "우리가 하나님의 나라에 들어가려면 많은 환난을 겪어야 한다"(행 14:22)고 하였다.

  야곱은 벧엘에서 아버지집 고향 헤브론으로 가는 중에 가장 사랑했던 라헬이 죽어 사별하는 슬픔을 당해야 했다. 라헬을 장사하고 돌아서는 야곱의 마음은 찢어지는 듯 했다. 어머니도 죽고 유모 드보라가 죽고 라헬마저 죽었다. 르우벤이 서모와 통간하고 아버지 이삭이 죽어 장사했다. 진실로 헤브론까지의 길은 기막힌 노정이었다.

  1. 에브랏 길가에서 라헬이 죽었다.

  이스라엘이 벧엘에서 발행하여 에브랏까지 약간의 거리를 격한 지점에서 야곱의 사랑하는 아내 라헬이 임산하여 심히 신고했다. "신고하더니"는 감당하기 힘든 무거운 멍에기 씌워져서 받는 고통과 이에 대한 반항을 의미하는데, 이는 심한 고통으로 몸부림치는 것을 말한다. 난산은 해산이 극도의 위경에 처한 때를 의미한다. 하와의 죄로 인해 모든 여성들이 겪지 않을 수 없는 고통이다.

  라헬의 산고에는 몇 가지 사유가 있었을 것이다. 노산인데다 여행의 피로가 있었고, 건강이 좋지 못했다. 그러나 하나님의 특별한 뜻에 의해서라고 할 수 있을 것이다. "나로 자식을 낳게 하라. 그렇게 아니하면 내가 죽겠노라"(창 30:1)라고 말했었는데 이제 라헬이 말한 그대로 이렇게 죽는 것인지 모를 일이다.

  에브랏은 "수확이 풍성한"이라는 뜻으로 베들레헴(떡집)의 옛이름이다(35:19). 가까운 거리에 있었지만 베들레헴에 도착할 수가 없었다.

  라헬은 요셉을 낳고 16-17년이 지나 두 번째 해산이었으니 심한 진통을 겪었던 것 같다. 그 때 요셉이라고 이름한 것은 "여호와는 다시 다른 아들을 내게 더하시기를 원한다"(30:24)는 의미에서였다. 하나님께서 다른 아들을 주실 것을 믿었던 것이다.

  산파가 라헬을 격려하며 득남한다고 하였다. 라헬이 난산할 때에 산파가 그에게 말하기를 "두려워 말라 지금 그대가 또 득남하느니라"고 했다. 그것은 이번에도 그렇게 바라던 아들이 출생된다는 소망적인 격려였다. 라헬이 요셉출생 때 그렇게 소망한 대로 그 소망을 이루었다는 것이다. 그리고 산파는 두려워하지 말라고 격려하며 소망적인 말은 했지만 산고를 해결해 줄 수 없었고 더구나 라헬의 생명을 구하지는 못했다.

그러므로 라헬은 오랫동안 원하고 있던 소망이 막 이루어진 순간에 산고 끝에 죽었다. 인간의 죽음은 여행하는 길가에도, 해산하다가도 오는 것인데 인간이 그것을 해결할 수는 없다. 그저 애타는 마음으로 지켜보는 도리밖에 없다. 우리가 심한 고통 속에서 신음할 때 사람들의 위로가 있지만 그러나 곧 실망하고 만다. 인간의 삶은 슬픔과 더불어 시작되고 장미꽃의 즐거움은 가시에 둘러싸여 있다는 사실이다.

라헬은 산고로 인하여 죽었다. 하나님께서는 자식을 원하는 자들에게 자식을 주신다. 그러나 그 자식으로 인하여 기쁨을 누리지 못할 경우도 많다. 하나님은 난산으로 인하여 임종직전에 있는 산모를 통해서도 살아있는 생명을 출생시키시니 하나는 죽고 하나는 사는 것이다.

라헬은 레아가 살아있을 때 죽었다. 그것도 애기 낳다가 죽은 것이다. 자식 낳기 경쟁을 하면서 남편의 사랑을 독차지했던 라헬이 레아보다 먼저 죽은 것이다. 사람의 죽음의 형태는 여러 가지이다.

라헬의 죽음은 "그 혼이 떠나다"고 표현했다. "그 혼이 떠나려 할 때"는 "그녀의 영혼(생명)이 떠나려 할 때"라는 의미이니 죽음이 무엇인가를 알게 한다. 죽음이란 인간의 영육이 지닌 모든 기능이 끊어져 버리는 것이 아니라 영혼과 육체가 분리되는 상태를 뜻한다. 죽음은 무에 이르는 것이 아니다. 단지 상황 장소가 변하게 되는 상태에 이르게 되는 것이다. 육체는 흙으로 영혼은 영계로 떠나 영육이 분리하는 것을 죽음이라고 한다. 완전히 멸절하는 상태가 아니다. 또다른 장소, 다른 상태로 가는 것이다.

라헬은 죽으면서 베노니라고 불렀다. 라헬의 죽음은 고통 중에도 승리할 수 있다는 사실을 배우게 한다. 그것은 그렇게 소망했던 또다른 아들을 얻으면서 죽었기 때문이다. 인간은 이렇게 소망을 이루면서 죽음과 바꾸는 경우가 있다. 그러기에 라헬은 태어나는 아들을 이름하여 베노니, 즉 "내 슬픔의 아들"이라고 불렀던 것이다.

요셉을 낳으면서 또다른 아들도 낳게 되리라는 소망을 가지고 있었는데 그 소망이 16-17년만에 이루어졌다. 소망은 고통중에 이루어졌으나 자신은 죽어가니 슬펐다. 산모가 슬프고 아들도 슬프게 될 것이고 남편도 슬펐다. 그러나 라헬과 같이 죽음과 교환하면서 태어나지 않는 많은 아이들도 부모에게 커다란 슬픔을 주는 경우도 세상에는 많이 있다.

야곱은 베노니를 베냐민이라고 불렀다. 하나님의 언약의 자손들은 많은 고난을 받았다. 이스라엘 백성은 애굽에서 종살이 하였고 바벨론이나 앗수르의 포로가 되는 등 역시 속에서 고난의 민족이었다. 산고를 겪다가 죽은 라헬은 고난받는 이스라엘 백성들의 표상이라 할 것이다.

야곱은 라헬이 "베노니(슬픔의 아들)"라고 부르며 죽어갈 때에 "베냐민"이라고 하였으니 "오른손의 아들, 내 힘의 그 아들, 내 행복의 그 아들, 내 사랑의 그 아들"이라는 뜻이다. 야곱이 베냐민이라고 이름한 것은 라헬이 출산할 때 나쁜 결과를 보기를 원치 않았다는 것을 암시한다. 베냐민은 야곱의 막내 아들이었으나 오른쪽에 앉아 야곱의 축복을 받은 아들이며, 늙었을 때에 오른팔의 지팡이같이 될 아들이라는 소망에서 베냐민이라고 한 것이다.

야곱은 라헬을 장사하고 묘에 비를 세웠다. 야곱은 사랑하는 아내의 죽음을 지켜보았고 더구나 베냐민이라는 아들을 낳고 죽은 라헬을 생각할 때 슬픔의 눈물이 앞을 가렸다. 좀더 일찍 고향으로 돌아왔더라면 노중에 해산하지는 않았을 것이라고 가슴치며 후회도 했을 것이다. 그러나 길을 가는 중이라 라헬의 시신을 정성껏 장사하는 것이 시급했다. 그리하여 헤브론까지 옮기지 못하고 가까운 곳에 묻었다.

아내가 아이를 낳다가 죽으면 남편은 아내에 대한 애정으로 인하여 아이의 이름을 정성들여 짓는 것이다. 살아있는 사람들은 먼저 하나님의 부름을 받은 가족을 잘 매장하는 것이 가족의 의무이다. 야곱은 라헬을 베들레헴 길에 장사했다. 이곳은 예루살렘에서 남방 7마일 지점에 있는데, 후에 다윗과 그리스도가 이곳에서 탄생하셨다(삼상 16:18, 마 2:1).

유대교의 한 저술가는 "드보라와 라헬의 죽음은 디나로 말미암아 생긴 세겜인들에 대한 살육을 속죄하기 위한 것이었다"고 말했다. 야곱이 전능하신 하나님을 뵙고 교만할까봐 하나님께서 겸손하게 하시려고 이런 가시를 주신 것이 아닌가 생각된다.

죽은 사람을 위하여 기념비를 세우는 것은 가족으로서 당연히 할 수 있는 일이다. 그것은 후손들에게도 유익하며 결코 허황하거나 미신적인 일이 아니다.

야곱은 오랜 후에도 알 수 있도록 라헬의 무덤에 비를 세웠다. 기쁨을 기념하기 위해, 즉 하나님을 만난 기쁨을 위해서(14절) 비를 세웠는데 얼마의 간격을 두고 아내를 이별하는 슬픔을 기억하기 위하여 비석을 세웠다. 인생은 슬픔과 기쁨을 엇갈리며 사는 것이다. 후에 베냐민의 자손들이 상속받은 곳은 라헬이 묻힌 곳이었다. 그리고 예레미야 시대에 살았던 사람들과 헤롯에 의해 학살당한 애기들은 라헬의 자손들이었다(렘 31:15, 마 2:18).

야곱이 가장 사랑한 라헬의 시체를 길가에 장사하고 묘비를 세운 것은 내세의 소망을 가진 자가 죽음의 권세를 이기고 다시 부활한다는 굳센 믿음을 보이는 것이다.

그리스도를 믿는 신앙은 죽음에서 부활한다. 십자가의 묘비에서 만나게 되는 소망이 있기에 비애와 슬픔의 장송곡을 들으면서도 천상의 영생의 멜로디를 그리고, 눈물을 흘리면서도 소망의 묘비를 어루만질 수 있는 것이다.

야곱은 너무나 슬퍼서 울지도 못했다.

2. 이스라엘이 다시 떠나 에델 망대를 지나 장막을 쳤다.

이스라엘이 다시 발행했다. 여기서 야곱이 이스라엘이라는 이름으로 변하여 불리지고 있고 이 다음에는 그렇게 자주 이스라엘이라고 불리워지지는 않는다. 갑작스럽게 이스라엘이라고 부른 이유에 대해서 유대 랍비들은 "기록 당시 모세가 여러 비극적인 사건들의 와중에서도 꿋꿋이 견디어 내며 다시 일어나 순례자의 길을 떠나는 야곱의 놀라운 인내에 경의를 표하기 위해서였다"라고 해석했다. 고통을 겪는 인내, 하나님께 대한 봉헌의 태도에 저자가 경의를 표했다는 것이다.

스스로의 욕심, 분노, 감정, 슬픔을 제어할 수 있는 자는 하나님과 겨루어 이긴 이스라엘이 아니면 안된다. 이기는 자 이스라엘이라는 야곱은 라헬을 잃은 슬픔도 이기면서 다시 길을 떠났고 에델 망대를 지나 장막을 쳤다. 에델은 가축떼의 망루로 베들레헴 남방 2km 지점에 있다. 목자들이 가축의 떼를 지키기 위해 만들어 놓은 높은 망대이다(왕하 18:8, 대하 26:9). 야곱이 살 도성은 이세상이 아니라 저 세상에 예비되어 있었기 때문에 야곱은 나그네길에 장막을 친 것이다.

하나님은 하나님의 종들로 하여금 에브랏에서 에델로 가게 하심으로써 지금 겪고 있는 시련보다 더 큰 환란을 겪게 하셨다. 성도가 한 장소에서 떠나고 다른 장소로 옮긴다는 것은 하나님의 뜻이다.

이스라엘이 그 땅에 유할 때 르우벤이 서모 빌하와 통간했다. 야곱에게 있어서 라헬의 죽음과 빌하가 아들 르우벤과 통간한 사건은 괴로움이었다. 야곱이 없는 동안에 이런 추한 일이 생긴 것 같다. 그는 하나님의 축복과 약속을 계속 받았지만 고통과 비애와 부끄러운 일들을 당했다. 그러나 그것은 신앙연단이요 그를 겸손하게 하기 위함인 것이다. 르우벤은 이방인 사회에도 없는 가증한 근친상간의 죄를 저질렀다.

세겜에서 총각이 처녀 디나를 강간했다 해서 온 가족이 분을 내고 세겜 남자를 모조리 죽였지만 이스라엘 가정 내에 서모와 통간하는 이 엄청난 악행에 대해서는 무엇이라고 할까?

야곱은 이 사건에 대해 들었다. 좁은 지역 모든 사람들에게도 이러한 가정 내의 챙피스러운 소문이 파다하게 전해졌다. 그러므로 야곱은 이 이야기를 듣고 비탄과 치욕과 분노를 느끼지 않을 수 없었다.

르우벤과 서모는 비밀리에 통간하여 그것을 숨기려 했을 것이나 언제나 비밀은 오래가지 못한다. 온통 이스라엘 집에 망신살이 뻗쳐 있었다. 야곱은 빌하에게 더 큰 죄가 있었겠지만 그것 때문에 그녀를 버려두었으나 르우벤은 장자의 권리와 축복을 잃게 했다(49:3-4) 르우벤은 이스라엘의 장자였으나 아버지에게 고통을 주는 불효자였다.

디나의 강간당함, 시므온과 레위의 살상, 르우벤의 패륜 등은 야곱을 한없이 슬프게 만들었다. 그것들은 야곱에게 불효였지만, 따지고 보면 이 책임은 다처주의였던 야곱에게도 없지 않다.

야곱의 아들은 열둘이었다. 레아의 소생은 여섯 아들이었다. 갑자기 여기서 야곱의 아들들의 언급된 것은 이제 야곱의 시대는 서서히 사라져가고 그의 아들 열둘이 주역이 되는 시대가 오고 있기 때문이다. 레아의 소생은 르우벤, 시므온, 레위, 유다, 잇사갈, 스불론 등 여섯이다. 레아는 라헬로 인하여 서러움을 받았지만 족보상에는 제일 먼저 기록되고 있다.

유대인들은 사람의 이름을 중요시하는 민족이다. 르우벤은 "아들을 보라", 시므온은 "들으심", 레위는 "연합함", 유다는 "찬송", 잇사갈은 "값이 있다", 스불론은 "거함"이라는 뜻이다.

라헬의 소생은 요셉과 베냐민이다. 여기서 열두 명의 아들 이름은 출생순서대로가 아니고 야곱의 부인으로서의 서열에 따리 기록되고 있는데 요셉은 "더함이요", 베냐민은 "오른손의 아들"이라는 뜻이다. 그런데 야곱의 정실 부인의 몸에서 낳은 아들은 여덟 명이 되는 것이다.

그들은 성격이 모두 달랐다. 첩의 소생들은 종의 근성이 있으면서 본처 자식들을 하시했다. 자녀들의 성격이 다르다는 것은 은혜로울 때는 조화를 이루는 이점이 있으나 시험이 들 때는 반목과 적대감을 일으킨다.

빌하와 실바의 소생은 넷이다. 라헬의 여종 빌하는 단과 납달리를 낳았으니, 단은 "억울함을 푼다", 납달리는 "경쟁함"의 뜻이다. 레아의 여종 실바는 갓과 앗셀을 낳았으니 갓은 "복됨", 앗셀은 "기쁨"이

헤브론으로 가는 길

라는 뜻이다. 그런데 이 네 명의 아들들은 종의 소생이지만 본처의 여덟 아들과 동등한 권리와 약속의 후손으로서의 영예를 얻었다. 그러므로 하나님의 백성이 된다는 것은 하나님의 주권에 있는 것이지 신분과 인종에 있는 것이 아니다.

우리는 여기서 처음으로 열두 지파의 족장들의 이름을 한 번에 볼 수 있고 이후부터 그들의 이름이 나타난다(계 7:4, 21:12). 하나님은 거룩한 목적을 이루시기 위하여 서로 특성이 다른 사람들을 선택하셨다.

3. 야곱이 기럇아르바에서 아버지 이삭을 장사하였다.

야곱은 하란에서 돌아온 이후 부친과 몇 차례 만났을 것이라고 생각한다. 야곱은 기럇아르바로 갔다. 그곳은 아브라함과 이삭이 거주했던 헤브론이다.

야곱은 아버지와 함께 살지는 못한 것 같다. 리브가가 죽었기 때문에 아버지가 외롭게 되자 야곱이 부친을 돌보며 남은 생애를 곁에서 지켜 드리려고 거주지를 옮겼던 것으로 생각된다. 이삭은 야곱에게 큰 감화를 주었다. 그러므로 무척 아버지를 그리워했었다. 자식은 부모를 함께 살면서 모시지 못한다 해도 가끔씩 찾아 뵙고 도와드려야 한다. 헤브론은 오랫동안 조상들의 발자취가 있는 곳이어서 감동적으로 야곱은 여기 왔을 것이다.

이삭이 180세에 죽어 열조에게로 돌아갔다. 이삭은 180세 이상을 살았으니 경건한 족장들 중에 가장 오래 산 사람이다. 온유하고 겸손했던 이삭이 오래 산 것이다.

경건한 자는 장수하고(시 34:12), 악인은 생명이 짧다(잠 10:27, 시 25:23). 그러나 그것은 하나님께서 하시는 일이기 때문에 우리가 마음대로 장수하거나 단명할 수 없다. 한 가지 생각할 것은 아버지가 자식보다 먼저 죽는다는 것은 하나님의 은혜요 복이라는 것이다.

이삭은 복되게 임종했다. 사고나 병고로 죽은 것이 아니고 아브라함과 같이 나이 많고 늙어 기운이 진하여 죽은 것이다. 자녀들이 지켜보는 가운데 평화스럽게 죽었으니 그의 죽음은 복된 것이었다. 이삭은 "자기 열조에게로 돌아갔다"고 하였다. 아브라함이 돌아간 곳으로 돌아간 것이다(25:8). 그곳은 하나님의 나라로 돌아갔다는 뜻이다.

육체는 흙으로 돌아갔다. 영혼은 열조의 하나님께로 돌아갔다. 인간에게 있어서 그 영혼이 돌아갈 곳이 없다면 그 사람처럼 불행한 인간은 없다.

그 아들 에서와 야곱이 그를 장사하였다. 아버지의 죽음이 가까워 오자 야곱은 형에게 알려서 장례에 참예하도록 했다. 두 형제는 떨어져 살았으나 같이 모여 아버지를 가족 묘지인 막벨라 굴에 안장했다. 조상이 묻힌 곳에 매장한 것이다. 아브라함과 사라가 거기 묻혔다. 이들의 영혼은 더 좋은 나라로 갔고 이들의 육체는 부활할 때까지 그곳에서 기다리게 되었다.

참으로 호상이었다. 에서와 야곱이 화목했으니 더욱 은혜스러운 장례였다. 그것은 하나님께서 에서의 마음을 돌려놓은 때문이다. 에서는 오래 전에 "아버지가 죽으면 야곱을 죽이겠다(27:41)"고 했었다. 그러나 그때의 먹은 마음이 이제는 다 녹아지고 형제가 화목해서 아버지의 장례를 경건하게 마쳤다. 한 인간의 생애는 그의 마지막을 보아서 알 수 있다. 이삭은 죽었다. 그러나 그는 소망 중에 죽고 장수하고 죽었으며 평온한 중에 자식들의 마지막 효도를 받으면서 죽었다.

에서의 자손들

(창 36:1-8)

창세기 35장 마지막 부분에서 에서와 야곱이 화목하여 아버지의 장례를 잘 치렀다는 아름다운 광경을 보았다.

창세기 저자는 에서의 대략을 소개하기 위하여 그의 계보를 기록하고 있다. 우리는 이상하게 생각한다. 27장에서부터 35장까지 언약의 후손 야곱의 생애에 대해 기록해온 저자가 이삭 장례로 야곱에 대한 이야기를 멈추고 갑자기 에서와 그의 후손에 대하여 언급하고 있기 때문이다.

사실 언약의 사람 이삭이 죽었으므로 그의 장자권자인 야곱에 대해 언급하는 것이 순서라고 생각되는데 그렇게 하지 않고 그전에 에서의 약사가 나오는 것이 이상하다고 생각되는 것이다.

이 문제에 대해서 몇 가지로 생각할 수 있는데 신정국가에 있어서 에돔 족속이 이스라엘과 밀접한 관계가 있는 때문이고, 이제 에서의 후손도 큰 민족을 이루어 가고 있어서 하나님께서 말씀하신 대로 되고 있음을 보여 주며 언약의 가나안 땅을 차지할 사람이 누군가를 밝히기 위한 것이다.

구약성경의 원리를 여기서 볼 수 있다. 에서와 그의 자손들이 하나님의 백성과 구분되어 있다. 하나님의 궁극적 목적인 메시야를 세상에 보내는 것이다. 그러므로 성경의 흐름은 메시야가 초점으로 되어 있다. 따라서 구약성경은 메시야가 탄생할 족보(가계)에 대해서는 특별히 따로 기록하고 있다는 것을 알 수 있다. 그리고 하나님을 대적하는 에서와 그의 후손들이 이 세상에서 영화와 번영을 누리는 것을 볼 수 있다. 에서는 야곱보다 세상에서 더 잘되는 축복을 받았다. 그러나 성도는 오직 천국 가나안 영광을 향하여 살고 세상의 부귀영화를 부러워해서는 안된다.

하나님은 민족과 국가를 형성하시고 그들을 섭리하사 그 역사의 원조가 되는 조상의 중요한 역할을 하고 있음을 알게 한다. 마지막으로 하나님은 악한 에서의 계통을 기록해서 성도들에게 이스라엘 백성과 그들을 구분하신다는 사실을 강하게 인식케 하려는 것이다. 그들에게도 자손을 주시고 물질 소유에 만족케 하시고 세상적 지위와 권세도 주신다. 그들의 박해나 핍박을 통해서도 성도들이 하늘나라를 사모하도록 섭리하신다.

1. 에서 곧 에돔과 그의 아내들이 있다.

에서는 "에돔"이라고 불리웠는데(25:30, 36:8) 붉은 것, 곧 붉은 팥죽으로 장자의 명분을 팔 때의 기억을 생각나게 하는 이름이다. 에돔은 "두마"라는 나라를 형성했다(사 21:11-12). 두마는 상업이 발달했고 광대한 영토를 소유하고 있었으며 지리적인 면에서는 암석이 많은 쓸쓸한 산악지대에 위치했고 그 뜻은 "죽은 자와 같이 침묵하다"이므로 매우 적막하고 황량함을 암시한다. 기상적으로는 밤과 낮을 분별하기가 어려운 어둑컴컴한 지역을 의미한다. 에돔은 공산주의의 시조였기 때문에 영적으로도 죽은 자와 같이 침묵하고 정신적으로 어둑컴컴하며 사상적으로 적막 황량한 것이다.

성경은 "에돔 자손을 치소서, 저희 말이 훼파하라 훼파하라 그 기초까지 훼파하라"(시 137:7)고 하였다. 즉, 공산주의자들은 지금까지 교회를 훼파하되 그 기초까지 훼파하려고 하였다. 그러므로 기독교는 공산주의를 용납할 수 없고 "치소서"하고 기도했으므로 멸공해야 하는 것이다.

여기에서 에서의 계보와 가정에 대해서 간단하게 기록되고 아무런 설명 하나 없는 것을 보아 신령한 믿음의 세계와 먼곳에 사는 자들은 아무 가치가 없는 인간들이라는 것을 말없이 가르치고 있다고 할 수 있다.

에서는 여러 이방여인을 아내로 삼았다.

첫째로, 아다이다. 아다는 "장식품, 아름다움"이라는 뜻으로 살인자 라멕의 아내중 한 여자의 이름과 같다(4:19). 그런데 그녀는 가나안 여인중 헷족속 중에서 엘론의 딸이었다. 엘론은 상수리 나무라는 뜻이다. 가나안의 여인과 혼인하지 말라고 했으나 에서는 부모님에게 큰 근심을 주면서까지 가나안 여자 셋을 기탄없이 얻었다. 그에게는 하나님을 경외하는 마음이 없었고 우상 숭배하는 족속을 더 좋아했기 때문이다.

둘째로, 오홀리바마이다. 오홀리바마는 히위 족속중 시브온의 딸 아나의 소생이었다. 시브온은 "채색된, 거치른, 강도"의 뜻이며, 여기의 딸은 손녀를 의미하고 아나는 "응답"을, 오홀리바마는 "고지의 장막"이라는 뜻을 가지고 있다.

그런데 "자기 아내로 취하고"는 정식으로 결혼해서 아내를 삼은 것이 아니라 축첩 행위를 의미하는 말로 에서는 이중의 실수를 했다. 곧 이방여인과의 결혼이 그 하나요, 일부다처의 결혼을 했다는 것이 그다음이다. 에서의 이러한 불신앙적 결혼은 언약의 가정에 근심이 되었다. 히위족속은 가나안 일곱 족속 중 하나이고 히위(10:17)는 동과, 북은 가나안, 서는 브리스, 남은 여부스 등으로 둘러있는 팔레스틴의 중앙지역이다.

셋째로, 바스맛이다. 바스맛은 "향기로운 냄새"라는 뜻으로 이스마엘의 딸 느바욧의 누이였다. 느바욧은 "고지"라는 뜻인데 26:34, 28:9을 볼 때 이곳의 내용과는 차이가 있는 것을 알 수 있다. 앞절에는 헷족속 브에리의 딸 유딧과 헷족속 엘론의 딸 바스맛과 이스마엘의 딸 마할랄이라고 했고 여기서는 헷족속 엘론의 딸 아다, 히위족속 아나의 딸 오홀리바마. 이스마엘의 딸 바스맛이라고 한 것이다.

이들 중에서 첫 번째 아내는 이름도 가계(혈통)도 완전히 다르다. 두 번째, 세 번째 아내에게서 문제가 되는 것은 이름 뿐이다.

그래서 어떤 이는 에서의 아내가 넷이라고 하고 또 다른 이들은 한 여자가 두 이름을 가진 것이라고 말하기도 한다.

2. 에서의 자녀들이 있다.

아다의 소생은 엘리바스이다. 엘리바스는 욥의 세 친구 가운데 한 사람과 같은 이름으로 그 뜻은 "하나님의 힘, 하나님은 순금이시다, 하나님은 나눠주시는 분이시다"라는 것이다(욥 2:11, 4:1, 15:1).

바스맛의 소생은 르우엘이다. 르우엘은 모세의 장인과 같은 이름으로(출 2:18) "하나님의 친구, 여호와는 친구시다, 목자"라는 뜻이다.

오홀리바마의 소생은 여우스, 얄람, 고라이다. 여우스는 "수집하는 자, 하나님이 재촉하시는 자"라는 뜻으로 르호보암의 아들의 이름과 같다(대하 11:19). 얄람은 "하나님이 감추시는 자, 산을 오르는 자"라는 뜻이며 고라는 "대머리, 노골적임"이라는 뜻이다.

모세와 아론에게 대적하며 반역을 주동했던 고핫의 손자가 고라였고(민 16:1-3), 다윗시대에 음악가가 또한 같은 이름의 사람이었다. 같은 이름들이 많은 것은 이스라엘 사람들이 부모나 친구의 이름을 후손에게 붙여주었던 것에서 연유된 것이다.

에서의 모든 가족이 성지를 떠나기 전에 출생되었다. 에서는 아내가 셋이었고 그들에게서 난 아들들은 다섯 뿐이었으며 그 자식들의 아름다운 어떤 명성에 대한 기록은 찾아볼 수가 없다.

3. 에서가 야곱을 떠나 타처로 갔다.

에서는 모든 것을 이끌고 완전히 이사했다. 타처는 이방세계를 뜻하기보다 막연하지만 어떤 곳을 가리킨다. 즉 지금까지 안전하게 살아왔던 터전인 가나안 땅으로부터 멀리 떨어진 세일 땅으로 떠난 것을 뜻하는 것이다. 에서는 일찍부터 이삭을 떠나 세일산에 있는 세일에서 생활했었다(32:3, 33:16).

그런데 에서는 이사할 때에 자기 아내들, 자기 자녀들, 자기집의 모든 사람들, 자기의 가축, 자기의 모든 짐승, 자기가 가나안 땅에서 얻은 모든 재물을 이끌고 갔다. 그것은 완전한 이사였다는 것을 의미한다. 야곱과 완전히 분리하여 세일로 떠난 것이다. 어느 일부를 남겨놓고 임시로 이사하는 것이 아니라 완전하게 다시는 이곳에 올 일이 없도록 옮긴 것이다.

그런데 우리는 여기서 자기라는 개인 위주의 말이 여섯 번이나 거듭 강조되고 있는 것을 볼 수 있다. 사실 인간에게는 자기 것이라고 할 수 있는 것은 하나도 없는 것이다. 그런데도 에서는 자기 아내들, 자기 자녀들, 자기 집의 모든 사람, 자기의 가축, 자기 모든 짐승, 자기가 얻은 재물들을 이끌고 이사했다고 하는 것이다. 아내, 자녀, 집, 사람, 가축, 모든 짐승, 재물! 그 어느 것 하나 하나님의 것이 아닌 것이 없다. 내 것이 아니다. 하나님의 것이다.

에서는 야곱을 떠나 이사했다. 그 동생 야곱을 떠나 타처로 갔다는 것이 그 말이다. 에서가 가나안을 떠나게 되는 데는 두 가지 피할 수 없는 사정이 있었다. 하나는 에서와 야곱이 함께 거하기는 장소가 협소하다는 것이고 다른 하나는 야곱을 위해서이다.

하나님께서는 장자인 야곱에게 가나안 땅을 주기로 약속하셨다. 그러므로 야곱은 언젠가는 자기와 후손이 가나안의 주인이 되리라는 소망을 가지고 살아왔다. 그런데 가나안 땅을 에서가 차지하고 있으면 그것은 하나님의 섭리에 거역되는 것이다.

에서가 가나안땅의 주인은 야곱이라는 것을 알고 이곳을 떠나기로 작정했는지는 알 수 없으나, 하나님은 하나님의 약속을 야곱에게 지키시기 위해서 에서의 마음을 움직여 에서 스스로가 그렇게 떠나기로 마음먹게 하셨던 것 같다.

어떠한 방해가 있다고 해도 하나님의 예언의 말씀은 그대로 어김없이 이루어지고 하나님의 예언의 말씀을 반대하는 자 또는 방해하는 자라도 때가 되면 하나님의 말씀에 굴복하게 된다. 이로써 가나안 땅에 대한 주권은 아무런 잡음이나 저항없이 야곱에게 주어졌다. 하나님의 말씀에 순종하는 자는 놀라운 은혜를 입는 것이다.

야곱에게는 천만다행이었다. 에서와 분쟁하지 않고 하나님의 약속의 땅에 남게 되고 마음에 항상 걸리는 에서가 스스로 아무 불만 없이 이사하게 되니 얼마나 마음이 편했는지 이렇게 안전하게 보호, 인도, 섭리하신다. 그러므로 성도는 매사에 감사할 뿐이다.

에서는 평화로이 야곱과 헤어져 이사했다. "여기 땅"은 그들이 잠시 머무르는 땅(체류하는 땅)이라는 뜻으로 야곱과 에서가 아브라함과 이삭처럼 어디까지나 가나안 땅에 대하여 잠시 머무르는 체류자였음을 보여주는 것이다. 이것은 인간이 지상에서 영구히 살 수 없고 다만 이 세상을 잠시 머물러 살다가 가야하는 존재임을 교훈한다.

"그들을 용납할 수가 없었다"고 한 것은 잠시 나그네처럼 이곳에 와서 형제가 가축과 재산을 불려 나가는데 본토족들의 손이 미치지 못하는 목초지를 찾아다니며 가축들을 방목하기는 장소가 협소했을 것이다. 그리하여 에서는 사냥꾼의 기질이 풍부해서 무서운 면이 많았으나 자발적으로 가나안 땅을 떠난 것이다.

이 말은 에서가 이사하기 전부터 야곱이 가나안에 정착하고 있었다는 것이 아니다. 에서는 가나안에 두 사람이 거하는 것이 불가능하다고 생각하여 야곱이 그곳을 소유하기 전에 그곳을 떠났을지도 모를 일이다. 아무튼 그들이 형제끼리 그 땅에 대해 소유권 다툼을 하기보다는 조용히 그곳을 떠나서 새로운 소망을 갖고 다른 곳으로 가는 것이 유리했던 것이다.

에서(에돔)가 세일산으로 이사했다. 하나님께서는 야곱에게는 가나안 땅(28:13)을, 에서에게는 세일 산지(신 2:5, 수 24:3, 창 32:3)를 기업으로 주시기로 작정하셨다. 그것은 벌써 오래 전의 예정이다.

그러므로 에서가 세일로 이사하고 야곱이 가나안 땅에 남는 이별의 이유가 소유의 풍부로 목초지의 부족했기 때문이라고 한 것은 표면적 이유일 뿐이고, 근본적인 동기는 하나님의 섭리와 예정 때문인 것이다(27:39-40). "거하니라"는 "앉다, 눕다, 살다"는 뜻으로 오랫동안 거기 산 것을 의미하여 앞절의 "우거하다"라는 말과 다르다 그러므로 에돔 자손은 가나안 땅을 이스라엘이 소유하는 데 있어서 아무런 이의를 제기할 수 없는 것이었다. 야곱과 같이 약속에 의하여 소유권을 갖지 못한 자들은 에서가 세일을 차지한 것같이 세상의 재산을 소유할 수 있다.

에서가 세일산으로 이사한 동기는 자기딴에는 육체적 생활의 편리를 위한 것이었다. 세일산은 털이 많다는 뜻으로 사해 남쪽 아라바 동쪽에 있는 산악지대이다.

털옷을 입고 사는 사냥꾼이 털이 많다는 뜻의 세일산에 사는 것이 마땅할 것이다. 신앙의 사람과 불신앙의 사람은 세상에서도 거리가 멀어지거니와 영원세계에도 영원히 다른 거처에 있게 되는 것이다.

에돔 족속의 조상 에서의 대략

(창 36:9-30)

리브가가 쌍동이를 잉태한 때에 하나님께서는 에서가 야곱을 섬길 것이라고 예고하신 바가 있다(25:23). 에서의 후손은 호전적이고 잔인해서 약탈과 전쟁으로 생계를 꾸리고 그들의 거처는 척박하고 황량한 땅이 될 것이라는 예언대로 이제 에돔은 세일로 갔다. 야곱에게도 많은 축복을 하신 하나님께서는 에서에게도 이방의 큰 민족을 이루도록 축복하셨다.

하나님은 이스라엘 백성만 아니라 이방국가의 역사도 주장하시는 만유의 주로서 이방국가를 통해서 이스라엘을 돕게 하거나 반대로 박해하게 하여 궁극적으로는 영적 이스라엘 백성에게 그 구원의 초점을 맞추어 나가시는 것이다.

하나님께서는 선민 이스라엘과 에서라는 이방인과의 지리적 거리를 멀게 구역을 설정하셨다. 비록 한피 받은 육신적 쌍둥이 형제일지라도 하나님은 택한 자와 불택자를 이렇게 떼어 놓으심으로 영적 택함받은 하나님의 백성들이 이방인들에게 영향을 받지 못하게 하신 것이다.

우리는 36장에서 많은 사람들의 이름을 읽게 되었다. 그것은 모두 에서의 족보인 것이다. 하나님께서는 악한 자들의 이름과 계보를 기록하셨는데 그것은 이방인들의 족속을 영광스럽게 하기 위해서가 아니다. 단지 축복받은 이스라엘 백성들과 구분하고 구별하시기 위한 것이다.

마치 이스라엘은 가나안에 두고 에서는 세일로 갈라놓듯이 한 것이다. 그러나 악한 자들도 많은 후손을 둔다. 그러나 악한 이방인들끼리 서로 연합하여 손을 잡게 하시는 것은 그들이 서로를 파멸시키게 하시려는 것이다.

그리고 어떤 경우에는 하나님이 원하시는 한 악한 자들을 변화시켜 하나님의 백성이 핍박받지 않도록 하신다. 에서는 세속적인 욕망에서 세일산을 약속의 가나안 땅보다 더 기쁘게 생각했다. 즉 세상에 속한 사람들은 물질적 소유에 만족하여 하나님의 백성을 떠나는 것이다.

에서와 그 후손들은 이 세상의 지위와 권세에 관심이 있고 왕이나 세속적인 높은 지위에 오르기를 원한다. 그러나 하나님의 백성들은 그와 정반대이다.

1. 에서의 아내에게서 낳은 족속들이 있다.

에서의 세 아내가 낳은 다섯 아들이 있다. 본문은 에서의 아들들과 그 손자들의 계보를 기록하고 있다. 그런데 어떻게 이렇게 이름만 적혀 있고 그들의 업적이라든가 그들의 사적 역사에 대한 언급이 없는 것일까? 저자는 이스라엘 즉 교회에 대한 것을 기록하고 교회 밖에서 있었던 일에 대한 기록은 하지 않았다.

믿음으로 산 조상들은 훌륭한 기록을 소유했다. 유명한 믿음의 사람을 배출한 것은 세일산이 아니고 시온산이었다(시 87:5). 그들의 족보는 3-4대 이상 가지 못했고 그나마 그들의 정확한 이름은 기억에서 사라졌다.

가나안의 시온산은 언약의 땅을, 세일산은 에돔을 대표하는 산으로 이방인의 요새이다(겔 35:2, 15). 그런데 위에서 기록했던 이름을 다시 반복하는 것인데 두 번째로 기록하면서도 그들 다섯 아들에 대한 행적에 대해서는 한 마디도 없으니 실로 무익한 자들이다.

에서의 손자들 열한 명의 이름이 있다. 첫째로, 에서의 아들 엘리바스의 아들들은 다섯 명이다. 데만은 "오른 쪽에 있는 것(자)"라는 뜻으로 이 이름은 훗날 에돔의 한 부족이자 북동 지역을 가리키는 말이 되었다(렘 49:20, 겔 25:13). 오말은 "말잘하는 자, 산에 거하는 자"라는 뜻이다. 스보는 "망대"라는 뜻인데 스비로 불리우기도 했다(대상 1:36). 가담은 "그들의 만남, 건조된"의 뜻이고 그나스는 "사냥"이라는 뜻이다.

둘째로, 에서의 아들 엘리바스는 첩 딤나에게서 아말렉을 낳았다.

딤나는 "가제"의 뜻이고 아말렉은 "골짜기에 거주하는 자, 전사, 머리를 부수는 백성, 노동"이라는 뜻이다. 그런데 아내들을 제치고 엘리바스의 첩 딤나의 이름을 쓴 이유는 훗날 이스라엘 백성을 크게 괴롭힌 아말렉 족속이 바로 그녀의 소생임을 밝히고 그들이 에돔족으로부터 이탈하여 한 민족을 이루게 된 동기가 서자 출신이었기 때문임을 암시하기 위한 것이다.

셋째로, 에서의 아내, 바스맛의 아들 르우엘은 여러 아들을 낳았다.

나핫은 "안식, 내려감"이라는 뜻이고, 세라는 "올라감"을, 삼마는 "낭비, 명성, 유명함"을, 미사는 "전률, 두려움"을 의미한다.

에서 자손의 이름만 기록되고 그들의 행적이나 역사에 대한 기록은 도무지 없으니 성경이 구속사적 측면에서 언약의 백성에게 집중되고 언약 밖의 사건에는 관심을 두지 않았기 때문이다. 그리고 에서의 자손들이 인간 역사에 이바지한 업적이 사실적으로 없기 때문이다.

2. 에돔의 족장들이 있다.

엘리바스의 자손 중의 족장이 있다. 족장은 "연합하다, 가르치다, 친해진다" 등의 의미가 있는데 한 공동체의 통치권을 가진 지도자를 가리킨다.

처음에는 순수한 혈통적으로 한 가문의 어른을 일컬었으나 후대에는 그것을 떠나 어떤 부족이나 집단체의 지도자를 가리키게 된 것이다. 그러니까 여기서는 에돔인이나 호리인의 족장을 의미한다. 엘리바스의 자손에는 데만족장, 오말족장, 스보족장, 그나스족장, 고라족장, 가담족장, 아말렉 족장이었다. 그러니까 에서의 아들들과 손자들을 족장이라고 불렀다.

아마 그들은 군대의 지휘관이었을지 모른다. 왜냐하면 에서와 그의 가족은 칼을 믿고 살았기 때문이다(창 27:40).

어떻게 보면 명예는 교회 밖의 사람들에게 더 먼저 사용되었다고 생각된다. 야곱의 아들들이 평범하게 사는 동안 에서의 자식들은 족장의 생활을 했기 때문이다(47:3). 그러나 에돔 자손들이 세상에 있는 사람들 중에서 귀족이었다면 이스라엘 자손들은 하나님 나라에서의 왕같은 제사장이었다. 야곱은 하나님의 영적 축복을 받았으나 세상에서는 고난을 많이 당했고 에서는 육적으로는 번성하고 무력으로는 자손들이 족장의 세력을 가졌으나 신령한 축복에서는 제외되었다.

르우엘의 자손 중의 족장이 있다.

에서의 아들 르우엘 즉 바스맛이라는 아내의 몸에서 난 족장들이 있으니 나핫족장, 세라족장, 삼마족장, 미사족장이다. 나핫은 "하강, 낮아짐, 조용한"이라는 뜻으로 몇 명의 동명이인이 있는 것을 볼 수 있다(대상 1:37, 6:36, 대하 31:13).

세라는 "싻, 빛남"이라는 의미가 있고 삼마는 "손실"이라는 뜻이며 (대상 1:37) 미사는 "공포, 환희"라는 뜻이다(대상 1:37).

그다음에, 오홀리바마의 아들 중의 족장이 있다.

여우스족장, 얄람족장, 고라족장으로 이들은 에돔 자손으로서 족장 된 자들이다.

우리는 에서의 후손들의 명단을 보면서 몇 가지 알 수 있는 것이 있다. 첫째로, 많은 인종이라는 것이다. 족장들은 많은 자녀들의 가족과 종들을 거느리고 있었고 그들로 하여금 부족사회를 이루었다. 야곱의 영적 후손들보다 더욱더 많이 번성했다.

둘째로, 혼합된 인종이라는 것이다. 원래의 호리족속 중에 적은 숫자가 이들과 혼합했다. 호리족속의 땅을 이들이 취하였고 그들의 생활상을 이들이 답습하였다.

셋째로, 왕정제도를 취한 인종이었다. 에서족속에 의해서 호리족속이 침략을 당할 때에 세일산 동쪽에 거했던 이들은 추장제도를 가지고 있었다. 강력한 가나안 족속 앞에서 제 기능을 발하지 못했지만 그들 자신의 정치제도를 계승했다. 에서의 손자 중 14명이 그 나라에서 추장이 되었다.

넷째로, 쫓겨난 인종이다. 이들은 가나안 땅에서 출생했지만 가나안 땅 밖에서 발전한 인종이었다. 하늘이 정해준 후사로서 야곱의 가족만이 가나안 땅 안에서 거할 수 있는 특권이 있었다.

3. 호리족속의 족장들이 있다.

호리족속은 그 땅의 원거인이었다. 에돔의 원주민은 호리족속(14:6)이고 이들의 조상 세일은 자신이 살았던 그곳에 세일이라는 명칭을 주었거나 그곳에서 그 명칭을 받았을 것이다.

결국 에돔인들에 의해 쫓겨나지만(신 2:12) 서서히 에돔인과 동화되어서 사라지게 된다.

에서 자신도 호리족속의 오홀리바마를 아내로 취하였고 그의 아들 엘리바스도 딤나라는 호리여인을 첩으로 취하였다. 호리란 "굴"이나 "동굴"을 의미하므로 혈거인을 뜻한다. 이들이 에돔의 주변에 있는 사암이나 석회암의 동굴에서 살았음을 암시한다.

호리족속은 광야에서 온천을 발견하였다. 호리족속 중에서 아나라는 사람이 광야에서 나귀를 쳤는데 그때에 어느 날 온천을 발견했다는 것이다. 이것이 에서의 족보와 및 에서와 관련된 족보에 나타난 단 하나의 업적이다. 아나는 "풍성한 포도의 결실" 혹은 "응답하다" (대상 1:38)는 뜻으로 자기의 사업에 있어서 근면했다. 그는 광야에 나가서 나귀를 치며 생활했다. 그리고 샘과 온천을 발견했다. 언제나 근면하고 부지런한 사람들은 자기가 기대했던 것 이상의 좋은 결과를 얻게 된다.

사적이 없이 이름만 기록되어진 자손이 있다.

첫째로, 세일의 자손들이 있다. 로단은 "숨겨짐"을 의미하고, 소발은 "흐름"을, 시브온은 "사나운 강도, 약탈한 전리품"이라는 뜻이다. 아나는 아나의 숙부이고(25절) 디손은 "약동하다"이며, 에셀은 "보화", 디산은 디손과 뜻이 같다.

둘째로, 로단의 자손들이 있다. 로단은 "지붕", 호리는 "자유로운, 고상한"이라는 뜻이다. 헤말은 "분개하는, 파괴자, 소돔"(대상 1:39)이라는 의미이다. 딤나는 "제지하는, 접근하기 어려운"의 뜻으로 엘리바스의 첩이 아닌가 생각된다(12절).

셋째로, 소발의 자손들이 있다. 소발은 "털투성이의, 광활한 공간, 즐거운 집"이라는 뜻이다. 알완은 "불공평한, 고상한"(대상 1:40)이라는 의미. 마하낫은 "휴식"을 에발은 "떨어진 잎, 민둥산"을, 스보는 "벗음"(대상 1:40)을 오남은 "강함"을 의미한다.

넷째로, 시브온의 자손들이 있다. 아야는 "독수리, 약탈을 일삼는 새, 날카롭게 외치는 자"를, 아나는 에서의 장인을 말한다(36:2).

다섯째로, 아나의 자손이 있다. 디손은 "약동하다", 오홀리바마는 "고지의 장막"이라는 뜻으로 이 사람은 에서의 아내가 아니라 에서의 아내의 아비의 조카이다.

여섯째로, 디손의 자손이 있다. 헴단은 "기쁜"(대상 1:41)을, 에스반은 "이성, 총명, 지식, 영웅"이라는 뜻이고, 이드란은 "우수한 자, 우월한 자", 그란은 "동료"라는 뜻이다.

일곱째로, 에셀의 자손이 있다. 에셀은 "보물, 도움"(대상 1:38, 42)을 빌한은 "관용, 관대", 사아완은 "소란 피우는", 아간은 "비틈"이라는 뜻이다.

여덟째로, 디산의 자손이 있다. 우스는 "깔깔한", 아란은 "들염소, 위력, 힘"의 뜻이다.

아홉째로, 호리족속의 족장들이 있다. 로단, 소발, 시브온, 아나, 디손, 에셀, 디산 등의 족장들로 그 구역을 따라 세일 땅에 있는 호리족속으로 말미암아 나온 족장들이다.

본문의 길게 녹명된 이름을 읽으면서 그들에 대해서 알 수 있는 것이 하나도 없다는 것을 알 수 있다. 그들은 이름뿐이고 그들의 어떤 공적이나 사업에 대해서는 찾아볼 수 없다. 영적으로 축복을 받지 못한 자들의 생활이란 이렇게 무의미한 것이다.

에돔의 왕과 족장들

(창 36:31-43)

이스라엘과 에돔, 에돔과 이스라엘, 이 두 민족의 적대감은 야곱과 에서의 출생 때부터 시작되었다. 그들 쌍동이 형제는 성격, 기질, 외모, 추구하는 이상 등 결코 같이 될 수 없었다.

더욱이 야곱의 장자권 사건은 두 사람과 그리고 두 민족간의 뿌리 깊은 적개심을 조성했다. 물론 20년 만에 하나님의 역사로 인하여 잠시 야곱과 에서가 화목했지만 후손들의 삶에 영속적인 영향을 미친 장자권 탈취로 인한 적대감은 역사의 흐름과 함께 깊어만 갔다.

여호수아 장군과 이스라엘이 가나안 땅에 정복했을 때에는 에돔 족속과 무력적 충돌은 없었다(수 15:1, 21). 그러나 사울왕 때에 이르러 충돌이 빈번하다가(삼상 14:47) 다윗 왕에 의해 에돔이 정복되고 그 땅에 이스라엘 수비대가 서게 되었다(삼하 8:14). 그리고 요압 장관이 6개월 간 에돔 모든 남자를 섬멸하려 했지만(왕상 11:15-16) 몇 사람의 에돔 용사들이 애굽으로 피신했다가 그들이 훗날 솔로몬왕을 괴롭히는 근원이 되었다(왕상 11:14-22).

솔로몬은 에돔의 도전은 받았지만 에돔을 통해 경제적, 정치적 이익을 누렸고(왕상 9:26), 이러한 점령기간은 여호사밧 때까지 계속되다가 요람때에 에돔이 반기를 들고 유다에 저항하게 된다.

이 저항은 40년간 계속 되었으나 아마샤와 웃시야에 의해 다시 정복되었다(왕하 14:7). 그런데 바벨론에 의해서 유다와 에돔은 속국이 되었다(시 137:7, 애 4:21-22). 놀라운 사실은 이 적대감은 아기 예수와 그를 죽이려던 헤롯, 즉 에돔 출신 대헤롯왕 사이에서 절정을 이

룬다.

  오랫동안 그것은 역사 속에 지속되었지만 궁극적으로 이스라엘의 승리로 끝난다. 그러므로 두 민족의 갈등과 분쟁은 두 민족간의 싸움을 넘어 진리와 불법, 빛과 어두움, 신앙인과 비신앙인의 영속적인 갈등을 예표한 것이라고 할 수 있다. 에돔의 자손은 현세에서 부귀영화를 누리고 이스라엘 자손은 천국에서 영생복락을 누린다.

  아브라함의 정통 후손 야곱의 후손이 방랑생활을 하는 동안 에돔 족속은 독립국가를 이루면서 언약의 자손들보다 월등한 번영과 풍요를 누리는 것을 우리 본문에서 보게 된다.

  1. 에돔의 여덟 왕이 있다.

  이스라엘에 왕이 있기 전에 에돔에는 왕이 있었다. 저자는 "여수룬에서 왕이 되었다"(신 33:5)고 하였다. 그 시기는 모세 이전이었을 것이다. 하나님께서는 야곱에게 "왕들이 네 허리에서 나오리라"(35:11)고 약속하셨으나 야곱의 가계에서 왕이 나기 전에 먼저 에서의 혈통에서 난 자들이 세상에서는 왕이 되었다.

  외형적인 번영과 명예에 있어서는 이스라엘 자손들보다 세인들이 먼저 앞설 수가 있다. 악인들의 승리는 빠를 수가 있다. 그러나 그것은 오래 가지 못한다. 더딜지라도 약속의 결과로 이루어지는 것은 영속적이다.

  이스라엘 후손들이 애굽에서 노예로 있을 때에 에돔의 왕들은 권세를 누렸다. 약속의 자녀들은 그러한 길고 험한 시험에서 하나님의 시작하시는 때를 기다려야 했다.

  에돔의 첫째 왕은 벨라이다. 벨라는 "삼켜버리다, 소비"라는 뜻인데 브올의 아들로 에돔의 왕이 되었다. 그 도성의 이름은 딘하바였는데 아무 것도 업적이나 치세에 대한 기록이 없이 "벨라가 죽고"라는 기록으로 끝나고 만다. 이곳에서는 벨라가 소알이라는 이름을 가졌다. 발람의 아비가 브올(브돌)로 칭해졌다(민 22:5). 브올은 "목자, 횃불, 강렬하게 불탄다"라는 뜻이고 딘하바는 "은폐, 작은 장소, 약탈자의 처소"라는 뜻이나 그 위치를 알 수가 없다.

둘째 왕은 요밥이다. 요밥은 "광야, 환호성"이라는 뜻으로 보스라 사람 세라의 아들이었다. 세라는 추장 세라일 것이다(17절). 그런데 아무 기록이 없고 "요밥이 죽고"라는 짧은 한 구절로 그의 전 생애를 표현한 것이다. 보스라는 "요새"라는 뜻으로 후에 에돔인의 중요한 성읍이 되었는데 사해 동쪽에서 남방으로 25마일 지점이다.

셋째 왕은 후삼이다. 후삼은 데만 족속의 땅 출신으로 요밥을 대신하여 왕이 되었으나 죽었다. 데만 성읍은 발견되지 못했으나 북 에돔인의 지대이며 후삼은 "성급한"이라는 뜻이다.

넷째 왕은 하닷이다. 하닷은 "외침" 즉 기뻐서 외치는 것을 의미하는데 브닷의 아들로 모압들에서 미디안 족속을 친 경험이 있었다. 브닷은 "분리"이며 그가 다스린 도성은 아윗인데 "폐허, 비틈, 초가집"이라는 뜻이다.

다섯째 왕은 삼라이다. 하닷이 죽은 다음에 삼라가 왕이 되었는데 그는 마스레가 출신이었다. 그러나 그 역시 아무 의미도 남긴 것이 없이 죽었다. 삼라는 "가림, 의복"을 마스레가는 "포도밭"의 뜻이다.

여섯째 왕은 사울이다. 사울은 "크다, 비틀거린다"는 뜻으로 이스라엘의 초대왕, 신약의 바울 등의 동명이인이다. 그는 르호봇(듣는다)에서 살았는데 유브라데 하숫가였다.

일곱째 왕은 바알 하난이다. 사울이 죽고 악볼의 아들 바알 하난이 일곱째 왕위에 올랐으나 죽었다. 악볼은 "생쥐", 바알히난은 "자비의 주"라는 뜻이다.

여덟째 왕은 하달이다. 하달은 왕이 된 후 도읍지는 바우로 했고 그 처의 이름은 모헤다벨로 마드렛의 딸이요 메하합의 손녀였다. 지금까지 여러 왕들을 소개하는 중에 하달왕에 대해서 조금 길게 기록하고 있다.

하달은 하닷인데(대상 1:50-51) "힘쎈, 사나운"이라는 뜻이다. 바우는 "양의 울음소리, 하품"(대상 1:50)이라는 뜻이고, 그의 처 므헤다벨은 "하나님이 유익을 주시는 자" 그리고 마므렛은 "믿음", 메사합은

"황금의 물"이라는 뜻이다. 여덟째 왕에 대해서는 죽었다는 기록이 없다(대상 1:51). 역사가 그 당시에 그가 살아있었기 때문에 그와 같이 "죽었다"는 기록을 하지 않은 것이라고 인정한다. 이 왕은 모세가 그 영토를 지나는 일에 허락해 줄 것을 요청하기 위해서 사신을 보낸 에돔의 왕이었다(민 20:14).

2. 에돔의 족장 이름이 있다.

첫째 족장에서 넷째 족장까지의 이름이다.

첫째 족장은 딤나이다. 딤나는 "제지하는, 접근하기 어려운"이라는 뜻으로 에돔의 족장이었다(대상 1:51).

둘째 족장은 알와이다. "알와"는 "숭고함, 높다"는 뜻이다.

셋째 족장은 여뎃이다. "여뎃"은 "못, 복종"이라는 뜻이다.

넷째 족장은 오홀리바마이다. 에서의 아내와 엘리바스의 첩은 그들의 자식이 다스리는 지역을 그녀들의 이름으로 부른 것 같다. 다섯째 족장에서 여덟째 족장까지의 이름이다. 다섯째 족장 엘라이다. 엘라는 "힘, 떡갈나무, 어떤 나무를 닮은" 이라는 뜻이다.

여섯째 족장은 비논이다. 비논은 "어둠"이라는 뜻이다.

일곱째 족장은 그나스이다. 그나스는 "사냥"이라는 뜻이다.

여덟째 족장은 데만이다. 데만은 "운전하다"라는 뜻이다.

아홉째 족장에서 열한번째 족장까지의 이름이다.

아홉째 족장은 밉살이다. 밉살은 "요새, 강한 도시"라는 뜻이다.

열번째 족장은 막디엘이다. 막디엘은 "하나님의 방백"이라는 뜻이다.

열한번째 족장은 이람이다. 이람은 "시민"이라는 뜻이다.

3. 에돔의 거처는 세일산이었다.

에돔 사람들은 세일산에 거처하고 살았다. 세일이란 "거친" 혹은 "나무가 우거진"이라는 뜻이다.

이스라엘 후손들은 애굽의 학정에 노예로 살고 있는 동안 에돔 사람들은 자기들의 땅을 가지고 살았으며 평온한 삶의 기반을 가지고 물질적 풍요를 누리고 있었다. 에돔 족속들은 이세상의 영광을 많이 누렸으나 하나님을 공경했다는 역사는 한번도 없고 세속주의에 빠져 살았다. 궁극적으로 희망과 미래가 없는 버림받은 족속들이다. 세상 자녀들은 각기 자기의 살 땅이 있다.

그러나 성도에게는 에돔 족속이 갖지 못하는 소망의 땅이 있고, 내세의 소망을 가지고 살기 때문에 무엇보다 중요한 것은 세일산을 소유하는 것보다 가나안에 대한 약속을 갖는 것이 더 좋은 일이다.

에돔 족속의 조상은 에서였다. 이것은 역사적인 에돔족에 대한 소개를 마무리짓는 결구이다. 비록 에돔 족속이 여러 곳에서 정치, 경제 생활을 영위하고 있다 해도 언약에서 제외된 에서의 후손이라는 사실을 단적으로 언급하는 것이다.

이후 성경 어디에서도 에서의 후손들의 빛나는 역사를 읽어볼 수 없고 다만 이스라엘을 괴롭히다가 멸망해 버린 그들의 불행한 역사만이 언급된다.

그러므로 역사를 끌고 가는 주역 인물은 에서같은 정치나 경제, 군사면에 탁월한 자가 아니라 고난 속에서도 하나님의 뜻을 따르는 언약의 백성들이다.

형들에게 미움받는 요셉

(창 37:1-4)

성서의 여러 인물들 중에 요셉만큼 예수 그리스도의 모형으로서 많은 교훈을 주는 인물은 다시 없다. 요셉은 어렸을 때부터 아버지의 양떼를 돌보는 목자였고, 아버지 이스라엘의 특별한 사랑을 받았으며, 열 형들에게 미움을 받았다. 그것은 두 여종 빌하와 실바의 소생들처럼 비천한 인간들 사이에 함께 있음으로 더욱 그러했다.

우리는 아버지의 양을 치는 요셉의 모습에서 우리의 영혼의 큰 목자장 되시는 예수 그리스도를 쉽게 연상할 수 있고, 아버지 이스라엘의 총애를 받는 요셉을 통해서 영원하신 하나님 아버지의 사랑받는 자, 기뻐하시는 독생자 예수 그리스도를 모형하는 것이라고 이해할 수 있다.

요셉은 성장하면서 아버지의 사랑을 더욱 받았다. 라헬이 죽자 이스라엘은 요셉을 더 사랑했고 요셉은 아버지에게 효성깊이 순종하여 아버지의 위로와 기쁨이 되었다. 하나님 아버지께서 독생성자 예수 그리스도를 사랑하시는 사랑은 인간의 필설로는 다 표현할 수 없다. 예수님은 이러한 사랑을 아버지께로부터 받으시기에 합당한 순종하는 아들이셨다.

요셉이 형들의 죄와 과실과 타락된 행실들을 아버지에게 고하여 형들에게 미움을 받았으나 아버지에게는 위로가 되었다. 그와 같이 예수는 하나님의 아들이시지만 여종의 자식과 같은 못된 죄인들 사이에 형제로 육신을 입으시고 세상에 오셨고 아버지의 마음을 괴롭히는 죄악을 고했듯이 진리를 말하고 아버지의 뜻을 형제들에게 전했다.

그러므로 요셉이 형들에게 미움받은 것같이 예수께서도 바른 말씀을 하신 것 때문에 사람들에게 미움을 받으셨다. 아버지의 사랑을 독차지하는 것 때문에 시기와 질투를 당한 것같이 예수께서는 유대인의 시기 질투로 핍박을 받으시고 십자가에 죽으셨던 것이다.

두 여종 빌하와 실바의 소생 즉 비천한 아들들과 함께 하는 요셉의 생활을 한층 더 높은 차원에서 살펴볼 때 온유 겸손하신 구세주께서 죄로 물든 이 세상에 오셔서 고난받으셨음을 우리는 이해할 수 있다. 예수께서 하늘의 영광을 버리시고 세상에 오셔서 죄인들과 교제하시고 한 장막에 계신 것은 얼마나 놀라운 은혜인가? 예수께서는 그들을 즉시 벌하지 않으시고 오래 참으셨다.

1. 요셉은 가나안 땅에 있을 때 미움을 받았다.

에서가 야곱을 떠나 세일산으로 가고 야곱은 가나안 땅에 머물러 있었다. 그것은 언약의 상속자와 에서가 약속의 땅 가나안을 중심으로 완전히 구별되었다는 것을 알 수 있다.

하나님의 섭리와 역사하심인 것이다. 하나님께서 그렇게 하시지 않으셨다면 에서가 기름진 가나안 땅을 버리고 거치른 세일로 갈 리가 없었을 것이다. 힘이나 무력으로 보면 얼마든지 에서는 야곱을 쫓아낼 수 있었을 것이다. 그러나 하나님께서는 예정하신 대로 섭리하시며 싸우지 아니하고 갈라졌다.

야곱의 대략 즉 야곱의 약전이라고 하고 요셉에 대한 이야기로 시작되고 있다. 새로운 이야기를 시작하기 위한 히브리인들의 관용적 표현이다. 야곱의 약전이라면서 야곱의 이야기라기 보다는 왜 요셉에 대한 이야기가 나오는 것일까? 그것은 요셉이 열한째 아들이나 야곱의 생각에는 항상 라헬의 첫째 아들이라고 여겼기 때문이며, 요셉을 비롯한 열두 아들들과 불가분의 관계를 유지하며 성경이 기록되고 있기 때문이다. 이스라엘 민족의 형성 대략에 있어서의 무대인 애굽으로 들어가게 되는 사건의 배경을 설명하는 것이기 때문이다.

가나안 땅은 이스라엘 후손에게 기업으로 주어진 곳이다. 그러나 하늘나라에 들어갈 때까지 그들은 평안할 수 없었다. 가나안은 천국의 모형일 뿐 천국은 아니기 때문이다. 이 세상에 있는 교회라는 가나안 땅에는 형제끼리 이렇게 미워하고 시기하는 것이 있다. 그러나 천국의 가나안에는 그런 것이 없다.

요셉은 17세 소년으로 꿈을 가지고 자라는 때에 미움을 받았다. 요셉은 밧단아람에서 태어났는데 가나안에 들어온 지는 11년째 되는 해이고 야곱의 나이는 108세였다.

소년은 젊다는 의미이다. 인생에게 있어서 소년시절은 형제들에게 한없는 사랑과 부모에게 귀여움, 그리고 주변 사람들에게 희망적인 때이다. 알렉산더 대왕은 17세에 헬라의 황제가 되었다. 나폴레옹이 세인의 이목을 놀라게 한 때가 24세 때였다. 이태리의 종교계와 정치계의 개혁자 사보나를라가 혁명사업에 헌신하기로 결심한 때가 20세 시절이었다.

콜럼부스는 25세에 탐험의 길에 나섰고, 발명왕 에디슨은 32세에, 베들레헴의 목동 다윗 포로로 잡혀간 다니엘 등은 소년시절부터 소망이 보였다. 예레미야는 20세에 선지자로 부름을 받았다. 소년은 꿈의 날개를 펴는 시절이다. 무한한 가능성을 지니고 있는 때이다. 그런데 요셉은 여러 형들에게 미움을 받으면서 어린시절을 지냈다.

요셉은 형제들과 함께 양을 칠 때 미움을 받았다. 다윗이 베들레헴 목장에서 양을 치고 있었다. 다윗은 형들에게 큰 관심없이 취급되었다. 그저 말째 동생이다라는 정도였고, 다윗에 대하여 형들이 시기하고 질투하여 미워하는 그런 일은 없었다. 그런데 요셉은 아버지의 양을 치는 목동으로 근면하고 부지런했으며 부모에게도 효도했으나 형제들에게 미움을 받았던 것이다.

성경에는 양을 치던 사람들이 하나님의 일꾼들이 되었다고 말씀하고 있다.

아벨이 양을 치며 최초의 순교자가 되었고, 아브라함이 양을 치고 모세, 다윗, 요셉이 양을 치는 목자였다. 하나님은 목자시고 하나님의 백성들은 양이라고 성경에는 분명하게 말씀하고 있다.

그러므로 아브라함이나 이삭이나 아벨이나 다윗이나 모세나 요셉이나 그들이 양을 치면서 이스라엘의 지도자가 되는 신령한 신앙적 교훈을 받았다고 생각할 수 있을 것이다. 예수께서는 천국 높은 보좌에 계신 하나님의 아들로 이 세상 낮고 천한 곳에 인간으로 탄생하사 "한 모양으로 혈육에 함께 속하셨다"(히 2:14-18)고 했다. 예수는 "양의 큰 목자이신 우리 주 예수"(히 13:20)이시다.

"저가 채찍에 맞음으로 너희는 나음을 얻었나니 너희가 전에는 양과 같이 길을 잃었더니 이제는 너희 영혼의 목자와 감독되신 이에게 돌아왔느니라"(벧전 2:24-25)고 했다. 영혼의 목자상 되신 예수께서 인간이 되어 인간들을 형제로 삼고 우리중에 계셨으나 세상에서 유대인 형제들에게 얼마나 미움을 받았는가?

2. 요셉은 아비의 첩의 아들들에게 미움을 받았다.

요셉은 아비의 첩의 아들들과 함께 있었다. 요셉의 집에는 네 여인의 소생들이 함께 살았다. 레아의 소생이 여섯이고, 라헬의 소생이 요셉과 베냐민 둘이고, 레아의 여종 소생이 둘, 라헬의 여종 소생이 둘이었다. 그런데 요셉의 어머니 라헬은 베냐민을 낳다가 죽었다.

네 여인의 소생들 중에 어머니 없는 형제는 요셉과 베냐민이었다. 그리하여 요셉은 레아의 아들들보다 첩의 자식들과 같이 있었디. 그 이유는 알 수 없지만 첫 번째 아내의 자식들 보다는 첩의 자식들이 요셉에게 그런대로 덜 교만했거나 그들보다 요셉을 덜 싫어했거나 아니면 그의 나이가 서로 비슷했기 때문일지 모른다.

아무튼 요셉은 여종의 자식들과 가까이 지내되 그중에서도 친모인 라헬의 여종 빌하의 소생과 가까이 지냈는지 모른다.

빌하는 자기의 주인을 생각하면서 라헬이 죽은 후에 그의 소생 요셉과 베냐민에게 어머니같이 잘 대하려고 애썼을 것이다.

여기 함께 하였더니라는 말씀은 주인의 신분이나 감독의 신분에서 함께 했다는 뜻이 아니고 동료로써 함께 했다는 것이다. 예수는 하나님의 독자 아들, 사랑하는 아들이시다.

예수께서는 첩의 소생같이 신분이 낮고 천한 천민들, 세리와 죄인들에게 오셔서 동료가 되고 친구가 되며 형제가 되셨다. 그런데 그들이 그만 지존막대하신 하나님의 외아들 예수를 미워했던 것이다.

요셉은 첩의 아들들의 과실을 고함으로 미움을 받았다. 그들의 과실이라는 말은 그들에 관한 악하고 나쁜 것으로 형들에 관한 추문이다. 요셉은 정직하고 성실했으며 악한 것이나 불의한 것을 보면 지적해 주거나 자신이 충고할 수 없는 경우에는 아버지에게 그것을 고하여 고치도록 했다.

요셉의 고함은 형제애의 충고였으나 그것을 첩의 아들들은 대단히 불쾌하게 여겨 요셉을 미워한 것이다. 하나님의 사랑을 받는 자들은 세상에서 미움을 받는다. 여기서 우리는 또다시 예수 그리스도의 모형을 발견할 수 있다. 형제들의 죄악이 보일 때 아버지에게 고한 요셉같이 예수는 세상에 오사 이스라엘 형제들과 같이 되셨고 형제 이스라엘의 죄를 지적하고 책망하셨다. 예수께서는 어떤 때 "뱀들아 독사의 새끼들아 너희가 어떻게 지옥의 판결을 피하겠느냐"(마 23:33)고 책망하셨다.

요셉의 아비의 첩의 아들들은 종의 근성이 있었다. 요셉은 야곱에게 있어서는 열두 아들 중에서 첫 번 정실 부인의 몸에서 낳은 첫 아들로 생각하고 사랑했다. 요셉의 생모는 죽고 야곱은 그녀를 지극히 사랑했었다. 세겜의 할례 사건에서도 요셉은 나이가 어렸기 때문인지는 몰라도 가담하지 않았다. 야곱이 가장 사랑했다. 사랑받을 만한 아들이었기 때문이다.

그러나 나중에 알 수 있듯이 요셉을 죽이려 하고 팔아먹는데 앞장선 형들 중에 첩의 소생들이라는 사실을 감안할 때 종의 신분으로 낳은 그들은 노예의 근성이 흐르고 있었다. 그들의 과실이라는 말은 천천히 움직이다라는 뜻이다. 어머니쪽의 종의 피가 천천히 움직여 요셉을 파는 지경에까지 몰고 가는 형들이 바로 그들이었다.

예수께서는 "나도 너희가 아브라함의 자손인 줄 아노라 그러나 내 말이 너희 속에 있을 곳이 없음으로 나를 죽이려 하는도다"(요 8:37)

라고 말씀하시고, "너희는 너희 아비 마귀에게서 났으니 너희 아비의 욕심을 너희로 행하고저 하느니라 그는 처음부터 살인한 자요 진리가 그속에 없음으로 진리에 서지 못하고…"(요 8:44)라 하셨다.

영적으로 마귀에게 종이 된 자는 언제든지 그 집의 주인의 아들에게 대적하고 살인하며 거짓말한다. 예수는 마귀의 종들에 의해서 미움받고 팔리우고 죽으시지만, 요셉이 총리가 된 것같이 예수는 부활 승천하셔서 그들을 무릎 꿇게 하셨다.

3. 요셉은 아버지의 편애 때문에 미움을 받았다.

야곱은 노년에 요셉을 얻었으므로 더 사랑했다. 요셉이 태어날 때에 야곱의 나이는 91세였다. 그것은 바로 앞에 섰을 때 야곱의 나이가 130세였고(47:9), 당시 요셉은 30세에 총리가 되고(41:46), 이후 7년 풍년(41:47)과 2년의 흉년을 겪는 때였으니 요셉의 나이 39세가 된다는 계산에 의한 것이다. 야곱의 나이 130세에 요셉의 나이 39세를 빼면 91세에 요셉을 낳은 계산이 되는 것이다.

깊이 사랑하여는 선택적 사랑으로 오랜 세월을 두고 같이 지낸 결과 형제 중 가장 신앙적이고 효성스러웠던 요셉을 야곱이 깊이 사랑했다는 것이다.

그리고 그러한 이유 외에 더 큰 이유는 가장 사랑하는 아내 리헬의 첫 아들이라는 데 있었다. 그 가장 사랑한 아름다운 아내가 죽고 어머니 잃고 자라는 요셉을 더 귀중히 여겼기 때문이었다. 이로써 야곱은 여러 자녀들을 사랑하는 데 있어서 편애한 것을 알 수 있다. 편애한다는 것을 도덕적으로 죄라고 할 수는 없지만 시기, 질투, 다툼이 생기고 가정불화의 원인을 만드는 것이 된다.

야곱이 요셉에게 채색옷을 입힘으로 미움을 받았다. 군주가 신하에게, 부모가 자녀에게 값비싼 옷을 증표로 주는 관습이 있었다. 채색옷이란 "덮는다"는 뜻을 가진 말에서 왔다. 흔히 소녀나 소년들이 위에 입는 옷으로 아래로는 여러 조각으로 된 의복이라는 말이 파생되었다. 천으로 된 웃옷을 의미하는 것이다.

여러 색깔로 된 것으로 유독히 요셉에게 채색옷을 입힌 것은 요셉을 더 사랑하고 있다는 표시였다.

채색 옷은 애정이 담긴 선물의 옷이며 공로에 대한 보상의 옷이다. 그것은 가장 자리가 조각들로 되어있는 옷으로 수리아, 페르시아, 인도, 애굽 등지에서 청년들이 고상하게 입던 것이다. 그런데 채색옷은 애정의 깊은 표현이고, 어떤 일의 공로에 대한 보상이며, 직무를 나타내는 계급장과도 같은 것이다.

야곱은 요셉이 가장 사랑스러웠고, 신앙이 돈독했으며, 목자로서 근면하여 채색옷을 입히기에 합당하다고 생각했을 것이다. 부모가 자식을 사랑하는 것은 당연한 일이다. 그러나 편애하여 다른 자녀들에게 실족을 주는 것은 삼가야 한다.

채색옷은 흰색, 자주색, 진홍색, 검정색 등 다채로운 색깔로 만들어졌는데 유대인의 경우 채색옷은 장자권자에게 입히고 장자가 아니더라도 사랑하는 자녀에게 입혀 상속자로 지명됨을 표시하는 관례로 되어 있다. 야곱의 열두 아들 중 첫째 장자는 르우벤이었다. 그러나 그는 아버지의 첩을 통간하여 침상을 더럽힌 죄로 장자권을 상실했다(35:21-22, 49:3-4). 다음 아들이 시므온, 레위 등이지만 세겜에서 디나의 사건으로 살상하여 야곱의 마음을 상하게 했다(49:5-7).

사실 야곱은 정실부인의 첫째는 라헬이라고 생각했다. 장인이 속여서 그렇게 된 것 뿐이었다. 라헬의 소생 요셉이 장자이다. 그러므로 야곱은 주저없이 요셉에게 채색옷을 입힌 것이다. 그는 자기의 장자권자는 요셉이라고 믿었을 것이다. 예수는 하나님의 장자 아들로 채색옷을 입으셨다. 그러나 나중에 형들에게 벗겨짐을 당하고 짐승의 피가 묻었던 것같이 예수께서는 이복 형제 이스라엘에게 미움을 받아 자색옷을 벗기우고 종의 수건을 허리에 동이고 제자의 발을 씻어주고 십자가에서 피로 그 옷을 물들이셨다. 그러므로 성도들은 하나님의 아들의 옷을 입어야 한다.

요셉은 이복 형들의 시기와 질투로 미움을 받았다. 에서가 쌍둥이 동생 야곱을 미워한 것같이 이복 형제가 요셉을 미워했다.

그리하여 요셉을 죽이자고 주장한 형들은 그 아비의 첩의 소생들이었다.

요셉의 형들이 미워한 것은 요셉이 자기들과 함께 어울리지도 않았고, 자기들의 비행을 아버지에게 고했으며, 아버지가 요셉에게 채색옷을 입히고 편애했기 때문이다.

요셉은 형들이 저지르는 죄악을 멀리하고 죄에 대해서 책망했다. 시기심이 많은 사람에게는 남의 행복이 독약과 같이 느껴지는 법이다. 우리는 다른 사람들이 우리가 갖고 있지 않는 어떤 특권을 소유하고 있다고 생각하여 그들을 시기하게 된다는 것을 알아야 할 것이다.

예수께서도 하늘에 계신 아버지와 가까이 하여 교제하시고 유대인 형제들의 잘못을 지적하셨을 때 그들의 시기와 질투를 받으셨고 유대인의 시기는 요셉을 애굽으로 끌고가듯이 예수를 십자가로, 그리고 무덤으로 내려가게 하고 말았다.

꿈을 꾸는 요셉

(창 37:5-11)

한 가정에서 부모가 자식을 편애하는 것은 그 가정을 무서운 시련의 구렁텅이로 몰아넣는다는 사실을 알아야 한다. 이삭이 에서를 편애했고 리브가가 야곱을 편애한 결과 형제간에 엄청난 칼부림이 일어날 뻔 했었다.

그런데 그러한 부모의 편애 때문에 큰 시련을 겪은 야곱이 여기서 또다시 열두 아들들 중에서 요셉을 편애했다. 그것은 다른 자식들의 불만을 샀고, 요셉이 미움의 대상이 되었으며, 마침내 애굽으로 팔려가게 되어 그토록 편애한 아버지와 아들 사이를 22년간 끊어놓고 말았다. 그것도 요셉이 살아있다는 기대 속에서의 이별이 아니고 아주 죽어버렸다는 절망적인 피묻은 옷을 쥐고 슬퍼하게 했던 것이다.

요셉이 미움을 받게 된 이유는 아버지의 편애뿐 아니라 요셉이 꿈을 꾸고 그 꿈 얘기를 했기 때문이다. 자신들이 소유하지 못한 하나님의 특별한 은총을 독차지한다는 데 대한 질투와 요셉이 출생순서를 무시하고 자기들의 지배자가 되고 언약 가정의 장자권을 누리게 될 것이라는 불안으로 그들은 요셉을 몹시 미워했다.

요셉은 고결한 인격의 신앙적인 청년이었다. 그는 조용히 묵상하기를 좋아했고 하나님은 그에게 꿈을 보여주시고 꿈을 해석하는 천부적 재능을 주셨다. 요셉은 미래에 대한 커다란 기대감을 지녔고 눈에 보이지 않는 실체와 영적으로 교제하기를 좋아했다. 그는 형제들이나 부모들보다 탁월했다.

그러므로 요셉의 꿈 속에는 하나님의 거룩하신 뜻이 담겨있는 것을 느낄 수 있는 것이다. 이 꿈은 이 세상에서 행복을 증대시키고, 인간의 정신력에 커다란 자극을 주며, 역경을 돌파할 수 있는 용기와 소망을 가지게 한다.

하나님은 구약시대에 그의 백성들에 대한 미래의 섭리를 꿈을 통해서 계시해 주시곤 하셨는데 신앙인격이 고상한 사람에게 그렇게 하셨다. 물론 요셉에게도 흠이 있었을 것이다. 어머니를 일찍 잃고 아버지의 편애 속에 우월감이나 자만심이 싹터 있었을 것이다.

1. 요셉이 꿈을 꾸고 형제들에게 고하매 더욱 미움을 받았다.

요셉이 꿈을 꾸었다. 구약성경에는 꿈에 대한 기사가 많이 나오고 있다. 구약시대에 있어서 꿈은 종종 하나님의 뜻을 인간들에게 나타내시는 계시전달의 한 방법이었다(31:11-13, 40:5-22, 41:1-32).

오늘날에 있어서도 꿈은 하나님과의 영적 교제에서 체험할 수 있으나 말씀이 성문화된 지금의 꿈은 특별계시의 가치를 지닐 수 없다. 요셉은 미래에 이루어질 것에 대한 꿈을 하나님에 의해 꾸었다. 그러므로 요셉의 꿈을 창안하신 이는 하나님이시다. 꿈의 신비함이 하늘나라에만 속한 것은 아니지만 거기에는 우리의 마음으로 헤아릴 수 없는 신비함이 있다. 우리가 꾸는 꿈은 하나님께서 해석할 수 있는 지혜를 주신다. 포부와 열망과 계획 등은 낮에는 주권자의 의지에 따라 예비되고 은밀히 감추어져 있지만 밤이면 꿈을 통해서 생생하게 나타난다. 왜냐하면 밤에는 꿈이라는 거울을 통하여 인간의 참된 모습이 드러나기 때문이다.

요셉은 자기 형제들에게 꿈을 말했다. 요셉이 자기가 꾼 꿈을 형제들에게 말한 것은 교만한 마음으로 자랑하려는 것이 아니고 요셉이 꿈의 기본 뜻을 이해하지 못했기 때문이었다고 생각된다. 그러니까 마음이 단순해서 꿈을 말한 것이라는 말이다. 요셉은 자기가 꾼 꿈에 대한 이해는 다 할 수 없었으나 일반적인 사람들의 꿈과는 달리 하나님의 뜻이 자기에게 전달된 것으로 간주했음이 분명하다.

그렇다면 자기의 꿈을 형제들에게 전해서 그 꿈이 그들에게 주는 하나님의 뜻을 같이 깨달을 수 있게 할 의무와 책임이 있는 것이다. 하나님의 거룩한 신비의 계시를 받은 자는 반드시 다른 이들에게 말해야 한다. 그러기에 신약에서도 "너희가 보고 들은 것을 전하라"고 한 것이다.

요셉의 형들이 요셉을 더욱 미워했다. 꿈이라는 높은 이상을 가진 자들은 대체로 세속적인 자들에게 미움을 산다. 왜냐하면 자기들의 생활에 동화되지 않기 때문이다. 소크라테스의 꿈을 그 아내도 이해하지 못했고, 아덴의 지혜자라고 자처하는 자들마저 그를 이해 못하고 사약을 받고 죽게 했다.

범속한 자들, 첩의 자식들, 그들이 하나님의 신령한 꿈에 대해서 이해할 리가 없었다. 그리하여 요셉에 대해 시기하고 미워한 것이다. 요셉을 죽이자고 모의하는 때에 그들은 "꿈꾸는 자가 오는도다"(37:19)라고 했다.

2. 요셉은 곡식단에 대한 꿈을 꾸고 들으라고 했다.

요셉은 형들에게 나의 꾼 꿈을 들으라고 했다. 하나님께서 요셉에게 보여주신 꿈은 요셉 한 사람에게만 해당되는 것이 아니었다. 장차 이스라엘 가정에 일어나게 되는 중대한 역사에 대한 것이었다. 요셉이 미래에 대하여 꿈으로의 확실한 계시를 받지 못했다고 하면 요셉은 물론이거니와 이스라엘의 앞날은 암담한 것이었다. 왜냐하면 형들의 요셉에 대한 시기는 죽음 직전으로 몰고 가고 있었기 때문이다.

하나님께서 요셉의 꿈을 통하여 계시하신 것은 요셉을 미워하고 죽이려는 마음까지 먹는 형들이 머지않아 요셉에게 무릎을 꿇게 된다는 것이었다. 이렇게 요셉은 모든 고난 중에도 그 꿈의 실현을 믿었으므로 인내하며 극복할 수 있었다.

"들으시오"라고 한 것은 형들이 이 요셉의 꿈을 진지하게 들었다면 그들은 요셉을 죽이려 하는 죄도, 애굽의 종으로 팔아 먹는 죄악도, 아버지를 한탄하게도 하지 않았을 것이다. 그러나 안타깝게도 하나님의 귀한 계시의 꿈에 대한 말씀을 그들은 "들으시오" 했지만 듣지 않았다. 예수께서 이복형제 같은 유대인에게 "내 말을 들으시오"라고 간곡히 말씀하셨다. 그들은 듣지 않고 그들의 시기질투의 감정으로 예수를 팔고 죽였다. 그 결과는 어떻게 되었는가?

"내 단은 일어서고 당신들은 내 단에 절하더라"고 했다. 요셉은 어떻게 보면 꿈으로의 생애라고 할 수 있을지 모르겠다.

요셉의 생애에 있어서 모든 일을 주관하시고 섭리하시는 하나님께서 세 번에 걸쳐 꿈을 중심으로 이루셨다. 본문의 두 개의 꿈과 감옥에 갇힌 때의 관원의 꿈 해몽이다(41:1-32). 그런데 요셉의 첫 번째 꿈에 있어서의 그 배경은 여름 추수기에 밭에서 일할 때의 되어지는 일로 요셉은 유목민이면서 농업도 장려하는 야곱을 도왔다.

그는 밭에서 형제들과 함께 부지런히 일하는 중에 이 꿈을 꾸게 된 것이다. 그들이 밭에서 곡식을 묶고 있었는데 요셉이라고 하는 곡식단은 일어서고 형들의 것이라고 하는 곡식단은 요셉의 단을 둘러서서 절하는 것이었다. 그런데 여기 7절 한 절 안에 뜻밖의 광경을 묘사하는 "볼찌어다 보라"는 말이 세 번 있다. "우리가", "내 단은", "당신들의 단"이라는 말이 각 앞에 이 말이 나옴으로써 자기가 형제들보다 더 뛰어나리라는 기대로 고조된 요셉의 모습을 강조한다.

"일어서고"는 "선채로 계속 있었다"는 뜻으로 요셉의 우위신분이 계속 지속될 것을 보이는 것이다. 형제들의 단은 요셉의 단을 둘러서 있었다고 했다. 그것은 형들이 애굽으로 양식을 구하려 내려가서 요셉 총리에게 절하는 것으로 성취되었다(42:6, 43:26, 44:14).

형들은 "네가 참으로 우리를 다스리게 되겠느냐"고 했다. 이것은 문자적으로는 "왕이 되어 네가 왕이 되겠느냐? 다스림을 네가 다스리겠느냐?"라고 하는 뜻인데 "네가 참으로 우리를 다스리는 왕이 되리라고 기대하느냐?"하는 의미가 된다.

이것은 분명히 요셉에 대한 형들의 분노와 모욕감으로의 비웃는 말이다. 그리고 형들은 요셉의 이러한 꿈이야기 때문에 더욱더 요셉을 미워했다. 두 번씩이나 강조해서 말했으나 사실은 꿈대로 성취된다. 요셉은 이스라엘 가족을 흉년 가운데서 구원하고 애굽으로 이사했으며 형들은 그의 다스리는 통치하에 있었다.

세속적인 죄인들은 이와 같은 신비함을 믿지 못한다. 예수께서는 유대인 형제들에게 장차 예수께서 그들을 다스리게 되고 그들이 예수 앞에 무릎을 꿇을 것을 예언하셨으나 그들은 믿기는커녕 전보다 더 예수를 미워했던 것이다.

3. 요셉은 다시 꿈을 꾸고 그 형들에게 고했다.

요셉은 두 번째 꿈으로 높아질 것을 예상했다. "다시 꿈을 꾸고"는 "다른 꿈을 다시 꾸었다"는 것으로 그 꿈이 먼저 곡식단 꿈과는 다르다는 사실을 강조하고 있다.

아무튼 하나님께서 요셉에게 재차 꿈을 주게 하신 것은 꿈의 확실성을 지적하기 위해 하나님께로부터 계획된 것이다.

먼저 꿈은 농업에 종사하는 요셉의 직업에서 땅위의 곡식에 대한 꿈이었으나, 두 번째 꿈은 양을 치는 목동을 연상케 한다. 맹수가 다니는 밤에 양을 지키는 때에 밤하늘의 별들을 쳐다보면서 시적 감흥을 갖는다. 하나님은 인간의 자연스러운 사고 과정을 통해서 요셉에게 꿈을 주신 것이다.

요셉은 출세하는 꿈을 꾼 것이다. 하늘처럼 높아질 것이고 해와 달과 별에게 경배받는 지위에 오를 것이라는 꿈이었다. 출세하는 꿈은 꾸었으나 옥중에까지 그것도 죄인들과 함께 낮아지는 것에 대한 예고는 없었다. 청년은 세상에서 높아지는 것만 꿈꾸고 고통받고 갇히고 낮아지며 천대받는 자리에 대해서는 생각지 못한다. 그러나 요셉은 낮아지는 때에도 낙심하지 않았고 높아지는 때에도 교만하지 않았다.

요셉은 해, 달, 별들이 자기에게 절한다고 했다. 여기서 해는 아버지 야곱이고, 달은 요셉의 어머니들이며, 별은 요셉의 형제들을 의미한다. 그러므로 이 꿈은 장차 아버지, 어머니, 형제들이 모두 요셉에게 절하게 된다는 것이다. "절하더이다"는 그들이 계속 절하게 된다는 것이다. "그들이 계속 절하고 있었다"는 뜻이다. 따라서 이 꿈은 이스라엘 전체 가문에 대한 요셉의 우월성을 나타내는 것이다. 이 꿈은 얼마 안 지나서 그대로 이루어졌다(41:6, 47:12).

이것도 예수 그리스도의 모형으로 흉년에서의 구원자 요셉처럼 예수께서는 죄와 사망에서 인류를 구원하사 땅 위의 사람들과 천상에 있는 영혼들 모두에게로부터 경배받으신다는 것이다.

예수께서 십자가를 지실 때 자색옷을 입히고 가시면류관을 엮어 씌운 자들이 "유대인의 왕이여 평안할지어다 하고 …꿇어 절하였다"(막 15:18-19)고 했으나 "모든 무릎이 내게 꿇을 것이요"(롬 14:11), "하늘에 있는 자들과 땅에 있는 자들과 땅아래 있는 자들로 모든 무릎을 예수의 이름에 꿇게 하시고"(빌 2:10), "만국이 와서 주께 경배하리이다"(계 15:4)라고 했다.

요셉의 형들은 시기하되 아비는 그 말을 마음에 두었다.

야곱이 요셉을 꾸짖었다. 요셉은 처음 곡식단 꿈에 대해서는 형들에게만 말하고 아버지에게는 말 안했다. 그러나 두 번째 꿈은 "해와 달"이라는 부모와도 관계가 되는 꿈이기 때문에 아버지에게 고하지 않을 수 없었다. 그런데 야곱은 요셉의 꿈 이야기를 듣고 꾸짖었다. "꾸짖고"는 "비명을 지를 정도로 엄하게 책망하다"라는 뜻이다. 야곱이 왜 요셉을 이렇게 꾸짖었을까?

동양식 가정제도에서는 형이나 부모가 자식에게 엎드려 절하는 것은 상상도 못할 일이다. 그러나 그보다도 요셉의 교만을 꺾거나 다른 형제들의 공격을 미리 막기 위해서거나 혹 그 꿈이 맞지 않을 경우를 생각해서 일 것이다.

"나와 네 모와 네 형제들이 절하겠느냐" 했다. 여기 "네 모(어미)"는 이모 레아나 여종 빌하를 염두에 둔 것일지 모르나 사실 죽은 라헬이라 할지라도 땅에 있는 자나 천국에 올라간 영혼이나 장차 나타날 하나님의 사랑받는 성도들이 예수께 엎드려 절하며 경배하게 되는 것이다. 요셉은 애굽의 총리로 있으면서 이 꿈대로 되었다. 야곱은 다음 절에서 "마음에 두었다"는 것을 보아 형제들에게 타격적인 공격을 받게 될 것 같아서 미리 이렇게 말했을 것이다.

왜냐하면 야곱도 꿈에 의해 여러 차례 하나님의 계시를 받은 경험이 있었기 때문이다. 요셉을 그토록 사랑했는데 그 아들이 높이 된다는데 그것을 꾸중할 부모는 없다. 채색옷에 피가 묻게 될까 봐서 다른 아들들의 마음을 사기 위해 말한 것 뿐이다.

그 형들은 요셉을 시기했다. 시기는 흔히 사용되지 않는 단어인데 마음 속의 분노로 인하여 얼굴이 붉어지는 것을 의미하는 것이다. 그 형제들의 요셉을 시기하는 마음이 얼굴에 드러난 것을 말하는데 가인이 아벨에 대하여, 에서가 야곱에 대하여, 바리새인들이 예수에 대하여 시기했던 것과 같은 것이다(4:5, 27:41, 마 27:18).

그러나 그 아비는 그 말을 마음에 두었다. 예수께서 12세 때 성전에 올라가신 사건 때에 예수께서 하신 모든 말씀을 마리아는 "이 모든 말을 마음에 두니라"(눅 2:51)고 하였다. 마리아는 "예수는 마리아의 아들이 아니고 하나님의 아들"이라는 것과 "성전은 하나님의 집"이라는 것과 "성경은 예수를 알게 한다"는 것을 마음에 두게 되었다. 야곱이 요셉의 말을 마음에 두었다는 것은 그 말을 지키었다는 뜻으로 그의 말을 마음에 새겨 놓고 두고 두고 생각했다는 것이다(단 7:28). 성도는 우리 예수의 말씀을 마음에 두어야 한다.

아버지 곁을 떠나 세겜으로 가는 요셉
(창 37:12-17)

부모의 편애를 받으면서 자라거나 어머니나 아버지 중에 어느 한 편 부모를 일찍 잃거나 한 사람은 대인관계에 있어서 우월감이나 심한 우울증이 있기가 쉽다.

요셉은 아버지의 총애를 받아 가정에서 형제들에게 우월감을 가지고 대할 수 있었고 반면에 다른 형제들은 아버지와 어머니의 슬하에 있었으나 요셉은 홀아버지에 생모는 일찍 돌아가심으로 인하여 한없이 외롭고 우울했을 수 있다. 그런데 요셉의 생애를 더듬어보면서 놀라지 않을 수 없는 것은 그가 언제나 명랑하고 생기있으며 원만한 성격의 사람이었다는 점이다.

요셉은 아버지의 심부름으로 세겜에서 양을 치는 형들에게 보냄을 받았다. 그것은 형들의 안부를 알아오는 일이었다. 야곱은 이 때에 형늘에게 요셉이 가면 서로 마음들을 터놓고 화해하고 좋은 관계가 되어 돌아오리라고 믿었을지 모른다.

그러나 요셉의 형들은 이 기회를 요셉을 죽이거나 혼내줄 수 있는 절호의 기회라고 여겨 생각하고 실천에 옮겼으니 이는 어디까지나 배후에서 역사하시고 섭리하시는 하나님의 뜻이었다. 아무튼 이 본문에서 우리는 요셉의 훌륭한 점을 또다시 발견하게 된다는 것이다.

아버지에게 순종하고 효도하였으나 한 마디의 이의도 제기하지 않고 아버지 곁을 떠났다. 그리고 형제간의 우애에 힘썼다는 것이다. 만일 형님들을 무시하거나 의심했다면 형님들만 있는 세겜을 선뜻 갈 수 있을까? 형들은 요셉을 시기하고 미워하는 것 같아도 그는 조금도 싫은 기색없이 형들에게 달려갔다.

또한 요셉은 자게에게 주어진 책임 완수를 위해 최선을 다했다. 세겜까지 갔다가 형들을 만나지 못하고 사방으로 방황했다. 집으로 그냥 돌아가지 않았다.

우리는 이곳에서도 우리 구주 예수 그리스도의 전형을 볼 수 있다. 하나님 아버지의 집을 떠나고 아버지 곁을 떠나 세상에서 방황하는 악한 유대인 형제들에게 아버지 하나님의 뜻을 전하기 위해 예수는 세상에 오셨다. 예수는 모든 멸시와 고난을 다 아시고 세상에 오신 것이다. 아버지의 소식을 전하기 위해 오시고 세상을 방황하는 죄인을 구원하기 위해 오셨다.

1. 요셉이 세겜에서 양을 치는 형들에게 보내졌다.

형들이 세겜에서 양떼를 칠 때이다. 요셉의 형들은 세겜에 가서 아비의 양떼를 치고 있었다.

세겜은 야곱이 일부의 지역을 사기도 하고 정복도 해서 야곱의 소유가 되었으나(33:19, 34:27) 헤브론에서 60마일이나 되었다. 세겜의 동쪽에는 좋은 목초들이 있었다. 몇 년 전에는 세겜에서 디나의 사건으로 인하여 세겜 남정들을 모조리 죽이는 살상의 비극이 있었다.

그러므로 세겜은 야곱이나 그의 가족들에게는 항상 불안하고 무섭게 생각되었다. 야곱은 세겜에서 양을 치고 있는 아들들에게 그렇게 사랑한 요셉을 보낸 것이다. 야곱이 세겜에서 양치는 아들들을 염려한 것도 과거의 불상사 때문인데 게다가 채색옷을 입힌 요셉을 보냈으니 그것 역시 하나님의 뜻이 아닌가 생각한다.

우리 예수 그리스도께서는 아버지 하나님의 뜻을 따라 아버지 집을 떠나 세상이라는 악한 죄악 세겜에 오셨다. 하나님의 독자로서의 사랑받는 예수께서 세상의 패역 무도한 인간들을 구원하려고 오신 것이다. 요셉도 아버지의 뜻에 순종해서 세겜에 왔고 예수 또한 하나님의 뜻에 순종하셔서 세상에 오셨다. 자기들의 목적을 행하고자 함이 아니고 자기들을 보내신 하나님 아버지의 뜻을 행하려고 온 것이다.

요셉은 "내가 그리하겠나이다"라고 대답했다. 요셉은 아버지 야곱이 자기에게 하시는 말씀에 대하여 "그리하겠나이다"라고 대답했다. 형들은 세겜에서 아버지의 양떼를 치고 있었다. 요셉의 형들은 요셉이 자기들을 찾아오게 되리라고 기대하면서 고의적으로 먼곳까지 아버지의 양을 몰고 갔다고 말하는 사람들도 있다. 그렇게 하여 요셉을 거기서 해치우는 기회를 갖게 되었다는 것이다.

그러나 요셉은 기쁘게 자기의 사명을 수행했다. 그것은 아버지에 대한 효도였고 충성심이기도 했다. 그는 아버지의 총애를 받으며 채색옷을 입고 있었으나 아버지의 종이 되어 수종드는 일을 했던 것이다. 예수께서는 "근본 하나님의 본체시나 하나님의 동등됨을 취할 것으로 여기지 아니하시고 오히려 자기를 비어 종의 형체를 가져 사람들과 같이 되었고 사람의 모양으로 나타나셨으며 자기를 낮추시고 죽기까지 복종하셨다"(빌 2:6-8)고 하였다.

요셉은 "내가 그리하겠나이다"라고 대답하고 그대로 실행했다. 그것은 목숨을 걸고 효도하는 것이고 생명을 걸어 사명에 충성하는 것이다. 왜냐하면 형들이 자기를 몹시 미워해서 어떤 형태로 해롭게 할지 알 수 없는 위험이 있다는 것을 요셉은 잘 알고 있었기 때문이다. 아버지의 장막에 있으면 형들이 어떻게 못하겠지만 과거에 살상으로 고을 하나를 공포의 도가니로 몰아넣었던 세겜에서 증오에 불타고 있는 형들을 만난다면 어떤 일이 생길지 모르는 것이었다. 그러나 요셉은 "주저없이 아버지의 말씀에 그리하겠나이다"라고 대답하고 그곳으로 갔던 것이다.

요셉은 형들이 잘 있는 여부를 보고 돌아와 고해야 했다. 야곱이 요셉을 집에 있게 하고 다른 아들들을 들에서 목양케 한 것은 요셉에 대한 야곱의 편애라고 할 수 있다. 그러므로 세겜에 가서 양을 치는 형들이 자기들끼리 아버지에 대한 불평과 요셉에 대한 시기심을 말했을지 모른다. 야곱은 채색옷을 입힌 사랑하는 요셉에 대한 다른 아들들의 시기와 질투, 미움이 얼마나 심한지를 몰랐던 것 같다. 아니면 그러한 분위기를 알기 때문에 이런 기회에 요셉을 자기 품에서 떠나 보내 형들이 있는 곳으로 보내서 형들과의 불화가 해소되고 많은 대화를 하다 보면 형제끼리 화목할 수 있으리라고 믿었을지도 모르는 일이다.

한편 야곱이 "형들의 안부를 물어 돌아와 내게 고하라"고 한 말에서 야곱은 다른 아들들도 사랑하고 관심두고 있다는 것을 요셉을 미워하는 그들에게 은근히 보여주려 한 것인지도 모른다. 그렇게 관심을 보여주는 것이 요셉에게도 유익하리라고 믿었을 것이다.

요셉은 형들이 자기를 몹시 미워하는 것을 알고 또 그가 가려는 여정이 멀고 험하고 위험하다는 것을 알면서도 기꺼이 응한 것은 그만큼 형들을 좋아하고 신뢰한다는 것을 보여 주는 것이다. 요셉이 형들을 미워했거나 의심하는 마음이 있었다면 집에는 종들도 많은데 왜 단신으로 갔겠는가? 그럼에도 불구하고 형들이 요셉을 하였으니 그것은 큰 죄악이다.

우리는 미워하는 자를 사랑할 수 있어야 한다. 그것이 예수의 가르치심이고 실천하신 바이다. 우리의 형제들은 우리에게 의무를 다 하지 않더라도 우리는 형제에게 할 사랑의 의무를 다해야 한다. 예수께서 이 세상에 오신 목적은 하나님과 인간들을 화평케 하시려는 것이다. 이것을 신약에는 "화목케 하는 제물"이 되셨다고 했다.

2. 요셉이 들에서 방황하였다.

요셉이 헤브론에서 보내져서 세겜으로 갔다. 장차 이루어질 구속사를 위한 하나님의 섭리가 야곱의 눈을 감게 해서인지는 알 수 없으나 상상만 해도 끔찍스러운 세겜으로 요셉을 보냈다. 형들이 요셉을 그렇게 죽일 수도 있으련만 야곱은 그러한 면으로는 눈이 어두웠던 것 같다. 그러나 하나님 아버지께서 헤브론이라는 천국에서 세상이라는 세겜으로 독생자를 보내실 때는 그 아들이 어떻게 될 것을 다 아셨다. 요셉은 형들을 찾아 세겜으로 갔다. 세겜은 두려운 곳이었다. 조심하지 않을 수 없는 사건이 있었기 때문이다.

요셉은 맹목적으로 간 것이 아니었다. 아버지로부터 "가서 네 형들과 양 떼가 다 잘 있는지 여부를 보고 돌아와 내게 고하라"는 사명을 갖고 간 것이다. 하나님 아버지께서 독자 예수 그리스도를 세상에 보낸 것은 하나님의 백성이 잘 있는지 여부를 보고 아버지께로 돌아가 고하게 하심이다. "돌아와 내게 고하라"고 한 말씀이 우리의 주목을 끄는 말씀이다.

요셉은 애굽으로 팔려가고 아버지께로 돌아갈 수 없는 몸이 되고 만 것이다. 예수께서 세상에 오실 때 하나님의 기쁜 소식을 가지고 오셨다. 그런데 그 아들을 죽였다. 요셉이 총리가 되어 아버지 야곱을 모시러 가나안으로 간 것같이 예수께서도 부활 승천하사 아버지 하나님께로 돌아가신 것이다.

요셉이 들에서 방황하고 있었다. 요셉은 아버지의 말씀대로 형들을 만나기 위하여 세겜으로 갔다. 그러나 형들은 세겜이 없었고 요셉은 사방으로 찾아다녀야 했다. 당시 목축업을 하는 유목민들은 풀과 시원한 물이 있는 곳을 찾아 다니면서 양떼를 먹여야 했다.

요셉은 헤브론에서 세겜까지 100km나 되는 거리를 왔다가 형들을 못만난 것이다. 모르긴 해도 며칠은 걸리지 않았나 생각한다. 요셉은 이곳저곳을 찾아다녔다. "들에서 방황하는지라"고 했으니 지치고 무섭고 고통스러웠을 것이다.

어떤 사람이 요셉을 보고 "네가 무엇을 찾느냐?"고 물었다. 그가 "네가 누구를 찾느냐?"고 묻지 않고 "무엇을 찾느냐?"고 물은 것은 요셉이 아마 가축을 잃고 헤매는 것으로 추측했기 때문일 것이다. 우리는 여기 "들에서 방황"한다는 말과 "네가 무엇을 찾느냐?"는 두 말씀에서 인간의 모습을 보는 듯하다. 인간은 무엇인가 찾기 위해 방황하기 때문이다. 예수께서 두 제자가 좇는 것을 보시고 "무엇을 구하느냐?"(요 1:38)고 물으셨다.

그리고 여기서 요셉의 사명감을 볼 수 있다. 잃은 것을 찾기 위해 방황하면서 포기하지 아니했던 것이다. 요셉은 형들을 찾아 방황하고 있다고 했다. 요셉이 형들을 찾아 방황하는 이유는 형들이 제 위치에 있지 않았기 때문이다. 그들이 아버지의 말씀을 따라 세겜에서 지금까지 목양을 했다면 요셉은 세겜에서 형들을 만났을 것이다. 그러나 그들은 세겜을 떠나 위치를 바꾸었기 때문에 그들을 찾아간 요셉은 방황하고 수고하면서 애써 찾아다닌 것이다.

예수께서 삭개오를 구원하시고 "인자의 온 것은 잃어버린 자를 구원하려 함이니라"(눅 19:10)고 하셨다. 잃어버린 자는 "제 위치(자리)에 있지 않은 자"라는 뜻이다. 죄인은 제 위치에 있지 않는 것을 의미한다. 인간의 조상 아담의 죄로 인해 제 위치에 있지 못하고 에덴에서 쫓겨났다. 인간은 인간이 있어야 할 위치가 있는 것이다. 하나님의 자리에 있거나 인간 이하의 동물의 자리에 있으면 그것은 죄이다. 탕자가 아버지 집이라는 위치에 있지 못하고 타국에 있을 때 죄인이었다.

예수는 잃은 돈과 같이 양심이 무감각한 인간을 찾아오셨고, 잃은 양과 같이 마음이 유약해서 곁길로 빠지는 인간을 찾아 오셨고, 탕자와 같이 제 위치를 떠나 타국이라는 세상에 있는 택한 백성을 찾아 구원하시려고 오셨다.

3. 요셉이 형들의 뒤를 따라가 도단에서 만났다.

요셉은 형들을 애타게 찾아 다녔다. 16절에 "내가 나의 형들을 찾으오니"라고 말했는데 그것은 형제들을 애타게 찾고 있는 모습을 의미하는 것이다.

맡은 사명에 충실하고 형제애를 지닌 요셉의 인간미가 이 말 속에 나타난다. 하나님은 인간을 부르시되 성경에 1900회나 찾으시면서 "오라"고 하셨고, 하나님의 택한 백성, 길 잃은 죄인을 찾아오신 예수께서는 잠시도 쉴새없이 헤매시고 다니셨다. 에스겔은 "목자가 없음으로 그것들이 흩어지며 흩어져서 모든 들짐승의 밥이 되었도다 내 양의 무리가 모든 산과 높은 멧부리마다 유리되었고 내 양의 무리가 온 지면에 흩어졌으되 찾고 찾는 자가 없어도다"(겔 34:5-6)라고 하였다. 그리고 "내가 내 양을 찾고 찾되 목자가 양 가운데 있는 날에 양이 흩어졌으면 그 떼를 찾는 것 같이 내가 내 양을 찾아서 흐리고 캄캄한 날에 그 흩어진 모든 곳에서 그것들을 건져낼찌라"(겔 34:10-13)고 하였다. 예수께서는 "나는 이스라엘 잃어버린 양을 위해 보냄을 받았다"(마 15:24)고 말씀하시고 우리에게 권하시기를 "이방인의 길로 가지 말고 사마리아인의 고을에도 들어가지 말고… 이스라엘 집의 잃어버린 양에게로 가라"(마 10:5-6)고 하셨다.

요셉이 어떤 사람의 말을 들었다. 요셉이 여기저기로 형들을 찾아 헤매고 다닐 때에 어떤 사람을 만났다. 그런데 요셉이 형들을 찾는다고 했더니 "도단으로 가자"고 하더라는 말을 했다. 어떤 사람인지 우리는 알 수 없지만 그 사람은 요셉에게 참으로 친절하게 대해 주었고 "도단으로 가자"고 했다는 말까지 해주어서 요셉은 형들을 찾을 수 있었다. 그 어떤 사람의 말은 결국은 요셉을 형들에게 가게 하는 안내의 말이 되었다.

우리는 어떤 사람과 같이 예수라는 요셉과 죄인들이라는 형들이 만날 수 있는 안내자의 역할을 할 수 있어야 한다. 예수의 제자가 된 빌립은 친구 나다나엘을 찾아가서 "그이를 만났다"고 예수를 소개하였고 그러한 안내자의 역할로 인하여 나다나엘은 예수의 좋은 제자가 되었다(요 1:44-51).

요셉이 도단에 가서 형들을 만났다. 요셉이 어떤 사람의 말대로 하여 그 형들의 뒤를 따라 가서 도단에서 그들을 만나게 되었다. 예수는 택함받은 이스라엘 백성의 뒤를 따라 가면서 구원의 사역을 이루신다. 요셉이 그 형들의 뒤를 따라갔고 마침내 도단에서 만났다. 도단이란 "두 우물"이라는 뜻으로 세겜 북방 30km 지점에 위치하고 있어서 4시간 정도를 걸어야 한다. 이곳은 애굽으로 가는 상인들의 길에 위치하고 있다.

후에 엘리사가 기도하여 아람 군대를 눈멀게 하고 온전히 생포하는 사건이 있게 된다(왕하 6:13-18). 세겜보다 더 좋은 목초가 있으며 야곱의 아들들이 잠시나마 사용했던 우물이 있다. 요셉은 세겜에는 형들이 없더라고 아버지에게 고했으면 그 의무를 다했을 것이나 형들을 사랑하는 마음과 아버지가 안심하실 수 있는 소식을 고하기 위해 여기까지 왔다. 우리 예수께서는 형제들을 찾아 구원하시려는 구령심에 불탔다(눅 15:1-7). 그리하여 백 마리의 양중에서 잃은 한 마리의 양을 찾아 헤매시는 목자이시다.

구덩이에 던져지는 요셉

(창 37:18-24)

성경은 시기하는 것을 금하셨다. 하나님께서도 금하신다. 왜냐하면 시기하는 것은 하나님의 공정한 권세에 반항하고, 하나님의 명예를 더럽히며, 하나님의 진리가 지닌 권능을 부인하는 일이기 때문이다. 하나님께서는 하나님의 성품과 완전히 반대되는 시기, 화평과 행복과 함께 존재할 수 없는 질투, 끝내는 가인같이 살인으로 끌고가는 그 시기를 금지시키셨다.

성경에는 시기하는 마음이 없는 것을 거듭난 마음의 표적, 즉 하나님에게서 난 심령이 소유한 특징이라고 한다. 그러므로 주 안에서 새로운 피조물로 중생한 하나님의 사람들은 시기심을 충분히 억제할 수 있는 영적인 힘이 있어야 한다.

성경 인물 중에 시기심의 악을 예증한 인물은 가인이다. 가인은 아벨을 시기하여 최초의 살인자가 되었고, 그 이마에는 살인자라는 낙인을 찍고 다니며, 큰 성 안에 살면서도 지진이 일어나는 듯한 마음의 불안을 안고 살았다. 하나님께서는 야곱의 가족이 분열되어 서로 대적하는 것을 성경에 그대로 기록해 주셨다.

라헬은 레아와 그녀의 자녀를 시기했고, 레아는 라헬이 야곱을 독차지 하는 것을 시기했다. 그들의 무서운 질투와 시기는 핏줄을 타고 흘러 얼마나 인간을 잔인한 자로 타락시켰는가를 여기서 보여주고 있다고 할 것이다. 패역무도한 야곱의 아들들은 야곱의 총애를 받는 요셉을 없애고 그의 소망을 꺾어버리는 일로 인하여 아버지가 고통과 실망에 빠지는 꼴을 보고자 했다. 요셉의 형들이 요셉을 죽이고자 모의했던 사건에서 우리는 하나님의 사랑하시는 독자 예수에 대해 꾸며졌던 유대인 형제들의 음모를 생각할 수 있다.

　요셉은 이 사건에서도 우리 예수님의 모형인물이 되는 것이다. 예수의 생애는 출생 때의 대헤롯의 시기로부터 위협을 받으셨다. 대헤롯은 에돔 출신이었으나 그리스도와 한 가통을 이어온 유대인들 역시 그리스도를 시기하여 죽였던 것이다. 그들은 예수께서 메시야라고 주장할 때 그것을 한갖 꿈으로만 여겼다. 요셉의 형들이 아버지 야곱에 대해 증오심을 가졌듯이 유대인들도 예수님을 인하여 하나님 아버지에 대해 강한 증오심을 드러냈다. 요셉의 형들은 요셉이 높이 되는 것을 막기 위해 죽인 것처럼 유대인들이 그러했다. 요셉의 형들은 요셉을 핍박하는 한편 세상의 주권자이신 하나님을 욕되게 했다.

　1. 요셉을 보고 죽이기를 음모하였다.
　그들은 요셉을 멀리서 보고 죽이기를 꾀했다. 이것은 요셉을 죽일 하등의 이유가 없는 음모를 꾸민 것이다. 요셉은 형들을 기쁘게 만나고 싶어서 벌써 며칠째 먼 길을 걸었고 들판을 방황하며 헤매다가 형들이 있는 곳에 왔는데, 그리고 아버지께서 형들에게 전하는 안부 소식과 아버지께 안심하실 보고를 하려고 불원천리하고 달려왔는데 형들은 벌써 요셉이 가까이 오기 전에 죽이기를 꾀했던 것이다.

　그들은 흥분했거나 갑자기 돌발적으로 요셉을 죽이려고 한 것이 아니다. 전부터의 가지고 있었던 마음이었다. 중혼과 편애로 인한 이복형제들간의 시기와 갈등이 살인이라는 상황까지 치닫고야 만 것이다. 그러므로 우리는 여기서 또 한번 하나님께서 만드신 일부일처제도와 건전한 결혼, 그리고 골고루 차별없는 자녀 사랑만이 가정의 평화와 형제간의 우애를 지킬 수 있는 것임을 깨닫는 것이다.

　그들은 서로 꿈꾸는 자가 온다면서 죽이자고 했다. 이것은 신앙적인 음모이다. "서로 이르되"라는 말이 우리에게 주는 교훈은 어느 한 사람의 선동적인 말이 돌이킬 수 없는 비극의 시작이 되었다는 것이다. 요셉을 보고 "꿈꾸는 자가 오는도다"라고 했으니 요셉의 꿈이 형들을 얼마나 화나게 하고 시기하게 했는가를 보여준다. 그들은 요셉을 죽임으로써 요셉의 꿈을 이루지 못하게 방해하려 했다. 그 꿈은 하나님께서 장래 구속의 섭리를 요셉에게 보여주신 것이므로 그들이 요셉의 꿈을 막으려고 죽이려 하는 것은 하나님의 뜻이 이루어지지 못하게 하려는 불신앙적 계획과 음모인 것이다. 인간의 음모와 계획이 그렇다해도 하나님의 뜻은 이루어지고야 만다. 그들은 하나님을 두려함이 없었다.

"꿈꾸는 자"란 "꿈들의 주인, 꿈들의 명수"라는 뜻으로 조롱과 멸시와 증오심을 나타낸 말이다.

그들은 요셉을 죽여 한 구덩이에 던지자고 했다. 그들이 서로 의논한 음모의 목적은 요셉을 죽이는 것이고 구덩이에 쳐넣는 것이었다. 즉 그들의 목적은 요셉의 생명을 죽이는 것이어다. 그들의 계획은 잔인한 것이다. 요셉을 죽여 구덩이에 넣지않고는 그들은 만족할 수가 없었다.

오랫동안의 시기와 질투와 증오심은 귀중한 형제의 생명까지도 무참히 빼앗아간다. 야곱의 가정에 아담 대에 있었던 살인마가 잠재해 있었으니 참으로 놀라지 않을 수 없다(요일 3:12). 요셉은 꿈을 꾸고 "하늘의 해와 달과 별"도 자기에게 절하는 것이라고 말했는데 그 형들은 꿈꾸는 자를 죽여서, 하늘의 반대로 낮고 낮은 구덩이에 던져서 그 꿈을 묻게 하겠다고 한 것이라고 할 수 있다. 그러나 그들의 흉악한 음모는 요셉을 구덩이에 던져 죽게 하지 못했다. 왜냐하면 하나님께서 그 자리에 계셨기 때문이다.

그들은 악한 짐승이 요셉을 먹었다고 하자고 했다. 야곱의 뿌리깊은 거짓말과 간사성이 여기 다시 나타난다. 야곱은 형과 아버지를 속여 그 대가로 라반에게 속았고 이제는 아들들에게 속는다. 요셉은 살아있는데도 악한 짐승에게 먹혔다는 거짓말을 듣게 되었다.

그들은 요셉이 없어진 것을 설명할 때 "악한 짐승에게 먹혔다"고 하자고 의논한 것이다. 그들은 사람을 잡아먹는 악한 짐승보다 더 악한 인간들이었다. 사실 악한 짐승은 자기와 같은 짐승은 잡아먹지 않는다.

그런데 그들이 동생의 몸을 찢어 죽이자고 한 것은 짐승만도 못한 자들이다. "그 꿈이 어떻게 되는 것을 우리가 볼 것이니라"했다. 그대로 그들은 수년 후에 그 꿈의 실현을 보게 되었다. 인간의 음모와 반역이 하나님의 뜻을 막지 못한다.

2. 르우벤이 요셉을 그들의 손에서 구원하려 했다.

르우벤은 우리가 그 생명은 상하지 말자고 했다. 르우벤은 야곱의 열두 아들 중에 장자였다. 그는 요셉의 생명이 위급한 때에 그를 보호할 책임이 있었다. 르우벤은 아버지의 첩의 침상을 더럽힌 패륜의 죄악을 범했었으나(35:22) 여기서는 가장 귀한 선행을 한 것이다. 생명을 구원하고자 하는 것처럼 세상에 귀한 것은 다시 없다. 왜냐하면 사람의 생명은 천하보다 귀하기 때문이다.

르우벤은 요셉을 죽이려는 모의를 알면서도 즉시로 반대하고 그렇게 하지 못하게 장자의 권위를 주장하지 못한 점이 아쉽다. 아마 범죄 후에 장자로서의 위신이 서 있지 못한 까닭일 수도 있다. 그러나 사람은 어떤 죄를 범했다고 해서 그 과거의 지은 죄 한 가지 때문에 아주 몹쓸 사람으로 딱지를 붙인다는 것은 옳지 못하다. 어떤 사람이든지 회개하면 구원을 받는다.

르우벤은 피를 흘리지 말라고 했다. 르우벤은 처음에는 "우리가 그 생명은 상하지 말자"라고 어중간한 발언을 했으나 두 번째에는 "피를 흘리지 말라"고 강력하게 명령조로 자기 주장을 제시했다.

사실 야곱의 열두 아들 중에 요셉을 제일 많이 시기할 이유를 가진 자는 장자인 르우벤이었다. 그것은 르우벤이 장자이기 때문에 요셉이 받는 아버지의 총애나 요셉이 입은 채색옷은 자기가 입어야 하는 것이었기 때문이다.

그러나 르우벤은 장자가 받을 총애나 장자가 입을 옷은 입지 못하고 장자의 대우를 받지 못했지만 요셉을 죽이는 것은 반대한 것이다. 형들 중에 르우벤이 요셉에게 가장 가까운 형이었다는 것을 알 수 있다. 이때에 르우벤이 요셉의 생명을 건진 것이 흉년에서 수많은 사람을 구원하는 도구로 쓰여지게 되었다. 예수는 죄인을 구원하시려고 세상에 오셨다. 그러나 세상은 그를 상속자니 죽이자고 하면서(요 1:11-12) 박해하고 죽였다(마 21:28).

르우벤은 구덩이에 던지고 손을 대지 말라고 했다. 사람이 사람을 죽여 피를 흘린다는 것은 살인일 뿐 아니라 하나밖에 없는 생명, 하나님이 주신 생명을 죽이는 것은 하나님께 도전하는 범죄이기 때문에 큰 죄악이 된다.

르우벤은 우선 요셉이 자기들의 손에 죽는 것만은 막아야겠다는 생각에서 형제들에게 이렇게 말한 것이다. 일단 자기들의 손으로 죽이지 않고 광야에 있는 구덩이에 던져버리면 하나님의 뜻이라면 요셉을 하나님이 어떻게 선악간에 행하시리라고 생각했던 것이다. 하나님께서 요셉에게 손을 대사 벌하시거나 구출하실 것이므로 우리가 형제를 우리 손으로는 죽이지 말자고 한 것이다. 르우벤은 야곱의 정실부인 레아의 첫 아들이요 요셉은 열한째지만 정실부인 라헬의 첫 아들이었다.

르우벤은 요셉을 그아비에게 돌리려 했다. 한때 아비의 첩의 침상을 더럽히는 죄 때문에 아버지로부터 장자 취급을 받지 못하는 형편이었지만 아버지가 그토록 사랑하고 연세많아서 얻은 요셉을 자기들 손으로 죽이면 아버지는 어떻게 될까를 염려했을 것이다.

물론 아버지에게 신임을 얻어보려는 어떤 욕망이 있었는지 알 수 없으나 아버지의 입장을 생각하여 요셉을 아버지께로 살아서 돌아가게 하려한 것은 효도라고 할 수 있다. 아버지 집에 살면서 자식들끼리 불목하고 싸우며 죽이는 일이 일어난다면 그것은 큰 불효이다.

그러나 르우벤의 구명계획은 너무도 소극적이라고 본다. 구덩이에 요셉을 던져 버리면 굶어 죽거나 짐승의 밥이 될 것이 분명한데 다만 형들의 손으로 죽게 하는 것은 할 수 없다는 의도인 것 같다. 아니면 분노하는 형제들을 진정시킨 후에 그들이 방관하는 때에 요셉을 건져 주리라고 생각했었는지 모른다. 그러나 그것은 실행되지 않았다. 아버지가 통곡하여 슬퍼한 때에 요셉은 애굽으로 팔려갔고, 죽지는 않았다고 알려 드렸더라면 아버지는 한 가닥 희망이라도 가졌을텐데 그 때 형제들과 같이 요셉이 죽었다고 고했으니 요셉을 아버지께 돌려 드리기 위해서 계획했다는 그 계획은 무한히 나약한 것이었다.

3. 요셉이 형들에 의해 구덩이에 던져졌다.

요셉의 채색옷을 벗기고 던졌다. 이스라엘에게 장자를 의미하는 채색옷이 요셉의 형들에게 질투와 혐오의 대상이 되었었는데 그들은 요셉이 오자마자 그 옷을 벗기고 잡아서 구덩이에 던진 것이다.

이때 요셉은 눈물로 애걸했는데 20년이 지난 후에도 형들의 뇌리에 생생히 남아 있었으니(42:21-22) 요셉은 어떠했으랴! 아모스는 이 때의 비정함을 심판 직전의 타락한 이스라엘의 모습에 비유했다(암 6:6).

형들은 요셉을 괴롭히고 아버지를 모욕하면서 채색옷을 벗겼다. 예수께서도 호지 아니한 옷을 악당들에게 벗기웠다(요 19:23-24). 예수께서는 자색옷을 입고 재판을 받으셨다(요 19:5). 예수를 보자 십자가에 못박으라고 외쳤다. 그리고 무덤에 장사되셨다. 그들은 요셉의 채색옷에다 짐승의 피를 적시고 아버지에게 거짓말로 고했다. 예수는 왕자의 옷을 유대인 형제들에게 빼앗기고 짓밟혔다.

요셉을 잡아 구덩이에 던졌다. 요셉이 던져진 구덩이는 빈 것으로 물이 없었다. 목동들이 파놓았던 큰 저수지 같은 것 중의 하나였을 것이다. 이 구덩이 입구는 좁기 때문에 죄수들을 감금하는 데 쓰기도 했다. 깊은 땅밑에 던져졌으니 요셉은 굶어죽거나 얼어죽지 않으면 짐승에게 밥이 되어 죽을 수밖에 없었다. 도망할 출구는 없었다. 요셉은 살려달라고 애원했지만 허사였다.

예수님께서 십자가에 죽으실 때에도 요셉이나 니고데모같은 의인들이 구명운동을 했으나 소용이 없었다.

요셉이 구덩이에 던져짐은 예수께서 아무도 장사된 바 없는 아리마대 요셉의 새 무덤에 장사되신 것의 예표이며 거기서 다시 올라온 것은 예수 그리스도의 부활을 상징하는 것이다.

형들은 앉아서 음식을 먹었다. 형들이 요셉을 짐승 붙잡듯이 잡아 구덩이에 던진 다음에 그들이 음식을 먹었으니 그 음식 중에는 요셉이 집에서 가지고 온 것도 있었을 것이다. 며칠 동안 무거운 짐을 지고 형들에게 주려고 정성을 다하여 가지고 온 것이었다. 선을 악으로 갚는 자들이요, 요셉은 구덩이에서 울부짖으며 살려달라고 애원하는데 그들은 음식을 먹고 있으니 그들의 잔혹함을 반영하는 것이다.

요셉을 그렇게 비정하게 처치하고 만족한 마음에서 음식을 먹었으니 자신들의 죄에 대하여 양심의 가책을 느끼지 않았다. 요셉을 자기들 손으로 짓밟았다고 기뻐했으니 악질들이 아닐 수 없다. 후에 요셉이 애굽의 총리가 되고 그들의 지배자가 되었을 때 요셉은 자기 집에 형들을 초대하여 음식을 먹게 했는데 출생 서열대로 자리에 앉게 했을 때 그때 그들의 마음은 어떠했을까?

예수께서 십자가에 달려 하늘의 빛이 그 빛을 잃고 땅이 진동하며 고통받으시는 때에 로마군병들은 십자가 밑에서 예수의 옷을 제비 뽑았다. 요셉이 형들에게 핍박을 받아 구덩이에 던져짐같이 우리 예수께서도 유대인 형제들에게 핍박을 받고 죽으셨다. 옛부터 인간은 이렇게 잔인하다.

상인에게 팔려 애굽으로 가는 요셉

(창 37:25-36)

　요셉은 양치기 소년이었다. 자기 책임에 충실한 목동이었다. 그러나 정직하고 성실했기 때문에 형들의 과실을 보고 묵인할 수 없어서 아버지에게 고했다. 그것은 아부가 아니고 아버지라는 권위자만이 그들의 잘못을 고칠 수가 있는 것이기 때문이었다.
　그런데 형들은 요셉의 이러한 일에 대해서 미워하게 되었다. 잘못을 따진다면 형들에게 있는 것이지 요셉에게 있는 것이 아니었다. 아버지가 요셉을 편애한다고 했지만 그들도 아버지의 자식들이었다. 그들이 요셉처럼 잘했다면 요셉과 같은 사랑을 받았을 것이다. 그런데 그들은 아버지에게 신뢰를 받을 수 있도록 노력하지 않고 무조건 요셉을 미워한 것이다. 열 명의 형들이 기회를 포착해서 집에서 아주 멀리 있을 때 그들은 요셉을 잡아 빠져나올 수 없는 깊은 구덩이에 던지고 말았다. "꿈꾸는 자가 오도다 우리가 그를 죽이자"고 서로 의논하고 음모를 꾸몄다. 그들은 비겁했다. 열 명의 형들이 17세의 힘없는 소년 요셉 한 사람을 대적한 것이다.
　그들은 악한 목적을 이루려고 생각과 말과 행동을 일치했다. 열 명의 형들이 동생 한 사람에게 대적하였다. 이것은 가장 나쁜 동족상잔의 싸움이다. 무엇보다도 어머니는 다르나 아버지는 같은 아버지 형제간이었으니 화목하게 지냈어야 했다. 동생을 열 명의 형들이 이렇게 비참하게 했다. 힘이 많고 숫자로도 열 명이나 되는 그들이 생각과 말과 행동을 통일해서 힘없고 나이 어리고 홀로 간 요셉을 구덩이에 던졌다. 힘과 수효가 항상 정의를 증거해 주지는 못한다. 세상은 우리의 장자 예수 그리스도에게 대적했다.

열 명의 악인들이 의인 한 사람 요셉을 대적했다. 그러나 성경은 "악인은 피차 손을 잡을지라도 벌을 면치 못할 것이나 의인의 자손은 구원을 얻으리라"(잠 11:21)고 했다.

열 명의 못된 아들들이 아버지에게 대적했다. 요셉의 열 형들이 요셉을 죽이려고 한 것은 비단 요셉이 미워서만은 아니었다. 요셉을 편애하고 채색옷을 입힌 아버지 야곱에게 대든 것이다.

예수를 대적하는 것은 곧 하나님 아버지를 대적하는 것이다. 무죄한 의인도 종종 환난에 던져질 때가 있다. 그러나 예수는 함정에 빠진 인간을 구원하셨고 죄로 인한 노예생활에서 영원히 구속하셨다.

1. 유다가 요셉을 이스마엘 상인에게 팔자고 했다.

요셉의 형들이 요셉의 애처로운 사정의 소리를 들으면서 음식을 먹다가 이스마엘 족속이 길르앗에서 오고 있는 것을 보았다. 그들은 약대에 향품과 유향과 몰약을 싣고 애굽으로 내려가는 중이었다.

요셉은 구덩이에 갇혀 죽어가고 있고 악인들은 승리감에 웃으면서 음식을 먹고 있었으며 상인들은 향품과 유향과 몰약을 싣고 애굽으로 내려가고 있었다. 그런데 그 상인들을 이스마엘 족속(25절)이라 했고 미디안 사람(28절)이라고 했다.

미디안인은 아브라함의 후처 그두라의 소생이고(25:2), 이스마엘 족속은 아브라함의 첩 하갈의 소생이다(25:12). 그러므로 양자는 서로 다르다. 이것은 하나님의 섭리의 인도에 따른 것이다. 우연이 아니다. 하나님의 섭리 속에 요셉을 살리기 위한 역사였다. 이스마엘이나 미디안은 다같이 공통점이 있다면 언약 밖의 족속, 즉 이방인이라는 것이다. 하나님은 이스라엘의 열 아들들이 이렇게 악한 죄를 행할 때에 이방인들을 적시 적소에 그곳에 보내사 요셉을 구출받게 섭리 역사하신 것이다.

예수께서 무덤에 들어가신 때에 향을 시체에 발랐다. 동방의 박사라는 이방인들이 예수께 황금과 유향과 몰약을 예물로 바쳤다.

유다가 요셉을 죽이지 말고 팔자고 제의했다. 유다는 야곱의 넷째 아들이었다. 레아의 소생이었다. 그는 요셉을 형제들의 손으로 죽여서는 안된다고 생각했다. 요셉을 살려야겠다고 마음먹은 것이다.

유다의 제안은 다행한 것이었다. 그러나 선한 생각은 언제나 담대하게 실천해야 하는데 르우벤이나 유다는 요셉을 살리려는 선한 생각은 했으나 담대하게 나서서 형제들을 막지는 못했다. 그러나 죽이는 것보다 파는 것은 천만다행이었다. 유다는 증오심에 불타 있는 형제들의 마음을 돌이키기 위하여 세 가지를 말했다.

아무리 요셉에 대해 미워하는 감정이 있다 해도 동생을 죽일 수 있겠느냐는 것은 혈육의 정에 호소한 것이고, 여러 방법이 있을텐데 구태어 살인까지 해서 죄책을 극대화시킬 것이 무엇이냐, 그리고 남의 손을 빌려 처리함으로 뜻밖의 결과를 얻을 수도 있지 않겠느냐는 합리적인 대안을 제시한 것이다.

죄악을 행할 때 돌아오는 것은 하나님의 형벌이다. 요셉은 우리의 골육지친이니 차라리 팔아넘기자고 한 것이다. 유다는 이스라엘의 다윗왕의 조상이 되고 메시야가 유다 지파에서 탄생하는 축복을 받는다. 유다의 말에 그 형제들이 청종하였다.

25절에는 "내려가는지라" 하였고, 28절에는 "지나는지라"라고 했다. 애굽으로 내려가는 상인들은 이스마엘 족속으로 그의 조상 하갈이 애굽 여인이었다. "내려가는 때"와 "지나는 때"에 요셉을 팔게 되었으니 하나님께서 요셉을 애굽으로 보내기 위해서 이방인 상인들을 그곳에 지나가도록 역사하신 것이다.

하나님께서는 요셉을 통해서 이스라엘을 애굽에서 강성하실 계획이셨다. 그러므로 사람들이 아무리 하나님의 뜻을 방해하려 해도 그 뜻은 그대로 이루시고 성취하신다. 요셉의 형들은 유다의 말을 듣고 청종하기로 했다. 요셉을 노예로 팔면 자기들의 주인이 될 수 없고 더구나 애굽으로 팔려간다면 그들의 주장자가 될 수 없다고 생각했기 때문이다. 그리하여 요셉을 구덩이에서 끌어올리고 은 20개에 팔아 애굽으로 가게 했다.

은 20개는 20세겔로 5-7세 사이의 소년에게 알맞는 품값이었다고 한다(레 27:5). 당시 노예 평균값은 30세겔(겔 21:32) 이었다. 그러나 요셉의 형들은 돈의 액수에 대해서는 관심이 없었기 때문에 헐값을 받은 것이다. 예수는 은 30에 팔렸다. 판 사람은 유다이다. 여기 유다와 동명이인이다. 그러나 가룟유다는 돈이 탐나서 예수를 팔고 요셉의 형 유다는 동생을 살리기 위해서 팔았다.

2. 수염소의 피를 요셉의 옷에 적셨다.

르우벤이 돌아왔다. 요셉을 구덩이에 던지자고 제의했던 르우벤의 목적은 전적으로 선한 것이었다. 르우벤은 요셉의 목숨을 건지려고 했다.

여기 "르우벤이 돌아와서"라는 말씀을 보면 르우벤이 요셉을 구출하기 위하여 식사 후 서둘러 상고들과 형제들이 흥정하는 것도 모르고 우회로를 택하여 구덩이로 찾아 갔었던 것 같다. 우리가 그렇게 생각하는 것은 그가 형제들과 같이 있지 않았었기 때문이다. 그러나 르우벤이 구덩이 던져져 있는 상태에서 혼자 구출하기가 쉽지 않았을 것이다. 르우벤의 행동은 호의적이고 선의적이었으나 그의 계획은 좌절되고 말았다. 르우벤은 소심하여 단호하게 범죄하는 동생들을 책망하는 입장을 취하지 못했다.

르우벤은 범죄행위에 일부 적당히 가담하고 최악의 경우를 방지하는 것이 현명한 일이라고 생각했던 것 같다. 그러나 실패했으니 자기의 정당한 입장을 굽히지 말고 마음 속에 거리낌없는 생각을 그대로 표현했어야 옳았다. 장자인 그가 동생들에게 강력하게 말했더라면 그들의 감정도 지금쯤은 진정되어 있었기 때문에 가능했을 것이다. 빌라도가 아내의 가느다란 음성을 버리고 죽게 하소서 아우성치는 군중의 함성에 졌던 것처럼 르우벤은 야곱의 가장 장자의 권위에 있으면서 요셉의 소리는 묻고 형제들의 사나운 음성에 저버린 것이다.

르우벤은 "아이가 없도다 나는 나는 어디로 갈까" 하였다. 르우벤은 요셉이 구덩이에 없는 것을 보고 자기의 옷을 찢었다고 했다. 그것은 큰 슬픔이나 괴로움, 통회하는 마음 등을 나타낼 때의 행동인 것이다(44:13, 민 14:6).

그리고 "나는 나는 어디로 갈까?"라고 울부짖은 것은 "어디로 가서 요셉을 찾을까?" 또는 "그가 없어진 것을 아버지에게 어떻게 설명할까?" 하는 몸부림이다. 요셉이 그들의 손에서 상인들에게 팔리지 않았다면 그들은 요셉을 아주 죽였을 것이다. 사람들은 혹 고난에 처한 자들을 구하려고 돌아오지만 너무 늦어서 실패하는 경우가 있다. 그러나 그것도 하나님의 섭리에 의한 것이다. 하나님은 인간의 계획을 넘어 위대한 섭리를 차질없이 진행시키신다.

고난의 구덩이에 빠진 사람이 구원되는 것이 반드시 고난을 면하는 것을 의미하지는 않는다. 하나님은 우리에게 현재의 구덩이 고난보다 더 심한 애굽 노예생활의 고난으로 팔아버리시기도 하신다. 그것을 인내하여 감당하는 자는 하나님이 위대한 일꾼으로 높이 들어 축복하신다.

그들이 수염소를 죽여 요셉의 옷을 피에 적셨다. 르우벤도 다른 형제들과 함께 악행하고 있는 것에 불과했다. 그들은 요셉이 입은 채색옷을 벗기고 수염소를 죽여 그 피를 채색옷에 적셨다. 그것은 아버지에게 보이기 위해서이다.

무죄한 옷이 악한 자의 행위를 가리는 수단으로 쓰여지게 되는 것이었다. 그들은 그들의 악한 행위를 아버지의 눈에 띄지 않게 감추기 위해서 이렇게 행했다. 인간의 피를 대신하기 위해서 수염소의 피를 사용한 것이다. 죄의 흔적을 제거하려는 교활한 행동인 것이다. 범죄인들은 자기들의 죄를 가리기 위해서는 무죄한 짐승에게 덮어 씌운다.

요셉은 예수의 모형 인물이었다. 예수께서 속죄양 생축이 되셔서 그 보혈로 인하여 죄인은 의롭게 되는 것이다. 요셉 형들의 이러한 악행이 자기 아버지를 죽인 것이다.

야곱이 결혼하기 전에 아버지 이삭을 속인 것에 대한 죄값이다(27:18-19). 야곱이 아버지를 속일 때는 털이 많은 형의 옷을 입고 들어가 축복을 받았었다.

3. 야곱이 애통하고 슬퍼했다.

야곱의 열 아들들이 요셉의 피묻은 옷을 아버지에게 보냈다. "그 채색 옷을 보내어"라고 한 것을 보면 "그들로 그것을 가져가 전달케 했다"는 뜻이므로 형제들이 직접 아버지를 찾아가서 보인 것이 아니고 종이나 다른 사람을 통해서 피묻은 옷을 보낸 것이다. 야곱 스스로 사건의 전말을 판단하게 했다는 것이다. 그들은 고도의 술책을 써서 아버지를 속였다. 그리고 그들은 "이 옷을 들에서 찾았다"고 속였다. 그들의 악행은 짐승보다 더한 것이었다.

요셉을 팔아먹고 어쩌면 그렇게 뻔뻔스럽게 피묻은 옷을 만들어 여러 날만에 집에 돌아오면서 하나같이 아버지를 뵈오러 가지도 않았다. 만고에 다시 없는 불효자식들이었다. 물론 아버지의 슬픔에 자신들은 같은 애통하는 마음이라는 뜻에서 자기들 장막으로 흩어져 갔는지는 모르겠으나 아버지에게 이렇게 할 수는 없는 것이다.

야곱은 옷을 찢고 베로 허리를 동이고 애통했다. 굵은 베옷은 흔히 입는 상복이다. 상복은 허름하고 두꺼운 마소직으로 짰고 극한 마음의 고통을 나타낼 경우에 속옷을 입지 않고 입었다. 야곱은 오랫동안 상례기간을 지나도록 애통했다. 이처럼 그가 비통하게 슬퍼한 이유는 가장 사랑했던 아내 라헬이 죽은 지 얼마 안되어 그의 장자 가장 사랑하는 아들을 잃었기 때문이며, 짐승에게 찢겨 죽었으니 시체조차 찾을 수 없게 된 그 비참한 상황을 생각했기 때문일 것이다. 한편 이러한 야곱의 통곡은 아버지를 속여 축복을 가로챈 때의 에서의 슬퍼한 모습과 같았던 것 같다. 예수께서는 짐승같은 죄인을 위해 죽으셨고 무덤없이 부활 승천하셨다.

야곱은 모든 자녀가 위로했으나 아무 소용이 없었다. 야곱의 열 아들들의 마음은 요셉을 이기고 아버지의 편애에 대한 복수심같은 것이 있었다. 그러므로 그들이 아버지를 위로한다는 것은 위선이었다.

그들이 위로하는 척 한 것은 요셉이 죽은 것이 사실이라고 속인 것을 아버지로 하여금 믿게 하기 위한 것이었다. 야곱은 "음부에 내려 가리라"고 하며 슬퍼했다. 음부는 육신의 주검상태, 즉 무덤 또는 별세한 영혼들이 가는 곳을 의미한다.

"그가 요셉을 위하여 울었다"고 했으니 기막힌 슬픔인 것이다. 부모가 먼저 갈 곳에 가는 것이 정상적이지만 자식의 죽음에 부모가 운다는 것은 누구의 위로도 소용없다. 야곱의 이러한 슬픔의 한탄은 실망이고, 살아있는 요셉을 스올(음부)에서 보리라고 하니 실수한 것이다. 패역한 자식들에게 야곱은 이렇게 철저하게 속은 것이다.

미디안 사람이 애굽의 보디발에게 요셉을 팔았다. 야곱은 요셉이 죽었다고 슬퍼하는 동안 요셉은 애굽으로 내려가 애굽의 시위대장 보디발에게 팔려갔다. 야곱은 단 한번도 요셉같은 약속의 자손이 애굽인의 종으로 팔렸을 것이라고는 생각할 수 없었다. 그러나 이것은 하나님의 섭리이고 미디안 상인이나 애굽의 보디발 등은 결국 하나님의 섭리의 사역을 돕는 자들이 되었다.

시위대장은 호위대 대장, 형집행관들의 대장이라는 뜻으로 국방장관과 같은 것이다. 보디발은 "태양에 속한 자"라는 뜻이다. 요셉의 꿈에는 태양도 요셉에게 절하게 되는데 수년 후에 그렇게 되었다. 시위대란 "빼다, 잡아빼다"는 뜻으로 훗날 요셉을 감옥에서 잡아빼는 역을 그가 맡은 것이다. 보디발은 바로왕의 측근에 있는 요직으로서 요셉이 이곳에 팔려온 것은 애굽의 정치 무대에 등장할 수 있는 배경이 되었다. 이 또한 하나님의 신비하신 섭리였다.

야곱은 오랫동안 잃었던 요셉을 다시 만나게 되는 기쁨이 있음을 알지 못하고 슬퍼했다. 성도는 세상에 사는 동안 많은 시험을 겪으며 낙심하고 비탄에 빠진다. 그러나 성도들은 죽음을 넘어 저편에 예비되고 있는 기쁨을 바라보면서 기쁘게 살아야 한다.

유다의 결혼과 그 아들들

(창 38:1-11)

앞에서 이스라엘의 애굽 이주와 출애굽의 배경이 되는 사건으로 요셉이 애굽으로 팔려가는 기사를 보았다. 38장에서는 요셉이 애굽에서 어떤 일들을 겪게 되는가에 대한 기사가 기록되어야 할 것인데 이상하게도 요셉의 얘기는 한 마디도 없고 유다에 대한 것이 나온다. 데이비슨(Davidson)은 "전후 문맥상 본 기사가 이 자리에 끼어들 하등의 이유가 없다"고 하였고, 라드(G. Rad)는 "본 기사의 위치는 괜찮은 자리"라고 말했다.

그러나 요셉이 애굽으로 팔려간 후 맥없이 흩어져 버린 이스라엘 집안과 실질적 야곱의 장자인 유다의 행실을 보여준다. 훗날 야곱의 가정이 왜 요셉이 있는 애굽으로 이주해야만 했는가를 설명하는 것이다.

이스라엘의 가문은 아브라함부터 야곱 때까지는 이방인과의 통혼을 엄금함으로 그 혈통의 순수성을 보존해 왔다. 그런데 유다가 가나안 여자와 결혼함으로써 혈통의 순수성은 없어지게 되고 유다의 집안은 그 자손들까지도 가나안 사람들의 타락한 도덕성에 깊이 오염되고 있었다.

이처럼 불성실한 유다가 야곱의 다음 구속사적 신앙계통을 이어 나간다는 것을 생각할 때에 하나님의 일하시는 섭리를 알 수 없다. 이스라엘이라는 집을 하나님의 말씀으로 다스리고 혈통에 있어서도 순결해야 했음에도 불구하고 또한 정신적인 지주 역할을 해야 할 그가 그렇지 못했을 때 그 가정에 미친 화는 엄청난 것이었다.

그들은 가나안을 떠나 다른 곳에서 순수성을 보존할 필요가 있었기 때문에 이에 하나님께서는 그들을 애굽으로 인도해 들이시게 되고 그러기 위해서 요셉을 먼저 앞서 애굽으로 내려보낸 것이라고 이해한다.

먼 훗날에 요셉을 팔았던 형들이 요셉에게 용서를 청할 때 요셉은 "당신들이 나를 애굽으로 판 것이 아니고 하나님께서 이 때를 대비하여 구원하시기 위하여 나를 애굽으로 보낸 것이라"고 말하면서 형들을 위로했다.

1. 유다가 히라에게로 나아갔다.

유다가 그 후에 내려갔다. 여기 "그 후에"는 "그 때에"라는 뜻으로 요셉이 17세 때에 은 20에 팔려 애굽으로 내려간 때로부터 얼마의 세월이 흐른 뒤를 의미한다. 왜냐하면 여기 38장의 유다의 사건은 요셉이 팔린 때로부터 애굽에 정착하기까지의 기간 중 일어난 일이기 때문이다. 37장에서부터 요셉의 역사가 시작되는데 갑자기 38장에서 유다의 사적이 삽입되고 있다. 야곱의 아들 중 유다가 요셉의 채색옷을 취함으로 상속자가 됨을 암시해 주면서 38장에서 그 합법성을 설명해 준다.

요셉이 애굽으로 팔려간 사건을 이야기한 뒤 이스라엘이 바로의 땅에 들어간 과정을 설명하고 유다의 생활을 소개하는 장이다. 그리하여 야곱의 후손이 그 땅의 후손과 결혼함으로 도덕적인 부패에 빠져 있다는 것을 보여주는 첫 번째 실례이다.

유다가 자기 형제에게서 내려갔다. 이무렵 유다는 형제들로부터 떨어져 나와 독립적으로 생활해 가면서 가나안 사람들과 교제를 갖기 시작했는데 후에 이것이 다말과의 불륜사건의 전조가 된 것이다. 대개 방종하는 청년들은 자기 집과 부모와 형제를 떠나 살고자 한다. 해로운 친구를 가까이 하게 되고 참 이스라엘 신령한 가족 친지를 잃어가는 것이다.

유다가 자기 형제들에게서 떠나 멀리 독립해 나간 때에 다른 형제들도 피차 헤어져서 따로 생활했을 것이다. 요셉을 팔아먹은 그 문제 때문이 아닐까 생각한다.

"내려가서"는 헤브론이나 산에서 내려가 남쪽으로 향한 것이다. 지형적으로 내리막길이었으며 그의 신앙이 하락하고 있음을 말해준다고 할 수 있다. 탕자가 아버지집을 떠나 타국으로 갔듯이 갔다는 것이다(눅 15:11-24).

유다가 아둘람 사람 히라에게 나아갔다. "히라에게 나아가니라"는 것은 "내려가다"라는 뜻으로 유다가 살고 있던 헤브론을 떠나 지중해 근처의 고도가 낮은 지대로 이동했다는 뜻이다. "나아가니라"는 "그리고 아둘람 사람 가까이에 장막을 치니라(26:15)"라는 의미이다. 이 것은 아둘람에 속한 사람을 말하니 그곳은 헤브론 골짜기에서 북서쪽으로 24km 지점에 위치한 가나안의 31성읍 중 하나이다(수 15:35). 가나안을 정복할 때 가나안 왕이 거했던 곳이고(수 12:15), 후에 다윗과 관련되어서 유명한 장소가 되었고 성경에 자주 언급되어 있다(삼상 22:1, 2, 삼하 23:13).

히라는 "장엄"이라는 뜻이다. 역시 "형제에게서 내려가서…" 하였고 다시 "아둘람 사람 히라에게 내려가다"라고 했으니 유다의 신앙이 그만큼 하락하고 있었다는 것을 암시한다고 볼 수 있다.

언약의 형제들에게서 내려와 이스라엘의 씨로 된 사회를 경멸하고 자기의 친구를 가나안 사람으로 택한 그는 급히 언덕 아래로 내려가고 있었던 것이다. 그러므로 우리는 교회 형제들과 가까이 하고 세상 사람에게서 멀리해야 한다. 왜냐하면 그것은 시험에 빠지는 길이기 때문이다.

2. 유다가 수아의 딸과 결혼했다.

유다가 거기서 가나안 사람 수아의 딸을 보았다. 이것은 이스라엘의 애굽으로의 이동의 필연성을 보여주는 것이다. 왜냐하면 가나안 여인과의 통혼은 이스라엘의 순수성이 상실되고 저들에게 흡수되므로 멸망이 경고된 그 곳 족속과 함께(15:16) 멸망하게 될 것이기 때문이다.

따라서 하나님께서는 때가 될 때까지 그들 이스라엘을 애굽으로 이주시켜 연단 훈련을 받게 함으로 언약의 백성으로서의 순수함을 보존시키려 하셨던 것이다.

유다는 아버지 야곱과 상의하거나 허락 하에 결혼하지 않았다. 아버지의 뜻을 따르려 하지도 않았다. 아버지와의 교제마저 끊고 가나안의 새 친구 히라와 의논했을 것이다.

사람은 어떤 사람들과 친하고 가까우냐에 따라서 결혼 대상도 만나게 된다. 악하고 우상에 젖은 가나안 친구와 관계를 맺고 그릇된 사람들과 매우 가까워짐으로 자신은 물론 이스라엘의 가족에 큰 창피와 수치를 주게 되는 것이다.

세상 친구보다 신앙의 부모와 의논하고 부모의 뜻에 따르는 것이 좋은 일이다. 삼손은 나실인으로 구별된 사람이었으나 이스라엘 여자가 아닌 이방인 블레셋 여자를 좋아하다가 실패하여 우리의 거울이 되고 있다.

유다가 가나안 땅 수아의 딸을 취하여 동침했다. 하나님께서는 장차 인간의 계보 속에 탄생하실 메시야를 위해서 이스라엘 사람들은 이방 여자와 결혼하는 것을 경고하셨고, 아브라함도 자부를 맞을 때 이 원칙에 의하여 리브가를, 야곱도 그 부모가 가나안 족속이나 이방인과 결혼하지 못하게 하려고 고향으로 보내졌었다. 야곱 역시도 자녀들이 이방 가나안 족속과 결혼하는 것을 반대했다.

그런데 유다는 가나안 토속인의 딸을 아내로 취했다. 양가 부모의 허락과 축복을 받으면서 결혼한 것이 아니었고 가나안 친구 히라가 소개한 가나안 여자를 데리고 산 것이다. 그러므로 유다의 아내가 된 그 여자의 이름은 알 수가 없다. 다만 그의 아버지는 수아라고 했는데 그 뜻은 "부함, 풍부함, 숭고함, 도와달라고 외침"이다.

유다의 결혼에서 구원에 대한 하나님의 섭리를 볼 수 있다. 하나님의 계획이 인간의 잘못으로 인하여 실패할 수 없다. 하나님은 만세 전부터 계획하시고 예정하신 대로 구원의 역사를 진행하신다. 그 도

중 인간의 실수와 범죄로 인하여 그 뜻이 이루어질 수 없을 것같은 때에도 하나님은 실수라는 인간 죄악을 통해서도 이루신다.

여기 유다의 결혼에서 우리는 구원에 대한 하나님의 섭리를 볼 수 있는 것이다. 즉 하나님은 하나님의 은혜로 인간을 선택하신다는 것이다. 하나님의 은혜가 아니면 어찌 유다같은 죄인이 메시야의 조상이 될 수 있겠는가 하는 것이다. 그리고 악하고 부끄러운 유다같은 죄인이 우리의 구세주 예수 그리스도의 선조라는 사실에서 우리는 메시야 그리스도의 겸손하심을 알 수 있다는 것이다. 또한 하나님께서는 이방인 출신의 아내들도 하나님의 교회에 속하게 하신다는 사실이다.

3. 유다가 세 아들을 얻었다.

유다의 첫째 아들은 엘이다. 엘은 다말과 결혼했다. 엘은 "감시하는 자, 경계하는 자"라는 뜻이다. 유다가 엘이라고 이름한 것은 그 아들들이 일찍 결혼함으로써 타락해 가는 것을 막고 경계하기 위함이었는지 알 수 없다. 다말은 "종려나무"라는 뜻으로 이름은 셈족 계열이지만 다말은 셈족이 아니다. 다말은 가나안 족속이지만 가나안 족속으로 부르지를 않았다. 랑게는 "그 여자는 블레셋 사람의 후손"이라고 말했다.

엘은 여호와 목전에 악했다. 엘은 어떤 악을 행하였는지 우리는 알지 못한다. 다만 "여호와 목전에 악하므로"라고 했기 때문이다. 아마 그것은 하나님과 하나님의 율법을 무시하여 성윤리에 관해 극심한 죄를 진 듯하다. 엘의 아비 유다가 성적으로 문란했듯이 그의 아들 또한 그런 것 같다.

엘은 여호와께서 죽였다. 모든 사람의 죄는 하나님 앞에서는 숨길 수가 없다. 그리고 악의 결과는 죽음이다. "여호와께서 그를 죽이신지라"는 "그를 죽게 하신지라"라는 뜻으로 직접적인 징계가 필요한 경우도 없지 않겠으나 그가 무자해서 일찍 죽은 것을 의미하는 것이다. 사람이 일찍 죽는 원인에는 여러 가지 있지만 하나님께 범죄한고로 일찍 죽는 일도 있다(잠 10:27).

유다의 둘째 아들은 오난이다. 오난은 형수 즉 다말과 결혼했다. 오난은 "힘"이라는 뜻으로 계대결혼을 한 사람이다. 그것은 형이 무자한 중에 죽으면 그 죽은 형을 위하여 그 형수에게 계대의 책임을 이행하기 위하여 결혼하는 것을 말하는 것이다.

그러니까 동생이 형수와 결혼해서 자식을 낳고 그 형을 계대시켜 주는 제도이다. 이것은 모세율법에 성문화되었고(신 25:5-), 예수님에게 사두개인들이 이러한 문제로 문의한 바가 있다(마 22:23-33).

그런데 오난은 땅에다 설정을 했다. 만일 시동생이 과부인 형수와 결혼하기를 싫어하면 공중 앞에서 심한 모욕을 주었다(신 25:). 오난은 형수와의 결합에서 씨가 생긴다해도 자기의 것이 되지 않을 것이라면서 성관계를 하되 그 아내를 모독하여 땅에다 설정을 했다.

메시야가 유다의 가통으로부터 오셨다는 사실을 생각할 때 이것은 악한 일이 아닐 수 없었다. 그것을 인간은 몰라도 하나님께서는 가장 은밀한 순간의 일까지도 아시고 계셨던 것이다.

만일 오난이 이러한 악한 일을 범하지 않았더라면 그는 예수의 조상으로 영광을 얻었을 것이었다. 육체를 악하게 사용하고 그 육체를 모독하는 죄는 하나님을 무시하는 타락한 증거이다.

오난은 여호와께서 죽였다. 오난이 땅에 설정했다는 것은 "그가 땅에 멸했다." 즉, 정액을 체외에 사정했다는 것인데 여기서 수음(Onanism)이 유래된 것이다.

하나님께서는 오난의 죄를 묵인하지 않으시고 죽이셨다. 그것은 오난의 죄가 신정국가인 이스라엘 가족의 번영과 신성에 역행하는 죄가 되기 때문이다. 오난은 형에 대한 애정이 없었다. 자식이라는 상속에 대한 이해타산적 탐욕이 있었다. 결혼의 신성모독죄를 범했다. 그러므로 오난도 아들 하나를 얻지 못하고 젊어서 죽었다.

유다의 셋째 아들은 셀라이다. 셀라를 낳을 때에 유다는 거십에 있었다. 셀라는 "기도, 평화, 안위, 번영"이라는 뜻인데 거십에 있을 때 낳은 아들이다. 거십은 유다지방 중부에 위치했고 악십(수 15:44)이라고도 불렀다. 분할할 당시에 셀라의 후손에게 돌아갔다.

며느리 다말에게 수절하며 기다리라고 했다. 유다는 며느리 다말에게 수절하며 친정에 가서 셋째 아들 셀라가 장성하기를 기다리라고 했다. 두 아들이 조사한 것이 하나님 앞에서 악했기 때문이라고 생각하지 않고 일찍 결혼한 탓으로 돌렸거나 다말이 불길한 며느리라고 간주했기 때문인 듯 하다. "수절하고"는 "고독하다"는 뜻에서 온 말로 "벙어리가 되다, 과부로 지내다"라는 것이다(출 22:21). 이때에 다말을 친정으로 보낸 것이 유다에게는 다말과 불륜하게 되는 뿌리가 되었다.

유다와 다말의 수치

(창 38:12-23)

혈통으로의 가계 번성은 이스라엘인들의 가장 신성한 소망이었다. 이스라엘인들의 긍지는 아브라함의 자손이라는 것이었다. 그래서 유대인을 혈통주의 사람들이라고 말한다. 그들에게 있어서 혈통이 끊어진다는 것은 가장 무서운 하나님의 진노요 형벌이라고 생각했다.

이스라엘은 이러한 의미에서 계대결혼을 하는 민족이었다. 그것은 후손이 없는 형제에게 후손을 잇게 해 주는 취지의 형제애이다. 계대결혼법이라는 말은 "남편의 동생"이라는 의미가 있는 말에서 유래한 것이다. 유다에게는 세 아들이 있었으나 첫 아들이 다말과의 사이에 무자하여 죽었고, 둘째 아들 역시 형수와의 계대결혼에서 대를 잇지 못한 채 죽었다. 셋째 아들이 있었으나 유다는 그 셋째에게 다말을 주기를 꺼려했다.

첫째와 둘째가 다말을 통해서 생산을 못하고 청춘의 나이에 죽었기 때문에 다말이 아무래도 부정하다고 생각한 것 같다. 뿐만 아니라 셋째 아들은 아직 어렸다는 것이다. 유다는 며느리를 친정에 가서 수절하면서 셋째 아들이 성년이 되기를 기다리라고 했다. 그러나 그것은 의무 불이행에 대하여 적당한 핑계를 대서 교활한 행위를 정당화시킨 것이다. 유다는 셀라가 또 다말로 인해 죽을까 염려하여 이러한 꾀를 썼지만 나중에는 며느리의 꾀에 자기가 빠지고 만다. 우리가 다른 사람에게 해를 주면 반드시 그 값을 받는다.

자식들의 교과서는 부모의 행동 그 자체인 것이지 말이 아니다. 유다는 하나님의 말씀과 뜻에 불순종하여 이방여인과 결혼했다. 그 아들들이 하나님 앞에 악했고 성적으로도 깨끗하지 못했다. 그리하여 하나님은 진노하사 유다의 두 아들을 죽이셨다.

그런데도 유다는 깨닫지 못하고 며느리에게 수절하라고 쫓아버린 것이다. 이런 경우 유다는 깨닫고 회개하며 기도하면서 하나님의 뜻이 어디에 있는가를 살펴 믿음 본위로 했어야 했다.

하나님은 유다와 다말에게 수치스럽게 하셨고 두 아들에게 죽음을 내리셨다. 우리가 짓는 죄의 값은 먼 미래에 닥치는 것이 아니고 불시에 오는 것이다. 그러기에 "하나님이 그의 죄악을 쌓아 두셨다가 그 자손에게 갚으신다 하거니와 그 몸에 갚으셔서 그로 깨닫게 하셔야 할 것이라"(욥 21:19)고 하신 것이다.

1. 유다가 아내 사후에 딤나로 올라갔다.

얼마 후에 유다의 아내가 죽었다. 유다의 아내는 가나안 사람 수아라는 사람의 딸이었다. 그녀에 대해서는 이름도 없고 다만 엘, 오난, 셀라라는 세 아들을 낳았다는 것 뿐이다. 유다는 르우벤이 장자권을 잃고 요셉의 채색옷이 피로 묻은 이후부터는 이스라엘의 장자 역할을 하게 되었다. 그런데 이방여인을 아내로 삼아서 아들 셋을 낳았으나 그 아들들 역시 하나님 목전에서 악을 행하므로 죽고 말았다. 혈통의 대를 잇지도 못한 채 죽었고, 며느리 다말은 친정에 가서 수절하고 있을 때에 이번에는 아내가 죽었다. 그러므로 유다는 아내의 죽음을 슬퍼하는 애곡의 기간을 끝내고(24:67) 스스로 위로를 받았다. 셀라가 그 형들같이 죽을까 염려했으나 셀라 대신에 아내가 죽었다는 기사가 곧 다음 절에 나온다. 결국 유다의 죄악과 어리석은 일 처리들이 유다 가문에 생산이 아닌 사망이 꼬리를 물었다.

만일 며느리 다말을 셀라에게 주었더라면 어떻게 되었을까? 그것은 하나님만 아시는 일이지만 시부와 며느리 간의 근친통간이라는 불명예는 얻지 않았을 것이다.

유다가 친구 히라와 함께 딤나로 올라갔다. 유다는 아내의 죽음을 슬퍼하고 애통한 기간을 다 마치면서 그의 친구 아둘람 사람 히라와 함께 딤나로 올라갔다. 유다는 1절에 두 번이나 "내려가서"라는 말과 같이 신앙의 내리막길에서 많은 것을 잃었다. 그런데 이제 "딤나로 올라갔다"고 하였다. 그곳에는 자기의 양털을 깎는 자가 있었기 때문이었다.

딤나는 "제한한다"는 뜻으로 벧세메스 부근의 유다 족속 영토의 경계지에 있는 한 성읍이다. 유목민 생활을 하는 이들에게는 "양털 깎는 행사"는 축제이이므로 여러 날 동안 큰 잔치를 베풀고 사람들을 먹인다. 그것은 유다의 산업이 번성하고 있었음을 보여주는 단면이다.

한 가지 명심할 것은 내려가면 매를 맞고, 올라가면 유혹에 빠지기 쉬우니 내려가거나 올라가거나 조심해야 하되 어떤 경우든지 하나님의 말씀대로 해야 하는 것이다.

유다가 딤나에 올라왔다는 것을 다말이 들었다. 다말은 유다의 가문에 시집와서 자식이 없이 시부의 말에 따라 친정에서 수절하며 괴로운 생활을 하고 있었으나 남편의 씨를 남겨 한 가문의 여자로서 떳떳이 자신의 권리를 유지해 보리라는 집념을 불태우고 있었다. 그것은 유다에 대한 보복심일 수 있으나 단순한 육체적 정욕을 만족코자 한 것은 아니다. 그런데 시부가 이곳에 잔치하러 올라왔다는 말을 들었던 것이다.

"양털 깎는 날"의 잔치는 여러 날 하는 것이고 환락의 시간들이다. 술에 취해 분별력을 잃기 쉬운 때에 다말은 이때라고 생각하고 환락의 기회에 시부를 유혹하려고 했다. 유다는 술과 함께 즐거움에 취했고 나중에 며느리와 동침해서 아이까지 생겼지만 그녀가 며느리라는 분별도 할 수 없었다. 환락에 도취된 때, 양털을 깎는 번영의 때, 내려가는 것이 아니고 올라가는 때 유다는 시험에 빠지게 된 것이다.

2. 다말이 창녀로 가장하여 유다의 아이를 잉태했다.

다말이 가장하여 에나임 문에 앉았다. 다말은 과부의 의복을 벗었다. 면박으로 얼굴을 가리웠다. 부끄러움을 모르는 창기들이 부끄러운 것처럼 보이기 위해서 얼굴을 가리우는 것은 당시 창기들 세계의 습관이었다.

다말은 몸을 감싸고 딤나 길곁 에나임 문에 앉았다. 임자없는 창기가 되어 어떤 사람이든지 유혹하고 있던 것이다. 성경에 "정숙한 여자는 집 안에서 집안 일을 한다"(딛 2:5)고 했다. "기생의 옷을 입은 간교한 계집이…떠들며 완패하며 그 발이 집에 머물지 아니하여…사람을 기다리는 자라 그 계집이 그를 붙잡고 입을 맞추며 부끄러움을 모르는 얼굴로 말하되…"(잠 7:9-13)라고 했다. 다말이 시부 유다를 이렇게 유혹해서 동침하려는 것은 "셀라가 장성함을 보았어도 자기를 그의 아내로 주지 않음을 인함이라"고 했다.

그러니까 유다가 며느리를 수절시킬 때 아들이 장성하기까지라고 약속하고서는 그 약속을 파괴했기 때문에 다말은 근친상간의 죄를 범하는 것이었다.

좋게 해석한다면 다말은 이방인으로서 아브라함의 가문에 약속된 메시야가 유다의 허리에서 이어져 나갈 것을 믿었다고 할 수 있다. 마침내 다말은 유다의 아들을 낳고 그는 예수의 조상이 된다. 칼빈은 "이것이 그리스도의 영광을 드러낸다"고 말했으니 하나님의 은혜는 예수께서 우리의 육체를 입으셨다는 것이다. 그리스도의 조상이 수치스럽게 된 것은 우리로 하여금 그리스도만 찾게 하려는 것이다. 그러므로 우리는 그에게서 땅의 영광을 찾아서는 안된다. 그리스도의 무한하신 성결이 그의 조상들의 더러움을 씻고 깨끗하게 하셨다.

유다가 그를 보고 창녀로 여기고 들어갔다. 유다의 죄는 눈에서 시작되었다. 후에 요셉을 유혹한 보디발의 아내가 요셉에게 "눈짓하다가 동침하기를 청하니"(39:7)라고 했다. 그 다음에는 "여인이 날마다 청하였으니"(39:10), 즉 입으로 말하는 것이다. 끝으로 "그 여인이 그 옷을 잡고 나와 동침하자"(39:12) 하였으니 손으로 붙잡는 것이다. 그러므로 "눈과 입과 손"이라는 우리 몸의 지체는 잘못하면 죄의 도구로 쓰여질 수가 있다.

유다는 "그를 보고 창기로 여겼다"고 하였으니 눈으로 본 데서 죄는 시작이 된 것이다. 창기는 매춘부나 공창을 의미한다. 그들은 창기라는 표시를 하고 있었고 자신의 집을 가지고 있었는데 그들은 음욕이 가득한 눈과 마음을 가진다(벧후 2:14). 그리고 자신의 아름다움을 보게 하여 남자를 낚는다.

유다는 "나로 네게 들어가게 하라"한 것은 "너의 몸을 내게 허락하라"는 것이다. 이 때에 유다는 잔치석에서 마신 술에 취해 있어서 이성과 도덕 양심이 흐려있었을 것이다. 다말이 "당신이 내게 무엇을 주고 들어오려느냐?"고 했다. 동침하기를 원하는 유다에게 다말이 그 대가를 요구했다. 창녀는 남자에게 몸을 주는 대가로 화대를 받는다(신 23:19). 그런데 당시에는 화대가 염소 한 마리 값이었던 것 같다. 그러나 다말은 훗날에 대비하여 증거물로 남기려는 계획이었다.

여자의 순결은 무엇과는 바꿀 수 없는 것이건만 다말은 자기 몸을 물질과 교환하기로 하고 한 마리의 염소새끼를 줄 때까지 도장과 끈과 지팡이를 약조물로 달라고 했다. "도장"은 소유자의 신분과 권리를 나타내고 있기 때문에 휴대품이었다(41:42, 악 8:6). "지팡이"는 개인장신구이며 부족을 상징하여 항상 가지고 다녔다. 유다는 그것들을 그에게 주고 그에게 들어갔는데 다말이 유다로 말미암아 잉태했다고 하였다.

아무리 정욕에 불탔다고 해도 자부와 동침하면서 분별을 못했다는 것은 그가 육적 분별력보다 영적 분별력을 잃었음을 알 수 있다. 우리는 여기서 "유다와 다말" 두 사람의 죄를 볼 수 있다.

유다의 죄는 이방여인과의 결혼, 두 아들이 죽어가도록 깨닫지 못하고 회개못한 죄, 셀라를 다말에게 주지 않은 죄이다. 다말에게 거짓말 한 죄, 다말과 통간한 죄, 다말을 불사르겠다고 정죄한 죄 등이다.

다말의 죄는 셀라를 줄 때까지 기다리지 못한 것, 시부의 마음을 이해못하고 유혹한 죄, 가장하여 속인 죄, 창기로 유혹한 것, 고의적으로 범한 죄 등이다.

3. 유다가 약조물을 찾으려 했으나 찾지 못했다.

유다가 친구를 보내 약조물을 찾으려 했다. 유다는 털깎는 잔치의 축제 분위기에서 저지른 자신의 행실이 일반 사회에 알려질까 부끄러워 하면서 가나안 친구의 손에 부탁하여 염소새끼를 보내고 그 여인의 손에서 약조물을 찾아오게 하였다. 그때 유다가 다말과의 몸값은 염소새끼 한 마리였다. 그것을 주겠다는 약조물로 도장과 끈과 지팡이를 다말에게 주었었다.

그러므로 이제 화대값인 염소새끼 한 마리를 가지고 왔으니 창기는 마땅히 약조물로 받았던 도장 등을 주인에게 돌려주어야 하는 것이다. 그런데 유다의 친구는 "그 창기를 찾지못했다"고 했다. 그럴 수 밖에 없는 것은 그녀는 창기가 아니고 유다의 며느리였기 때문이다. 그곳 사람들에게 에나임에 있던 창녀가 어디 있느냐고 물었으나 "여기는 창기가 없다"는 대답이었다.

창기는 헌신된 자인데 가나안 여신 아스다롯을 섬기기 위해서 헌신된 자, 자연의 생식력과 생산적인 원리를 신성시하는 종교에 헌신된 자를 의미한다. 이 신은 성적인 충동성을 대단히 강조했다고 한다.

유다가 부끄러움을 당할까봐 창녀찾기를 그쳤다. 유다는 도장과 끈과 지팡이를 잃었다. 그러나 그보다 더 귀한 것들을 잃고 말았다. 시부가 며느리와 근친상간하여 성경에 그 사실이 기록되어 있으니 참으로 값진 것을 잃은 것이다.

유다는 도장이나 끈이나 지팡이를 잃고 망신당하지 않은 것으로 만족하게 여겼던 것이다. 그곳에 창기가 없다는 말에 안도한 것은 그의 죄가 공개적으로 알려질 리가 없다고 생각했기 때문이다.

유다는 하나님께 죄를 짓는 일로가 아니라 사람들에게 소문으로 위신과 명예가 훼손될 것을 두려워 한 위선자였다. 진실한 사람은 사람의 눈보다 하나님의 눈을 더 두려워하는 법이다. 유다는 하나님을 사랑하고 선한 양심을 갖는 것보다 사람에게 신망얻는 일에 더 큰 관심이 있었다.

다말이 낳은 유다의 쌍둥이 아들

(창 38:24-30)

　성적 정욕에 빠진 유다와 수단방법을 가리지 않고 가문의 핏줄을 이어보려고 한 다말은 마침내 도저히 있을 수 없는 시아버지와 며느리간의 불륜이 자행되고 말았다.
　시아버지에 대한 보복심으로 유혹한 다말의 뻔뻔스러운 행동은 창녀의 기질이 다분했으며 가나안지방의 성도덕 문란에 기인한 것이라고 할 수 있다. 그러나 우리는 그녀를 무조건 비난만 할 수는 없다. 왜냐하면 계대결혼의 정당한 권리에 입각해서 자신의 후사를 잇겠다는 생각에서 그렇게 했다고 볼 수 있기 때문이다. 다만 아쉬운 것은 시부를 만나 셀라라는 시동생을 마땅히 달라고 사정했었으면 하는 마음이다.
　이렇게 볼 때 근본적인 잘못은 유다에게 있다고 할 수 있다. 그는 계대결혼을 이행하겠다고 한 자신의 약속을 파기했다. 다말이 창녀로 가장한 때에 음욕을 품고 하나님의 선민의 입장을 망각했다. 그리고 그는 회개하지 않았으며 오히려 죄를 은폐하기에 급급했던 것이다.
　제삼지대에서 유다와 다말을 볼 때 두 사람 모두 부끄럽고 창피한 인간들이다. 그러나 이상한 것은 하나님께서는 그 두 사람간의 불륜을 통해서 메시야를 탄생시키는 일을 하셨다는 사실이다.
　죄악 중에 출생한 베레스가 하나님의 무조건적인 은혜 가운데 구속사의 주역이 되는 것이다. 이것으로써 인간이 구원받는 것은 인간의 공로나 의로움에 있는 것이 아니라는 것을 배운다. 인간은 시부와 며느리 간에 씨를 얻을 만큼 더럽고 의로운 점은 조금도 없다. 그런데 하나님께서 그 죄인의 씨를 선택하시고 은혜로 구원받게 하신 것이다.

구약에서나 신약에서나 인간이 구원을 얻는 것은 그의 행위로나 혈통으로나 공적으로가 아니고 하나님의 은혜, 하나님의 선택에 있다고 주장한다.

1. 잉태한 다말을 불사르겠다고 했다.

유다가 며느리의 잉태 소식을 들었다. "석달쯤"이라면 다말이 임신했음이 확실해진 때이다. 어떤 사람이 유다에게 자부 다말이 누구의 애기인지는 모르나 과부로 있었는데 임신을 했다고 소식을 전해온 것이다.

유다는 이 말을 들을 때 다말이 친정에 가서 정숙하게 과부로서 자기의 아들을 줄 때까지 기다릴 줄 알았는데 행음했을 뿐 아니라 알 수 없는 남자의 아이를 임신했다고 하니 용납할 수가 없었다. 법적으로 다말은 셀라의 부인이고 유다의 며느리였다. 따라서 다른 남자와의 사이에 아이를 갖는다는 것은 유다의 가정에 큰 부끄러움이었다.

유다는 그를 끌어내어 불사르겠다고 했다. 당시에는 가장이 가족식구의 생사여탈권이 있었다. 그래서 자기 가정에 며느리가 임신을 했다고 하니 죽여버리겠다고 한 것이다. 그것은 가혹한 말이었다.

물론 다말은 셀라와 정혼한 관계의 며느리이므로 그 며느리가 순결을 저버리고 가문과 유다의 명예를 실추시켰기 때문에 극도의 분한 마음으로 화형을 선고한 것이다. 유다의 마음에는 다말이 죽고 나면 이미 약속된 아들 셀라를 그녀에게 보내야 하는 의무는 없어진다고 생각했을지도 모른다.

율법을 위주로 해서 말하면 다말은 화형이 아니고 돌로 쳐서 죽여야 하는 것이다(신 22:20-24). 불에 살라 죽일 대상은 극악한 경우(레 20:14, 21:9) 어미와 딸을 아울러 범하는 근친 상간죄나 제사장의 딸이 행음한 경우이다(신 25:13). 그러나 여기서는 불태워 죽이는 것이 아니라 이마에 창녀라는 표시를 하기 위해 "불로 지지는 것"을 의미하는 것 같다. 3개월 전에 자신이 임신시킨 사실은 기억하지 못했다.

자기 자신의 죄에 대하여는 관대하게 용납하고 타인의 죄에 대해서는 가혹한 정죄를 가하는 것이 일반적이다(롬 2:1, 14:22). 유다는 이때까지도 회개하지 못했다. 유대인들이 간음하다 현장에 잡혀온 여인을 예수께 데리고 와서 예수를 시험했다.

율법에 의하면 돌로 쳐죽여야 하고 정치적으로 하면 로마 총독만이 사형언도권이 있기 때문에 예수께서 이렇게도 저렇게도 답변하시기가 곤란하셨다. 그리하여 예수께서는 땅 위에 두 번이나 허리를 굽혀 글을 쓰시고 난 후에 "죄없는 자가 이 여자를 돌로 치라"고 하셨다. 장내의 분위기는 변하고 말았다. 그들 중에 죄없는 이는 하나도 없었다. 돌을 버리고 하나둘 흩어져 가버리고 말았다. 예수께서는 그 여자에게 "나도 너를 정죄하지 않노니… 다시는 범죄치 말라"고 하셨다.

유다는 다말에게 임신시킨 장본인이면서 정죄의 불로 사르겠다고 했으니 자신의 죄를 모르는 자요 회개의 마음은 조금도 없었다. "누가 정죄의 돌을 들어 치랴! 너냐 나냐!" 아무도 다말에게 아니 죄인에게 정죄할 수 없다.

2. 유다는 그는 나보다 옳다고 말했다.

다말이 반지와 지팡이를 유다에게 보였다. 다말은 법정으로 끌려가고 있었다. 그 때에 시부에게 이르기를 "이 물건 임자로 말미암아 잉태하였나이다"라고 하면서 잉태된 아이의 아버지의 반지와 지팡이를 제시하여 유다가 장본인임이 입증되었다. 극비로 행해져 감추는 악행이라도 언젠가는 밝혀지고 만다. 그러므로 세상에 비밀이라는 것은 있을 수 없다.

"보소서"는 "세밀히 조사하다, 훑어보다"라는 뜻을 가진 의미에서 온 것으로 "잘 살펴 보시오"라는 의미이다. "감추인 것이 드러나지 않을 것이 없고 숨은 것이 알려지지 않을 것이 없다"(마 10:26) 하였고 "너희가 귀 속으로 듣는 것을 집 위에서 전파하라"고 주님은 말씀하셨다.

유다가 자기의 죄를 고백했다. 유다는 다말이 보여준 도장과 끈과 지팡이를 자기의 것으로 알아보고 "그는 나보다 옳도다"라고 하여 범죄사실을 고백하기에 이르렀다. 시부를 속여 동침한 다말의 행위는 옳은 것이 아니다. 다말이 전혀 무죄한 것이 아니라는 것이다. 유다 자신의 처신에 비해 더 타당성이 있다는 것이다. 유다는 막내 아들 셀라마저 죽을까봐 다말과의 약속을 일방적으로 무시한 자신의 잘못을 그대로 시인하고 고백했다. 따라서 다말의 행위는 욕정 때문이 아니라 유다 자신의 잘못과 후손에 대한 기대 때문에 행해졌다고 다말을 인정한 것이다.

아무튼 이 일은 부끄러운 사건이다. 그런데도 하나님의 성령은 이 부끄러운 일을 그대로 성경에 기록하여 하나님의 백성들에게 혈통주의를 자랑하지 못하게 하신다.

유다가 다시는 다말을 가까이 하지 않았다. 여기서는 "알다"는 것은 성적 관계를 가지는 것으로 유다가 다시는 다말과 성적 관계를 하지 않았다는 뜻이다. 그가 이렇게 한 것은 육신의 정욕에 의하여 더 이상 죄를 짓지 않으려는 노력과 참으로 회개하는 것을 보이는 것이다. 죄를 버리지 않는 사람은 죄를 진심으로 회개한 사람이 아니다.

삼손은 여인을 가까이 하다가 망했으나 요셉은 여자를 멀리하다가 승리했다. 하나님께는 가까이 가는 것이 복이고(시 73:28), 죄는 멀리 하는 것이 이기는 비결이다.

하나님께서는 철저하게 회개한 유다의 쌍둥이 아들 중 베레스가 메시야의 조상이 되는 축복을 주셨다. 의인이란 죄없다 하는 이가 아니고 죄를 회개하는 사람이다.

3. 다말이 쌍둥이 아들을 낳았다.

다말이 쌍둥이를 낳았다. 임산은 아이를 낳기 위해 시작되는 진통을 의미하므로 진통이 시작될 때에 비로소 쌍둥이인 것을 알았다. 리브가의 경우와 같이 쌍둥이가 출산하는 때에 "손이 나오고"라고 하였다. 일반적으로는 아이의 출생 때는 머리가 먼저 나오는데 손이 먼저 나온 것은 태아의 위치가 정상적이지 못하여 매우 위험스러운 상태라는 것을 의미한다. 그리고 "터치고 나오느냐?"라고 말한 산파의 말도 그러하다. "틈을 만들었느냐?"라는 뜻으로 쌍동이 형제 세라에 앞서 갑작스러운 베레스의 출생으로 인한 회음부의 파열을 가리키는 말로 얼마나 위험했는지를 알 수 있다.

칼빈은 이 사건에 대하여 말하기를 "유다와 다말의 부끄러움을 환기시키는 것"이라고 했다. 그들로 하여금 비정상적 놀라움을 느끼게 한 것이다.

쌍둥이 이름을 베레스와 세라라고 했다. 산파가 "손이 나오니… 이는 먼저 나온 자라"하면서 "홍사를 가져 그 손에 매었다"고 했다. 그것은 장자를 표시하기 위함인 것이다. 히브리인 사회에서 장자의 명분이 얼마나 중요한가를 볼 수 있다. 그런데 "그 손을 도로 들이며 그 형제가 나왔다"고 했다. 그러니까 홍사를 맨 아이가 뒤로 가고 뒤에 있던 아이가 먼저 나온 것이다.

장차 그리스도가 이 아이를 통해 탄생할 것을 예견해 주는 것이다. 베레스는 동생보다 먼저 터치고 나왔다는 것으로 "네게 있는 이별" 곧 그것은 형제 사이에 있는 불일치와 거리를 의미한다. 육적 장자는 세라이다. 그러나 영적인 장자는 베레스이다(46:12, 대상 2:4). 세라는 "광휘"라는 뜻이다. 여기서부터 유다의 가정은 이루어지고 이들로부터 유다의 가정이 유명한 가문으로 전해간다.

야곱과 에서와 같이 자녀들은 장자권을 놓고 싸웠고, 베레스가 장자권을 빼앗았다. 먼저된 자가 나중되고 나중된 자가 먼저 된다고 하셨다. 그리스도는 그의 후손이 된다. 세라처럼 유대인은 장자권을 소유할 정당한 권리를 지니고 있고 처음 나온 자에게 하는 대로 진홍색의 줄로 표시되었다.

그러나 폭력의 아들 베레스와 같은 이방인들은 침범이 허락되어 있는 하늘나라를 자기들의 폭력적 노력으로써 유대인들을 앞서 도달하며(마 11:12, 21:28-32), 유대인에게는 미흡한 의에 도달한다. 그러나 때가 차면 모든 이스라엘은 구원을 받는다.

다말의 두 아들은 예수의 족보에 기록된다(마 1:3). 그래서 예수의 굴욕의 산 증거로써 그 이야기를 영구히 보존시킨다. 야곱의 아들들은 큰 죄를 범하고 르우벤은 아비의 침상을 더럽히고, 유다는 며느리와 동침하여 쌍둥이를 낳았고, 시므온과 레위는 세겜에서 살인죄를 범했다. 그러나 그들의 후손은 유명해졌고 축복을 받았으니 레위는 제사장, 유다는 왕들과 메시야가 탄생했다.

유다와 다말의 사건은 구원의 그림자가 되었다. 유다가 다말과의 관계에 조건으로 내세운 화대에 "염소새끼"는 예수 그리스도의 그림자일 것이다. "도장"은 성령의 인침이요(엡 1:13), "끈"은 가죽끈으로 속죄의 표이고 손목고리와 팔지를 말한다면 그것은 언약의 표를 의미한다. "지팡이"는 족장의 권위로 다말이 이것을 가지고 있는 한 생명이 안전했던 것처럼 속죄, 성령인침, 언약, 지팡이 권위의 보호를 받는 자들은 어떤 위의 위험에서도 보호받을 수 있다는 것이다.

다말같은 죄인 이방인이 구원을 받아 예수의 조상이 된 것은 오직 믿음 뿐이요 하나님의 은혜 때문이다. 그러나 38장은 전부 추잡한 이야기 뿐이지만 이들을 교량으로 해서 그리스도에게 연결되었으니 오묘한 구원사라고 할 수 있다.

보디발의 종으로 팔린 요셉

(창 39:1-6)

　애굽은 비옥함을 자랑하는 나일강의 아름다움이 굽이쳐 흐르고 매장된 세대의 진기한 기념물인 피라밋들이 세월에 따라 고풍을 띠며 맑은 창공을 향하여 우뚝 솟아 있다.
　요셉은 본의와는 상관없이 시기심에 가득찬 형들에 의해 희생되어 애굽으로 내려왔다. 요셉은 원시적인 목축을 하는 농경지역으로부터 문명이 고도로 발달된 애굽으로 옮겨진 것이다. 애굽인들은 목축업을 가증한 것으로 여기고 배척하고 싫어했다.
　애굽은 고대 문명의 발상지요 복잡한 정부체제로 수세기간 여러 국가들을 정복하면서 거대하게 발전한 제국이었고 자연과학, 역사학 등 방대한 지식과 거대한 물질적 번영, 그외의 여러 것들이 제국의 유구한 역사를 입증해 주고 있었다.
　애굽의 강력한 무력 앞에 무릎을 꿇는 나라들이 생기고 그 여러 나라들로부터 수많은 노예들이 팔려왔는데 그중에 요셉도 끼어 있었다. 그러나 요셉은 전쟁포로거나 노예의 출생이 아니고 형들에 의해 미디안 사람들에게 넘겨졌다. 그들은 노예시장이 활발한 애굽에 내려가서 판 것이다. 은 20에 요셉을 판 형들은 아버지에게 죽었다고 속였으나 미디안 상인들은 아마 몇 갑절 이익을 붙여서 팔았을 것이고 바로의 신하 시위대장의 집에서 요셉을 샀다.
　요셉은 노예로 끌려 갔다. 그러나 노예시장에서 상품화되었고 권세 있는 자의 집에 노예로 다시 팔려갔다. 그러나 그 운명에 좌절하지 않았고 형들을 원망하지 않았다.

바로의 신하가 이스마엘 사람의 손에서 요셉을 샀다. 요셉이 노예가 되었다. 얼마나 수치스러운 일인가? 그것은 다만 외적인 격하일 뿐이며 인간 그 자체는 격하되지 않았다.

이와 같은 요셉은 노예의 몸이 되었으나 고상한 행동원리를 견지했다. 요셉은 자기에게 주어진 일과 의무를 성실하고 사려깊게 행했으며 항상 하나님을 두려워했다. 밤이 어두울수록 하늘의 빛은 더욱 빛난다. 요셉은 의심할 여지없이 암담한 노예로 떨어졌으나 용기를 잃지 않았다. 요셉의 겉모양은 노예였으나 속에는 고귀한 믿음이 들어 있었다.

1. 요셉이 애굽으로 끌려가서 보디발의 집에 팔렸다.

요셉이 이끌려 애굽에 내려갔다. "이끌려"라는 말은 짐승이나 포로를 끌고가는 것을 의미하는 것이다. 요셉은 야곱의 채색옷을 입은 총애받는 아들이었으나 짐승같이 그들에게 끌려갔고, 무슨 포로잡혀 가는 것 같은 수모와 고난을 당했던 것이다. 이스마엘 사람들은 요셉을 은 20을 주고 싼 값에 사서 애굽 노예시장에 끌고갔다. 요셉은 짐을 나르는 짐승이나 전쟁에서 포로되어 잡혀온 것처럼 몸이 묶여 매매를 기다리게 된 것이다.

요셉이 이렇게 애굽으로 짐승처럼 노예로 끌려간 것은 그의 선택에 의한 것이 아니라 시기와 질투로 팔아먹은 그 형들에 의해서였다. 사람은 자신의 의지와는 상관없이 결정되는 일이 많이 있다는 것을 여기서 알 수 있다.

우리는 가끔 노예 상태를 경험하는 일이 있다. 요셉처럼 원치 않는 곳에 끌려가서 슬퍼하는 아버지의 집으로 돌아갈 수 없는 절망적인 시련을 겪을 때가 있다.

이때에 사람들은 두 가지 태도를 가지는데 첫째, 사람들은 도저히 포로로 끌려가는 이 절망에서 헤어날 길이 없다고 자포자기하고 한탄하며 주저앉는 사람이다. 그리고 두 번째 사람들은 아직도 자신에게 남아있는 조금이나마의 능력을 발견해서 남은 기회를 최대한 살릴 줄

아는 사람이다. 어떤 사람이 한때 가지고 있던 영예와 재화에 연연하여 현재의 상태를 비관만 하고 있을 때 다른 사람은 비록 모든 것을 다 잃었지만 희망만은 놓지 않겠다고 최하의 노예생활에서도 최선을 다하며 사는 것이다.

요셉은 애굽으로 이끌려가는 순간 아버지와 형제들을 잃고, 장자의 채색옷을 잃었으며, 친구들과 이웃들과 아버지의 재산까지 다 잃었다. 그러나 그는 하나님을 믿는 믿음은 잃지 않았다.

바로의 신하 시위대장 보디발이 요셉을 샀다. 37:36에 "미디안 사람이 애굽에서 바로의 신하 시위대장 보디발에게 요셉을 팔았더라"고 했다. "바로의 신하 시위대장 애굽사람 보디발이 요셉을 사니라"는 것은 "미즈라임의 한 사람"이라는 것으로 외국사람이 바로의 궁에서 중직을 차지하고 있었음을 암시하고 있다. 그러므로 우연이 아니고 하나님의 섭리의 역사에 의해서 보디발에게 팔리운 사실을 알 수 있다.

세상의 모든 일이 그러하듯이 요셉의 비극적인 이 사건도 하나님에 의해서 정해진 것이었다. 요셉은 후에 자기 가정을 구원하고 애굽 땅에서 하나님의 영광을 나타낼 인물이었기 때문에 요셉을 먼저 인간이 이해할 수 없는 방법으로 애굽에 내려오게 하셨고 밑바닥 노예에서부터 하나님은 요셉을 높이들어 쓰시고자 하시는 섭리를 진행하셨던 것이다.

바로의 신하들을 통하여 애굽의 대신들과 친숙해졌고 보디발 역시 타민족으로 애굽 궁전의 요직에 있음같이 요셉이 타민족으로 그가 원하는 직위에 승진할 수 있는 자격을 갖추게 하시고 천한 노예를 통해서는 중대한 일을 성취케 하셨다. 그러므로 천박한 인간으로서는 하나님의 오묘하신 섭리를 깨달을 수가 없다.

요셉을 이스마엘의 사람 손에서 보디발이 샀다. "사니라"는 말은 얼마나 요셉을 비참하게 하는 말인지 모른다. 요셉은 야곱의 장자와 같은 총애를 받았으나 종의 몸값으로 팔렸다. 곧 예수께서 하나님의 사랑하는 아들로 이세상에 오셔서 유대인 형제들에게 미움을 받으사은 30에 팔리시는 것의 그림자인 것이다. 이스마엘 사람들은 요셉의 형들에게 요셉을 싼 값에 사서 짐승처럼 이끌고 노예시장으로 끌고가서 물건처럼 보디발에게 팔았다.

모르긴 해도 이 청년이 미남이었기 때문에 노예 몸값으로는 비싸게 팔고 샀을 것이다. 요셉은 노예요 시장의 물품이었다. 계시록에 보면 바벨론의 상품은 29가지가 기록되어 있는데 맨먼저의 품목은 "금과 은과 보석"이고 맨 나중 부류의 것들은 "소와 양과 말과 수레와 종들과 영혼들"이라고 했다(계 18:12). 그러니까 그들 세인들의 상품에 있어서 제일 귀한 것은 물질적인 것이고 제일 천한 것은 노예와 영혼이라는 것이다.

우리는 요셉이 하나님의 언약을 받은 선조들의 후손이 언약 밖의 이스마엘 사람의 손에 팔리우고 다시 이방인의 손에 넘기워졌다는 사실에서 더욱 마음이 아프다고 말하지 않을 수 없다.

그것은 이방인 그리고 언약없는 세인에게 하나님의 백성이 당하는 수치와 슬픔이었다. 예수께서는 유대인 형제에게로부터 이방인 빌라도에게 넘기워지시고 로마 군병들에게 고난을 당하셨으니 요셉의 슬픔과 고난과 낮아지심에서 우리는 예수 그리스도의 비하를 볼 수 있다.

2. 여호와께서 종살이하는 요셉과 함께 하셨다.

"여호와"라는 신의 명칭이 기록된 것은 "언약의 신"을 강조하는 것으로 이후 애굽에서의 요셉의 축복과 성공은 선조들에게 약속된 하나님의 언약이 하나님 여호와의 특별하신 섭리로 성취된 것을 의미하는 것이다.

요셉은 지금 언약이 없는 이방인의 땅과 가정에 노예로 일하고 있다. 그러나 하나님은 여호와 곧 언약의 하나님으로서 언약의 자손을 보호하시기 위하여 함께 하시는 것이다. 그러므로 언약의 선조들을 부모로 모신다는 것이 얼마나 큰 축복인지 모른다. 물론 요셉 자신의 신앙도 좋았다. 그러나 언약받은 아브라함과 이삭과 야곱의 대를 이어나가는 선택받은 자손이라는 점에서도 하나님은 요셉을 버려둘 수가 없었다. 요셉은 애굽으로 팔릴 때 목이 터지도록 형들을 불렀지만 그들은 매정하게 사라져갔고 아버지나 형제나 이웃 친구 친척 등 아무도 요셉과 함께 하지 못했다. 형제들은 요셉을 팔고 아버지의 가슴에 슬픔을 안겨주고 요셉은 죽었다고 소문내고 다니는 것이었다. 그러나 하나님께서는 요셉을 떠나지 아니하시고 따라오셔서 요셉과 함께 하셨으니 "내가 세상 끝날까지 너희와 함께 하겠다"(마 28:20)고 약속하신 말씀대로이다.

요셉이 형통한 자가 되어 그 주인의 집에 있었다. 요셉은 하나님께서 함께 하심으로 "형통한 자가 되었다"고 하였는데, 그 말은 "번영의 사람"이라는 뜻이다. 요셉이 보디발의 집안 일을 맡은 종으로서 하는 일마다 눈에 띄도록 현저하게 그 집이 나아졌던 것이다.

요셉이 보디발의 집에 종으로 팔려오기 전에는 보디발의 가세가 형편없이 어려웠었음을 암시하는 것이기도 하다. 요셉이 비록 노예시장에서 물품으로 팔려온 종이기는 해도 이 집에 들어오면서부터 이 집은 번영하게 되고 형통하게 된 것이다. 요셉은 형들에게 채색옷을 빼앗겼고 노예의 옷을 입었으나 하나님을 믿는 믿음의 옷은 빼앗기지 않았다. 요셉의 형들은 내쫓아 멀리 떼어 놓았지만 하나님은 요셉을 따라 오사 함께 하셨다. 아버지를 떠나 아버지의 위로는 받을 수 없었으나 하나님 아버지께서 위로하시고 요셉을 번영하는 사람으로 역사하셨다. 그러므로 성도는 어디에 어떤 환경에 처할지라도 실패하지 않는다.

요셉의 주인이 여호와께서 함께 하심을 보았다. 3절에 "보았다"는 말을 두 번이나 거듭하여 기록했다. 보디발이 여호와를 알았다는 것이 아니라 요셉이 하나님의 함께하시는 보호와 축복에 대하여 확실히 볼 수 있었다는 것이다.

보디발은 "태양신이 주는 자"라는 뜻인데 여호와께서 그에게 노예로 주신 요셉으로 인하여 그가 번성하게 됨을 보게 된 것이고 태양신이라는 우상과 미신이 그렇게 한 것이 아니다. 보디발은 여호와께서 요셉과 함께 하심을 보았으며 또 여호와께서 그의 범사에 형통케 하심을 보았다. 요셉은 보디발의 가정에서 종으로써의 할 일을 했지만 그가 하는 모든 일에 하나님은 형통하게 하시고 번영하게 하신 것이다. 그것을 보디발은 분명히 알 수 있었던 것이다. 그러므로 예수께서는 "너희 행실을 보고 하나님께 영광을 돌리라"(마 5:13-16)고 하셨다.

3. 요셉이 보디발 가정의 총무가 되어 모든 소유물을 주관했다.

요셉이 그 주인에게 은혜를 입어 섬겼다. 사람은 언제나 진실한 사람을 원하는 법이다. 심지어 자신은 진실하게 살지 못하면서도 자기 수하의 사람은 진실하기를 좋아한다. 라반은 야비하고 술수와 욕심이 가득한 사람이었지만 여호와께서 야곱 때문에 자기 집이 번성하게 한 것을 인정하고 놓지 않으려고 했다. 요셉은 보디발을 주인으로 섬길 수 있는 때에 지극히 작은 일에도 성실하게 봉사했다.

"섬기매"란 "봉사하다"라는 의미이다. 중요한 인물, 주로 통치자에게 드려지는 개인적인 봉사나 하나님과의 특별한 관계에 있는 사람들, 즉 제사장과 같은 사람들의 예배사역에 사용되는 말이다.

요셉은 보디발의 시중을 들고 가정에서 여러 가지 일에 봉사했다. 바울은 "종들아 모두 일에 육신의 상전들에게 순종하되 사람을 기쁘게 하는 자와 같이 눈가림만 하지 말고 오직 주를 두려워하여 성실한 마음으로 하라 무슨 일을 하든지 마음을 다하여 주께 하듯 하고 사람에게 하듯 하지 말라"(골 3:22-23)고 하였다. 요셉은 보디발의 집에서 종으로 주인을 섬기면서 주 하나님 여호와를 섬기는 신령한 도리를 배워나가는 것이었다.

보디발이 요셉을 가정의 총무로 삼았다. 가정총무는 집안 전체 일을 관리하는 집사를 의미한다. 당시 애굽에는 부자집에 이러한 집사 직책이 있었다. 아브라함의 늙은 종 엘리에셀이 아브라함 가정의 집사였다(24:2).

요셉은 보디발의 마음에 들었고 인정을 받았다. 그리하여 가정 총무가 된 것이다(43:16, 19, 44:1). 이것은 후에 애굽의 총리가 되어 곡물 관리자로서의 직책을 잘 할 수 있도록 하시려는 하나님의 섭리였던 것이다. 하나님은 한 가정에서 작은 일에 충성하는 사람을 한 나라의 큰 일에 적임자로 세우시는 것이다. 근면과 정직, 그리고 헌신과 충성이 그의 출세와 번영을 위한 가장 확실한 길이다.

보디발은 요셉에게 자기 소유를 다 요셉에게 위임했다. 작은 일에 충성하면 많은 소유를 맡기시는 것이 하나님의 방법이시다(마 25:21).

"자기 소유를 다 그 손에 위임하니"라는 말은 "그에게 속한 모든 것을 그가 그의 손에 맡겼다"는 것이다. 그것은 요셉을 전적으로 신뢰하고 인정했다는 뜻이다.

여호와께서 요셉을 위하여 그 집에 복을 내리셨다. 요셉은 보디발의 집에서 크게 성공했다. 그가 하는 것마다 번영했고 양심적으로 성실하게 일했다. 무엇보다도 하나님께서 요셉을 위하여 보디발의 집을 축복하심이다. 우리가 지금 보는 39장은 의인 요셉에 대한 기록인데 여호와께서 절대적 존재라는 것을 증거하고 있다. 비록 보디발이 애굽인이고 하나님이라는 신의 실존에 대해서는 알지 못했지만 요셉을 인하여 여호와께서 그 집에 복을 내리셨다.

마치 야곱으로 인하여 라반의 집이 축복을 받은 것과 같다고 할 수 있다(30:27). 이것은 아브라함에게 하나님께서는 약속하신 것이었다. 하나님의 사람 의인은 그가 어디에서 무엇을 하든지 큰 축복의 영향을 끼친다. 선한 사람들은 그들이 어디에 살고 있든지 그곳에 복이 임한다. 비록 천대받는 종일지라도 의로운 종은 복을 달고 다니는 것이다.

보디발과 같은 미신자, 불신자, 악한 자라도 번영하고 복을 받는 것은 신실한 하나님의 종들 때문이라는 사실을 알 수 있다. 보디발은 요셉 때문에 "그의 집과 밭에 있는 모든 소유에 미쳤다"고 했다.

요셉은 용모가 준수하고 아담했다. 보디발은 "그 소유를 다 요셉의 손에 위임하였다"고 했으나 "자기 식료 외에는 간섭하지 않았다"고 하였다. 의식상 애굽인과 히브리인간의 식사 규정이 같지 않았기 때문이다. 애굽인은 히브리사람과 같이 먹지 않는다고 한다(43:32). 즉 보디발이 요셉을 신임하여 자신이 먹는 것을 제외하고는 다른 어떤 것에도 관심을 두지 않고 요셉을 믿고 맡겼다는 것이다.

 요셉은 용모가 준수하고 아름다웠다고 했으니 그것이 아마 보디발의 아내에게 유혹받게 된 동기였을 것이다. "몸매가 좋고 얼굴이 미남이었다"는 뜻으로 그의 어머니 라헬이 대단히 아름다웠기 때문에 그를 닮았을 것이라고 생각할 수 있을 것이다(29:17). 아브라함의 아내 사라도 이삭의 아내 리브가도 미녀들이었다. 다윗이 빛이 붉고 눈이 빼어나서 얼굴이 아름다웠고 호기와 무용과 구변이 있는 준수한 자였다(삼상 16:12, 18). 그들은 외모만 아니라 속사람도 아름다웠다.

유혹을 받는 요셉

(창 39:7-18)

요셉은 비록 종으로 비천한 신분이었으나 하나님께서 함께 하심으로 범사에 형통했고 그로 인하여 보디발의 집에는 번영이 왔다. 하나님의 사람들은 누구에게나 번영을 줄 수 있어야 한다.

보디발은 큰 감화를 받고 요셉에게 가정 총무라는 직책을 주어서 자기의 소유를 다 맡겼다. 요셉은 우리 성도들의 좋은 모범이 되는 인물이라고 할 것이다.

우리가 매일 하는 일, 그 일에는 큰 일도 있고 작은 일도 있다. 그리고 그 일은 공적인 일이나 사사로운 일이나 주인이 맡겨준 것에 대하여 일하는 것이다.

우리는 마땅히 우리를 진실하게 여겨 책임을 주신 주인 하나님께 최선의 봉사를 다해야 하는 것이다. 왜냐하면 요셉을 돈 주고 산 보디발처럼 우리 주님께서 우리를 몸버려 피흘려 값주고 사신 주님의 것이기 때문이다. 바울은 "너희는 너희 것이 아니라 값으로 산 것이 되었으니 그런즉 너희 몸으로 하나님께 영광을 돌리라"(고전 6:19-20)고 한 것이다.

그러나 호사다마, 즉 은혜 뒤에 시험이 오는 것이다. 요셉이 보디발의 집에서 노예들 중에는 총무가 되어 주인의 신임을 절대적으로 얻었고 요셉의 그 진실한 봉사는 그의 가정을 번영하게 했다. 그때에 요셉을 시험하는 무서운 일이 싹트기 시작한 것이다.

앞절에 보면 "요셉은 용모가 준수하고 아담하였더라"고 했다. 그것이 이성에게는 유혹의 구실이 될 수 있었던 것이다. 보디발의 아내는 장관의 아내였으나 노예로 일하는 요셉의 용모와 준수, 아담함에 끌려 이성적인 시험을 하게 되었다.

요셉은 혈기방장한 청년이고 멀리 타국에서 이성에 그리울 수밖에 없는 때에 물리치기 어려운 시험이었던 것이다. 마침내 요셉은 하나님께 득죄하는 것이라고 말하면서 아름다운 여주인의 유혹을 물리쳤다. 요셉의 마음 가운데는 하나님이 계셨고 요셉의 생활에도 하나님이 함께 하사 감찰하셨다.

1. 보디발의 아내가 요셉을 유혹한 방법이 있다.

보디발의 아내는 눈짓하면서 유혹했다. 애굽여인은 결혼했더라도 방탕과 비도덕성으로 유명했고 은둔해서 사는 것이 아니라 개방된 사회에서 마음대로 접촉하고 살았다고 한다. 그녀의 죄는 눈에서 시작했다. 앞에서는 요셉의 형 유다가 눈으로 인해 다말과 범죄하는 내용을 보았다.

"눈짓하다가"는 "그녀가 요셉을 향해 눈을 들었다"는 뜻이다. 이것은 관심의 표명으로서 여기에 욕망이 개재될 때 하와가 선악과를 보고 따먹었고, 다윗이 밧세바의 목욕하는 나체를 보고 범죄했으며, 안목의 정욕 때문에(요일 2:16) 비참한 결국을 초래한 예가 많이 있다. 남자나 여자에게 있어서 뛰어난 아름다움은 유혹의 요소가 될 수가 있는 것이다.

그러므로 욥은 "내가 내 눈과 언약을 세웠나니 어찌 처녀에게 주목하랴"(욥 31:1)하였고, 예수께서는 "여자를 보고 음욕을 품는 자마다…"(마 5:28)라고 하셨다. 이사야는 "눈을 감아 악을 보지 아니하는 자는 높은 곳에 거한다"(사 33:15)고 했다. 잠언에서는 "말씀을 눈에서 떠나게 말며… 네 눈은 바로 보며 네 눈꺼풀은 네 앞을 곧게 살피라"(잠 4:21, 25)고 하였다.

그녀는 동침하기를 청했다. 보디발의 아내는 죄에 과감하고 부끄러움이 없었다. 음탕한 안색과 더러운 욕망으로 간음하고 있었고, 더러운 음욕의 지배를 강하게 받고 있었다.

10절에 보면 "여인이 날마다 동침하기를 청했다"고 했으니 얼마나 뻔뻔스러웠는지 알 수 있다. 동침이란 말은 "눕다"는 뜻으로 명령법인데 집요하게 강요하는 것을 의미한다. 여인의 이러한 요청이 한두 번에 그친 것이 아니라 계속적으로 행했다는 것이다. "날마다"라는 말을 두 번이나 썼으니 반복성을 더욱 강조하는 것이다.

보디발의 처는 안주인이라는 특권을 악용하여 요셉을 계속해서 유혹하고 협박한 것이다. 그녀는 처음에는 눈짓으로 하다가 그것이 발전해서 이제는 동침하자고 노골적으로 말하는 것이다. 참으로 무서운 유혹인 것이다.

요셉의 옷을 잡고 청했다. 요셉은 긴 소매가 있는 옷을 입지 않았나 생각된다. 여인은 완전히 음란의 악령으로 가득차 있었기 때문에 한두 번도 아니고 날마다 동침하자고 요구했다. 이것은 결사적인 유혹이었다. 순진한 성도의 영혼을 사냥하기 위해 우는 사자처럼 달려드는 사단의 수법과 같았다. 처음에는 눈짓으로 유혹하고 다음에는 말로 동침하자고 요청하더니 이제는 행동으로 요셉의 옷을 벗기려고 잡으면서 요청했다. 성적 범죄는 눈, 입, 손이라고 할 수 있을 것이다.

잠언의 저자는 "대저 음녀의 입술은 꿀을 떨어뜨리며 그 입은 기름보다 미끄러우나 나중은 쑥같이 쓰고 두 날 가진 칼같이 날카로우며…"(잠 5:3) 하였고, 하나님의 말씀의 지혜로 인하여 "음녀에게 말로 흐리는 이방 계집에게 빠지지 않게 된다"(잠 7:4-5)고 하였다. 그리고 "무릇 지킬 만한 것보다 더욱 네 마음을 지키라 생명의 근원이 이에서 남이니라"(잠 4:23)고 하였다. "그 계집이 그를 붙잡고"(잠 7:13), "여러 가지 고운 말로 혹하게 하며 입술의 호리는 말로 꾀므로… 나를 듣고 내입의 말에 주의하라 네 마음이 음녀의 길로 치우치지 말며 그 길에 미혹지 말지어다"(잠 7:21, 24-25)라고 하셨다.

2. 보디발의 아내가 요셉을 유혹한 시기가 있다.

7절에 보면 "그 후에"라고 하였는데 요셉이 보디발의 집에 팔려온 때는 그의 나이 17세 때였다. 보디발의 집에서 종살이 한 지가 10년 정도 된 때를 의미하는 것으로 지금 27세 정도의 젊은 청년의 때였다 (41:1, 46). 청년에게 있어서 가장 무섭고 어려운 유혹은 색욕이라고 할 수 있다.

그러므로 "아비의 명령을 떠나지 말며 어미의 법을 떠나지 말고 그것을 항상 네 마음에 새기며 네 목에 매라 이것이 너를 지켜서 악한 계집에게 이방계집의 혀로 호리는 말에 빠지지 않게 하리라 네 마음에 아름다운 색을 탐하지 말며 그 눈꺼풀에 흘리지 말라 음녀로 인하여 사람이 한 조각 떡만 남게 됨이며 음란한 계집은 귀한 생명을 사냥함이니라… 남의 아내와 통간하는 자는 무지한 자라 자기 집에 있는 것을 다 내어 주게 되고 자기의 영혼은 망하게 되며 상함과 능욕을 받고 부끄러움을 씻을 수 없게 되나니 그 남편이 투기함으로 분노하여 원수를 갚는 날에 용서하지 아니하고 아무 벌금도 돌아보지 않으리라"(잠 6:20-35)고 하였다.

그러므로 청년에게 무서운 것은 색욕이며, 그 몸을 망치고 영혼이 망가지고 재산 소유를 빼앗기고 능욕과 부끄러움을 당하게 되는 함정인 것이다. 더구나 요셉처럼 용모가 준수하고 아담한 미남 청년, 고향산천, 부모형제 친척을 멀리 떠나 고독하고 외롭게 지내던 요셉에게 있어서는 보디발의 아내의 성적 유혹을 이겨내기가 쉬운 것이 아니었다.

요셉이 심히 고독한 때에 유혹했다. 요셉은 청년으로 한창 정욕이 불타올랐고 그러면서도 부모형제를 잃고 남의 나라에 노예로 팔려서 한없이 고독하고 사람의 정이 그리운 때였다. 그때에 보디발의 아내가 성적 충동을 갖게 하더니 몸을 던져 육체적 관계를 요청한 것이다.

보디발의 아내 역시 그 이름은 알 수 없으나 젊고 아름다웠던 것 같다. 어떻게 생각하면 그 집 주인 여자와 통간하면 일시나마 요셉은 그 여자로 인하여 여러 가지 혜택도 있었을지 모르고 요셉은 그녀를 통해서 얼마의 고독을 풀고 외로움에서 위로를 받을 수 있었을 것이다.

사단은 교묘해서 굶주린 자에게는 먹는 것으로, 청년에게는 이성으로 유혹한다. 그러나 우리는 불편하고 괴로우며 우리에게 인간의 위로가 필요하고 쓸쓸한 감상에 잡히기 쉬운 때에 미색을 하고 호리는 말로 유혹해 오는 악마의 유혹을 물리칠 수 있어야 한다.

예수께서도 유대광야에 홀로 나가셔서 금식기도 하실 때에 사단은 세 가지를 가지고 시험했다. 그러나 요셉이 이겼고 예수 또한 이기셨다.

요셉에게 날마다 청하여 유혹했다. 보디발의 아내는 안주인이라는 권리를 가지고 아무런 권리가 없는 상품이나 재산의 일부와 같이 취급받는 종에게 날마다 요청하여 요셉을 괴롭혔다. 한 번의 유혹이 아니었다. 날마다 거듭해서 기회만 생기면 계속 찾아와서 유혹했던 것이다.

우리나라 속담에는 "열 번 찍어 안 넘어가는 나무 없다"는 말이 있고, 서양 속담에는 "악마의 얼굴은 처음 볼 때에는 몸부림 칠 정도로 보기싫은 것이지만 거듭 보는 동안 어쩐지 모르게 좋아진다"는 말이 있다. 날마다 거듭해서 찾아오는 유혹, 더구나 높은 자리에 있는 자의 그 유혹만큼 무서운 것은 없다.

우리를 유혹하는 사단은 예수를 넘어뜨리려고 감히 시험했다. 예수께서 말씀으로 물리치셨더니 "마귀가 모든 시험을 다한 후에 얼마 동안 떠나니라"(눅 4:13)고 했으니 유혹자는 끊임없이 우리를 시험해 오는 것이다.

요셉이 시무하러 그 집에 들어간 때 유혹했다. 요셉은 보디발의 집 여러 종들 중에 큰 자가 된 때에 이 여인이 유혹하기를 시작했다. 보디발은 요셉을 신임하고 가정의 총무를 삼았다. 그리고 요셉으로 인하여 그 집은 번영하고 있었다. "재앙은 평안의 때를 시기한다"는 말과 같이 요셉이 그의 집에서 형통하게 지내고 있는 그때에 유혹이 시작된 것이다. 이것은 후에 애굽의 총리가 되는 훈련이었다.

보디발집의 총무라는 직책으로 충성할 때 하나님은 큰 애굽제국의 총리직을 맡기리라 계획하신 것이다. 사람에게는 잘되거나 높아지는 때에 반드시 시험이 온다. 요셉은 시무하러 그 집에 들어갔는데 "그 집사람은 하나도 거기 없었더라"고 했다. 유혹하는 그 여인과 요셉만 그곳에 함께 있게 되었던 것이다. 이때에 여인은 유혹했다. 아무도 없는 공간에서 남에게 발각될 염려도 없는 때에 또 들킨다고 해도 그녀가 요셉을 감싸고 변호해 줄 것이기 때문에 안전한 가운데 범죄할 수 있었을 것이다.

사람은 은밀히 악을 행하기를 좋아한다. 그러나 하나님이 보시는 것이다. 요셉은 이것을 알았다.

3. 보디발의 아내의 유혹을 요셉이 물리쳤다.

요셉이 여인의 청을 거절하여 물리쳤다. 8절에 보면 "요셉이 거절하며" 그 여인에게 말했다. 여인은 이성을 잃은 짐승처럼 성적 충동으로 요청해 왔으나 요셉은 여인과는 반대였다. 이성을 가진 사람은 정욕을 이길 수 있다. 이성을 잃으면 정욕대로 행하면서도 그것이 죄악인 줄을 모른다.

요셉은 여인의 요청에 거절하여 승리했다. 그녀의 비도덕적 요청에 전적으로 동의하지 않았기 때문이다. 그는 신속하게 거절했던 것을 알 수 있다. 그는 주저하거나 유혹에 동조하는 듯한 인상을 주지 않았다. 주저하며 망설였다면 시험에 빠지고 말았을 것이다. 요셉은 확고하게 거절했다.

애매모호하게 말한 것이 아니다. 요셉은 "아니다"라고 분명히 거절한 것이다. 요셉은 신중하면서도 친절하게 거절했다. 자신의 불쾌한 감정을 그녀에게 노출시키지 않았다. 또한 요셉은 용감하게 거절했다. 그녀의 요청을 거절한다면 앞으로 자기에게 어떤 결과가 올 것인가를 그는 예상했다. 요셉은 어떤 처지에 놓이게 된다고 할지라도 범죄할 수는 없었다.

요셉은 보디발의 아내인 그 여인을 범할 수 없었다. 요셉은 그녀에게 말하기를 "주인이 나에게 아무 것도 금한 것이 없으나 금한 것은 당신 뿐이니 당신은 자기 아내임이라"(9절)고 했다.

이 여인은 보디발의 아내이다. 결혼법칙에 의해서도 그는 보디발의 것이지 요셉의 것이 아니다. 그러므로 요셉은 그 여인을 범할 수 없었다. 보디발은 요셉을 크게 신임했다. 그러기에 모든 것을 요셉에게 다 맡겨 총무가 되게 한 것이다. 그만큼 요셉을 신임하고 있는 보디발의 아내를 소유한다면 주인의 신임에 대해 배반하는 것이고 요셉에게 준 그 가정에서의 직무 범위를 그 여인을 제외한 모든 것을 다스리는 일이었기 때문에 여인을 범한다면 월권이요 죄악인 것이다. 그것은 하나님께 범죄하는 것이다.

요셉이 듣지 아니하고 함께 있지도 않았다. 10절에 "여인은 날마다 요셉에게 청하였으나 요셉이 듣지 아니하여 동침하지 아니할 뿐더러 함께 있지도 아니하니라"고 했다. "듣지 않았다"와 "함께 있지 않았다"는 것은 결심의 확고함을 말하는 것이다.

베드로는 예수를 세 번이나 모른다고 부인하는 실수를 저질렀다. 그것은 그의 신앙수련의 부족 때문이었는데 "예수를 멀찍이 따랐다"(마 26:58, 막 14:54)고 했으며 "하속들과 함께 앉아 불을 쬐다가"(막 14:54, 요 18:25) 그리했다고 성경은 설명하고 있다. 성도는 시험이 올 때 하나님을 가까이 하고 악인은 멀리 해야 이길 수 있는 것이다.

"복 있는 사람은 악인의 꾀를 좇지 아니하며 죄인의 길에 서지 아니하고 오만한 자의 자리에 앉지 아니한다"(시 1:1)고 했다. 죄의 유혹을 이길 수 있는 최선책은 그것으로부터 멀어지는 것이다. 특별히 이성의 시험같은 것은 이성간에 가까이 함께 있을 때 이기기 어려운 것이다. 그러기에 우리나라 말에 "남녀 7세 부동석"이라고 하는 것이다.

12절에 보면 "요셉이 자기 옷을 그 손에 버리고 도망하여 나가매"라고 했다. 그는 그 유혹자와 함께 있지도 않았을 뿐 아니라 도망하여 밖으로 나갔던 것이다. 아주 지혜로운 처신이라고 생각된다. 죄는 어떤 경우에 있어서 붙잡고 싸워야 할 것이 있고, 이렇게 피하여 도망해서 이길 수 있는 것이 있다. 그러므로 성도는 유혹자 앞에서 싸워야 할 때와 도망할 때를 분별하는 지혜가 필요하다.

삼손은 들릴라를 지나치게 가까이 하다가 실패했다. 그러나 요셉은 자기 생명을 구하기 위해 도망치는 사람처럼 자기옷을 버렸다. 선한 양심을 잃는 것보다 좋은 옷을 잃는 것이 낫다. 바울은 "청년의 정욕을 피하라"(딤후 2:22)고 권면했다. 물질에 대한 애착을 피하고(딤전 6:11), 변론을 피하며(딤전 6:20), 경건의 능을 부인하는 자에게서 돌아서고(딤후 3:5), 우상을 피하며(고전 6:18, 10:14), 앞에 있는 소망을 얻으려고 피하여가는 항해자처럼(히 6:18) 죄와 유혹은 피함으로써 승리할 수 있다.

요셉은 하나님께 득죄할 수 없었다. 9절에 "내가 어찌 이 큰 악을 행하여 하나님께 득죄하리이까?"라고 말함으로써 승리할 수 있었다. 하나님을 두려워 한 그는 사람을 두려워하지 않았다.

그녀의 청을 거절한 대가가 어떤 것이라는 것을 알았지만 하나님께 범죄하는 것이 더 두려워서 이 큰 악을 행할 수 없었다. 사람들은 심지어 남편까지도 그녀와 요셉간의 간통사실을 모를 것이지만 하나님은 보시고 아시고 벌하실 것이었다. 믿음의 사람은 하나님을 두려워 한다. 하나님을 두려워 하는 자는 어떤 사람도 두려워하지 않는다. 옷을 여인의 손에 던져주고 뛰쳐나간 것, 그것은 신앙의 결단이었다. 승리의 비결이 여기에 있는 것이다.

4. 요셉이 유혹을 물리친 결과가 있다.

보디발의 아내가 여러 종들에게 요셉을 욕했다. 그녀는 "히브리사람", "희롱했다", "겁간 코저 들어왔다", "도망했다"는 등의 나쁜 욕설로 요셉을 욕했다.

여인은 "요셉의 옷이 자기 손에 버려둔" 때에 마치 요셉의 운명이 자기의 손에 쥐어져 있는 것처럼 그것을 종들에게 보이면서 욕했으니 요셉의 옷이 분명하기 때문에 요셉으로서는 변명의 여지조차 없어진 것이다. 얼마 전에는 형들에 손에 채색옷을 빼앗기더니 이제는 유혹하는 악녀의 손에 그 옷을 빼앗긴 것이다.

보디발의 아내의 성적 욕망의 사랑은 실패로 끝났다. 여자로서 느겼던 치욕적인 부끄러움이 증오심으로 변하면서 요셉을 이렇게 욕한 것이다. 방금 전 까지만 해도 요셉을 보지 못하고는 살 수 없듯이 매달리던 그녀가 이제는 증오의 말을 내뱉은 것이다. 죄악의 성적 사랑은 다말을 향한 암논의 사랑처럼 쉽게 증오로 변하는 것이다.

그러한 죄악의 정욕이 이루어지면 계속적으로 빠져들지만 이루지 못하면 무섭게 미움으로 변하는 것이다. 그러나 진실한 아가페적 사랑은 깨끗하며 영원토록 변하지 않는다.

보디발의 아내는 그 남편을 원망하며 요셉을 욕했다. "주인이 히브리 사람을 우리에게 데려다가…"라는 말은 "그가 데려왔다"는 뜻이다. 그는 자기 남편을 "그"라고 말하여 은연중 자기를 과시하면서 책임의 일부분을 남편에게 그것도 멸시하는 어조로 수작을 벌였던 것이다.

그녀는 요셉을 히브리 사람이라고 국적까지 말한 데는 그만한 이유가 있다. 문제의 핵심을 다른 곳으로 돌려 자신의 혐의를 피하고자 한 것이다. 애굽인들은 히브리인에 대한 반감이 있음을 알았기 때문에 평소 요셉이 총무직까지 올라가는 승진에 애굽인 노예들의 동조감을 갖게 해서 자신의 결백함을 보이려 함이었다. 참으로 음란한 여인의 간악성이 나타난다.

그리고 "우리를 희롱하게 하도다"라고 했다. 그 집안의 모든 여인을 포함시킴으로 모두가 피해자라고 생각한 것이니 참으로 교묘한 술책이 아닐 수 없다. 보디발의 아내는 이렇게 욕함으로써 남편에게는 책임이 있다는 화살을 던지고 이 집의 애굽인들 모두가 피해자라는 인상을 주어 그들의 동조를 얻었다. 요셉은 보디발에게나 그 아내에게나 같은 종들에게나 여러 그 집안의 여자들에게 미움의 대상이 되고 말았다.

보디발은 그 주인에게 거짓말로 고했다. 10년 전에 요셉이 입었던 채색옷은 형들에게 빼앗기고 그곳은 짐승의 피를 묻혀 아버지 야곱에게 요셉이 짐승에게 찢겨 죽었다는 증거물로 이용당했었다.

그런데 이번에 또다시 요셉이 입었던 옷이 거짓 증거물로 이용당하게 되었다. 나와 동침하자고 뻔뻔스럽게 대낮에 요셉을 붙잡고 애원하던 계집이 그가 나와 동침하려 했다고 말할 만큼 철면피인 것은 놀라운 일이 아니다.

이 계집은 요셉에게 누명을 뒤집어 씌우고 주인에게 거짓말로 고자질 하면서 "당신이 데려온 히브리종"이라고 하여 남편을 원망했다. 이 일 후에 사람들은 이 여인을 정숙한 여인으로, 요셉을 배은망덕하고 부도덕한 청년으로 생각했을 것이다. 그러나 분명한 것은 모두가 진짜의 모습으로 밝히 드러날 때가 온다는 것이다. 당시 애굽 여인들은 방탕하고 성도덕이 문란했다.

요셉의 투옥 생활

(창 39:19-23)

요셉은 깨끗한 신앙의 청년으로 여인의 유혹을 물리치고 승리했다. 요셉은 아버지 집에서 형들과 함께 살던 어린 시절에도 정직하고 불의를 용납지 않았다. 아버지의 첩 빌하와 실바의 아들들이 요셉을 시험했었다. 그런데 그때에 요셉은 그 형들의 과실을 아버지 야곱에게 그대로 고했다. 그것 때문에 미움을 받았었다.

보디발의 집에서 그의 아내가 요셉을 시험하고 불의한 짓을 강요하는 때에 왜 보디발에게 고하지 않았을까? 그것은 불쌍하기까지 한 정욕에 찬 이교도 여인이 그녀의 자존심을 되찾아 바로 서는 기회를 박탈하지 않으려는 것이었다.

만일 그때 요셉이 보디발에게 그의 아내의 음란함을 그대로 고했다면 그녀는 어떻게 될 것인가? 이러한 여자들이 이 사회에도 많이 있다. 타락의 근원은 남자들에게 훨씬 더 빈번히 있지만 교묘하고 달콤한 유혹으로 청년을 파멸로 이끌려는 여자들도 많이 있다. 잠언에서 "대저 음녀는 깊은 구렁이요 이방여인은 좁은 함정이라 그는 강도 같이 매복하며 인간에 궤사한 자가 많아지게 한다"(잠 23:27-28)고 하였다.

요셉은 믿음으로 그 시험으로 물리쳤다. 우선 그는 배은망덕과 불충을 범할 수 없었다. 보디발은 요셉을 신임해 주었고, 그래서 가정 총무까지 높여주었다. 그 은혜와 친절을 저버리고 그의 아내와 통간한다는 것은 불충이요 배은망덕이었던 것이다. 그리고 결혼으로 맺은 부부는 죽음이 갈라놓을 때까지 지켜져야 하기 때문이었다. 보디발은 요셉에게 총무 일을 맡기면서 소유와 기타 모든 것을 다 위임했지만 그 아내만은 자기 소유이므로 요셉에게 맡기지 않았던 것이다.

결혼한 부부는 육체와 마음이 그 부부만이 주고받을 수 있는 것이어야 한다. 또한 요셉은 그것을 큰 죄악이라고 믿었다. 다른 사람의 아내를 손대는 것은 큰 악이다. 그러므로 "남의 아내를… 만지기만 하는 자도 죄없게 되지 아니하리라"(잠 6:29)고 했다.

마지막으로 요셉은 하나님을 사랑하고 하나님을 두려워 했다. 하나님을 사랑하고 두려워한 그로써는 하나님께 득죄하여 배반할 수가 없었다. 감옥은 성도가 들어가기에는 합당치 않은 곳이면서 많은 성도들이 그곳에서 고생한 경험이 있다. 삼손, 미가야, 예레미야, 세례 요한, 베드로, 바울, 실라 등이다. 그러나 그들은 감옥을 궁전으로, 어두움을 빛으로 바꾸시는 하나님의 임재를 느꼈다.

1. 보디발은 아내의 말을 듣고 심히 노했다.

보디발은 요셉이 자기 아내를 희롱코자 했다는 거짓말을 그대로 믿었다. 사실은 정반대였다. 보디발의 아내가 요셉을 유혹하고 못살게 하다가 그뜻을 이루지 못하자 요셉에게 모든 누명을 뒤집어 씌워서 거짓말로 남편에게 고했다.

보디발은 조금도 제 아내를 의심하지 않았고 요셉에 대하여 대노했다. 예수께서 거짓 증언자들의 말 때문에 이스라엘의 종교지도자들이 대노했고, 빌라도 역시 유대인의 거짓말을 그대로 인정하여 예수를 죽게 했다. 보디발의 아내는 "당신의 종이 내게 이렇게 행했다"고 했다. 곧 당신이 종으로 데려온 자가 나를 겁탈하려 했다는 것이고 보면 남편에게도 어느 정도는 그 책임이 있다는 것을 원망스럽게 말한 것이다.

보디발은 성급하게 요셉에게 행했다. 보디발은 처음에 자기 아내의 말을 믿고 요셉이 배신한 것으로 생각하여 심히 노했다. 그것이 사실이라면 남편으로서 노하지 않을 수 없었을 것이다. 그것은 보디발이 성급하게 처신해서 범죄를 저지르는 것이다.

보디발은 사건의 전모에 대해서 알아보려 하지도 않았다. 아내의 말을 믿고 히브리인 종을 무시한 것이었다. 참으로 남편과 아내 간에도 이렇게 알 수 없는 것이 사람의 마음인 것이다. 요셉의 말은 들어보려 하지 않았다.

보디발은 요셉을 부당하게 취급했으며 아내의 거짓말을 그대로 믿고 요셉에게로부터 진실한 변호를 할 수 있는 기회도 주지 아니했다. 요셉이 음란한 보디발의 아내의 요청을 거절하느라고 그리고 보디발에 대한 신의를 지키고 요셉 자신의 신앙을 지키기 위해서 곤욕을 당했는가를 알아보려고 하지 않았다. 얼마나 불공평한 처사였는지 모른다.

요셉은 아무말없이 침묵했을 뿐이다. 이사야는 메시야가 "털깎는 자 앞에 잠잠한 양"같이 아무 말없이 고난을 당하신다고 예언했고, 예수께서는 그 예언대로 빌라도 앞에서 부당한 재판을 받으셨으나 아무 말씀도 하시지 않으셨다. 요셉이 주인의 불공평한 처사에 대해서 침묵하고 아무 말도 변명도 하지 않았다. 빌라도가 천국의 왕 예수 앞에 공정한 재판을 받게 될 것이고, 보디발도 후에는 요셉 앞에 판결받게 될 것이다.

그러면 요셉이 왜 이때에 침묵하고 아무 말도 하지 않았을까? 그것은 보디발의 아내에게 어떠한 영향을 미치게 될지 모르는 일이기 때문이다. 또 주인이 요셉의 말을 들으려고 하지 않았다. 들었다고 해도 요셉의 말을 믿으려고 하지 않을 것이기 때문이었다.

2. 요셉을 왕의 죄수를 가두는 옥에 넣었다.

요셉의 주인이 요셉을 잡아 옥에 넣었다. 옥은 "둘러싸여 있는 집"이라는 뜻으로 히브리어로는 "둘러싸다"의 뜻을 가진 말에서 온 것이다. 죄수들을 가두기 위해서 주변에 성을 쌓은 집을 의미하는 것이다.

고대에는 범죄시에 그 자리에서 즉형에 처하거나 상해배상을 물리는 법이 있었다. 애굽의 법은 여자에 대해서 범죄행위를 한 자에게는 가혹했던 것이다. 그런데도 보디발은 요셉을 사형에 처하지 아니하고 감옥에 잡아넣어 미결수처럼 대우한 것이다. 이것은 보디발의 평소 요셉의 성실함과 진실 그리고 충성스럽게 봉사하므로 자기 가정에 번영을 가져온 공로를 기억하고 품행이 단정치 못한 아내의 말을 곧이 곧대로 믿지 않았기 때문일 것이라고 추리할 수 있을 것이다.

이와 같은 일은 하나님께서 주인의 분노를 제한시켜 마음을 붙잡으시는 것이라고 볼 수 있다. 그것은 옥중에서 하나님께서 요셉과 함께 하심을 보아 알 수 있다. 하나님은 요셉을 훈련시키시되 가장 낮은 자리까지 내려가게 하셨다.

왕의 죄수를 가두는 곳에 요셉을 가두었다. 왕의 죄수는 정치범들과 같은 큰 죄를 지은 자들이지만 지위와 신분이 높은 죄수들을 가두는 감옥인 것이다. 보디발은 종의 신분에 있는 요셉을 그것도 자기 집안에서 은밀히 이루어졌는지 어떤지도 모르는 사건을 가지고 왕의 죄수를 가두는 곳에다 투옥시켰다.

그의 생각에는 가장 나쁜 감옥을 택하느라고 그 감옥을 선택했을 것이고 아내와 가속들과 다른 고위직에 있는 이들에게 자기의 힘을 과시하기 위해서 그리했는지도 모를 일이다. 시편 저자는 "그 발이 착고에 상하며 그 몸이 쇠사슬에 매였으니"(시 105:18)라는 말씀을 했다. 그것은 그 감옥이 그만큼 죄수들에게 고통스러운 곳이라는 것을 설명하는 것이다.

그러나 하나님께서 요셉을 거기 가두신 것이다. 시편에 "곧 여호와의 말씀이 응할 때까지라 그 말씀이 저를 단련하였도다"(시 105:18-19)"라고 하신 말씀을 볼 때에 하나님께서 요셉을 감옥에 가두신 것이다. 잡범들이 갇히는 옥에 갇히게 하시지 않으시고 왕의 죄수들같은 높은 지위에 있는 자들이 갇히는 그곳에 갇히게 하신 것은 요셉을 그곳에서 훈련시키고 감옥에서 왕을 섬기고 높은 사람을 어떻게 섬기는가를 배우게 하심으로 장차 총리가 되는 준비를 시키신 것이다. 그러므로 하나님은 요셉의 출세를 위하여 길을 예비하시고 단련하기 위해 그렇게 하셨다.

애굽 사람들은 누구도 하나님의 이러한 섭리의 손길을 보지 못했다. 요셉이 왕을 모시는 사람으로 발탁되게 하기 위해서 왕의 감옥에 갇히는 요셉을 아무도 알 수 없었다.

요셉은 죄가 없지만 죄수의 옷을 입고, 죄수의 번호를 달고, 죄수들과 함께 갇힌 것처럼 우리 예수께서도 죄가 없으시지만 죄수와 함께 수욕을 당하셨다.

3. 여호와께서 옥중에서 요셉과 함께 계셨다.

여호와께서 요셉이 전옥에게 은혜를 받게 하셨다. 요셉은 그의 가족들과 친척과 친구들로부터 너무나 멀리 떨어져 있었고 그들이 요셉을 위로하거나 도와주거나 중개해 주지 못했다. 형들이 요셉을 배신하여 팔았고 이제는 보디발의 아내가 배신하여 감옥에 처넣고 말았다.

요셉의 감옥생활은 기막힌 것이었다(시 105:18-19). 그러나 하나님께서 그곳에 보내셨으므로 하나님이 그와 함께 계셨다. 그에게 인자를 더하셨다. 요셉이 옥중에서도 자기의 무죄함과 누명과 억울함을 누구에게도 항변치 않았고 하나님의 선하신 뜻을 믿고 인내로써 고난을 감수할 때 하나님께서는 요셉에게 친절을 더하셨다. 그리고 요셉으로 하여금 전옥에게 은혜를 입게 하셨다.

전옥은 망대의 총책임자, 감옥을 총관리하는 자, 시위대장 보디발의 휘하에서 감옥을 주관하고 간수들을 감독하는 관리이다. 하나님은 불신세계의 전옥의 마음마저 주장하셔서 의인 요셉을 돌보게 하셨다. 그러므로 사람은 어떤 경우에나 필요치 않은 인간은 없는 것이다. 의인은 어디를 가나 하나님의 일을 이루도록 사람을 만나게 하신다. 결코 하나님은 "자기를 위하여 수금된 자를 멸시하시지 않으신다"(시 69:33)는 것을 알 수 있다.

전옥이 옥중 사무를 요셉에게 맡겼다. 요셉은 보디발의 집에 있을 때에도 하나님이 함께 하시기 때문에 보디발에게 인정을 받고 가정 총무가 되어 모든 소유를 책임지는 청지기가 되었었다. 진실한 사람은 어디에 있으나 사람들에게 인정을 받는다. 전옥이 요셉을 신임하게 되자 죄수들이 복종하는지를 감독하도록 권한을 주었다. 그러니까 요셉의 결백성을 여기서 암시하고 그의 진실성을 인정받았다는 것을 알 수 있다.

요셉은 제반 사무를 처리했다. 죄수의 생활을 한 지 얼마 되지 않아서 감옥에서 작은 죄인의 통치자가 된 것이다. 하나님은 의인을 위하여 기대할 수 없는 곳에서 친구들을 들어 올리시고 그들을 사로잡은 사람들로부터도 동정을 받게 하신다(시 106:46). 예수는 감옥에서의 죄수들의 통치자가 된 요셉처럼 지옥의 영혼들마저도 통치하시고 다스리신다.

여호와께서 그의 범사에 형통케 하셨다. 성도가 당하는 고통이 크면 그만큼 하나님의 인자하심과 사랑하심과 보호하시는 은혜가 크고 세밀한 부분까지 임한다. 그러므로 성도에게 임하는 모든 일은 합력하여 선을 이루는 것이다(롬 8:28).

전옥이 요셉에게 작은 통치권을 준 것은 하나님이 그와 함께 하심이요 요셉 자신이 진실했기 때문이다. 하나님은 애굽 대제국을 통치하는 치리자를 만들기 위해서 지하 감옥에서 작은 죄수들을 통치하는 훈련을 시키신 것이다. 전옥도 하나님께서 요셉과 함께 하심을 보았고 그의 손 안에 있는 것은 무슨 일이든지 형통하게 되는 것을 보았다. 의인은 어디에 있든지 선한 일을 하고 속박과 추방 중에도 하나님이 함께 하시며 축복하신다.

두 관원의 범죄와 투옥

(창 40:1-4)

요셉이 옥에 갇혀 몇 년 동안 고생한 기간은 연단의 시간이었고 점차로 요셉은 하나님의 섭리 가운데 중요한 자리로 올라가게 되리라는 전조가 보여지고 있었다.

요셉은 처음에 보디발에 의해 감옥에 갇혔으나 여러 가지 이유로 미루어 볼 때 요셉의 결백을 인정할 수 있었고 보디발의 아내의 인격은 오랫동안 감추어져 있을 수는 없었을 것이다.

요셉은 하나님의 사도였다. 그의 생애의 중대한 위기 때마다 요셉이 하나님에 대해 어떻게 이야기하고 있었는가를 생각할 수 있다. 결국 그는 하나님의 영광을 나타냈고 자신의 결백을 사람들에게 입증시켰다.

요셉은 공정한 지도자로서의 자질을 갖추고 있었다. 사람들을 다스리고 통솔하는 재질이 있었고 왕과 같이 사람을 통치하는 그 무엇을 타고난 사람이었다. 그러나 요셉은 기구하게도 지금은 감옥에 갇혀 있는 것이다.

본문에서 바로에게 죄를 짓고 요셉이 갇혀 있는 감옥에 갇히게 된 두 사람을 본다. 선한 사람과 악인이 함께 있는 것이다. 같은 감옥에 갇혀 있을지라도 의인과 악인의 태도는 달랐다. 두 사람의 관원은 장차 자신들의 생명에 어떤 위협의 형벌이 내려질까 하여 벌벌 떨며 근심했다. 요셉은 무죄한 의인이었기 때문에 시종일관 떳떳하고 명랑한 자세로 감옥에서 자기에게 맡겨준 일에 충실했다.

요셉은 이유없이 감옥에서 고생했다. 그러나 하나님께서는 그를 위로해 주셨고 함께 해 주셨으며 형통하게 하셨다. 가나안에서 그와 동행하신 하나님은 애굽의 종살이에서도, 옥중에서도 그와 동행하신 것을 보면 하나님은 의를 위해 고난받는 자들을 결코 버리시지 않으시는 것을 알 수 있다.

감옥에는 두 사람의 고관이 바로에게 범죄해서 갇히게 되었다. 세상에는 죄지은 자들이 거리를 활보하는 반면에 죄없는 자들이 투옥하는 일이 종종 있다. 술맡은 관원과 떡맡은 관원이면 궁중에서 아주 높은 직이었다.

그들이 하루 아침에 궁중에서 감옥으로 떨어졌다. 이들은 의당 형벌을 받아 마땅하나 죄인들과 같이 십자가에 달리신 예수와 같이(눅 20:41) 의인에게 가장 고통스러운 형벌은 악인과 함께 하도록 강요받는 것이다.

1. 두 관원은 애굽 왕에게 범죄하였다.

그 후에 그들이 범죄했다. 여기서 "그 후에"는 "이 말씀들 후에"라는 뜻으로 39장, 곧 앞장에 기록된 요셉이 옥에 갇힌 이후를 의미한다. 요셉은 보디발의 아내의 누명을 쓰고 억울하게 감옥에 갇혀 있었다. 그들이 "그 후에" 즉 요셉의 뒤를 이어 그곳 감옥에 떨어진 것은 우연이 아니다.

하나님께서 그렇게 세밀하게 섭리하시고 역사하신 것이다. 장차 요셉을 바로왕 앞에 서게 하기 위하여 왕의 좌우에서 왕을 가까이 모시는 고관들을 요셉에게 보내신 것이다. 우리는 옥에 깊이 갇혔다고 낙심하지 말아야 하는 것이다. 왜냐하면 높은 데로 올려가려는 관원이 우리가 있는 곳까지 내려오기 때문이다.

왕의 술맡은 자와 떡 굽는 자가 범죄했다. 술맡은 자는 "다른 사람에게 술을 마시게 하는 자"라는 뜻이다. 이는 단순히 술을 따라주며 시중드는 일 이상으로 왕의 자문과 국정 논의의 대상이 될 수 있는 자로서 오늘의 대통령 비서실장 같은 것이다. 느헤미야가 페르시아 왕실에서 이런 관직에 있었다(느 1:11, 2:1).

떡 굽는 자는 "떡을 굽는다, 요리한다"는 것으로 왕의 음식을 준비하는 관직이다. 이 직책은 당시에는 신정국가에서 제의음식과 관련되어 신성시 했었다. 그러므로 두 관원은 바로왕의 가까운 측근의 고위직에 있었던 사람들이다.

그들이 바로왕에게 지은 죄가 어떤 것인지는 알 수 없다. 랍비들이나 요나단의 탈굼에는 "왕의 음식에 독약을 넣었다"고 하지만 확실하지 않다. 우리는 여기서 그들의 죄목을 알려고 할 필요가 없다. 왜냐하면 그것은 요셉과 관계된 사건이 아니기 때문이다.

다만 의로운 하나님의 사람이 이방인 죄인들과 섞여 있다는 것에 주목해야 한다. 예수의 십자가 좌우에 강도가 달린 것을 생각하게 하고, 그들이 요셉을 총리로 올리는데 기여했다는 것이다.

작아보이는 사건 때문에 요셉은 높아졌다. 가나안에 있는 가족들이 애굽으로 이주하게 된다. 이 또한 하나님의 섭리가 아닌가?

2. 바로왕이 두 관원장을 요셉이 갇힌 옥에 가두었다.

바로왕이 그들에게 노하였다. "노하여"는 "터져서"라는 뜻으로 분노하는 것을 의미한다. 왕의 노함은 사자의 부르짖음 같고 왕의 진노는 살육의 사자 같은 것이다. 그러나 지혜로운 사람 같으면 그것을 쉬게 하고(잠 16:14), 왕이 은혜 베풀 자에게는 풀 위의 이슬같이 은택을 베푼다(잠 19:12).

메대바사의 아하수에로왕은 유대인 왕후 에스더를 무척 사랑했다. 하만이 모르드개와 유대인을 전멸시키려는 음모가 진행될 때에 에스더는 "죽으면 죽으리이다" 하면서 왕에게 나아가서 유대민족을 구해 달하고 애원했다.

아하수에로왕은 "감히 이런 일은 심중에 품은 자가 누구며 그가 어디 있느뇨?"하고 물었다. 에스더는 "대적과 원수는 이 악한 하만이니이다"(에스더 7:6)하였고, 아하수에로왕은 노하여 일어났다. 결국 하만은 그 가족과 함께 모르드개를 달려고 준비한 높은 장대에 달려 죽었다.

애굽의 술맡은 관원장과 떡맡은 관원장이 무슨 큰 죄를 왕에게 저질렀는지는 알 수 없으나 왕을 노하여 한 것으로 그들은 감옥에 들어가게 된 것이다. 두 관원장을 시위대장의 집 안에 있는 옥에 가두었다.

보디발은 시위대장으로서 관저에 산 것 같다. 집안에 있는 옥은 지키다, 보호하다의 뜻이 합해진 것으로 보호소라고 할 수 있다. 그러므로 그당시 보디발의 권력을 짐작할 수 있고, 고위관리들이 갇히는 곳을 보호소라고 한 것을 보면 일반 다른 죄수들보다 훨씬 나은 대우를 받았다는 것을 알 수 있다. 그러나 감옥이든지 보호소든지 그곳은 언제든지 불려나가 사형당할 수 있는 비참한 곳이다.

높은 관원의 자리에 있던 자들도 죄를 지으면 낮은 감옥으로 떨어질 수도 있는 것이므로 항상 깨어 조심하고 겸손하지 않으면 안된다.

두 관원장은 요셉이 갇힌 옥에 갇혔다. "갇힌"은 "꼭 동여매다"는 뜻에서 온 말이다. 그러므로 시편은 "그 발이 착고에 상하며 그 몸이 쇠사슬에 매였다"(시 105:18)고 했던 것이다. 그들이 어떤 중범인지는 후에 알 수 있겠지만 그들은 요셉이 갇힌 옥에 요셉의 그 발이 착고에 상하고 그 몸이 쇠사슬에 꼭 동여매져서 자유없는 죄수로 있는 곳에 갇힌 것이다.

어떻게 보면 죄는 육체를 옥에 가두거니와 영혼까지(시 105:18) 영적인 쇠사슬로 묶는 것이라고 할 수 있다. 바울은 "나는 육신에 속하여 죄 아래 팔렸도다"(롬 7:14) 한탄하였고, "죄의 법 아래로 나를 사로잡아 오는 것을 보도다"(롬 7:23) 하면서 곤고하다 했다. 예수께서는 "18년 동안 사단에게 매인바 된 아브라함의 딸"(눅 13:16)을 안식일에 그 매임에서 풀어주셨다.

3. 시위대장이 요셉으로 그 두 관원장을 수종들게 했다.

요셉이 그들을 수종들었다. 그들과 함께 있도록 임명되었다는 뜻으로 보디발은 아직도 요셉을 신뢰하고 인정했다는 것을 알 수 있다. 보디발이 직접 두 관원을 요셉으로 하여금 수종들게 했기 때문이다.

두 관원은 죄를 졌지만 관대하게 처벌을 내려서 시중들 사람까지 둔 것은 그들이 국가에 고위직에 있었기 때문이다.

보디발은 요셉을 감옥에 가두어 놓고 어떤 생각을 했을까? 요셉이 제 아내와 부정한 일을 할 청년이 아니라고 믿고 있었을지 모른다.

오히려 아내편에서 불륜할까 해서 아내에게 그런 기회를 주지 않기 위해서 요셉을 이곳에 가두어 놓은 것은 아닐지! 빌라도는 예수가 무죄한 줄 알면서도 군중의 아우성 소리에 져서 그만 예수를 십자가에 던진 것이다.

요셉이 그들을 섬겼다. 하나님의 하시는 일은 오묘하다. 하나님께서는 감옥이라는 제한된 장소에 요셉을 놓으시고 오히려 요셉을 높이 끌어 올릴 인물들을 요셉이 있는 곳까지 내려가게 하사 요셉을 훈련하신 것이다. 요셉은 옥중에서 작은 통치자가 되기도 하고 큰 자, 높은 자에 대해 수종드는 종도 되었다.

감옥에서 하나님은 요셉을 이렇게 훈련시킨 것이다. "섬겼더라"는 중요한 인물이나 하나님을 봉사와 충성으로 섬기는 것을 의미한다. 여호수아가 모세를, 엘리사가 엘리야를, 천사들이 여호와를 섬기듯이 하는 것이다.

요셉은 두 관원을 섬기되 하나님을 섬기는 마음으로 정성과 뜻과 충성을 다해 봉사했다. 우리 예수께서는 하나님을 섬기고 제자들의 발을 씻어주기까지 수종들었다.

그들이 갇힌 지 수일이었다. "그들이 갇힌 지 수일이라"는 것은 "그들이 여러 날들이었다"는 것으로 감옥에 기한이 없이 갇혀있는 것을 의미한다.

베드로는 "저가 또한 영으로 옥에 있는 영들에게 전파하시니라"(벧전 3:19)고 하였다. 물론 이 말씀은 난해한 구절로 유명하고, 천주교에서는 연옥설을 주장하는 근거로 삼는 것이다. 그러나 이것은 전후 문맥으로 보아서 노아가 성령으로 당시 죄인들에게 그리스도의 복음을 전파했다고 해석할 수 있을 것이다.

두 관원은 자기들의 죄 때문에 옥에 무기한 투옥되었다. 그러나 의인 요셉은 무죄하여 그 옥에 있는 죄인들에게 생명의 복음을 전하는 기회가 되었다. 그렇다고 해서 영원세계 즉 지옥에서도 전도를 받고 구원얻을 수 있다는 것이 아니다. 예수께서는 "바다 깊은 곳에 그물을 던지라"고 하셨으니 감옥이라는 깊은 곳까지도 우리 성도들은 복음의 증인이 되는 것이다.

술맡은 관원장의 꿈

(창 40:5-15)

　사람들은 꿈 꾸기를 좋아한다. 그러나 그들은 길몽을 원하고 흉몽은 원하지 않는다. 그 꿈에 뜻이 없거나 그 꿈을 해석하지 못한다면 아무런 유익이 없을 것이다.
　하나님께서는 인간을 꿈 통해서도 가르치시고 자신의 계획 섭리를 계시하시지만, 그밖에 여러 가지 다른 방법도 사용하셨다. 하나님께서 지으신 이 천지간 만물의 세계는 그것을 해석할 수 있는 사람에게는 온통 신령한 의미로 가득찬 큰 그림책과 같은 것이다.
　꿈만 아니고 모든 보이는 것을 해석할 수 있다면 모든 자연만물이 바로 우리에게 전해지는 하나님의 귀한 꿈일 것이다. 우리는 그러한 신령한 것을 해석할 수 있다. 요셉처럼 순수하고 겸손하게 하나님을 의지하고 순종하여 살기를 원하는 믿음이 있다면 우리의 주위의 모든 것이 다 의미를 지니고 있다는 것을 알게 될 것이다.
　애굽왕의 두 신하가 왕의 노를 일으켜 옥에 갇혀 형벌을 기다리고 있었으니 누구도 그들의 죄를 사해주거나 왕의 진노를 풀어줄 수 없었다. 이것은 타락 이후의 인간의 상태를 보여주는 모형이라고 할 수 있을 것이다.
　인간은 하나님의 진노를 일으켰다. 이 세상은 바로 그의 감옥이다. 다가오는 저 세상에는 더욱 무서운 심판의 형벌에 대한 공포이다. 어느 누구도 내 죄를 대신 감당할 수 없다. 감옥에서 수의를 입고, 음식은 먹고, 목숨은 살아있겠지만 항상 죽음의 공포 속에 떨며 사는 것이다.

두 관원은 꿈을 꾸었다. 그러나 그 꿈이 무엇을 의미하는지 알 수 없어서 더 근심에 빠졌다. 그들의 앞날에 닥쳐올지 모르는 최후 때문에 그러했다.

의인 요셉 한 사람이 똑같이 죄인 속에 끼어 있었다. 그는 모든 것을 말해줄 수 있었다. 그는 아무런 죄도 없었다. 타인의 잘못으로 인하여 죄수가 되어 고통을 당하는 것이다. 그는 현실과 타협했더라면 잘 살 수 있었을 것이다.

그러나 요셉은 그렇게 하지 않았다. 이 사람의 모습이 곧 수난 당하신 예수의 모습인 것이다. 그리스도는 갇힌 자를 위로하고 해방시키려고 낮게 오셨다.

같은 감옥 안에 두 죄수의 꿈이 있다. "하나는 데려감을 당하고 하나는 버려둠을 당할 것이니라"(마 24:41)고 했다. 구약의 아벨과 가인, 야곱과 에서, 다윗과 사울, 십자가 상의 강도들이 있다.

1. 두 사람이 꿈으로 근심했다.

두 사람의 꿈의 몽조가 달랐다. 두 관원은 자신들의 꿈이 특별한 의미를 지니고 있다고 생각했다. 왜냐하면 두 관원장 모두 같은 날, 같은 밤에 비슷한 것 같으면서도 상이한 내용의 꿈을 꾸었기 때문이다. 그런데 이 꿈은 요셉의 생애에 있어서 두 번째 꿈이라고 할 수 있다. 첫째는 자기 자신의 미래에 대한 꿈(37:6)이고, 둘째는 본문이며, 셋째는 바로의 꾼 꿈이다.

꿈은 정신적 환각 현상이 아니다. 꿈을 꾸는 사람의 미래에 대한 하나님의 예언이 담긴 한 징조이다. 하나님의 섭리는 꿈으로도 나타난다. 그 예는 많다. 하나님은 사람들의 영에 직접 접근하는 길을 갖고 있어서 언제든지 하나님이 원하시는 때면 사람들의 의지에 관계없이 사용하신다. 그러므로 하나님은 하나님의 백성에게 뿐 아니라 다른 이방인에게도 꿈을 통해 말씀하신다(욥 33:15).

두 사람은 꿈을 꾸고 근심했다. 두 사람이 꾼 꿈은 그 몽조가 달랐다. 즉 각 사람이 각기 의미를 지닌 꿈을 꾸었다는 것이다. 그런데 그들의 꿈이 똑같은 날, 똑같이 꿈을 꾼 것이지만 그 내용과 해석이 전혀 달랐던 것은 하나님의 뜻에 의한 섭리적 현상이고, 우연이 아니라는 것이고, 하나님께서 그 꿈 해석의 열쇠를 요셉에게 주어 바로 앞에 서게 하시려는 것이다.

요셉은 감옥에 있었으나 비교적 자유로왔다. 그들은 아침부터 꿈 때문에 근심하고 있었다. "근심빛"은 "성나다, 분노하다"라는 뜻을 갖고 있다. 그러나 여기서는 "낙심하다"라는 개념으로 볼 수 있다. 그들이 꿈을 꾼 것은 자신들의 운명에 관한 불길한 예감 때문에 근심하게 되고 그 꿈을 명쾌하게 해몽할 수가 없었기 때문에 슬퍼했다. 느부갓네살왕은 꿈을 꾸고서 마음에 번민했으니(단 2:1) 역시 그 꿈이 너무나 인상깊이 기억에 남아 있으면서 해석할 길이 없었던 때문이다.

요셉은 "어찌하여 근심빛이 있나이까" 하고 물었다. 이것은 "오늘 어찌하여 당신들의 얼굴들이 악합니까?"라는 뜻이다. 요셉은 예리한 관찰력을 갖고 있었다. 자신이 섬기는 웃사람의 얼굴빛까지도 살핀 것은 요셉이 그들에게 깊은 관심을 가지고 있고 그들에게 온갖 충성을 다하고 있다는 것을 암시하는 것이다. 만일 요셉이 이때 그들에게 이러한 관심의 질문을 하지 않았더라면 애굽 총리의 자리로 가는 사건은 생길 수 없었을 것이다.

우리는 우리와 같이 있는 자들이 슬픔이나 근심까지도 관심을 갖는 것이 당연한 의무이다. 억압받는 자들의 눈물을 생각해야 하고(전 4:1), "자기도 함께 갇힌 자같이 갇힌 자를 생각하고 자기도 몸을 가졌은즉 학대받는 자를 생각하라"(히 13:3)는 말씀을 기억해야 한다. 그것은 고통받는 자들에게 위로가 된다.

예수께서는 갇힌 자의 놓임이 되고, 자유를 주시는 구주시며, 영생에 들어갈 의인 중에 "믿음으로 옥에 갇힌 자를 보고 가서 공양"(마 25:39, 44)하는 자라고 하셨다.

꿈의 해석은 하나님께 있다고 그들에게 말했다. 당시에는 신탁임무와 꿈해석 등을 전문으로 하는 박사와 술객들이 있었다. 그러기에 바로가 꿈을 꾼 때에 그들을 불러들였었고(41:8), 다니엘이 바벨론에 있을 때에 느브갓네살왕이 꿈을 꾸고 그들을 불러들인 일이 있었다.
 두 관원은 이상한 예감이 드는 좋지 못한 꿈을 꾸었으나 옥중에 갇혀있으니 꿈을 해몽할 자를 만날 수가 없다고 근심하며 말한 것이다. 요셉은 주저없이 그들에게 이르기를 "해석은 하나님께 있는 것이지 사람에게 있지 않으니 내게 고하라"고 했다. 요셉은 자기의 장래에 대한 꿈을 지금까지 소중히 간직하고 있었다. 그리하여 두 관원의 꿈이 하나님의 초자연적인 어떤 성격의 꿈이라고 생각했다. 그리하여 "해석은 하나님께 있다"고 한 것이다.
 그들은 미신 우상 다신을 섬기는 자들인데, 요셉은 유일신 참 하나님을 말하는 것이다. 요셉은 비천한 종이지만 자기가 하나님의 계시를 해석하겠으니 내게 고하라고 자신있게 말했다. 요셉은 옥중에서도 그들을 하나님께로 인도하려고 한 것이다. 요셉은 성령충만한 하나님의 종으로 인생의 길잡이 역할을 하는데 고관들의 길잡이(1-15절), 왕의 길잡이(41:1-23), 이스라엘 백성들의 길잡이가 되었다.

 2. 술맡은 관원이 자기의 꿈을 말했다.
 포도나무에 세 가지 싹, 꽃, 송이가 익었다고 했다. 그의 앞에 포도나무가 있는데 그 나무에 세 가지가 있고 싹이 나서 꽃이 피고 포도송이가 익었다는 것이다.
 포도나무는 "꾸부린다, 뒤엉킨다"는 뜻으로 그 나무의 생김새가 그러한 때문인지 모른다. 인간들은 좋은 꿈을 꾸고서도 그것이 무엇인지를 몰라서 슬퍼하고 근심한다.
 그러나 요셉이 "내게 고하라"고 한 것같이 우리 예수께서는 너희가 걱정하는 문제가 무엇인가 하시며 "내게 고하라"고 하신다. 요셉이 그들의 꿈을 풀어주었다. 문제를 해결해 준 것이다. 우리는 우리의 고민거리, 걱정하고 슬퍼하며 괴로워하는 문제 등을 우리 예수께 고하여 해결받는 성도가 되어야 한다. 예수께 아뢰지 아니하면 해결받을 수 없다.
 포도나무를 따서 그 즙을 바로의 잔에 짜서 드렸다고 했다. 요셉은 술맡은 관원장의 꿈이야기를 들으면서 기도했고, 하나님의 영감을 받아 즉각적으로 그 꿈을 해몽했으니 실로 요셉은 옥중에서도 하나님이 함께 하셨다.

요셉은 "세 가지"는 사흘이라고 했다. 3일 후는 바로 왕의 생일인데 그날에는 죄수를 석방하기도 하고 처형하기도 하는 전례가 있었다. 그러므로 술맡은 관원장은 사흘 안에 복직되어 바로왕의 잔치에 참예하게 된다고 해석했다.

요셉은 술맡은 관원장의 복직이 3일 내에 이루어지는 것을 예언하면서 자기 자신의 꿈의 실현은 너무나 오랜 세월이 걸리고 있다는 것을 생각하며 인내를 키웠을 것이다. 그것은 하나님께서 성도를 교육시키는 하나의 방법이시다.

매우 신속하게 어떤 일이 진행되는 것이다. 술맡은 관원장의 꿈에 본 포도나무의 세 가지는 싹이 나서 꽃이 피고 포도송이가 익었으며 포도를 따서 그 즙을 바로 이 잔에 짜서 마시기까지의 시간은 오래 걸리는 것이다.

마치 예수께서 가나 혼인집에서 맹물로 포도주되게 하신 역사와 같이 자연적인 이치는 신속하게 그리될 수 없는 것이다. 적어도 몇 달 이상 걸려야 한다. 그러나 예수께서는 포도나무가 빛과 열과 수분 등을 공급받아서 열매를 맺고 따고 즙을 만드는 시간을 압축시켜 행하신 것이다. 여기 술맡은 관원장의 꿈도 매우 신속하게 빠른 속도로 어떤 목표를 향하여 진행되고 있는 것이었다.

어떤 커다란 성취를 향해 촉박하고 신비로운 힘이 그 계획한 일을 바쁘게 전개시키고 있는 느낌을 주고 있다. 곧 원래의 영광스러운 자리로의 복귀가 멀지 않았다는 소망을 보여주는 것이다.

3. 요셉이 술맡은 관원장에게 꿈을 해몽했다.

우선, 지금부터 사흘 안에 복직하게 된다는 것이다. 요셉은 술맡은 관원장의 꿈을 듣고 주저하거나 머뭇거리지 않았다. 얼마 간 기도하고 생각해 보고 말해주겠다고도 하지 않았다. 말을 듣고 그 자리에서 바로 그 꿈을 해몽했다. 이것은 요셉이 하나님과 교통하며 해몽한 것이다. 요셉이 성령의 감동 속에 있었는가를 알 수 있게 하는 것이다.

세 가지는 사흘이니 지금부터 사흘 안에 바로가 당신의 머리를 들고 당신의 전직을 회복하리라는 것이다. "머리를 든다"는 것은 수치스러운 상태에서 영예로운 지위로 올리워짐을 받는다는 것이다. 그러므로 이 표현은 사면, 복권, 은혜받음을 의미한다.

술맡은 관원장은 전에 술맡은 자가 되었을 때에 하던 것같이 바로의 잔을 그 손에 받들게 된다는 것이었다. 그러므로 술맡은 관원장의 포도나무 가지의 꿈은 길몽이었다.

요셉은 술맡은 관원장에게 자기를 생각해 달라고 했다. 요셉은 그가 복직할 것을 믿었고 "당신이 일이 잘되어 형통하게 되면 나를 생각하고 내게 은혜를 베풀어서 내 사정을 바로에게 고하여 이 집에서 나를 건져달라"고 부탁한 것이다. 그러나 요셉은 자기를 이곳으로 팔아먹은 악한 형들에 대해서나 보디발의 잘못된 취급과 그의 아내의 누명을 쓴 일에 대해서는 일체 말하지 않았다. 다만 자기는 히브리인으로 종이 되어 끌려 왔다는 것과 옥에 갇힐 죄는 없다고 했다.

그는 자신의 결백을 증명하는 것으로 만족하고 남의 죄와 허물을 비난하지 않았다. 그리고 요셉은 히브리 땅에서 끌려온 자라고 했다. 히브리는 건너온 자라는 뜻으로 아브라함에게 최초로 적용되었다(14:13). 요셉이 자신을 히브리인으로 소개하는 것은 셈과 에벨로부터 이어져 내려오는 아브라함의 후손으로 언약의 백성이라는 사실을 잊지 않았다는 것을 알게 한다.

포도나무의 꿈은 생명의 예수 그리스도의 모형이다. 술맡은 관원장은 "포도나무 세 가지"를 보았으니 포도나무는 분명히 예수 그리스도를 의미하는 것이다. 왜냐하면 예수께서는 친히 말씀하시기를 "내가 참 포도나무"(요 15:1)라고 하셨기 때문이다.

예수는 생명의 포도나무시다. 술맡은 관원장이 왕 앞에 나아가는 것은 죄인이 하나님께 나아가는 것을 의미한다. 그 관원장이 포도나무의 즙을 짜서 왕께 드린 것은 생명나무 되신 예수께서 못박혀 그 몸을 찢으시고 피흘려 주신 보혈이다. 죄인이 예수의 속죄의 보혈을 믿고 그것을 가지고 나아갈 때 사죄함을 받고 하늘나라 왕궁에 영광스럽게 들어가 왕을 가까이서 모시게 되는 것을 가리키는 것이다.

죄인은 왕에게서 멀리 옥에 갇혀 있으나 예수의 보혈의 공로로 죄사함 받으면 하나님 곁에 있게 된다. 사흘만에 그가 복직된 것은 예수께서 죽은 지 사흘만에 부활하심이요, 술관원장이 복직됨은 십자가에 달렸던 두 강도 중에 주님을 믿고 의지하여 낙원에 올라간 자의 모형이다.

여기의 포도나무는 애굽의 주산물이 아니고 이스라엘 백성을 상징하는 것이다(민 13:33). 그러므로 그것이 꽃이 피고 열매가 익은 것은 이스라엘 국민의 부흥을 의미하는 것으로 요셉으로 대표되는 이스라엘의 번영으로서 요셉의 출세의 영광을 보여주는 것이기도 하다.

떡맡은 관원장의 꿈

(창 40:16-23)

바로의 술맡은 관원장은 자기가 살아 영광스럽게도 복직할 것에 대한 꿈을 꾸었다. 그는 포도나무를 본 것이다. 싹이 나고 꽃이 피어 포도송이가 매달려 있었다,. 그의 손에는 바로의 잔이 들려있어서 포도의 즙을 짜서 잔에 부어 바로에게 바쳤다. 이 꿈은 생명의 꿈이다. 우리의 손에도 왕중 왕 하나님께 바칠 만한 잔이 들려있으니 하나님이 또한 그러한 포도를 원하신다.

예수께서 이 세상에 오신 목적이 무엇인가? 하나님의 뜻을 힘써 행한 사람들에게 기쁜 소식을 전해주려고 오셨다. 그 기쁜 소식은 무엇인가? 예수의 피 공로를 믿는 자마다 옥에서 풀려나고 높은 왕궁에 들어가 왕을 가까이 모시고 부활을 통해 천국의 천직에 복직하며 영생복락을 누리는 것이다.

이제 떡맡은 관원장에 대하여 생각하게 된다. 인간의 삶은 신비로 가득차 있다. 그중에서도 인간이 꾸는 꿈은 더욱 신비한 것이다. 현세에 있어 선악이 무분별하게 섞이는 것도 신비하고 인간의 운명이 꿈에서 예견된다는 사실 또한 신비하다.

요셉은 떡맡은 관원장의 죽음을 해몽하지 않을 수 없었다. 요셉이 그 관원장의 은근한 기대와는 달리 비극적인 미래를 예언할 수밖에 없었던 것은 꿈을 풀이하는 지혜가 하나님께로부터 왔기 때문이었다.

요셉은 하나님께로부터 받은 지혜를 명백하게 전했는데 그 다른 이유는 모든 꿈에 대한 해석은 하나님께 속한 것이며, 자기만이 앞으로 닥칠 일에 대해 대비할 수 있다는 것을 애굽인들에게 보여주기 위함이었다. 만일 요셉이 떡 관원장에게 실망하지 않게 하려고 적당히 거짓말로 좋게 해몽했다고 하면 그에게는 며칠 동안 위안이 되었을지 모르나 장차 애굽왕이 필요로 하는 때에는 인정을 받을 수 없는 것이었다. 꿈을 제대로 해몽 못했다는 소문이 날 것이기 때문이다. 요셉은 후에 "사브낫바네아"(41:45)라고 이름했는데 "비밀을 밝히는 자"라는 뜻이다.

1. 떡굽는 관원장이 자기의 꿈을 요셉에게 말했다.

술맡은 관원장의 해석이 길함을 보고 말했다. 떡굽는 관원장 역시 바로왕의 측근 신하임에 틀림이 없다. 왜냐하면 그는 왕의 궁궐 안의 사람들을 위하여 식사와 음식일체를 책임지는 장이었기 때문이다.

그런데 그의 죄목이 무엇인지는 알 수 없으나 술맡은 관원과 함께 옥에 갇혔다. 두 사람이 같은 날 밤에 꿈을 꾸었는데 각기 몽조가 다른 것이었다.

요셉은 술맡은 관원장의 꿈을 듣고 즉석에서 주저없이 그 꿈은 복직되는 길몽이라고 해석해 주었던 것이다. 그리고 요셉의 해몽을 듣고 보니 사실 그럴 듯 했다. 떡맡은 관원장은 자기의 꿈도 길몽이라는 기대와 희망을 가지면서 요셉에게 꿈 이야기를 하게 되었다. 우리는 이 두 사람의 꿈에서 자기들의 직무수행에 관련된 꿈을 꾸었다는 것을 알 수 있다.

술맡은 관원장은 포도나무와 술, 떡 맡은 관원장은 떡과 광주리를 꾸었으니 말이다. 사람은 대체로 자기의 직업이나 직책에 있어서 정리되지 못한 것들이 몽중에 꿈으로 나타난다고 한다.

흰떡 세 광주리가 그의 머리에 있었다. 물론 요셉이 세 광주리를 삼일이라고 해석하겠지만, 당시 애굽 여자들은 물건을 운반할 때에 그들의 어깨에 멘다. 그러나 남자들은 물건을 머리에 이고 운반했다. 흰떡은 그가 떡 굽는 직책의 장이었기 때문에 그의 직책과 관련된 꿈을 꾼 것이다.

우리 인생은 누구나 꿈을 꾸며 산다고 할 수 있다. 무엇보다도 그 꿈의 내용은 자신들의 직업과 직책과 깊은 관련이 있는 것을 꾼다는 것이 일반적인 상식이다.

교만했던 느부갓네살왕에게는 신상을 만들어 세우는 꿈을 주셨고 야곱처럼 방황하는 서러운 사람에게는 사닥다리같은 소망찬 꿈을 주셨다. 라반의 집에서 양을 칠 때는 양을 많이 불리는 꿈을 꾸었다.

광주리에 식물이 있고 새들이 그것을 먹었다. 각종 구운 식물은 빵 굽는 사람이 만든 여러 가지의 과자 종류와 빵 종류를 가리키는 것이다. 술맡은 관원장의 경우에는 바로의 잔이 그 관원의 손에 있기로 포도즙을 잔에 채워 왕에게 드려서 복직한다고 해석되었다. 그런데 떡맡은 관원장에게는 그 윗 광주리에 바로를 위해 만든 각종 구운 식물들이 있었는데 새들이 광주리에 그것을 먹었다는 것이다.

아무튼 요셉은 떡맡은 관원장의 꿈은 흉몽으로 그대로 말해주기가 쉽지 않았을 것이다. 언제나 사람은 상대에게 좋은 말은 하기 쉬워도 나쁜 말은 말하기 쉽지 않다. 그랬을 경우 성질이 난폭한 사람이면 그런 해몽이 어디 있느냐고 행패를 부릴 수도 있었을 것이다. 그 해몽이 맞지 않는다면 요셉은 곤경에 빠질 것이었다. 바로에게 나아갈 길도 막히고 말 것이었다. 그러나 요셉은 자신있게 해몽했다. 그것은 하나님께로부터 온 꿈이라는 확신이 있었기 때문이다.

2. 요셉이 떡굽는 관원장의 꿈을 해몽했다.

요셉은 "그 해석은 이러하니"라고 부드럽게 말했으나 그 이면에는 하나님의 섭리와 뜻에 대한 한 치의 틀림도 없는 계시가 담겨져 있던 것이다. 세 광주리는 사흘이라 했다. 사흘 안에 바로가 그의 목을 끊겠다고 하였으니 바로가 그를 교수형에 처할 것이라는 뜻이다. 나무에 달리니 새들이 와서 먹으리라고 했다. 그 표현에 있어서는 정중하게 말했지만 가혹하리만큼 단호하게 확정지어 말했다.

요셉은 비극적인 결과를 생각하면서 높은 지위의 사람에게 숨김없이 주저없이 직언을 했다. 애굽이나 페르시아 등지에서는 나무에 매달아 죽이는 사형방법이 있었다. 나무에 달려 죽은 시체를 새들이 와서 먹는다는 것은 이중적인 죽음의 표현인 것이다. 이것은 예수께서 십자가에 못박히신 때 예수를 비방하여 지옥에 떨어진 한 강도의 모형이다(눅 23:39).

　요셉이 꿈을 해석한 대로 되었다. 제 삼일에는 바로의 생일날이었다. 바로가 그 날에 그 모든 신하를 위하여 잔치할 때에 술맡은 관원장과 떡굽는 관원장으로 머리를 그 신하중에 들게 하여 바로의 술맡은 관원장은 전직을 회복하매 그가 잔을 바로의 손에 받들어 드렸고 떡굽는 관원장은 매어달렸다. 그리하여 요셉이 그들에게 해석한 것과 같이 되었다. 성경에 보면 "사람이 만일 죽을 죄를 범하므로… 죽여 나무에 달거든 그 시체를 나무위에 밤새도록 두지 말라… 나무에 달린 자는 하나님께 저주를 받았음이라"(신 21:22-23)고 하였다.

　바로왕의 생일날 잔치하는 때에 그들은 심판을 받았다. 하나는 궁전에 들어가 복직이 되었고 하나는 사형장에 끌려가 새들의 밥이 되었다. 한 강도는 구원을 받고 한 강도는 지옥에 떨어져 악마라는 새의 밥이 되었다. 예수께서는 유월절 축제날에 죽으셨으나 사흘만에 부활하사 높아지셨다.

　하나님은 산 자와 죽은 자의 심판자(롬 14:9, 11, 행 10:42, 계 20:12-15)이시다. 그러므로 모든 인간들은 선악간에 하나님 앞에 무릎을 꿇게 된다. 사도신경에 "산 자와 죽은 자를 심판하러 오시리라"하고 고백한다.

　떡 굽는 관원장은 자기 행위 때문에 저주를 받았다. 흰 떡은 예수 그리스도를 의미한다. 성찬식 때에 우리는 떡과 잔으로 하는데 그것은 예수의 살과 피로써 그것을 먹는 자는 영원히 산다고 했다(요 6:52-59).

　흰 떡은 생명의 떡 되신 예수 그리스도이시다. 떡 맡은 관원장의 잘못이 무엇인가? 생명의 떡 예수를 머리에 이고 왕께 나아갔는데 무엇이 잘못이었는가? 생명의 떡 예수님만 가지고 하나님께 나아가야 하는데 떡 위에 각종 구운 식물들이 겹겹이 올려놓아진 것이 문제였다. 공중의 새는 사단 악마이다. 길가의 뿌린 말씀의 씨를 먹어버리는 마귀이다. 우리가 하나님께 나아갈 때 생명의 떡 예수만 의지해야 하는데 내가 좋아하는 것을 각종 구운 식물들을 자꾸 그 위에 올려놓으니까 하나님은 받으실 수가 없어서 그 인간은 멸망을 당하고 만다는 것이다.

구원은 믿음으로 받는 것이다. 인간의 행위와 선행과 열심, 노력같은 것으로 받는 것이 아니다. 술맡은 관원장과 같은 믿음으로 나아가는 자는 구원을, 떡맡은 자와 같은 행위와 선행과 인간의 노력으로는 멸망을 받는다는 진리가 여기 있다.

십자가상의 두 강도 중 구원받은 강도는 예수를 믿음으로 낙원에 들어가고, 저주받은 강도는 예수를 비방하며 불신앙으로 지옥에 떨어진 것이다. 떡은 애굽의 주산물이다. 그러므로 애굽의 상징이기도 하다. 애굽나라 자체가 붕괴될 것을 보여준다. 사단의 왕국은 언젠가는 망한다.

3. 술맡은 관원장이 요셉을 잊었다.

요셉이 그의 꿈을 해몽하고 부탁했었다. 앞부분에서 요셉은 곤고한 중에 꿈을 꾸고 불안해하고 근심하는 그에게 길몽이라고 해몽해 주면서 "당신이 득의하거든 나를 생각해 달라"고 진지하게 부탁한 바가 있다.

술맡은 관원은 요셉의 해몽대로 복직했다. 떡맡은 관원은 사형을 당했다. 한 치의 어김도 없이 해몽은 맞아 떨어졌다. 하나님께서 하시는 역사는 언제나 틀림이 없다.

그러나 복직된 관원장은 요셉을 기억지 않고 잊었다. 처음에 그 관원장은 너무나 복직된 것에 대해 기쁘고 만족해서 나가자 마자 요셉의 부탁을 꼭 들어주어 보답하겠다고 마음에 다짐하고 요셉에게도 약속을 굳게 했을 것이다.

그러나 시간에 흐름에 따라 자신의 환경과 처지가 달라지자 까맣게 요셉의 부탁을 잊어버리고 말았다. 관원장에게 부탁하는 요셉의 말 속에는 형편이 아주 좋아진 자들이 흔히 잊기 쉬운 가난한 자와 고통받는 자와 누명 쓴 자들의 처지를 기억해 줄 것을 바라는 마음, 그것이었다.

왕중 왕 되시는 하나님을 모시게 된 우리는 갇힌 자를 생각해 달라는 요셉의 말이 하나의 경건한 의무인 것이다. 한편 예수께서 십자가에 달려 돌아가실 때 오른편 강도가 애절하게 "예수여 당신의 나라에 임하실 때에 나를 생각하소서"(눅 23:42)라고 부탁한 것을 기억나게 한다.

술맡은 관원장은 요셉을 기억지 않고 잊었다. 술맡은 관원장은 감사할 줄 모르는 자의 표본으로 우리의 기억 속에 오래 남아 있다. 요셉은 그 관원에게 기대를 했음이 틀림없다. 그러나 요셉의 기대는 실망이었다. 그가 요셉을 잊고 기억하지 않았기 때문이다. 이 일은 요셉에게는 괴로운 것이었다. 그는 중대한 배은망덕의 죄를 진 것이었다. 요셉은 그에게 잘 섬겨 수종들었고 절망할 때에 소망을 주었었다.

그런데도 오랫동안 요셉을 잊었다. 자기 자신이 평안해지면 고통받는 이들을 아주 쉽게 잊는 것이 인간이다(암 6:6). 그 관원장의 배은망덕은 성경에 길이 기록으로 남아있음을 우리는 명심할 것이다.

하나님의 생명록, 기념책이 펼쳐지는 날에는 하나님에게 은혜 입고 사람들에게 은혜를 입었으면서도 감사를 모르고 무감각하게 자기 세상일에 분주했던 자들은 무안을 당할 것이다.

우리는 예수 그리스도를 기억해야 옳다. 왜냐하면 우리를 옥에서 풀려나게 하셨고 천국 왕궁에 들어가게 해주신 은혜 때문이다. 하나님께서는 기억하고 그를 잊지 않으셨다.

우리는 요셉이 하나님과 함께 하면서 별볼일 없는 술맡은 관원장에게 인간적인 부탁을 했다는 점에서 요셉의 인간적인 면을 보게 된다. 요셉이 관원장에게 옥에서 풀려나고 싶다고 말했다. 이방인이요 죄를 져서 감옥에 온 그에게 요셉이 어떤 구원의 가능성을 기대한 것 같이 우리들의 신앙도 때로는 하나님을 외면하고 세상 사람에게 손길을 뻗치는 때가 있다는 것이다. 그러나 여기서 요셉을 비난하는 것이 아니다. 요셉 역시 인간적인 면이 있어서 오히려 그에게 친근감을 가진다는 것이다. 하나님께서는 관원장과 달리 요셉이 2년을 더 옥살이를 하도록 내버리는 듯 하지만 결코 잊지 않으시고 큰 섭리를 위해 요셉을 훈련시키고 계셨다는 것을 알 수 있다. 그러면 왜 하나님은 해몽 후에도 2년이나 옥중에 두셨는가?

　요셉이 해몽의 성취로 인하여 교만을 품지 못하게 하시려는 것이고, 요셉이 하나님보다 사람을 더 믿고 의지하는 잘못을 범치 않게 하기 위함이며, 하나님은 인간의 생각과는 전혀 다른 방법으로 요셉을 구원하신다는 것을 알게 하려는 것이다. 요셉은 형들에게, 보디발의 아내에게, 술맡은 관원장에게 치고 당하면서 참으로 많은 것을 배웠을 것이다.

바로왕의 꿈

(창 41:1-8)

　마침내 오랜 시련과 고난을 이기고 요셉이 세상에 높아지는 사실을 기록하고 있다. 요셉은 꿈의 사람이었다. 그에 대한 하나님의 꿈은 실현되어 가고 있었다.
　예로부터 인간은 꿈이라는 것에 어떤 신비감과 함께 커다란 중요성을 부여해 온 것이 사실이다. 사실 우리가 꾸는 꿈은 우리 머리 속에서 배회하며 작용하는 환상같은 것으로 그 꿈 자체로는 아무 의미가 없다.
　그러나 거기에 하나님의 직접적인 계시가 주어지게 되면 그것은 어떤 높은 성향을 지니게 되는 동시에 커다란 의미를 갖게 되는 것이다. 고대 애굽 등지에서는 인간의 꿈에 있어서의 상징적 의미를 탐구하여 학문적 체계로 발전시켰고, 꿈의 해석자는 하나님의 지혜와 영감을 받은 것으로 간주되어 존경을 받았다. 왕들마저도 꿈꾸는 자들을 가까이에 두고 정치하는 데 그것을 활용했다.
　많은 심리학자들이 꿈의 의미를 과학적으로 분석하게 저서를 내지만 인간의 꿈에는 아무리 고매한 철학자의 논리나 우수한 과학자의 분석으로도 해득하기가 곤란한 부분이 많다. 그것은 하나님의 뜻이 그 꿈이라는 신비 속에 감추어져 있기 때문이다.
　이 세상의 왕들은 불완전한 인간에 불과하다. 애굽 대제국의 바로왕은 꿈을 꾸고는 그것으로 인하여 겁이 나서 쩔쩔매고 어찌할 바를 몰랐다. 그것은 강대 존귀하신 하나님의 권세가 그를 둘러싸고 역사하시는 것을 말해주는 것이다. 바로는 사람들을 의지해야만 살 수 있었다. 그는 점성가와 술객과 신하들이 없이는 살아갈 수가 없었다. 이 세상의 제왕들은 절대로 혼자서는 살 수가 없는 것이다. 큰 왕이 권세를 지닌 존재이지만 그 역시 사회 구성원 중 한부분에 지나지 않는 것이다.

바로는 자기 나라 안에 있는 이방 땅에서 종으로 팔려서 옥중에 있는 요셉에게마저 의지하지 않으면 당면 문제를 해결할 수 없는 인간이었다. 그러므로 진정한 가치와 존귀함이 왕이 아닌 비천한 노예에게서 찾아볼 수 있다.

1. 애굽왕 바로가 꿈을 꾸었다.

만 이년 후에 바로가 꿈을 꾸었다. 요셉이 감옥에서 두 관원장의 꿈을 해몽해준 때로부터 완전히 두 해가 지났다는 뜻이다. 바로 이 때는 요셉이 애굽에 종으로 끌려온 지(37:2) 13년이 되었으니 요셉의 나이 17세에서 30세가 되던 해이다.

요셉은 복직될 술맡은 관원장에게 자기를 생각하여 석방할 수 있도록 도와달라고 부탁했었다(40:14). 그러나 그 관원장은 요셉을 완전히 잊어버리고 만 이년 동안을 지낸 것이다. 이 사실에서 또한번 하나님의 섭리 속에서 그렇게 된 것이라고 할 수밖에 없다. 만일 그 술맡은 관원장이 요셉을 석방시켰다고 하면 그 다음에 요셉은 어느 집 종으로 팔려간단 말인가? 다시 보디발의 집으로 간다는 것인가? 그 관원이 힘을 쓸 수 있는 것은 기껏해야 감옥에서 석방되게 하는 정도였을 것이다.

그러나 하나님이 요셉을 감옥에 있게 하신 의도는 그런 것이 아니셨다. 요셉을 높이 애굽의 총리로 올리는 것이었다. 하나님께서는 요셉의 신앙과 무죄와 애매한 고난을 알고 계셨고 빨리 석방시키실 수도 있었다. 그러나 만 2년 아니 애굽 종살이 13년을 고생하게 하심은 하나님의 사람을 훈련시키기 위해서였던 것이다.

요셉에게 인내의 인격을 만들어야 했고, 밑바닥까지 내려앉는 겸손의 공부를 시켜야 했으며, 만사에는 때가 되어야 한다는 것을 가르치셨다(시 105:19). 그러므로 성도는 조급하지 말고, 인간의 수단 방법 동원하지 말고 조용히 말씀이 응하는 때를 기다려야 한다(합 2:3).

바로가 밤중에 꿈을 꾸었다. "바로가 깬즉"(7절)하는 말이나 "아침에 그 마음이 번민했다"는 말들은 바로가 밤중에 잠을 자는 때에 꿈을 꾸었다는 것이다. 그가 꾼 꿈이 너무 선명한 것이어서 그가 잠에서 깨어난 후에야 그것이 꿈이라는 것을 알았던 것이다.

"꿈을 꾼즉"은 꿈과 깊은 관련을 가졌던 요셉의 생애에 있어서 그의 운명을 변명시키는 데 결정적인 역할을 한 세 번째의 꿈이 본문에 나타나는 것이다. 첫째 꿈은 요셉의 장래를 설명해 주는 것이었고, 두 번째 꿈은 죄수로 있었으나 하나님의 사람임을 증거했으며, 세번째의 꿈은 요셉으로 하여금 바로 앞에 이를 수 있게 하는 것이었다. 꿈을 꾼 사람은 이방나라 애굽의 바로왕이었지만 그것은 요셉을 출세시키기 위한 요셉의 꿈인 것이다.

하나님께서는 우리가 이해할 수 없는 계획과 섭리를 갖고 계신다. 가장 비천한 자와 인연을 맺게 하사 가장 존귀한 자에게 나아가게 하시는 것이다.

애굽의 왕 바로가 꿈을 꾸었다. 바로가 밤중에 꿈을 꾸었으니 하나님의 계시를 받기에 가장 좋은 시간 이 밤시간이다. 그런데 문제는 바로왕이 누구인가 하는데 문제가 있는 것이다. 학자들은 아포피스 즉 제15왕조의 힉소스왕이 요셉 당시의 왕이라고 주장한다. 또다른 학설은 라암세스 3세, 즉 맴피스의 왕 제12대 왕조시대의 군주라고 하는데 아마 요셉 당시의 바로왕은 아메넴하 3세(Amenemha Ⅲ)로 추정된다. 이 왕은 고대 제국(12왕조)의 모든 왕중에서 최후의 왕으로 등장하고 있기 때문이다. 이 왕은 그의 후손 라암세스(Rameses)에서부터 신의 칭호를 받았다.

2. 바로왕이 두 가지의 꿈을 꾸었다.

파리한 소가 살진 소를 먹어버리는 꿈이다. 바로 왕이 나일강에 섰는데 아름답고 살진 일곱 마리의 암소가 하수에서 올라와 갈밭에서

뜯어먹고, 그 뒤에 또 흉악하고 파리한 다른 일곱 암소가 하수에서 올라와서는 아름답고 살진 소를 잡아먹었다.

애굽에서는 숫소는 농사하는 법을 발명한 애굽의 주신 오시리스(Osiris)를, 암소는 월신 이스시(Isis)를 표상하여 땅과 농업의 상징으로 땅에서 나는 소출을 상징한다. 따라서 아름다운 일곱 마리의 암소는 애굽의 풍년을 암시해 주는 것이다. 애굽의 박사들은 그것이 풍년을 의미하고 있는 꿈이라는 것을 해석하지 못했다.

하나님께서는 세상적인 지혜로 하나님의 계시를 깨닫게 하시지 않으셨기 때문이다. 요셉을 등장시키기 위한 꿈이었다. 암소 일곱 마리가 나일강에서 올라오는 것은 나일강이 매년 범람하여 애굽의 토지를 비옥하게 하는 것을 말한다. 애굽은 나일강의 범람 유무에 따라서 흉년과 풍년이 좌우되었다.

그 뒤에 흉악하고 파리한 일곱 암소가 하수에서 올라와서 살진 암소 일곱을 다 잡아먹는 것이었다. 이것은 7년의 풍년에 이어 7년 흉년이 올 것을 보여주는 꿈이다. 참으로 이상한 일이 아닐 수 없다. 파리한 소가 살진 소를 잡아먹을 수 있을까? 소는 풀을 먹을 뿐이고 고기를 먹지 않는다. 더구나 소가 소를 먹는 일은 있을 수 없으나 꿈 속에서는 한 현상이 있을 수 있을 것이다. 하나님의 계시는 인간의 생각과 경험을 초월하다.

바싹 마른 이삭이 충실한 이삭을 삼키는 꿈이다. 바로의 꿈은 세상의 지자들에게는 생각할 가치조차 없어보이는 것 같다. 암소나 곡식 이삭이 자기들끼리 서로 잡아 먹는 일이 있을 법이나 한가? 그러나 하나님은 자신의 원하시는 방법으로 그 뜻을 나타내시기 때문에 인간의 단순한 지혜로는 그 뜻을 다 알 수가 없는 것이다.

두 번째 꿈은 앞에서 꾼 꿈의 내용을 다른 형식으로 중복한 것 뿐이다. 그 꿈이 헛된 것이 아니고 확실한 것이며 속히 이루어진다는 의미이다. 짧은 시간 내에 반복된 꿈이기 때문이다. 하나님은 이러한 생각에 지배받는 바로에게 장차 일어날 일을 계시하신 것이다.

나일강 지역의 곡식은 애굽 전체의 귀중한 양식이었다. 그런데 "동풍에 마른…"이라고 했는데 애굽에서는 무서운 가뭄이 있을 때를 제외하고는 동풍은 흔히 부는 바람이 아니다. 하나님은 애굽의 일기조건을 완전히 무시하신 듯 이삭들이 바싹 마르게 하신 것이다. 그것은 큰 기근의 전조인 것이다. 그러므로 이 꿈은 7년 간 풍년이 있을 것이고 곧 그 풍년이 끝나면서 이어 7년 동안 흉년이 있을 것이라는 것이다. 풍년이나 흉년도 인간의 어떤 좋은 조건을 무시하고 하나님께서 마음대로 바람을 이용하사 섭리하실 수 있는 것이다.

3. 바로왕이 꿈을 꾸고 번민했다.

꿈에서 깬 바로의 마음이 번민했다. 바로가 꾼 꿈은 한 가지 일에 대한 두 가지 꿈으로 그것이 확실하고 너무나 선명했기 때문에 뇌리에서 잊혀지지가 않았다. 그것이 두 번씩이나 반복되어 장차 이루어질 중대한 일이라는 것을 예감할 수 있었지만 막상 그 꿈의 해몽을 어떻게 할 수가 없었다. 그리하여 그 마음이 번민했다.

인간의 삶은 하나님의 섭리로 좌우되는 것이다. 인간의 삶이란 얼마나 변화무쌍한지 모른다. 인간이란 번영과 역경이 서로 꼬리를 물고 되풀이되는 가운데 날씨와도 같이 변덕이 심해서 인간의 눈으로 전혀 예측할 수 없다. 큰 번영의 풍년이 있다 하면 그 행복에 끝에 달려오는 흉년이라는 불행을 예상할 수밖에 없다.

그러므로 모든 국가와 개개인의 일들은 하나님께서 친히 주관하시는 것임을 알아야 한다. 하나님은 인간에게 풍년도 주시고 흉년도 주신다. 그것은 인간을 위한 하나님의 섭리이신 것이다. 우리는 미래에 대해 지나치게 걱정할 필요는 없다고 해도 무관심해서는 안된다.

바로는 자신의 꾼 꿈이 장차 무엇을 보여주는 것인지를 몰라서 번민하였다. 하나님께서는 하나님의 뜻을 하나님 자신이 원하시는 대로 나타내시기 때문에 왕의 지혜라 할지라도 그 뜻을 이해하지 못한다. 바로가 꾼 꿈은 요셉과 같은 명해석자가 필요했다. 그것은 요셉을 애굽의 무대에 등장시키려는 하나님의 계획 때문이었다. 인간은 인간의 꿈을 해몽하지 못해서 그 마음에 번민하지만 예수는 인간의 번민을 해결해 주신다.

애굽의 술객과 박사를 불러 꿈을 고했다. 바로왕은 혼자서 마음에 번민하다가 술객과 박사들을 불러 궁중에 모으고 어제밤에 꾼 꿈에 대한 것을 알리고 그것이 무엇을 의미하는가를 알라고 지시한 것이다.

술객은 "본다, 설명한다, 감춘다"는 뜻의 말에서 파생된 것으로 감추인 것, 신비스러운 것을 설명하는 자들이다. 점을 치기도 하고 마술을 부리기도 하며 꿈같은 것도 해몽했기 때문에 왕의 특별 고문직에 있기도 했다.

박사는 "판단하다"라는 뜻으로 재판임무를 수행했고 일반 생활 문제를 처리하는 일에 재능을 소유했고 예술과 과학적인 일에 종사했으며 신학이나 꿈해석이나 그 외의 여러 가지 일에 종사했다.

술객들이 신성한 일에 종사하여 제사반열에 속하고 상형문자를 사용하고 해독하는 전문직의 사람들이고 보면 술객과 박사는 애굽의 현인들이었음을 알 수 있다.

애굽의 통치자라는 바로왕도 이렇게 꿈 한 가지를 가지고 세상의 술객과 박사들을 불러모아 해결할 수 없겠느냐고 고민을 털어놓았으니 진실로 인간들은 한없이 어리석고 무지하다고 할 수 있다. 바로에게 그 꿈을 해석하는 자가 없었다. 그들 술객과 박사들은 바로의 꿈을 해석할 수 없었다.

하나님의 계시는 하나님의 성령으로만 깨닫고 해석되는 것이다. 하나님의 사정을 하나님의 영 외에는 알 수 없다. 더구나 바로왕이나 그 나라의 사람들이 하나님을 모르는데 어떻게 하나님의 계시를 해석할 수 있으랴!

바울은 "성령은 모든 것 곧 하나님의 깊은 것이라도 통달하시느니라"(고전 2:10), "사람의 속에 있는 영외에는 누가 알리요 이와 같이 하나님의 사정도 하나님의 영 외에는 아무도 알지 못하느니라"(고전 2:11), "우리가 세상의 영을 받지 아니하고 오직 하나님께로 온 영을 받았으니 이는 우리로 하여금 하나님께서 우리에게 은혜로 주신 것들을 알게 하려 하심이라"(고전 2:12)고 하였다.
  하나님은 성령에 크게 감동된 요셉을 통해서 이 꿈을 해석하므로 요셉을 총리로 만들려고 하셨기 때문에 아무리 애굽의 현인이 총동원해서 머리를 짠다고 해도 그것은 헛된 것이었다.

바로왕 앞에 선 요셉

(창 41:9-16)

애굽제국의 바로 왕은 외적으로 볼 때 막강한 권력을 가지고 있는 대제국의 통치자였다. 바로왕의 말 한마디는 그 제국의 법이었으며 전체 애굽인들의 삶에 직접적인 영향력이 있었다. 특히 종교에 있어서 다신론 국가의 원수로 바로라는 왕권은 하나의 신적 위치에 있는 존재였던 것이다.

그러나 바로왕의 권세도 전 우주의 통치자 여호와 하나님 앞에서는 아무 힘이 없는 한 인간, 무기력하고 초라하기까지한 죄인임을 볼 수가 있다. 그는 하나님께서 그에게 주신 미래의 계시적인 꿈에 대하여 영적 무지와 함께 두려움과 번민과 당황을 감추지 못하고 술객들과 박사들을 불러놓고 위로를 받아보려 했다. 그는 여호와 하나님, 역사의 섭리자 인간의 주인이신 참신을 모르고 인간들의 힘을 빌려 해몽하려 했다.

헬라인이나 로마인들도 꿈에 대해서 관심이 많았다고 한다. 그들은 꿈은 쥬피터 신이 자신들에게 주는 것이라고 믿었고 곤경에 처하면 그 해결의 꿈을 꾸기 위해 신전에 들어가 잠을 자기도 했다. 히브리인들은 수세기를 거쳐오면서 꿈을 중요시했다. 바벨론 포로가 되었을 때에는 꿈에 대하여 완전한 학문적 체계를 수립했다. 그리하여 필로는 인간의 꿈은 하나님께서 보내신다는 것을 증명하려고 책을 저술했다.

종교철학자 지저스 시라크(Jesus Sirach)는 하나님의 계시가 인간의 꿈으로 나타날 수 있음은 인정했지만 모든 꿈에 중요성을 부여하는 것은 어리석은 일이라고 비난했다. 그는 말하기를 "어리석은 자들은 현혹하고 헛된 소망의 착각을 일으키는 구름이나 그림자같이 허무맹랑한 꿈이 성행하고 있다"고 했다.

바로왕은 꿈을 해몽하는 자가 없을 때 더욱 실망하고 있었다. 그때에 술맡은 관원장이 요셉을 생각해낸 것이다. 그는 왕의 꿈을 해석하는 일에 동원된 모든 수단과 방법이 다 실패하는 것을 보고 자기의 꿈을 해몽해 주었던 요셉을 생각하게 된 것이다. 그는 한때 자신이 꿈 때문에 해몽하지 못하고 곤고해 할 때 요셉 때문에 힘을 얻고 복직되었던 몇 년 전의 기억을 되살려서 바로왕 앞에 나아가 감옥에 있는 요셉을 소개하게 되었다.

1. 술맡은 관원장이 요셉을 추천했다.

그는 오늘날 나의 허물을 추억한다고 했다. "나의 허물을 추억한다"는 말은 자기 자신이 요셉에 대하여 배은망덕하게 신의를 지키지 못하고 잊고 있었다고 시인하고 고백하는 것이라고 하는 사람들이 있다. 칼빈 등은 이것이 전에 바로에 대한 자신의 범죄를 후회하면서 추억하는 말이라고 해석한다. 그러나 꿈해몽에 대해서 요셉을 떠오르면서 한 고백이기 때문에 요셉에 대해서 그동안 약속을 지키지 못한 것을 의미할 것이다.

술맡은 관원장은 이제서야 요셉을 기억하고 약속을 이행한다. 우리가 우리의 잘못을 기억하고 회개하면 잘하는 일이다. 우리 모두는 허물이 있다. 하나님의 은혜를 망각한 죄인들이다. 그러면서도 우리는 우리 자신의 허물을 잊어버리기가 쉽다. 남의 허물은 잘 보면서 자신의 허물은 보지 못한다.

우리는 우리 주위의 여러 가지 상황에 의해 우리의 잘못을 깨닫게 되는 경우가 있다. 우리의 허물을 깨달았을 때 하나님께 나아가 고백할 수 있는 용기가 있어야 한다.

이제 술맡은 관원장이 요셉을 늦게 기억한 것마저도 하나님의 섭리가운데 되어진 일이다. 그렇게 되어야 요셉을 바로왕 앞에 서게 할 것이고 옥중에서 건져낼 것이었다.

　만일 요셉을 그 관원이 금방 출옥하도록 했더라면 요셉은 고향 땅 가나안으로 돌아갔을지도 모르는 일이다. 그렇게 되면 애굽 이방나라에서 여호와의 영광은 나타날 수 없고, 흉년에서 자기 가족을 구원할 수 없었을 것이며, 어린 시절의 꿈은 실현되지 못했을 것이다. 인내로써 기다리는 자는 보상을 받는다(렘 3:26).

　그는 옥중에 있는 요셉을 소개했다. 술맡은 관원장은 과거 옥에 갇혀 있을 때에 요셉이 진실하게 자기를 수종들었고 두 관원이 꿈을 꾸고 괴로워 할 때 명해석을 한 바가 있다고 했다.

　그가 나에게 부탁한 말에 대해서 지금까지 잊고 있었다고 한 것이다. 관원장의 허물은 무엇인가? 자기의 은인 요셉을 잊은 것이다. 우리는 우리의 영혼을 위로하고 소망을 주시는 하나님을 잊어버리고 사는 것과 같은 것이다. 요셉이 관원장에게 바란 것은 "당신이 득의하거든 나를 생각하소서"였다. 주님께서 우리에게 바라시는 바는 "나를 기념하라, 나를 기억하라"인데(고전 11:24) 우리는 그 귀한 부탁의 말씀을 잊고 산 것이 아닌지!

　관원장이 요셉을 잊은 이유는 요셉에 대한 고마움을 깨닫지 못하는 뻔뻔스러움 때문일 것이고, 세상 재미에 너무 바쁘고 푹 빠져서 요셉을 생각할 여유가 없었다. 궁궐의 중직에 복직되었으니 감옥에 있는 비천한 노예 죄수와 상대조차도 할 필요가 없다는 자만때문일 것이다.

　술맡은 관원장은 자신의 허물을 깨닫고 곧 고백했다. 이 관원장은 비록 늦게 자신의 허물을 발견했지만 주저하지 않고 왕에게 자초지종을 낱낱이 고하여 요셉이라면 왕의 꿈을 해석할 수 있을 것이라고 한 것이다.

　그러면 관원장으로 하여금 자신의 허물을 깨닫게 해준 동기는 무엇인가? 그는 한때 자신이 처했던 형편과 같은 처지에 빠진 왕을 볼 때에 자신의 허물을 깨닫게 된 것이다.

　바로왕이 이상한 꿈을 꾸고 그 꿈의 해석은 얻을 수가 없었다. 그

때에 관원장은 지난날 자신의 처지가 생각난 것이다. 그러나 무엇보다도 자신의 허물을 깨닫는 데 결정적인 요인이 된 것은 요셉을 보내사 애굽에 우뚝하게 하려고 섭리하신 하나님의 역사에 있다. 지난 날의 사건들에 대해 기억나게 하시는 것도 하나님의 섭리에 있다.

이제 우리는 이 관원에게서 스스로 낮추었던 겸손을 배워야 하고 남을 탓하지 아니하고 자기의 책임감 있는 태도를 존경해야 하며 허물을 깨닫자마자 고백하는 점을 높이 평가해야 하는 것이다.

2. 요셉이 바로왕의 부름을 받았다.

그들이 급히 그를 옥에서 내었다. 바로왕은 자기의 번민을 빨리 해결하기 위해서 요셉을 불렀고 신하들은 급히 옥에서 나오게 한 것이다.

하나님은 때때로 교만한 자에게 난관을 주어서 겸손하게 만드시고 하나님의 지혜를 찾게 하신다. 요셉은 석방에 대한 기대를 걸고 참으로 오랫동안을 기다렸던 것이다. 여기서 우리는 왕 위에 앉아 있는 바로에게는 겸손하게 하여 옥중에 있는 사람까지 구하게 하시고, 요셉에게는 일정한 기간 동안 기다리게 하심으로 연단을 주시는 하나님의 지혜와 오묘하신 섭리를 볼 수 있다.

요셉이 석방된 데에는 하나님의 섭리가 역사하셨다. 그가 석방된 것은 술관원장이 우연히 그를 기억해 준 덕택이 아니고 바로왕의 은혜 때문도 아니었다. 그것은 하나님의 섭리에 의한 것이었는데 그 섭리는 하나님께서 선민에게 큰 복을 내려 그들로 하여금 그 축복을 다른 이들에게도 나누어 주도록 하신 것이다.

요셉이 수염을 깎고 옷을 갈아입고 들어왔다. 하나님은 교만한 바로왕을 난관에 빠뜨려 겸손하게 하신 다음 낮은 자리에서 감옥살이하는 요셉을 높이 끌어 올리셨다. 그것은 예수께서 십자가에 죽으시고 하나님께서 능력으로 부활 승천하게 하신 것의 그림자가 되는 것이었다.

왕은 신속하게 요셉을 감옥에서 건져내었다. 요셉이 왕 앞에 서기 위하여 수염을 깎고 그 옷을 갈아입었다. 그는 너무 갑자기 풀려나서 꿈꾸는 것 같았을 것이다(시 126:1). 애굽 사람들은 히브리인과 달리 머리털이나 턱수염을 기르지 않는다. 그러므로 요셉의 수염을 깎는 것은 애굽인의 관습이다. 수염과 머리를 깎는 것은 애굽에서 제사장들에게만 제한된 것이 아니라 모든 사람들에게 시행된 관습인 것이다. 요셉이 바로 앞에 서기 위해서는 예의를 갖추어야 했다.

수염이나 죄수복을 입고서는 왕을 뵐 수 없는 일이다. 이러한 말들에서 요셉이 얼마나 옥중에서 미천한 대우를 받으면서 고생했는가를 알 수 있다. 요셉은 이제 애굽인의 통상복을 입고 수염을 깎고 정중한 예절을 갖추면서 바로왕에게 나아갔다. 얼마나 요셉은 이 순간을 기다렸는지 모른다.

바로가 "너는 꿈을 능히 푼다더라"고 질문했다. 바로왕은 요셉에게 이르기를 "내가 한 꿈을 꾸었으나 그것을 해석하는 자가 없더라 들은 즉 너는 꿈을 들으면 능히 푼다더라"고 하였다. 바로는 꿈을 해석하는 지혜와 능력이 요셉에게 있는 것으로 생각한 것이다. 시대를 앞서 가는 선각자는 어느 시대에나 존경을 받는다.

고대인들에게 있어서의 꿈은 생활영역에서 중요한 계시 수단으로 인식되었기 때문에 해몽을 잘하는 사람은 존경을 받았다. 현대에 이르러서는 하나님의 특별계시인 성경을 해석하는 사람들은 권위를 인정받는다. 요셉이 바로의 말과 같이 꿈을 잘 푸는 것이 아니고 하나님께서 요셉에게 역사하사 해몽케 하시는 것이다. 그런데 바로왕은 요셉을 주장하시는 여호와를 알지 못했던 것이다. 하나님께로부터 온 계시는 하나님의 사람만이 풀 수 있다. 바로는 영적 세계에는 장님이었다.

3. 요셉이 바로에게 정중하게 말했다.

이는 내게 있는 것이 아니라고 말했다. 이 년 전 옥에 갇혀서 두 관원장의 꿈을 해몽할 때에도 요셉은 "내가 해몽할 수 있다"고 하지 않았다. 자기 자신은 온전히 숨기고 하나님께서 하신다고 했었다(40:8).

이제 바로왕 앞에서 바로가 "네가 꿈을 잘 푼다니 사실인가" 하고 질문을 받았을 때 조금도 자기 자신을 드러내서 대답하지 않았다. "이는 내게 있는 것이 아니라"고 한 것이 그 말이다. 그는 겸손한 성격의 사람이었다. 보통 사람같으면 그런 경우에 자신을 과시하고 싶은 교만한 마음이 있었을 것이다. 그러나 그에게는 그런 자만심이 없었다. 그는 침착한 사람이었다. 이 세상의 통치자에 불과한 바로왕 앞에서 정중하게 대답했던 것이다.

세례 요한이 인기충천한 때에 유대인들이 "네가 누구냐?"고 질문했다. 요한은 "나는 그리스도가 아니다", "나는 엘리야가 아니다", "나는 선지자가 아니다"하고 "나는 주의 길을 곧게 하라고 광야에서 외치는 자의 소리로라"(요 1:19-23)고 하였다.

하나님께서 풀어주신다고 했다. 요셉은 여기서 여호와 하나님을 높이고 있다. 요셉이 바로 앞에서 맨처음으로 입을 열어 한 말은 "나는 아니다", "하나님이시다"는 그것이었다. 하나님이 하신다는 것이다.

바로의 꿈은 하나님께로부터 온 것이기 때문에 자기가 풀 수 있는 것이 아니라 하나님께서만 해석해 주실 수 있다고 한 것이다. 요셉은 자기는 감추고 낮추었고 하나님을 드러내고 높였던 것이다. 이방 나라 우상숭배의 애굽 제국에서 하나님을 높였다. 하나님의 사람들은 이렇게 자기는 낮추고 하나님을 높여 영광을 돌려야 하는 것이다.

요셉은 순수한 신앙인이었다. 바로 앞에서 아부하거나 자신을 영광되게 말하지 않았다. 기품이 있고 정중하며 공손하고 순수한 마음으로 모든 찬사를 하나님께 돌렸다. 헤롯이 영광을 하나님께 돌리지 아니하는고로 주의 사자가 곧 치니 충이 먹어 죽었다(행 12:20-23).

바로에게 하나님이 평안한 대답을 하실 것이라고 했다. 요셉은 하나님께서는 바로왕을 평안하게 하신다고 했다. 그는 친절한 성격의 사람이었다. 자신의 꿈해몽은 하나님께서 해주시는 평안한 대답이라고 말함으로써 공포에 사로잡힌 왕을 안심시켰다. 즉 바로의 행복을 위한 답변을 말한다는 것이다. 바로왕을 평안케 해줄 수 있는 해몽이라는 것이다.

이렇게 말한 것은 아부가 아니요 바로에 대한 존경심과 그와 그의 나라 애굽에 대한 충성심을 보인 것이다. 언제든지 하나님의 영으로 교제하는 자들은 평화의 답을 기대할 수 있게 한다.

바로의 꿈을 해몽한 요셉

(창 41:17-36)

본문은 하나님의 구속사역과 세계의 통치에 있어서 한 점의 착오도 있을 수 없다는 진리를 보여주면서 요셉의 장기간 동안의 고난과 수모, 그리고 위대해지기 위한 하나님의 가혹하리만큼 아픈 영적 훈련 그것을 발견하게 한다.

하나님의 모든 계시의 성취가 한없이 더딘 것 같으나 때가 되면 인간이 알 수 없는 하나님의 방법으로 성취되는 것이다.

이는 요셉이 13년이라는 긴 세월 동안의 환난 중에서도 낙심하지 않는 근원이 되었다. 오늘날 세상의 고통과 영적 싸움에 시달리는 성도들에게 있어서도 하나님의 섭리는 희망을 계속 유지할 수 있는 근원이 되는 것이다.

드디어 요셉은 꿈꾸는 소년으로 자라서 꿈을 해몽하는 청년이 되어 애굽의 정치 중앙 무대에 우뚝 서게 되었다. 그가 바로 앞에 선 그것은 이스라엘이 이곳에 와서 하나님의 영광의 탑을 높이 세우는 것의 상징이라고 할 수 있는 것이다.

요셉은 종으로 팔리고, 누명 쓰고, 옥에 갇혀 인생의 밑바닥의 고초를 남김없이 경험했다. 요셉은 인내하면서 바로의 궁에 굳게 서는 날을 기대하여 소망 가운데 작고 어두운 감옥 안에서 충성스럽게 웃사람을 섬기고 아래 죄수들을 살펴 봉사했다. 결국 감옥은 하나님의 신령한 영적 학교였다. 거기서 겸손과 온유, 인내의 소망, 사랑의 수고 믿음의 봉사 작고 큰일에의 충성을 배웠다.

예수께서는 "내게로 와서 내 멍에를 메고 내게 배우라"고 말씀하셨다. 나는 마음이 온유하고 겸손하니 그것을 학과목으로 하여 배우라고 하신 것이다.

요셉의 학교는 감옥이었고, 학과목은 믿음, 소망, 사랑이었다. 교수는 높고 낮은 모든 사람들, 자료는 의식주, 꿈, 권세 등이었다.

이상에서 우리는 하나님이 한 인물을 자신의 뜻대로 쓰시기 위해 얼마나 그를 연단하시며 갖가지 시험을 통과케 하시는지를 알 수 있게 되었다. 그가 높은 인물이 된 것이 하루 아침의 벼락 출세가 아니었다. 그와 같이 성도들에게는 영생과 부활 승천의 기쁨이 있지만 그 과정에는 고난의 가시밭이 있다는 것이다.

1. 바로왕이 요셉에게 꿈을 말했다.

바로는 꿈의 흉악함을 강조하여 말했다. 우리는 1-7절에서 바로가 꾼 꿈 이야기에는 없는 것이 여기 두 가지가 있다는 것을 알 수 있다. 위에서 말한 꿈의 반복이면서 여기서는 특별히 두 가지를 강조해서 요셉에게 말한 것이다. "그같이 흉악한 것들은 애굽 땅에서 내가 아직 보지 못한 것"이라 한 것과 "먹었으나 먹은 듯 하지 아니하여 여전히 흉악하더라"고 한 것이다. 그러니까 암소의 흉악한 모습을 강조하였고, 사태의 심각성에 대한 자신의 예감을 암시하고 있는 것이다.

이것은 애굽 땅에 곧 오게될 흉년이 극심하게 될 것을 보여주는 것인데 그 흉년은 각국에까지 범위가 미쳐서 가나안 땅에 있는 형제들도 양식을 구하려고 애굽에 찾아올 것을 암시한다.

하나님의 섭리는 여러 가지 방법이 있다. 곡식이나 암소, 나일강이나 동풍 등 자연의 원인 때문에 흉악하게 무서운 흉년을 만나는 것이 아니라 조물주 하나님 세계를 통치하시는 절대권자에 의해서 풍년도 오고 흉년도 온다는 것이다.

살진 소가 흉악한 소의 위로 들어가고 그들이 내부로 들어간 것을 알지 못했고 파괴하고 축처진 귀를 가진 소와 같이 흉악했다. "마른"은 식물의 고조현상을 가리키는 말로 결실하지 못하는 건조된 물기없는 그런 현상이다. 짐승 한 마리, 곡식 하나 바람을 불게 하고 거두는 것 까지도 하나님이 마음대로 주장하시며 그것으로 인간에게 실물교육의 재료(교재)를 삼으신다는 것이다. 하나님은 절대적 주권을 가지고 섭리 지배하신다. 국가의 일이나 개인의 일도, 풀이 마르고 왕성해지는 것까지도 하나님이 주관하신다는 것을 암시한다.

인간의 생사화복은 하나님 장중에 있다. 위에서 우리는 자연계 곡식, 소, 나일강, 바람, 풀 등 극히 보잘 것 없어 보이는 세계까지 주관하시는 이는 하나님이라는 사실을 보았다. 하나님은 인간의 생과 사, 그리고 화와 복을 주장하신다는 것을 알 수 있다.

인간사에는 살찌는 소와 마른 소같이 번영과 역경이 꼬리를 물고 되풀이 한다. 살진 소와 좋은 곡식 그것은 인간사에 있는 번영과 부요와 축복일 것이다. 그 반대의 소와 곡식은 불행과 가난과 사망의 흉칙한 것들이다. 이것들이 서로 맞물려 돌아가는 것이 인간 역사인 것이다. 요셉은 흉년에 대비하여 풍년 때에 곡식을 저장하는 창고를 짓게 한 것같이 번영 다음의 실패, 건강 후의 쇠약, 생명 후의 사망에 대비할 줄 아는 지혜로운 인간을 살아야 한다는 것이다.

2. 요셉이 바로의 꿈을 해석했다.

두 가지 꿈은 다른 것이 아니고 하나라고 했다. 노예로 팔려온 요셉이 바로왕의 면전에 이런 방법으로 대면 하리라고는 누구도 생각하지 못했던 일이다. 하나님의 사람 요셉은 하나님의 전권대사로 여기 보내졌기 때문에 신적 권위를 가지고 그앞에 선 것이다.

요셉은 "바로의 꿈은 하나"라고 했다. 두 개의 꿈이 같은 의미를 가지면서 두 번 꿈을 꾼 것은 그 일의 시급성을 강조하는 것이었다. 그 사건의 확실성과 중요성, 그리고 급박함을 제시한 것이다. 하나님은 두 가지 변치 못할 사실을 인하여 그의 뜻이 변치 않으신다(히 6:17-18).

"두 개의 꿈"은 풍년과 흉년, 곡식과 잡초를 명백한 재료로 삼고 있다. 짐승을 위한 목초의 풍년과 기근은 살진 암소와 야윈 암소로써 암시되었다.

실로 이 세상의 삶이 얼마나 변화무쌍한가? 풍년 뒤에 흉년이 오므로 바울의 고백과 같이 "인간은 풍부에 처할 줄도 알고 가난 궁핍에 처할 줄도 알아 일체의 비결"을 배워야 할 것이다(빌 4:9-13).

기근보다 풍년을 먼저 주시는 하나님의 사랑이다. 하나님은 이 세상에 흉년과 풍년, 즉 불행과 행복을 병행시켜 섭리하신다. 밤과 낮으로 운행하시듯 하시는 것이다. "형통한 날에는 기뻐하고 곤고한 날에는 생각하라 하나님이 이 두 가지를 병행하게 하사 사람으로 그 장래 일을 능히 헤아려 알지 못하게 하셨느니라"(전 7:14)고 했다.

하나를 끝내고 또다른 것으로 옮기신다. 흉년보다 풍년을 먼저 주심으로 인간들이 거기에 따라 계획을 강구하고 미래를 준비하게 하시는 것은 하나님의 사랑의 섭리인 것이다.

비록 이방나라 우상의 국가 백성들이라고 할지라도 하나님은 이렇게 놀랍게 섭리하시는 것이다. 계절의 큰 변화가 있고 땅의 사물은 많기도 하고 적기도 하다. 한 시기가 가고 또 한 시기가 꼬리를 물고 이어져 온다. 그러므로 인간들은 풍년의 계절이 왔을 때 영생하도록 있는 양식을 저장하고 흉년의 때에 대비하는 지혜로운 사람이 되어야 한다.

하나님이 모든 것을 정하신 것이라고 했다. 바로왕이 꿈을 두 번 겹쳐 꾸신 것은 하나님이 이 일을 정하신 것이라고 했다. 곧 하나님이 하시는 일이라는 것이다. 이방나라 제왕도 하나님의 통치하에 있다. 바로왕이 하나님의 실존은 모르지만 모든 일을 정하시고 이루시는 이는 하나님이시니 이제 하나님의 뜻에 순종하여 따라야 한다는 것을 강조한 것이다. 요셉은 여기서도 하나님을 앞세워 소개하고 있는 것이다.

3. 요셉이 바로에게 국가의 시책을 조언했다.

요셉은 지혜있는 치리자를 택하라고 했다. 요셉은 바로왕도 두려워하지 않았다. 자신이 확신하는 바를 망설이지 않고 적극적으로 나타냈다. 요셉은 이런 의미에서 참된 예언자였다. 예언자는 나라가 잘되기 위해서 조언을 아끼지 아니한다. 요셉은 성령에 감동되어 있었기 때문에 담대했다. 애굽에 7년 간이나 흉년이 올 것이라는 하나님의 계시를 말함에 있어서 아부하지 않고 당당하게 말했다.

이 꿈의 계시는 시급한 것으로 명철하고 지혜있는 사람을 택하여 애굽 땅을 치리하게 하라고 하였다. 명철은 뛰어난 인지력과 판단력에 덧붙여 민첩성까지 겸비함이고 지식과 식별의 뜻이며, "지혜있는"은 말과 행동에 있어 현명하게 처신하는 것을 뜻한다.

풍년 때 곡식의 1/5을 거두라고 했다. 요셉은 바로에게 앞으로 다가올 기근에 대비하여 식량을 부지런히 비축해야 한다고 조언했다. 이는 유비무환의 교훈이다. 모을 수 있을 때에 부지런히 일하고 저축해야 한다.

"먹을 것을 여름 동안에 예비하며 추수 때에 양식을 모으느니라"(잠 6:8)고 했다. 소비할 시기가 오기 전에 저축해 두는 것은 생활의 지혜이다. 그러므로 요셉은 바로에게 여러 관리들을 두어 풍년 7년 동안에 매년 오분의 일의 곡식을 거두게 한 것이다(시 105:22). "관리"는 살피는 자로 감독자이다.

이것은 애굽 농부에게 평년에 거두어 들이는 것의 배에 해당되는 양이지만 곡식이 많이 생산되었기 때문에 그들은 불만이 없었다. 하나님께서 이방 애굽을 간섭하시고 간섭의 이변에는 분명한 목적이 있었다. 곧 세상에 임한 흉년으로부터 야곱의 가족을 구해내고 애굽으로 인도하시기 위함이다.

흉년에 예비하면 멸망치 않는다고 했다. "땅이 멸망치 않으리이다"라는 말은 땅이 아니라 그 땅 위에 사는 백성을 가리킨다. 그러니까 풍년 7년 동안에 곡식을 저축했다가 7년 흉년을 만나면 그런대로 애굽 땅에 사는 백성들은 망하지 않을 것이라는 의미이다.

요셉은 노예요 가난뱅이요 아무것도 그의 손에 쥔 것은 없었으나 절대권자인 바로보다 더 나은 지혜를 가지고 있었다. 그러나 요셉의 조언은 요셉 자신의 머리에서의 생각으로 한 것이 아니라 하나님의 계시로 된 것이라고 믿어지는 것이다.

우리의 삶이라는 것이 얼마나 변화무쌍한가를 생각해 볼 때 우리는 오늘 어떻게 될지 내일 무슨 일이 생길지 전혀 예측할 수 없는 것이다. 그러므로 인생은 요셉의 조언과 같이 또는 솔로몬의 "슬기로운 자는 재앙을 보면 숨어 피하여도 어리석은 자들은 나아가다가 해를 받느니라"(잠 27:12)는 말을 명심하여 모든 일에 있어서 항상 유비무환의 자세로 살아야 하는 것이다.

애굽의 총리대신 요셉

(창 41:37-45)

인생에게 있어서 성공의 길은 어느 누구에게나 열려 있다. 애굽에 종으로 팔려간 요셉이 감방에서 궁궐의 총리 자리로 올라간 것을 운이 좋아서 그렇게 되었다고 생각하면 안된다. 요셉은 출세에 맞는 노력과 인내로써 비참한 시련을 극복했으며 순간마다 하나님과 함께하여 고상한 신앙으로 살았다.

"경건은 범사에 유익하니 금생과 내생에 약속이 있다"(딤전 4:8)고 했다. 그것은 인간을 성공의 탑으로 올려놓는 유일한 비결인 것이다. 요셉이 그랬다. 요셉은 이제 애굽제국의 총리가 된다. 요셉의 출세에 대한 이야기는 하나님의 섭리를 구체적으로 보여주고 있다. 이는 요셉의 결백, 인내하는 믿음, 경건한 품성, 그러한 것들에 대한 풍부한 보상이었다. 요셉의 출세가 주는 교훈은 지극히 사소하고 비천한 일에 있어서도 최선을 다할 때 이렇게 영광스러운 보상을 얻을 수 있다는 것을 가르쳐 준다.

요셉이 대제국을 다스릴 수 있는 훈련을 받은 곳이 바로 노예로 있었던 감옥과 보디발의 집이었다. 그는 가장 비천한 자리에서 하나님의 연단을 받을 때에 그의 노력과 인내를 아끼지 않고 최선을 다함으로써 최상의 총리라는 영광을 머리에 쓸 수 있었다. 또한 출세란 성실한 봉사에서 얻을 수 있다는 점을 보이는 것이다. 요셉은 애굽의 총리가 되었다.

한 나라의 백성을 다스리는 일에는 그만한 자질이 갖추어져야 하는 것이다. 일시적으로 총리자리에 앉았다고 해서 출세라고 할 수는 없다. 총리 자리에서 다스려 나갈 수 있는 자질이 있어야 존경받는 위치를 유지하는 것이다. 요셉은 그 자질을 갖춘 인물이었다. 지혜와 이타심과 모든 것을 하나님께 의지하는 신앙 등이 있었다.

요셉은 하나님에게 자격자로 인정받았고 바로왕에게 신임을 얻었으며 진정 하나님께서 계시하신 대로 그 땅을 다스려 나아갔던 것이다. 이로써 요셉이 17세에 종으로 팔려 애굽에 와서 13년 후 즉 그의 나이 30세에 젊은 총리대신이 된 것이다.

1. 바로왕이 요셉을 크게 칭찬했다.

바로왕은 요셉을 하나님의 신에 감동된 사람이라고 했다. 요셉의 해몽과 다가올 일에 대한 방비책에 대하여 바로와 그의 신하들은 좋게 여겼다. 정당하게 받아들인 것이다. 요셉은 애굽의 술객과 박사들이 하지 못하는 해석과 애굽인들이 멸망에서 벗어날 수 있는 방도까지 알려준 것이다.

바로는 요셉의 지혜와 통찰력에 감탄하면서 요셉이 섬기는 하나님은 신성한 지혜의 소유자라고 이해한다. "하나님의 신에 감동한 사람"이라고 했다. 그리고 바로는 "그런 사람을 어찌 얻을 수 있겠느냐?"라고 칭찬했다. 정치하는 나라의 지도자들이 하나님의 신에 크게 감동되어 있다면 그 나라 백성은 얼마나 행복할 것인가?

하나님이 모든 것을 네게 보이셨다고 했다. 바로는 지금까지 되어진 모든 사건이 요셉을 통한 하나님의 역사라는 것을 인정하고 있는 듯하다. 그렇다고 해서 바로가 유일신 여호와 하나님을 믿었다는 것은 아니다. 애굽 땅에서 하나님이 모든 것을 보인 것은 요셉 때문이라는 것이다. 하나님은 언제나 하나님의 종들에게 비밀이 없으시다 (암 3:7, 창 18:17).

아무도 보지 못하고 알지 못하는 하나님의 비밀한 섭리라 할지라도 하나님의 종들은 알 수 있다. 그것은 참으로 큰 특권이요 축복인 것이다.

예수께서도 제자들에게 종으로서가 아니라 친구로서 하나님 아버지의 뜻을 알게 하겠다고 말씀하셨다. 명철하고 지혜있는 자가 없다고 했다. 명철과 지혜에 있어서 애굽 전국에서 요셉을 따른 자가 없었다. 바벨론의 포로가 되었던 다니엘도 바벨론의 소년들보다 열 배나 지혜롭고 명철했다고 했다(단 1:17-21). 명철이나 지혜의 근원은 하나님이시다. 요셉이 애굽에 종으로 팔려올 때는 그처럼 초라하고 무능한 사람은 없었다. 그러나 하나님께서는 요셉과 항상 함께 계셨고 그에게 지혜와 명철로써 장차 큰 인물의 자격을 만들어 주셨다. 다윗은 그의 시편에서 "너희 길을 여호와께 맡기라 그리하면… 그 의는 아침의 빛과 같을 것이라"고 하였다. 요셉의 의는 보디발의 집에서 빛났고, 옥중에서 반짝였으며, 애굽 전국에서 영광스럽게 빛났다.

  2. 요셉을 애굽의 치리자로 삼았다.
  바로가 내 집을 치리하라고 했다. 바로로부터 하나님의 신에 감동된 자로 인정받으면서 요셉은 애굽의 제 이인자가 되었다. 애굽이라는 바로의 집을 치리하는 위치로 요셉의 권한이 제한되는 것은 바로에 대해서 뿐이다. "내 집을 치리하라"는 것은 "왕궁의 최고 재판관으로 네 입에게 내 백성이 모두 자신들을 맡기리라 그들이 네 명령에 복종하리라"는 것이다. "나보다 높음이 보좌 뿐이니라"는 것은 나는 보좌만 높지 주 권한은 요셉이라고 못을 박아놓은 말이다.
  전에 보디발의 집에서도 요셉은 가정의 총무가 되어 그 집을 다스리며 주인을 섬겼다. 옥에 갇혀있는 때에도 그랬고, 여기 애굽 대제국의 전국을 다스리는 큰 중책을 맡게 되었다. 이는 분명히 전례를 찾아볼 수 없는 인사 조처였다. 그것도 하나님께서 바로의 마음을 움직이사 그렇게 하신 것이기 때문에 다른 고관들의 반발이 없었던 것이다. 이것은 예수께서 무덤에서 부활하사 높이 하늘나라 하나님 우편에 앉으심의 모형이 된다.
  요셉에게 애굽은 땅을 총리하게 하노라고 했다. 요셉 당시 애굽은 상과 하의 두 애굽으로 나뉘어져 있었고 각각을 다스리는 독립된 고관이 행정력을 가졌다. 전국이 12주로 나뉘어 있어 각 주마다 어느 정도 독립된 지위가 보장되어 있었다. 그러나 애굽 전체를 통치할 수 있는 왕은 바로왕 한 사람뿐이었으니 바로 왕권이 얼마나 강력한가는 가히 짐작할 수 있다. 그 왕 다음의 총리가 되었으니 그의 말에 따라 애굽 백성이 다스려지고 군대의 장관이 경직된 듯 하다. 그럼 보디발 시위대장은 그 후 어찌 되었을까?

"애굽 온땅에서 네 허락없이는 수족을 놀릴 자가 없다"(44절)고 함은 요셉의 절대적인 권세가 전국에 미친다는 것이다. 바로왕은 자기의 인장 반지를 빼어 요셉의 손에 끼웠다. 인장반지는 반지에 자신의 신분을 나타내는 인을 새긴 것으로써 어떠한 일을 재가할 때 도장처럼 사용했다. 그것은 권세의 훈장으로(에 3:10, 8:2), 요셉에게 왕 자신의 권위를 주어 법적 권한을 부여하는 것이다.

"그에게 세마포 옷을 입혔다"고 했다. 죄수의 옷, 노예의 옷을 입었던 그가 이제는 당시 애굽의 고관들이나 제사장들이 입던 옷을 입었다. 요셉이 이 옷을 입음으로 그의 권위를 외부적으로 드러내게 된 것이다. "금사슬을 목에 걸었다"는 것은 나라에 귀빈들이나 공적이 있는 자들에게 주어지는 것으로 왕의 호의를 받았다는 명예의 상징이다(단 5:17, 29). "버금 수레에 태웠다"는 것은 애굽인들의 습관으로 바로가 타는 수레에 태웠으니 바로와 같은 권위자로 높이는 것이다(에 6:1).

"엎드리라"고 함은 "머리를 굽힌다, 무릎을 꿇는다, 지도자가 된다, 순진한 방백, 왕에 의해서 옷을 입는다"는 뜻으로 요셉에게 복종케 하는 것이다. 바로가 "나는 바로"라고 말한 것은 요셉이 갖게 될 권한이 절대적이며 전국에 미치게 될 것임을 상기시키는 것이다.

3. 바로가 요셉의 이름을 "사브낫 바네아"라고 하였다.

바로가 요셉의 이름을 "사브낫 바네아"라고 개명했다. 요셉은 "더한다"는 뜻이지만 사브낫 바네아는 "생명의 풍성함"이라고도 하고 "신께서 말씀하시고 또 사신다"는 뜻이라고 한다.

물론 여기의 "신"은 하나님이 아니라 애굽의 여신(Neith 네이드)이다. 다신론 사상과 관계된 이름이다. 가장 신빙성있는 번역은 "세상의 구원"이라는 뜻이다. "세상의 구원자, 세상 사람의 방백, 생명의 떡"이라는 의미이다.

바로가 요셉의 이름을 애굽식 이름으로 개명하고 요셉의 아내도 애굽 여인으로 삼게 한 것은 요셉을 완전히 애굽화 시키려는 의도가 아닌가 생각된다.

바네아는 "생명"이라는 뜻이다. 사브낫에 대해서는 여러 가지로 해석이 다르다. 아무튼 요셉은 바네아, 즉 생명의 주 예수의 그림자인 것은 틀림없다. 흉년에 대비한 생명의 떡이요 멸망에의 영생이요 구주이다.

아스낫을 요셉의 아내로 주었다. 아스낫은 "태양신에 속한 자" 곧 애굽여신 네드(Noeth)에게 속한 자라는 뜻이다. 그녀는 온 제사장 보디베라의 딸이었다. "온"이라는 곳은 애굽 카이로의 동북쪽으로 7마일 쯤에 있는데 "라(Ra)"라고 하는 태양신을 숭배하는 중심지였다. 거기에는 거대한 탑과 신전이 있어서 태양의 집(파라)이라고 불렀다.

그녀의 아버지는 제사장이었고 그 뜻은 "태양신이 준 사람"이다. 바로가 애굽의 제사장 가문에서 요셉의 아내를 삼게 한 것은 요셉을 왕족에 준하는 대접을 했음을 암시한다. 애굽의 왕들은 대개 왕비를 제사 가문에서 취했기 때문이다. 이렇게 볼 때 요셉의 처가는 다신론과 관계된 이교도였다. 요셉의 이름이 다신론과 관계된 애굽식 이름이고 처자가 그러했다. 이것은 우리 구주 예수 그리스도의 모형인 것이다. 예수는 애굽같은 죄악 세상에 오셔서 택한 자들을 구원하시고 애굽여인같은 이방여인을 구원하셨다. 분명히 믿기는 요셉은 애굽여인을 개종시켜서 다신론이 아닌 살아계신 여호와 하나님을 섬기게 했을 것이다.

요셉이 애굽 온 땅을 순찰했다. 요셉은 애굽의 제 이인자로서의 법적 의무를 수행하기 위하여 애굽 온 땅을 순찰했다. 사람은 언제나 자기에게 주어진 직책에 충성해야 하는 것이다. 요셉은 총리가 됐다고 해서 궁궐보좌에 앉아서 명령만 내리고 보고를 받는 그런 관직자가 아니었다. 친히 궁궐을 비우고 비천한 서민들 속에 내려가서 순찰하며 찾아서 살피고 도움이 필요한 자들을 도왔다.

예수께서는 하늘나라 궁궐을 떠나 보좌를 비우시고 이 세상에 오셔서 잃은 양을 찾아 다니셨고 온 땅을 순찰하사 살피셨다.

일곱 해 풍년

(창 41:46-57)

요셉은 바로왕에 의해 "사브낫 바네아"라는 애굽식 이름을 새로받았다. 보디베라의 딸 아스낫이라는 애굽 여자와 결혼했으며, 애굽에서 두 아들을 낳았고, 결국 애굽 땅에서 죽었다. 이러한 일들에서 알 수 있는 것은 요셉이 애굽에 귀화했다는 것이다. 그러나 그의 정신까지 완전히 애굽화된 것은 아니었다. 그것은 그가 죽을 때에 "나의 해골을 메고 가나안으로 가라"고 유언할 것을 보면 알 수 있다.

요셉의 마음 속에는 조상들에게 하신 하나님의 약속을 믿는 신앙심이 죽을 때까지 변치 않았다. 히브리서 저자는 "믿음으로 요셉은 임종시에 이스라엘 자손들의 떠날 것을 말하고 또 자신의 해골을 위하여 명하였다"(히 11:22)고 했다.

요셉은 자신과 신앙을 달리하는 애굽인들에게 자신을 동화시킴으로써 그들에게 하나님의 뜻을 전하면서 하나님께서 주신 삶을 충성스럽고 평화롭게 보냈던 것이다.

오늘을 사는 우리는 남들을 우리의 신앙과 같지 않다는 이유로 배척하거나 미워할 것이 아니고 우리 스스로를 그들에게 동화시켜 그리스도의 복음을 전하면서 이세상의 빛과 소금의 역할을 다해야 하는 것이다. 그리스도인은 우리가 구원할 사람들에게 들어가야 한다. 우리 주님께서도 세리와 죄인의 친구가 되셨던 것이다.

요셉은 기근의 고비를 잘 넘길 수 있는 지혜를 하나님으로부터 받았다. 그리고 요셉은 애굽인들만 아니라 인근 주민들에게 굶주림에서 건짐받게 했다. 그리하여 국제사회에 그들의 세력을 강화할 수 있게 한 것이다. 그 무엇보다 애굽인들이 요셉을 통해서 받았던 큰 은혜는 그들이 요셉의 통치를 받음으로써 고난과 역경의 기간을 영구적 이익을 가져오는 계기로 만들 수 있는 유능한 통치자의 필요성을 배운 것이다.

애굽왕 바로는 기아선상에 허덕이며 찾아오는 사람들에게 "요셉에게로 가라"고 했다. 하나님은 성경에서 우리에게 "예수에게로 가라"고 말씀하신다. 예수는 단 한 푼의 돈도 요구하시지 않으신다. 돈 없는 자도 오라 값없이 사가라고 말씀하신다.

1. 7년 풍년 때에 저축했다.

요셉이 30세에 총리가 되었다. 요셉이 형들에 의해 애굽으로 종으로 팔려온 때가 17세였고, 지금 총리에 오른 나이는 30세이다. 13년간 애굽에서 종살이 한 것이다. 그 애굽의 노예생활 중에서 최소한 3년간 옥에 갇혀서 고생했다. 요셉이 총리가 된 때의 나이가 30세로, 예수께서는 성역을 시작하신 때가 30세부터였다(눅 3:23). 그러므로 두 분은 청년 때에 세상에 공인으로 봉사한 것이다. 히브리인들에게 있어 30세의 나이는 성인으로서 본격적인 활동을 할 수 있는 나이였다. 레위 자손 중 제사장들은 30세부터 회막에 들어가 봉사할 수 있었고(민 4:3, 23) 세례 요한도 30세에 성역을 시작했다.

요셉이 애굽 온 땅을 순찰했다. 요셉은 바로의 궁궐을 떠나 애굽 온 땅을 순찰했다. 그것은 충성이다. 예수께서는 천국 궁궐을 떠나 하나님 아버지 곁을 떠나 애굽이라는 이 세상 인간들을 순찰하셨다.

그것의 예표라고 할 수 있을 것이다. 요셉은 보디발의 집에서 종살이 10년을 살았다. 그 때에 요셉은 종으로서의 가정 총무로 작은 일에 충성하는 것을 배웠고 섬김을 받기 전에 주인을 섬기는 연단을 받았다. 다시 요셉은 감옥에 갇혀서 바로의 신하를 가까이에서 섬기며 충성하는 교육을 받았다. 예수께서는 "네가 작은 것에 충성하였으니 네 주인의 즐거움에 참예하라 내가 큰 것으로 네게 맡기리라"고 하셨다.

작은 것에 충성된 자가 큰 것에 충성할 수 있는 것이다.

7년 풍년의 소출을 그 성중에 저장했다. 요셉의 해몽이 그대로 현실을 나타나서 일곱 해 풍년이 들었다. 토지 소출이 심히 많아 7년 곡물을 거두어 각 성에 저장했다. 저장한 곡식이 바다 모래같이 심히 많아 세기를 그쳤다. 그 수가 한이 없었다.

여기서 우리는 요셉이 여하히 중책을 수행할 수 있었는가 하는 것, 곧 요셉의 능력과 공로를 볼 수 있는 반면에 세금 징수를 위한 고도의 행정력이 잘 정비되어 있었음에 놀라지 않을 수 없다. 그것 또한 요셉의 지혜이다. 우리는 풍요함이 7년 간 계속되어 곡식이 셀 수 없이 많다고 해서 그 풍부를 즐기는 데에 안심하지 않은 요셉의 정책을 본다. 우리는 기회를 최대한 선용하여 장래를 위해 저장하는 일에 게을러서는 안된다. 아침이 오면 곧 저녁이 오듯이 7년 풍년이 왔으니 곧 흉년이 올 것이기 때문이다. 흉년이 오기 전에 풍년의 곡식을 저장해야 하는 것이다.

하나님의 교회는 영적 양식의 창고이다. 말씀의 양식이 기근이면 교회는 창고를 열고 굶주린 영혼들에게 방출할 수 있도록 저축하는 준비가 있어야 한다.

2. 흉년이 들기 전에 요셉이 두 아들을 낳았다.

갑자기 요셉의 결혼과 득남에 대한 가정생활에 대해서 기록되는 것은 오랫동안 고난당하고 서럽게 살아온 요셉을 위로하고, 어려움 속에서도 신앙으로 일관하여 애굽에서 하나님의 영광을 드러낸 그의 신앙의 보상이라는 것을 나타내는 것이다. 그는 어려서 부모를 떠나 애굽이라는 타국에 팔려 종살이하며 친척 붙이의 위로 한 마디 듣지 못했다. 그러나 이제는 가정을 이루고 위로를 받게 하셨다.

우상을 숭배하는 이방 종교의 중심지에서 살지만 여전히 하나님을 기억하며 경배한다는 사실을 암시하기 위해서이다. 예레미야는 "무릇 여호와를 의지하며 의뢰하는 사람은 복을 받을 것이라 그가 물가에 심기운 나무가 그 뿌리를 강변에 뻗치고 더위가 올지라도 두려워 아니하며 그 잎이 청정하며 가무는 해에도 걱정이 없고 결실이 그치지 아니함 같으리라"(렘 17:7-8)고 했다.

요셉은 사막의 떨기나무 같았으나 지금은 아내와 자식들이 있는 열매맺는 나무같이 변했다. 우리는 우리에게 일어나는 변화가 유리할 때에 하나님께 감사하고 찬양하며, 불리한 역경으로 변할 때에는 불평하지 말고 묵묵히 받아들일 줄 알아야 한다.

장자의 이름을 므낫세라고 하였다. 요셉이 장자를 얻을 때에 므낫세라고 한 것은 "잊어버린다"는 것으로 모든 지금까지의 고난을 잊고 아비의 온 집의 일을 잊어버리게 하신 하나님께 감사하여 고백한 것이다.

요셉은 "고난을 잊었다"고 하였다. 그리고 "아버지의 집일을 잊었다"는 것이다. 그러나 요셉이 어찌 아버지집 일을 잊을 수 있는가? 요셉이 파란만장한 과거의 고난을 어떻게 잊을 수 있다는 말인가? 친척과 고향이 그의 머리 속에서 아주 사라져 버렸다는 말이 아니다. 하나님께서 첫 아들 므낫세를 낳게 하심으로 그리움의 대상을 애굽에서 대신 찾을 수 있도록 만들어 주심에 대하여 감사 찬양하는 것이다. 그 아들로 인하여 가족과 옛집에 대한 슬프고 애타는 마음을 없앨 수 있게 되었다는 것이다.

그러나 이러한 요셉의 말을 문자대로 해석해서는 안된다. 문자적으로 해석한다면 요셉은 아비집마저 잊었다는 것으로 그것은 불효인 것이다. 요셉이 왜 애굽의 최고 통치권자가 되고도 아버지를 뵈오려 하지 않았을까? 아주 잊었던가? 그게 아니다. 아직은 흉년이 시작되지 않았고 과거의 꿈을 회상해 볼 때 이렇게 조급하게 일을 서두르는 것은 하나님의 뜻이 아니라고 생각했다.

차자의 이름을 에브라임이라 하였다. 요셉은 둘째 아들을 낳으면서 "하나님이 나로 나의 수고한 땅에서 창성하게 하셨다"는 의미로 에브라임이라고 했다. 에브라임은 "창성함, 두 배의 창성함, 두 배의 땅"이라는 뜻으로 그 모든 수고를 잊지 않았음을 말한다.

차자의 이름에도 역시 요셉의 신앙이 반영되어 있다. 그리하여 여전히 그는 하나님께 감사하는 생활을 했다는 것을 알 수 있다. 에브라임은 결실을, 므낫세는 망각을 뜻한다. 이 둘은 병행하는 것이다. 사람이 풍부해지면 하나님을 망각하기 쉽다.

에브라임이라는 아들의 이름에서도 요셉은 하나님께서 자신을 창성케 하심에 진심으로 감사한 것이다. 우리는 우리의 수고와 노력을 아낌없이 쏟으면 지금은 역경 속에 있을지라도 복된 번영과 영광의 시기로 승화될 날이 오게 된다. 그것은 하나님의 섭리로 그것을 감사하게 된다.

요셉의 두 아들과 요셉의 신앙! 7년 흉년이 오기 전에 신령한 하나님의 교회는 이렇게 행복하게 이루어졌다. 요셉은 큰아들에게서 아버지로부터 받을 수 있었던 재산과 장자같은 명예 등 모든 것을 잊었다. 형들에 대한 서운함도 잊었다. 그동안의 눈물겨웠던 고난도 잊었다. 작은 아들에게서는 수고한 땅에서의 창성함에 하나님을 찬송했다. 행복한 가정이었다.

3. 일곱 해 흉년에 대한 요셉의 시책이 있다.

이제 풍년이 그치고 흉년이 들기 시작했다. 요셉의 예언은 맞아떨어졌다. 애굽에는 풍년 7년이 다 지나고 7년 흉년이 시작된 것이다. 나일강이 있는 애굽 땅에서의 이러한 흉년은 특이한 사건이 아닐 수 없었다. 그래서 사람들은 설마하고 요셉의 예언에 의심도 했을 것이다.

그러나 하나님은 하나님의 종들이 한 말에 대하여 그대로 성취시켜 그 명성이 확고하게 하신다. 7년 흉년이 시작되는 것을 보는 애굽인들은 요셉을 또 한번 우러러 존경했을 것이다. 은혜의 계절은 그쳤다. 환난의 흉년은 시작되었다. 똑같이 7년이었다. 기독교의 종말론적 견지에서 7년 대환난이라는 무서운 재난이 오는 것인지도 모른다. 그러나 요셉의 가정이라는 예수의 교회 성도들은 아무 걱정할 것이 없다.

"각국에는 기근이 있었다"고 했으니 이 흉년은 애굽 뿐만 아니라 모든 인근 족속들에게도 미쳐서 큰 피해가 있었다. 요셉의 통치를 받는 국민은 복이 있다.

애굽에는 양식이 있었다. 기근과 흉년은 전세계적으로 일어났다. 사람들은 기아에 허덕이게 되었다. 요셉의 치적은 외국에 까지도 알려졌다. 애굽에는 총리가 지혜로워서 흉년에 대비한 양식이 저장되어 있다는 소문이 각처에 퍼졌다. 애굽땅에는 양식이 풍족했던 것이 사실이다. 7년 동안 얼마든지 공급해도 모자람이 없는 양식이 있었다. 사람들은 이구동성으로 바로에게 양식을 구했으나 바로는 "요셉에게 가라"고 했다.

하나님은 영적 굶주린 인간들이 하나님께 양식을 구할 때 "예수께로 가라"고 말씀하신다. 요셉이 다스리는 애굽땅에는 양식이 풍족했었다. 구세주 예수께서 다스리시는 천국왕국에는 영혼의 양식이 모자라는 법이 없다. 부르짖어 예수께 아뢰기만 하면 돈없이 값없이 양식을 살 수 있다.

요셉이 창고를 열어 곡식을 팔았다. 요셉이 창고를 열고 그냥 주는 것이 아니었다. 돈을 받고 팔았다. 그것은 풍년 때에 백성들에게 돈을 주고 정부에서 사서 저장해 두었기 때문이다. 그들은 임박한 흉년에 대해서 여러 해 동안 요셉의 말을 들었다. 그런데도 그들은 요셉의 말을 무시하고 이 흉년에 대비하지 않고 흥청망청 허비했기 때문이다.

무상으로 식량을 공급함은 낭비를 조성하고 놀고 사는 사람을 만드는 결과가 되기 때문이다. 쌀값을 받고 줌으로써 각 자가 자기 생활에 책임이 있다는 것을 주지시켜 주기 위해서이다. 곡물을 사러 오는 외국인들까지 구제하기 위해서 적절한 조치를 취하지 않을 수 없었기 때문이다. 각국 백성에게 양식을 판 것은 각처에 기근이 있었기 때문이다. 세계 인간들은 구원을 갈구하고 있다. 요셉은 흉년에서 인류를 구원했고 예수는 자기백성을 저희 죄에서 구원하셨다(마 1:21). 이로써 애굽의 풍요로운 소문은 가나안에까지 들렸다. 이로 인해 요셉의 식구들이 애굽으로 찾아오게 됨으로 하나님의 약속이 이루어지고 있는 것이다.

애굽에 곡식이 있다 하니

(창 42:1-5)

마침내 가나안에 있는 야곱과 애굽에 있는 요셉에 관한 이야기가 하나로 합쳐지고 있다. 애굽의 기근은 온세계에 확산되어 가나안 땅에 거주하는 야곱의 집에도 영향을 미쳤다.

야곱은 멀리 애굽에 양식이 있다는 소식을 들었다. 기근과 혹독한 흉년에 처한 야곱의 가족들에게 그 소식은 소망의 소식이요 생명의 빛이었다. 그들에게 희망의 빛이란 애굽에 먼저 가서 모든 필요한 것들을 예비해 놓고 기다리는 요셉인 것이다. 죄악에 허덕이는 세계인류에게 있어서 유일한 소망은 우리의 요셉 곧 예수 그리스도시다. 야곱은 극심한 영적 기근으로 인하여 촌각을 다투어 애굽에 내려가지 않고 있는 아들들에게 지혜로운 권고의 말을 했다. 그것은 오늘을 사는 우리에게도 가장 현명하고 적절한 충고의 말이다.

"저 애굽에 곡식이 있다 하니… 너희는 어찌하여 서로 관망만 하느냐?"는 말이다. 죄인들을 위한 하나님의 생명의 양식이 기다리고 있고 우리의 형제인 요셉이라는 예수께서 우리보다 앞서 가사 우리에게 충분한 구원의 양식을 예비하고 계시니 속히 그리로 가는 길만이 사는 길이다.

그들에게 "애굽에 곡식이 있다"는 소식은 사막에서 오아시스를 발견한 것과 같은 것이었다. 그들에게는 양식이 필요했다. 죄인들은 영적 굶주림으로 생명의 양식을 갈급하게 요구한다. 그것이 없으면 죽는다. 영혼이 멸망할 수밖에 없다. 그런데 그들의 상황은 가나안에서는 양식을 구할 수도 없었다. 이와 같이 죄인들은 자기 영혼을 살찌

우게 할 만한 어떤 것도 남아있지 않았다. 절망적이었다.

그런데 구원의 좋은 소식이 들려온 것이다. 비록 멀기는 하지만 애굽에는 총리의 선정으로 저축해놓은 곡식이 풍부하다는 것이다. 기근과 흉년에서 시시각각으로 생명을 죄어오는 때에 있어서 "애굽에 곡식이 있다"는 것은 복음인 것이다.

신앙의 눈과 귀가 열려있는 사람에게는 하나님의 복음을 능히 듣고 식별한다. 야곱에게는 이런 믿음의 눈과 귀가 열려 있었다. 야곱은 애굽에 곡식이 있다는 소식만 들었고 누가 그 곡식을 관리하고 있는지는 알지 못했다. 예수 그리스도와 멀리 있는 자에게는 아직 예수의 얼굴을 볼 수 없는 것이다. 천국 은총의 곡간에는 그리스도 외에는 어떤 누구도 존재하지 않는다.

1. 야곱이 아들들에게 어찌 관망만 하느냐고 했다.

가나안 땅에도 기근이 심했다. 바로 위에 보면 "각국 백성도 양식을 사려고…"(41:57) 애굽으로 들어왔다고 한다. 가나안 땅에도 예외는 아니었다. 가나안 땅은 약속받은 아브라함, 이삭, 야곱이 모두 기근을 당했던 땅이나 그곳은 그들의 신앙을 시험하는 땅이 되었던 것이다. 하나님께서 그들을 기근 가운데 던져도 굶주림과 허기짐에서도 계속 하나님을 의지하는지를 시험하신 것이다. 또한 가나안은 저들이 영원히 사모할 더 좋은 하늘나라가 있다는 것을 가르쳐주는 교육의 현장이었다(히 11:14-16). 우리로 하여금 이세상을 포기하고 더좋은 천국을 동경하게 하는 것은 기근이라는 고난밖에 없다.

애굽 땅에는 곡식이 있었다. 약속의 땅 가나안에는 계속 기근인데도 애굽에는 곡식이 있었으니 그것은 하나님의 섭리였다.

"때에…"는 요셉이 총리 직위에 오른 지 8년 쯤일 것이다. 7년의 큰 풍년의 기간이 끝나고 흉년이 곧 극성을 부린 때이기 때문이다. 그렇다면 야곱의 나이는 129세 가량이 된 때이다.

하나님의 섭리는 놀랍다. 한 곳이 다른 한 곳의 조력자가 되게 하고 식량을 공급할 수 있게 하셨으니 지상의 모든 인간들은 모두 하나님의 한 형제이기 때문이다. 축복받은 이스라엘은 기근으로 인하여 빈손인데 저주받은 함의 자손 애굽인들은 풍족했다. 하나님은 이렇게 일반 은총을 베푸실 때는 종종 바꿔가면서 주시기도 하신다.

그런데 지금 애굽땅에 곡식이 풍부한 것은 하나님의 섭리요 요셉이 그곳에 있기 때문이다. 요셉의 형들이 요셉을 팔아 애굽으로 내려가게 한 비통한 사건을 통해서도 하나님은 만사에 합력하여 선을 이루시는 것을 알 수 있다. 그러므로 우리가 어디까지 낮아졌든지 하나님의 함께 하시면 그곳에 실패란 있을 수 없다.

야곱은 애굽에 곡식이 있음을 보았다. 곡식은 매매를 위하여 곡식을 비축한 것, 즉 곡식의 축적을 나타내기 위하여 사용된 말이다. 야곱은 애굽에 이러한 곡식이 있다는 것을 "보았다"고 하고, 다음 절에서는 "들은즉"이라고 했다. 야곱은 "보고", "듣는데" 민첩한 사람이었다. 언제나 사람은 보고 듣는 일에 빨라야 한다. 요셉의 아버지 야곱은 애굽에서 온 사람으로부터 그 소식을 들었을 수도 있고, 자기 이웃 사람들 중에서 애굽에 가서 곡식을 사온 것을 보고 들었을 수도 있다. 우리는 기근이 심한 때에 있어서 어디서 양식을 얻을 것인지 남들은 어디서 식량을 마련하는지를 알아보고 들으려고 하는 노력이 있어야 한다.

영혼의 양식이 없어 가족 식구들이 굶어죽어가고 있는데 가장이 되어 양식 조달을 위한 노력이 없으면 모두 다 죽어버리는 불행이 닥치기 때문이다.

"너희는 어찌하여 서로 관망만 하느냐?"라고 야곱은 아들들에게 책망했다. 아들들이 여럿이 있으면서도 양식이 끊어져 심각한데 자기 식구들의 양식마련에 게으름을 피고 있기 때문에 이렇게 책망한 것이다. "관망하느냐?"는 "자세히 보다"라는 뜻으로 쳐다보기만 할 뿐 그에 따르는 아무런 행동도 하지 않는 것을 의미한다. 지금 기근과 흉년은 광범위하고 언제 끝이 날지도 모르는 심각한 것인데, 그의 아들들은 넋을 잃고 대책 강구도 없었다. 이것은 자신이 없고 단호한 결심이 없는 태도이다.

가나안이 약속의 땅이요 야곱의 가족이 하나님의 교회지만 그곳에 내려진 재난을 견디어내기는 어려웠다. 야곱은 하나님이 그들을 어떤 모양으로라도 도와주실 것을 믿었다. 하나님의 교회에도 영적인 흉년과 기근이 오는 경우가 있다. 그러나 그때에 애굽의 요셉 부자이신 예수에 대해 보고 듣고 찾아가는 결단이 필요하다.

2. 야곱이 아들들에게 애굽에 가서 사오라고 했다.

야곱이 애굽에 곡식이 있다고 들었다. 믿음은 들음에서 난다(롬 10:17). "귀있는 자는 성령이 교회들에게 하시는 말씀을 들을찌어다"(계 2-3장)라고 하였다. 어떤 경로인지는 알 수 없으나 야곱은 "저 애굽에 곡식이 있다"는 말을 들었다. 그것은 복된 귀이다. 우리는 먼저 "들어야 산다"는 것을 안다.

야곱이 이와 같은 소문을 듣지 못했더라면 흉년 기간 동안 절망이었을 것이다. 그것은 복음의 좋은 소식이었다. "저 애굽에 곡식이 있다"는 말은 "저 천국에는 영생이 있다, 저 천국 예수에게는 구원의 소망"이 있다는 뜻과 같다. 모든 무리들이 예수의 곁을 떠날 때에 예수께서는 제자들에게 "너희도 가려느냐?"하고 물으셨다. 베드로는 "영생의 말씀이 계시니 우리가 뉘게로 가오리이까?"라고 대답했다. 그것은 옳은 말이다.

우리를 위하여 사오면 우리가 살고 죽지 아니한다고 했다. 오늘 할 수 있는 일을 무한정 미루는 것은 옳지 못하다. 야곱은 아들들에게 빨리 애굽으로 내려가서 곡식을 사와야 식구들이 죽지 않고 살 것이라고 했다. 기근은 그만큼 심각했다. 그러나 야곱은 아브라함이나 이삭과 같이 식구들을 이끌고 애굽으로 이민할 생각은 하지 않았다. 그는 아들들이 단순히 애굽에 내려가 곡식을 사가지고 돌아오기를 바랬다. 그런데 하나님은 이 계획을 좌절시키시고 이 사건을 통하여 아브라함에게 약속한 언약을 이루셨다(46:7, 15:13). 이것은 하나님의 위대하신 보이지 않는 손길의 역사이다. 이런 자연현상적 사건을 통해서 요셉의 꿈은 실현되어 가고 있었기 때문이다.

요셉의 형 십인이 곡식을 사려고 내려갔다. 야곱의 열 아들들은 가족구원이라는 사명을 띠고 애굽으로 내려가지 않으면 안되었다. 그 길은 몹시 불안한 것이었다. 왜냐하면 요셉이 그들 때문에 종으로 팔려간 길을 이제 자기들이 걸어야 하기 때문이다. 그들은 요셉을 잊었을 것이다. 그러나 과거의 죄가 마음 속 깊숙이 숨어있다가 지금 이 순간에 머리를 들기 시작했다.

그들 열 명은 자기 종들을 보내지 않고 자기들이 돈을 가지고 직접 갔다. 요셉의 형들은 가정을 각기 이루고 있었다. 가장이 직접 할 일이 있고 종들에게 맡길 일이 있다. 가장이 된 그들은 자기 가족식구를 살리기 위해서는 자신들이 직접 애굽으로 내려가야 했다. 하나님을 공경하는 사람들은 자기 집을 잘 다스려야 하는 것이다.

3. 야곱은 요셉의 아우 베냐민은 그 형들과 함께 보내지 않았다.

가나안 땅에 기근이 있어서 애굽으로 보낸 것이다. 이것은 당시의 흉년과 기근이 심하되 가나안 땅에까지도 그 영향권에 있었음을 반복해서 기록하는 것이다(41:57, 42:2). 같은 내용이 이와 같이 몇 번씩 반복되는 이유는 그 일의 심각성을 나타내려는 것이다. 이것은 무익한 말이 반복된 것이 아니다. 역사의 새 페이지를 장식하기 위해서 그 내용이 재등장하는 것이다.

본문에서 가나안 땅에 사는 형들과 애굽 땅에 살고 있는 요셉과의 첫만남이 기록된다. 그러기 때문에 가나안의 기근과 애굽의 곡식에 대해 언급하는 것이다. 하나님의 구속사는 가나안에서 애굽으로 그 무대가 옮겨지는데, 흉년이라는 자연현상을 통해서 자연스럽게 되어 가는 것이다. 그것은 하나님의 계획 안에 섭리되는 것이며 결코 우연이 아니다. 소설같이 짜맞추는 이야기가 아니다.

요셉은 구주 예수의 모형이다. 그 형들은 택한 백성들이다. 성도는 주의 얼굴 뵙기 전에 환난과 기근을 겪어야 하고 통회자복하며 화목하지 않으면 안된다는 것이 본문의 영적 교훈이다.

요셉의 형들이 양식 사러 가는 자 중에 끼어내려 갔다. 이것은 "오는 자들 가운데 있으니"라고 해석되는 말이다. 다른 사람들 가운데 나타나기를 두려워서 무리들 가운데 자신들을 은폐하려고 한 것이 아니고 가나안 족속의 대상 가운데 일원이 되었거나 같은 양식을 구하러 가는 사람들 사이에 끼어서 애굽으로 간 것을 의미한다.

이것으로 미루어 볼 때 야곱의 열 아들 외에도 가나안 사람들이 곡식을 사려고 애굽으로 갔던 것을 알 수 있다. 세상에는 티끌처럼 많은 사람들이 살고 있지만 그들이 다 하나님의 구별해 놓으신 백성은 아니다. 하나님의 백성은 그들 가운데 섞여 있는 것이다. 세상 사람이 기근을 당할 때 함께 겪는다.

요셉의 열 형들은 한꺼번에 떼를 지어 다른 사람들 사이에 끼어 내려갔기 때문에 서로를 격려하고 용기를 주었을 것이다. 그러나 그들이 가장 우려했던 예감이 들어맞고야 만다. 그들은 요셉의 사건으로 인하여 애굽을 두려워 했다. 그 애굽에 가서 두려운 일들을 보게 되는 것이다.

야곱이 베냐민을 보내지 않았다. 야곱이 열 아들을 애굽으로 내려 보냈으나 요셉의 친동생 베냐민은 보내지 아니했다. 베냐민은 야곱의 만년에 끝으로 얻은 아들이요, 사랑한 라헬이 난산 끝에 죽으면서 낳아준 아들이며, 요셉의 친동생이었기에 요셉이 없어진 후 부터는 베냐민을 더 사랑했다.

이제 베냐민의 나이 20세 이상의 청년이 되었으나 요셉 대신 자기의 사랑의 대상이었는데 광활한 사막을 여행하다가 무슨 일을 당할지 모르는 일이고 요셉이 형들에게 갔다가 없어졌던 일이 있으므로 베냐민에게 또 어떤 재난이 닥칠까 걱정했기 때문이었다. 야곱은 요셉을 잊지 못하고 있었고 요셉을 향하는 마음 때문에 그의 동생 베냐민을 보호하리라고 생각했던 것이다. 재난이라는 말은 요셉의 운명을 되새기는 말인데 사람에게 해가 미치는 것, 먼 길을 가는 자에게 닥칠지도 모르는 불운을 의미한다.

요셉을 먼 길에 심부름 보냈다가 잃은 상처가 베냐민에게 또 미칠까 걱정한 것이다. 여기서 노쇠하여 허무해 하는 늙은 부모의 모습을 본다. 자식은 부모에게 효도해야 한다. 부모는 자식을 이렇게 깊이 사랑한다. 그러면서도 야곱은 열 아들을 믿지 않았다. 요셉의 사건 때문이다. 한 번 범죄하면 이렇게 신용을 회복하기가 쉽지 않다.

열 형을 시험하는 요셉

(창 42:6-20)

　요셉은 애굽의 총리대신으로 존경을 받고 있었다. 그러나 그는 항상 생각하기를 애굽은 고난의 땅이라고 여겼다. 그가 자손들이 번영하기를 바랐으나 애굽은 마음놓고 오래 살 곳으로는 생각지 않았다. 그가 일생 동안 애굽에서 살았으나 그가 죽을 때에는 그의 자손들이 자기의 뼈를 가나안으로 옮겨갈 것을 바라면서 애굽에 매장되었다. 요셉의 몸은 애굽에 있었으나 그의 마음은 애굽에 있지 않았다.
　요셉이 애굽의 총리대신이 된 다음에 애굽은 큰 풍년이 들었다. 요셉은 복을 받은 사람이며 그로 말미암아 그 나라와 국민들도 복을 받았다. 그가 보디발의 집에 있을 때 그 집이 복을 받았고, 그가 감옥에 있을 때 그로 말미암아 그 가운데 있던 사람들이 복을 받았다. 그가 애굽을 다스리는 동안 애굽이 복을 받았다. 후에 흉년이 들었으니 요셉이 아니었더라면 애굽 국민들은 굶어죽었을 것이다.
　요셉의 형들은 처음에는 요셉을 죽이려고 했고 팔려하지 않았다. 요셉을 죽이려고 한 이유는 요셉의 꿈이 맞지 않도록 하기 위해서이다. 요셉이 나이 어려서 그의 형들이 자기에게 절하게 된다고 꿈이야기를 했을 때 형들은 기분이 나빴다. 그 꿈은 보통 꿈이 아니고 하나님께서 계시하신 것이었다.
　요셉이 총리로 있을 때 마침내 열 형들이 양곡을 사기 위하여 궁궐에 왔다. 그들은 요셉을 알아보지 못하고 무릎을 꿇고 절함으로 그 옛날의 꿈은 이루어졌다.
　그 형들은 요셉의 꿈대로 될 줄은 몰랐다. 그의 형들은 사람의 방법으로 이 일을 파괴시키기 위해 자기들 손으로 요셉을 팔아서 애굽에 가게 했다. 하나님은 미리 계획이 있었으나 마귀는 사람을 통하여 하나님의 계획을 파괴하려고 하지만 파괴할 수가 없다. 하나님의 섭리는 그대로 이루어지고야 마는데 우리는 이 일에 근심할 필요가 없다.

어떤 일이든지 멀리 앞을 내다보아야 하며 중간에 파괴와 장애가 없을 수 없다. 그러나 하나님이 시작하신 것은 하나님이 끝을 맺으신다는 사실을 믿을 것이다.

1. 요셉은 형들을 알았으나 형들은 요셉을 몰랐다.

요셉의 형들이 요셉 앞에 엎드려 절했다. 요셉은 바로왕 다음 가는 지위에 있었지만 평민과 함께 섞여서 곡식 파는 일을 살폈다. 요셉의 허락이 있어야만 곡식을 팔 수 있었던 것 같다.

하나님의 사람은 사람들에게 영광받는 자리에 머물러 있지 않고 도리어 백성과 함께 고난받기를 좋아하며 신령한 영의 양식을 공급하는 데 힘쓴다.

열 형들과 요셉의 재회는 이런 상황에서 이루어졌다. 그들은 요셉의 꾼 꿈과 같이 요셉에게 엎드려 절했다. 이로써 요셉의 꿈은 성취되었다. "절하다"라는 말이 창세기 37:7, 9, 10에 이어 여기서는 반복해서 사용되는 것은 이 예언이 철저히 성취되었음을 보여주는 것이다. 사람들은 예수 앞에 무릎을 꿇어야 한다(롬 14:9-11).

요셉은 아버지에 대해 효자였고 친동생 베냐민을 잊지 못했다. 그가 애굽의 총리가 되어 전국 방방곡곡에 순찰했다. 병거를 타고 가면 며칠이면 갈 수 있는 가나안 자기 집에 갈 수 있었을 것이다. 하지만 요셉은 가나안의 아버지에게 가지 않았다. 그것은 꿈의 성취를 위해서였으리라고 생각된다. 요셉은 가족들을 애굽으로 데려올 준비를 하고 있었을 것이다.

요셉은 형들을 보는 순간 알았다. 요셉은 형들을 보는 순간에 자기 형들이라는 것을 알았다. 우리 예수께서는 자기의 백성들을 잘 아신다. 그러나 요셉은 모르는 체 했다. 그것은 형들을 골탕먹여 보복하려는 것은 아니다. 요셉은 마음이 넓고 관대한 인물이었다(45:5-7). 그렇게 옹졸하게 보복하려고 하지 않았다. 다만 형들이 이때에 회개하고 반성할 수 있게 하기 위해서 그렇게 한 것이다.

요셉이 꾼 꿈을 생각한 것은 교만한 인간적 행동이 아니고 하나님의 대결자로서 회개시키기 위한 사랑의 표현이다. 형들은 요셉을 보고도 몰랐다. 그들은 애굽제국의 가장 높은 총리자리에 요셉이 있으리라고는 꿈에도 생각 못했다. 요셉은 꿈을 기억하고 있었지만 형들은 그 꿈을 잊어버렸다. 하나님의 계시의 말씀을 마음에 담고 다닌다는 것은 우리 생애에 큰 도움이 된다.

형들은 요셉을 몰랐는데 그 이유가 무엇일까? 요셉이 외국어로 말하여 통역관을 세웠고 애굽인과 같은 옷을 입었으며 애굽 제사장이 있는 세마포 옷을 입었다. 그리고 세월이 20년이나 흘렀고 또 총리의 얼굴을 자세히 볼 수조차 없었기 때문일지 모른다. 그들은 요셉을 찾으려하지 않았다. 요셉을 찾아야겠다고 생각했다면 여러 면으로 주시해 볼 수 있었을 것이다. 요셉은 양식을 사러 오는 히브리인들이 있을 때에는 자세히 형제들이 있나 살펴보았다.

2. 요셉은 형들을 정탐이라고 하였다.

요셉이 엄한 말로 정탐이라고 했다. 형들은 20년 전에 헤어지고 애굽화되고 높은 총리가 된 요셉을 알아보지 못했다. 요셉은 그들의 숫자와 용모와 말씨와 의복 등을 보아서도 금방 알 수 있었다. 그러나 그는 자신을 드러내지 않고 애굽을 엿보려고 온 정탐이라고 엄한 말로 말했다.

당시에는 아시아 민족으로 말미암아 애굽이 침략을 받을 위험에 처해 있었기 때문에 외국에서 오는 정탐을 감시하고 있었다. 그러므로 그들이 정탐이라는 것은 무서운 말이다. "정탐"은 "찾기 위해서 헤매고 있다, 움직인다"는 뜻에서 온 말로 너희는 스파이라는 뜻이다. 기근으로 허약해진 상태를 보려고 온 것이 아니라 이 나라의 무방비

상태와 무보호 상태를 보려고 온 것이라고 몰아붙인 것이다.

"엄한"은 "혹독하게, 맹렬하게, 포학하게"라는 뜻인데 왜 그렇게 엄한 말로 몰아붙였는가? 그것은 요셉이 다정하게 말하면 자기 정체가 밝혀질지 모르기 때문이다. 또 자기 아버지와 베냐민에 대해 요셉은 "너희 말째 아우가 여기 오지 아니하면 너희가 여기서 나가지 못하리라"고 하였다. 그러므로 요셉의 형들은 요셉을 더 잘 알아보지 못했는지도 모른다. 애굽의 맹세, 바로의 생명 등을 서슴치 않고 말했기 때문에 애굽 출신 총리라고 단정했을지 모른다.

요셉이 "베냐민을 데려오라"는 것은 베냐민에 대한 확실한 정보를 얻으려는 것이었다. 그런데 형들에게는 큰 부담이 따르는 조건이었다. 너희가 정탐으로 형벌을 면한다 해도 바로가 죽일 것이라는 뜻이거나 바로가 살아있는 한 너희가 이곳에서 살아나게 되면 징벌이 나에게 임하게 되리라고 했다. 그리고는 그들을 삼일을 가두게 되었다.

요셉이 감정을 억제하고 인정을 초월하여 그들을 회개시키려 한 것이다. 그들은 요셉에게 가한 고난을 실제로 경험해야 했다. 그러나 요셉은 형들의 비인도적인 살인행위 때문에 13년을 고생했으나 형들은 삼일간만 갇히게 했다. 요셉의 옥고 3년에 비하면 아무것도 아니다.

요셉은 하나님을 경외한다고 했다. 형들을 가두어 놓고 삼일이 되니 요셉의 마음이 어느 정도 안정이 된 것 같다. 그리하여 그들을 해하지 않는다는 확신을 그들에게 주기 위하여 "나는 하나님을 공경하는 자"라고 말했다. 요셉의 지위가 높은 총리지만 그보다 더 높으신 하나님이 계시기 때문에 그들을 무고히 죽이는 일은 하지 않는다는 것이다. 그들 열 명의 형들은 두려워 떨었다. 그들 중 한 사람이 애굽에 인질로 잡혀있어야 하는데 누가 인질로 남을지 모르겠고, 가나안에 가서 베냐민을 아버지에게서 데리고 올 수 있을지도 걱정이었다. 더욱이 두려운 것은 요셉의 이러한 이유와 숨겨진 심리를 알 수가 없었다는 것이다.

요셉은 "한 사람이 옥에 있으라"고 했다. 처음에 요셉은 너희는 갇혀 있고 한 명이 고향에 가서 아우를 데려오라고(16절) 했지만 여기서 다시 한 명만 옥에 갇혀있고 아홉은 가서 말째를 데려오라고 했다.

"너희는 곡식을 가지고 가서 너희 집들의 주림을 구하라"고 했다. 형들이 요셉을 구덩이에 던져 굶어 죽게 했던 행실과 얼마나 차이가 나는가? 요셉은 기근으로 고생하는 자기 집안 식구들을 동정했으나 베냐민을 데리고 와야만 한다는 조건만은 단념하지 않았다.

말째 아우를 데리고 오면 죽지 않는다고 했다. 요셉이 베냐민을 데려오라는 대목에서 매우 강조적인 표현을 하고 있으나 노쇠한 아버지에 대해서는 걱정하는 말도 없이 생략되었다. 그것은 요셉이 얼마나 친동생을 그리워하고 사랑하고 있는가를 형들에게 보이기 위함이고 베냐민이 오면 아버지도 같이 오리라고 기대하는 것이거나 형들의 말의 진실성을 입증시키기 위함일 것이다.

베냐민과 야곱이 애굽에 오면 자신의 꿈의 성취가 되는 것이었다. 그러나 여기서 요셉은 그렇게 서둘러서 그 꿈을 실현시키려고 하지 않았다. 다만 베냐민이 보고 싶고 안전하게 잘 있는지 확인하고 싶으며 형들이 이 조건을 놓고 어떻게 처신하나를 보려고 한 것이다.

형들을 환대하는 요셉

(창 42:21-28)

　요셉은 열 형들 중에서 왜 시므온을 인질로 가두었을까? 성경에는 그 이유에 대하여 말하지 않고 있다. 추측컨대 애초에 요셉을 죽이려고 한 사람은 시므온이 그 주동자였기 때문일까? 시므온은 살인하려는 마음을 가졌으며 많은 사람을 죽이기도 했다. 세겜 남정들이 그의 칼에 희생된 것이었다. 야곱은 베냐민이 그의 형들과 함께 애굽에 가는 것을 원치 않았으나 돌아올 때 시므온 한 사람이 없을 뿐 아니라 그들이 다시 곡식을 구하러 베냐민을 데리고 갈 때에 그 일에 대해서도 엄격한 당부를 했다.
　이런 일들은 야곱으로 하여금 더욱 상심케 했다. 36절에 야곱의 마음이 그대로 나타나고 있다. 야곱의 처지에서 보면 이 모든 일들은 좋지 못한 일뿐 아니라 사실은 그를 괴롭혔다. 20년 만에 형제가 상봉하는 일이기 때문에 사실은 좋은 일이었다. 그런데 그는 이런 일을 내다보지 못했다.
　하나님께서 함께 계시면 나쁜 일도 좋은 일처럼 된다. 하나님은 다 아신다. 좋은 일도 좋지못한 일도 아신다. 기사와 이적은 주님에게 있다. 후에 야곱의 아들들이 야곱에게 돌아와서 "요셉은 아직 살아서 애굽의 총리대신이 되어 있다"고 고했다.
　이 말을 들은 야곱의 마음은 또 한번 섬뜩했다. 왜냐하면 야곱은 그들의 말을 믿지 않았기 때문이다. 전에 그의 아들들이 야곱을 속여 요셉은 들짐승에게 물리어갔다고 했을 때 거짓말이었는데도 야곱은 그 말을 믿었다. 그런데 지금 아들이, 즉 요셉이 애굽에 살아서 총리가 되었다는 열 아들들의 말은 참말인데도 그는 도리어 믿지 않고 마음이 섬뜩해졌다.

인간은 참말은 믿지 않고 거짓말은 믿는다. 그러나 요셉이 마차를 몰고 야곱을 모시러 왔을 때에 비로소 믿었다. 진실로 인간들은 예수께서 우리를 위해 세상을 구원하러 오셨다는 말, 십자가에 죽었으나 다시 부활하사 천국의 통치자가 되어 다시 우리에게로 재림하신다는 분명한 사실을 말해줘도 믿으려고 하지 않는다. 그러나 보지 못하고 믿는 자는 복이 있는 것이다.

1. 요셉의 형들의 회개와 깨달음이 있다.

그들은 요셉에게 범죄한 것을 기억했다. 요셉의 형들은 하나같이 요셉 앞에서 비통함을 맛보게 되고 회개하는 말을 한다. 요셉이 하나님을 경외한다는 말이 그들의 반성을 일깨어 주었는지 모른다.

요셉에 의해서 엄한 취급을 받고 옥에 갇힌 그들은 자기들이 요셉에 대하여 지은 죄를 기억하게 되었다. 사람은 고난을 통해서 자기의 죄를 깨닫게 된다. 하나님께서는 사람을 회개시킬 때 고난을 사용하신다. 이처럼 고난과 죄의 상관관계는 매우 밀접하다. 그러나 모든 고난이 반드시 죄의 결과는 아니다. 요셉이 당했던 고난은 죄 때문에 받은 고난이 아니었다. 요셉이 장기간의 고난을 당했던 것은 그의 신앙을 연단시키기 위한 하나님의 방편이었던 것이다.

그들은 그들의 죄를 자복하였다. 그들은 서로 말하기를 "우리가 아우의 일로 인하여 범죄하였노라"라고 했다. 그들은 많은 죄를 지었지만 20년 전에 요셉을 은 20에 팔고 노예로 넘긴 죄에 대하여 잊을 수 없는 것이었다. 그 범죄가 이제 요셉에 의해서 회상하게 된 것이다.

"범죄하였도다"라는 말은 창세기에서 죄를 시인한 첫 번째의 경우이다. 요셉은 그들이 요셉을 판 죄악에 대하여 자복하며 뉘우치는 말을 다 들었다. 그렇다. 하나님 아버지는 우리가 예수께 대하여 지은 죄를 회개하고 고백하면 다 들으신다.

그들은 그들의 받을 벌을 인정했다. 그들은 "요셉이 애걸할 때에 그 마음의 괴로움을 보고도 듣지 않았으므로 이 괴로움이 우리에게 임하도다"라고 하였다. 그들은 요셉의 분노와 그들의 절망을 표현하는 말에 같은 어휘를 사용했다. 그들은 그들의 악행 때문에 하나님께서 그들을 괴롭게 한다고 말했던 것이다. 르우벤은 그들에게 말하기를 "내가 너희더러 그 아이에게 득죄하지 말라고 하지 아니하였느냐 그래도 너희가 듣지 아니하였느니라 그러므로 그의 피값을 내게 되었도다"라고 말했다.

그들은 그들에게 임한 이 괴로움이 요셉의 피값으로 알았다. 유대인들이 예수를 죽일 때에 "그 피를 우리와 우리 자손에게 돌릴찌어다"(마 27:25)라고 하다가 예수 죽인 죄의 피값을 얼마나 많이 지불했는가? 하나님의 징계는 영혼으로 하여금 죄를 깨닫게 하고 겸손케 한다.

2. 요셉이 형들에게 환대하였다.

요셉이 형들끼리 하는 말을 다 들었다. 요셉은 히브리인으로서 히브리말을 잊지 않았지만 자신의 신분을 감추기 위해서 통역관을 세워 완전한 애굽인 총리인 것처럼 행동했다. 이러한 사실을 알 리 없는 요셉의 형들은 히브리말로 자신들의 진실을 말했다. 요셉은 형들의 회개하는 말을 들었고 그 말을 들으면서 형들을 불쌍히 여기는 생각이 북받쳐서(잠 28:13) 그들을 떠나 은밀한 곳에 가서 울었다. 요셉은 형제들과 만날 때에는 엄한 사람으로 했으나 여기서는 지극히 인간적인 면이 있음을 나타냈다.

요셉은 그렇게 엄하기만 한 사람이 아니었다. 눈물의 사람이었다. 하나님의 섭리 속에 형들을 재회하는 감사와 감격 때문에 인간적인 눈물을 흘리지 않을 수 없었다. 우리 예수께서도 심한 통곡과 눈물로 우리를 향해 우셨다(히 5:7-9). 요셉의 울음은 온화한 마음의 소유자이며 회개하는 죄인을 향한 하나님의 사랑을 나타내는 것이리라(렘 31:20, 삿 10:16).

요셉은 시므온을 그들의 목전에서 결박했다. 요셉이 열 형들 중에 왜 하필이면 시므온을 결박하고 옥에 가두었을까? 분명한 설명은 성경에 없어서 알 수 없으나 시므온이 세겜족을 살육하는 데 앞장서고 요셉을 죽이는 일에도 주동했기 때문이 아닌가 생각된다. 르우벤은 지난날 그 일을 반대했으므로(37:21, 22) 둘째 시므온을 지목한 듯 하다. 요셉은 그들 모두에게 자극을 주고 요셉을 팔 때에 그들이 공모해서 행했던 죄악을 상기시켜 주기 위해서 시므온을 그들이 보는 앞에서 결박하여 옥에 넣었던 것이다.

요셉이 형들에게 곡물과 돈을 넣어 보냈다. 요셉은 자기의 정체를 숨기고서도 베풀 수 있는 최대의 선을 행했다. 시므온은 투옥하고 아홉 명의 형들의 자루에 곡식을 채우게 하고 각인의 돈은 그 자루에 넣었으며 가나안으로 가는 동안 양식으로 사용할 수 있는 곡식을 따로 준비해 주었다.

이것은 후에 그들에게 대하여 다른 구실을 만들기 위함이 아니고 자기 가족들에게 돈을 받고 곡식을 파는 자체가 옳지 않았기 때문이다. 형들은 요셉을 미워했지만 요셉은 아버지와 형들과 아우 베냐민 그리고 수십명의 조카들을 사랑하기 때문이다.

3. 요셉의 형들이 떠나 객점에서 두려워 했다.

그들이 곡식을 나귀에 싣고 떠났다. "그들이 곡식을 나귀에 싣고 그것을 떠났다"고 했다.

열 형제들이 서로 위로하면서 먼 가나안에서 애굽까지 양식을 구하려고 왔건만 참으로 예상도 못한 일로 인하여 정탐꾼으로 몰려 야곱의 둘째 아들 시므온을 애굽의 감옥에 둔 채 무거운 발걸음으로 떠나지 않을 수 없었다. 20년 전 살려달라고 발버둥치며 애원하는 요셉을 애굽의 종으로 팔고 아비집으로 아무 일 없었다는 듯이 매정하게 돌아갔던 그 형제들이 이번에는 시므온을 바로왕 치하의 감옥에 두고 그 때 형제들이 가나안으로 돌아가는 그 심정이 어떠했을까?

마음 속에서 양심이 말하는 것은 외부에서 하나님이 하시는 말씀의 메아리 바로 그것이다. 그들은 "그 아이"(22절)에게 죄를 졌다고 했다. 아이들에게 죄를 짓는 경우는 많이 있을 것이다. 버릇없이 아이를 키우거나 아이들을 너무 거칠게 하거나 나쁜 본보기를 보이거나 어린 아이를 팔아 돈을 버는 일, 그리고 마지막으로는 아이들을 구원에 이르게 하는 제반 수단들을 무시하는 것 등이다. 그들은 아이라는 어린 요셉을 팔아먹는 죄를 진 것이었고, 양심의 가책을 무섭게 받고 가나안으로 돌아가면서도 인질로 잡혀 돌아가고 있는 것과 같다고 할 수 있다.

이것은 하나님의 큰 은혜였다. 요셉의 아홉 형들이 곡식을 나누어 싣고 가다가 그날밤 길가에 있는 객점에서 쉬게 되었다. 객점은 호화로운 여관은 아니고 여행인이 하루밤 쉬어갈 수 있는 숙박소이다. 그들은 객점에서 나귀에게 먹이를 주려고 곡식자루를 열어본 것이다. 그랬더니 곡식은 물론이고 돈까지 넣어있는 것이었다.

그것은 그들을 해치려는 것이 아니고 은혜를 베푼 것이다. 그것은 요셉이 그렇게 한 것으로 아버지와 베냐민과 조카들의 생명을 풍부하게 하기 위한 배려였던 것이다. 하나님은 은혜의 양식, 구원의 양식을 구하고자 마음의 자루를 들고 오는 자에게 넘치는 은혜를 쏟아 부어 주시고 우리가 알지 못하는 것까지 주신다. 값을 받지 아니하신다. 그것은 사랑이다. 요셉이 그들을 사랑했다. 그들은 요셉을 미워했으나 요셉은 그들을 사랑했다. 그리하여 더 주고 양식과 돈과 노자를 주었다.

그들은 혼이 나서 떨었다. 그들은 "하나님이 어찌하여 우리에게 이 일을 행하셨는고"하며 놀랐다. 떨며 두려워했다. 예기치못한 일이 갑작스럽게 발생하여 어안이 벙벙했다. 자기들에게 정탐이라고 엄하게 야단치고 시므온이 인질로 옥에 갇혀 있는 상태에서 그들은 놀랍고 두렵지 않을 수 없었다.

또 무슨 트집이라도 잡히는 것은 아닐까 하는 두려움일 것이다. 베냐민 문제에 이어 이해할 수 없는 이 사건이 자신들의 과거 잘못에 대한 형벌로 생각하게 했다.

다시 애굽에 내려가는 날에 도적 누명을 씌우지 않을까 하는 염려였다. 죄를 지은 자는 좋은 섭리를 나쁜 의미로 받아 들이려 하고 자기를 위하는 것까지도 나쁘게 받아들인다. 쫓아가는 자가 없으나 도망친다. 그들은 요셉의 은밀한 사랑을 알지 못했다. 세상에 믿지 않는 사람들은 예수의 속죄로 나타난 사랑을 이해하지 못하여 두려워한다.

  요셉의 형들은 요셉을 팔아 은 20을 받고 피눈물을 흘리며 짐승 끌려가듯이 노예로 넘겼으나 요셉은 자기가 걸었던 그 길을 돌아가는 그 형들에게 돈을 넣어주고 양식을 넉넉하게 해주고 노상의 경비까지 준비해 보냈다.

가나안으로 돌아간 형들

(창 42:29-38)

20년의 세월이 흐른 지금 요셉은 자기를 팔아먹은 형들을 보고 울었다. 자기를 무자비하게 대했던 과거의 일을 형들이 진심으로 뉘우치는 것을 들었을 때 요셉의 눈에서는 눈물이 솟구쳐 흘렀다. 수많은 생각들과 즐겁고 괴로웠던 많은 기억들이 그의 마음 속에서 한꺼번에 끓어올랐던 것이다. 비록 요셉을 그토록 미워해서 애굽의 종살이 13년을 시킨 형들이긴 해도 형제는 분명 형제인데 잠시나마 그들을 정탐으로 몰아 옥에 가두고 고통을 주고 있다고 생각하자 요셉은 울음이 북받쳐 참을 수가 없었다.

그는 자기가 고통 당하던 어린시절에 느꼈던 고통을 기억하고도 울었을 것이고, 형들에게 그렇게 애원하며 살려달라고 매달려도 아무 소용이 없어서 캄캄한 절망 속에 끌려갔던 당시의 일을 생각하고 울었을 것이며, 사랑하는 아버지와 친동생 베냐민에 대한 그리움에 울었을 것이다. 그러나 요셉은 자기가 우는 모습을 형들에게 보이고 싶지 않았다. 터져나오는 격한 감정을 누르면서 형들로부터 떠나가서 울었다. 남몰래 흘리는 눈물이야말로 인간의 마음을 가장 진실하게 나타내는 것이라고 할 수 있다.

아무도 모르는 자기만의 슬픔을 안고 조금 전까지도 당당하던 요셉이 남모르게 흘리는 눈물은 우리에게 많은 교훈을 준다. 인간이 인간 관계를 가짐에 있어서 서로를 완전히 알 수 없는 것은 사생활이 있기 때문이며, 또 남과 다른 경험을 지니고 있기 때문이다. 그리고 우리는 우리의 사생활이 공개되는 것을 원치 않는다.

요셉은 형들을 가나안으로 돌아가게 했다. 그러나 시므온을 인질로 가둔 상태에서 허락했다. 그들이 애굽에서 받은 대접은 친절과 가혹한 처사가 뒤섞여 갈피를 잡을 수 없는 것이었다. 아버지에게는 무엇이라고 말해야 하나? 오래 전에 요셉없이 집에 돌아갔던 그 충격으로부터 아직도 벗어나지 못한 아버지에게 시므온도 없이 돌아가고 게다가 베냐민까지 애굽으로 데려가야 하는 말을 해야 하니 그들의 난처함은 이루 말할 수 없었다. 그들이 걷고 있는 이 길은 그들이 종으로 끌려가는 요셉을 지켜본 그 길이다. 그들의 감정은 복잡했다.

1. 요셉의 형들이 야곱에게 모든 것을 고했다.

그 땅의 주가 정탐으로 여겼다고 했다. 가나안 땅에 도착한 요셉의 아홉 형제들은 애굽에서 일어난 모든 일을 아버지 야곱에게 고했다. 우선 그들은 총리에게 "정탐자"로 오해를 받았다고 고했다. "그 땅의 주 그 사람"이라고 했다. 그것은 자신들의 동생, 애굽의 총리인 요셉을 지칭한 말이다. 실로 우리의 예수 그리스도는 그 땅의 주 그 사람, 천국의 주인이시며 동시에 우리와 같은 성정을 가지신 사람이시다. 그들이 그 땅의 주 그 사람이라고 한 말은 애굽과 요셉이 모두 대명사로 언급되었다. 이것은 가나안 땅에도 애굽 총리에 관한 이름이나 소문이 널리 퍼져 있었음을 암시한다.

"엄히 말씀하고…"는 무서운 어조로 말했다는 것으로 그들이 애굽에서 받았던 강한 인상을 반영한 말이다. 그당시 그들은 죽음이 아니면 모진 옥살이를 상상했던 것 같다. 그들은 애굽에서 의심받고 위협을 당했다.

우리는 독실한 자요 정탐이 아니라고 했다. 그들의 가정은 독실한 하나님 믿는 가정이요 한 아버지의 아들 12형제로 하나는 없어지고 말째는 오늘 우리 아버지와 함께 가나안에 있으니 결코 우리는 정탐이 아니라고 말했다. 그들은 지금까지 애굽에서의 일을 소상하게 아버지에게 고하는데 거짓말을 하거나 숨기는 일이 없었다. 요셉을 팔았을 때에 피묻은 채색옷을 보이면서 짐승에게 먹혀 죽은 것이 분명하다고 했던 그 거짓말을 이번에는 하지 않은 것이다.

그들은 그만큼 고난 가운데서 지난 날 거짓말한 것에 대해 회개한 것이다. 회개에는 합당한 열매가 열리는 법이다. 요한은 "볼찌어다 구름을 타고 오시리라 각인의 눈이 그를 보겠고 그를 찌른 자들도 볼 터이요 모든 족속이 그를 인하여 애곡하리라"(계 1:7)고 말했다.

요셉은 죽음의 옥에서 살아 총리가 되어 형들이 직접 요셉을 보았다. 그들은 찌른 자들, 즉 핍박한 자들이었다. 보고서도 요셉을 몰랐다. 우리의 삶에 있어서 우리의 미래는 항상 가리워져 있다. 그러나 그 미래는 서서히 단계적으로 드러나기 때문에 부분만 보고 그 부분이 속한 전체를 보지 못하는 무지한 인간들은 미래를 두려워한다.

형제중 하나를 두고 양식을 가져가라고 했다. 그들의 보고 중에는 한 사람을 볼모 잡힌 후 베냐민을 데려오라는 요셉의 명령을 거론하지 않았다. 즉 시므온이 구금된 사실을 보고하지 않았는데 그것은 될 수 있는 한 늙으신 아버지에게 조금이나마 부담과 충격을 덜 드리려 함인 것 같다. 20년 전에 요셉을 판 때에는 아버지에게 피묻은 채색옷을 보이면서 속으로 아버지가 괴로워하는 것을 보고 쾌감같은 것을 느꼈던 그들이 이제는 아버지의 마음을 조금이나마 헤아려드리며 변해있다는 것을 볼 수 있다.

그들은 요셉이 "너희 말째 아우를 내게로 데려오라"고 했다고 고했으며 베냐민에게 어떤 불리한 처리를 하기 위함이 아니고 시므온과 함께 보내기 위함이라고 한 것이다. 야곱에게는 또 한 차례의 무서운 고난의 태풍이 불어치는 것이었다.

이세상에서 우리 인간들이 여러 가지 신앙상의 훈련과 연단을 받는 가장 큰 목적은 미래에 올 삶에 있어서의 완전한 행복을 준비하는데 있는 것이다. 야곱에게는 서서히 그토록 그립고 사랑했던 요셉을 보게 되는 시간 속으로 진입하고 있었던 것이다. 그런데 야곱은 그것을 모르고 한탄했다.

각인의 자루에 돈뭉치가 들어있는 것을 알았다. 이제 집에 와서 보니 아홉 형제 모두의 자루에 돈 뭉치가 들어 있었다. 그들은 두려워

했다. 물론 이런 일은 요셉이 선한 목적으로 그렇게 한 것이다. 이것은 야곱의 온 가족으로 하여금 두려워하게 했다. 이 사건은 그들의 강퍅한 마음을 돌이키는 역할을 한 것이었다.

죄는 어떤 형태로든 죄지은 자를 집요하게 뒤쫓는다. 그들은 요셉이 두려운 것이 아니었다. 그들 자신들 속에 숨어있는 죄가 두려웠던 것이다. 죄를 범한 양심만큼 인간을 두렵게 하는 것은 없다. 그들은 지금까지 잊고 있던 하나님을 기억했다(28절). 그런 의미에서 그들의 현재 당하는 일은 유익한 것이었다.

두려워할 일이 아니었다. 그 돈은 아들이요 동생이요 형인 요셉이 아버지와 형제들을 세심하게 배려해서 보낸 것이기 때문이다. 그러므로 그들의 두려움은 무지의 열매였다. 여기서 우리는 하나님께서는 살아계셔서 사람을 행한 대로 갚으시는 것을 볼 수 있다. 야곱은 옛날에 자기 아버지를 속여 축복을 받았었기 때문이다(27:18-29).

2. 아버지 야곱이 한탄하며 슬퍼했다.

요셉도 없고 시므온도 없다고 했다. 야곱은 애굽에 현재 살아있는 두 아들에 관해서 잘못 생각하고 있는 것이다. 요셉은 죽은 것으로 잘못 생각한 것이고 시므온 역시 요셉과 비슷한 운명에 처한 것이 아닌가 하여 심히 한탄하며 슬퍼하고 두려워하는 것이다. 그러나 요셉은 지금 애굽 대제국의 존경받는 총리대신의 권좌에 앉아있고 시므온도 잠시 감금되어 있으나 영광에로의 도상에 있는 것이다. 그런데 야곱은 이것을 모르므로 슬퍼하는 것이다. 야곱과 비슷한 상황에 처한다면 인간은 누구나 저도 모르게 이런 탄식을 말할 것이다.

이성과 경험이 함께 어우러짐으로써 우리의 믿음을 도와준다. 우리는 하나님께서 우리에게 행하시는 모든 것이 비록 우리에게는 가장 무겁고 암담하게 여겨질지라도 실제로는 우리를 해롭게 하려는 것이 아니라 우리를 위한 것임을 발견하게 된다.

너희가 나의 자식들을 잃게 한다고 했다. 야곱은 자기의 아들들이 하나 둘 자신의 품을 떠나는 것 같고 또 여기있는 자식들마저 믿을 수 없다는 불안감을 가졌다. 야곱은 요셉의 실종에 대해서 다른 아들들과 관계가 되어 있다고는 생각하지 않았다. 이 말은 야곱의 깊은 슬픔을 표현하는 것이다. 그런데 애굽에서 돌아온 여러 아들에게 두 아들이 다같이 없어진 것을 책망한 것은 너무 성급한 판단을 해서 그들의 인격을 몰아친 듯한 느낌이다. 사람은 자신이 잘 알고 있는 것까지도 신중을 기해서 말하는 것이 좋다.

우리는 세상일을 대함에 있어서 얼마나 무지한가? 우리는 겨우 몇 가지 두드러진 사실들에 관해서만 단편적으로 알고 있을 뿐, 그 사실의 숨은 연관성이나 장기적인 의도나 하나님의 계획의 결과에 대한 것들은 전혀 우리 눈에서 가리우져 보이지 않고 있다. 우리가 볼 수 있는 시계는 한계가 있다. 우리가 알 수 있는 하나님의 섭리에도 한계가 있는 것이다. 그러므로 하나님의 도모하시는 일을 우리가 함부로 속단해서는 안된다. 야곱의 탄식은 고뇌하는 그리스도인의 모습이지만 그것은 연약한 믿음에서 나온 것이고 온전치 못한 것이었다.

모든 것이 합력하여 선을 이루고 야곱에게 주어진 숱한 시련과 고통들이 축복으로 바뀌어져 왔기 있었기 때문이다. 우리는 과거의 경험에 의해서도 과거에 겪은 모든 시련들이 결국은 오늘 우리의 영적인 성장에 큰 유익을 가져다 주었다는 것을 알 수 있다.

이는 다 나를 해롭게 한다고 했다. "다 나를 해롭게 한다"는 것은 "그것이 나혼자 감당해야 하는 무거운 고충이로다"라는 뜻으로 야곱이 지금 얼마나 절망, 처절한 심정인가를 나타내는 것이다. 그러나 이것은 야곱의 단견인 것이다. 그에게 다가오는 상황은 야곱에게 절망적인 처절함이 아니라 그렇게 사랑했던 요셉까지 만나게 되는 방향으로 유익하게 진행되고 있다.

우리는 야곱의 이 탄식하는 말에서 몇 가지 깨달을 수 있다.

첫째, 하나님의 신실성을 무시하는 말로써 불신과 경솔한 판단의 잘못을 범하는 것이다.

둘째, 야곱의 판단은 과장되었다는 것이다. "다"라는 말이 그것이다. 우리는 생활가운데 우리의 슬픔과 고통을 실제보다 훨씬 크게 말하는 일이 많이 있다.

　셋째, 야곱의 탄식은 무책임한 말이다. 그는 아들들에 대해 이해심이 없었고 심지어는 악하다고 할 만한 표현을 썼다. 시므온이 인질로 잡힌 것은 그 아들들의 책임이 아니었다. 베냐민을 데려가는 것도 그렇다.

　넷째, 야곱의 탄식은 육적인 것이다. 하나님의 사람으로의 말이 없으며 인간적인 감정으로 한탄했다.

　그것은 판단을 잘못한 것이다. "요셉도 없어졌다"고 했지만 요셉은 살아있다. "시므온도 없어졌다" 했지만 오히려 그는 없어지지 않고 고약하고 악한 성품을 고쳐주기 위해서 요셉이 잠시 감금해 두고 있는 것이다. "베냐민을 빼앗아 가려 한다"고 했지만 요셉을 만나러 가는 것이지 빼앗기는 것이 아니다.

　그리고 보면 이 여러 일들이 야곱을 해롭게 하는 것은 하나도 없음에도 야곱은 "다 나를 해롭게 한다"고 하는 것은 어이가 없는 것이다. 신앙이 연약해지면 그렇게 된다.

　3. 야곱이 르우벤의 간청을 거절했다.

　르우벤이 아버지 야곱에게 간청했다. 르우벤은 이스라엘의 장자이다. 그는 장자답게 여러 동생들에게 애정을 가지고 대헸다. 강한 책임감이 있었고 형제우애하는 말이였다. 요셉의 형들이 요셉을 죽이려고 했을 때에 르우벤이 요셉을 살리려고 구명에 힘썼고 그것이 실패했을 때 나는 어떻게 아버지에게 가서 뵐 수 있을까 하며 괴로워 했다.

　그런데 이제 수십년이 지난 오늘 또다시 시므온이 애굽의 옥에 인질로 잡혀있으니 그 동생을 살려내서 데려오겠다는 각오를 하고 아버지에게 베냐민을 데리고 애굽에 가도록 간청을 한 것이다. 그러나 우리는 이스라엘의 장자에게서 너무나 약한 모습을 볼 수 있다. 왜냐하면 요셉을 팔 때의 주동은 첩의 소생들이었다. 얼마든지 맏형의 권위를 가지고 요셉을 보호해 줄 수 있고 또 아버지에게 무사히 요셉을 데리고 와야 하는 책임도 있었다. 그런데 그런 일을 하지 못해서 동조자가 된 것이다.

이번에 시므온 인질사건도 요셉이 시므온의 인간 기질을 고쳐주기 위해서 그를 지목하여 가두었지만, 맏형으로서 요셉에게 간곡히 사정할 수도 있었을 것이다. 그러나 그는 그렇게 하지 못했다.

르우벤이 내가 그를 데려오겠다고 했다. 족장시대에는 아비가 자식의 생사권을 쥐고 있었다. 르우벤은 아버지에게 "내가 그를 아버지께로 데리고 오지 아니하거든 나의 두 아들을 죽이소서"한 것이다. 그러니까 르우벤은 자기의 두 아들의 생명을 합법적으로 아버지에게 위임하겠다는 것이다. 그러나 이 말은 무가치하고 순간적인 감정에서 말한 분별력없는 경솔한 말이다. 왜냐하면 야곱이 한 아들의 죽음에 두 손자의 살인을 더하는 것이 무슨 유익이 있겠는가?

르우벤은 "그를 내 손에 맡기소서 내가 그를 아버지께로 데리고 돌아오리이다"라고 말했다. 그것은 강력한 단정의 말을 피한 말이다. 그는 요셉을 아버지께로 데려오기를 원했었지만 형제들을 설득시키지 못했고 시므온을 안전하게 데려오기를 희망했었지만 애굽에 놓고 온 것이다.

우리는 르우벤이 한 말을 해서는 안된다. 우리는 "사람이 마음에 많은 계획이 있어도 오직 여호와의 뜻이 완전히 서리라"(잠 19:21)는 말씀을 명심할 것이다. 확실치 않은 미래사를 놓고 자기 아들들의 생명을 건다는 것은 아무리 부자간의 약속이라 할지라도 경솔한 언행이 아닐 수 없다.

야곱이 베냐민을 보낼 수 없다고 했다. 야곱이 베냐민을 애굽으로 아들들과 함께 보내지 않겠다는 결심을 하는데는 몇 가지 이유가 있다.

첫째, "너희와 함께 내려가지 못하리니" 한 것을 보면 그 아들들을 믿지 못하기 때문이다. 야곱은 요셉이 그들과 함께 있은 후 다시 볼 수 없게 되었기 때문에 그들을 믿지 못하겠다는 것이다. 자식들이 너무 악하여 부모가 자식을 믿을 수 없다는 것은 가정의 불행이요 비극이다.

둘째, 라헬의 자식 중 유일한 아들이다. 야곱은 라헬을 사랑했다. 요셉과 베냐민은 라헬의 소생이다. 라헬은 죽었다. 요셉도 죽었다고 한다. 이제 베냐민마저 그들의 손에 맡겨 애굽으로 보낸다는 것은 위험천만하다고 생각했기 때문에 보낼 수 없다고 한 것이다.

셋째, 그들의 길에서 재난이 미칠까 해서이다. 야곱은 그 아들들이 베냐민을 데리고 간다고 해도 가는 길에서 재난이 베냐민의 몸에 미치게 될까봐 못보내겠다고 했다. 그들이 요셉을 팔아버리고서 짐승의 밥이 되었다고 거짓말했는데 짐승으로 인하여 요셉이 죽었다면 베냐민도 그들과 함께 가다가 강도에게나 짐승에게 재난이 미칠 수 있다고 걱정하는 것은 당연한 것이다.

넷째, 나의 흰머리로 음부로 내려가겠기 때문이라고 했다. 이 말은 "늙은 이의 한 많은 죽음"(44:31)을 의미하는데 야곱이 요셉의 죽음을 전해들을 때 옷을 찢으면서 한 말이다(37:34-35). 이 말은 베냐민이 재난을 당했을 때 죽음과 같은 비참한 슬픔을 자신이 겪게 된다는 것이다. 음부는 죽은 자들이 거처하는 지하세계이다.

그러나 이상과 같은 탄식과 거절의 이유는 믿음이 연약하기 때문이었다. 그는 하나님에 대해서는 한 마디도 언급하지 않고 있음을 보아서 알 수 있다. 하나님은 야곱의 가족을 위하여 구원의 시간표대로 진행시키고 계시는데 베냐민을 잃는다고 해서 음부에 내려간다고 슬퍼한 것이다. 베냐민이 자기의 하나님, 자기의 생명, 자기의 영원한 기쁨이라도 되는 듯이 말이다.

야곱의 신앙적 결단

(창 43:1-15)

요셉은 예수 그리스도의 모형이다. 어떤 사람은 요셉의 전생애에서 우리가 발견할 수 있는 예수 그리스도의 모형으로 26가지 이상이나 된다고 말하고 있다.

요셉은 야곱의 여러 아들을 가운데 열한 번째 아들이었으나 아버지가 요셉에게 채색옷을 입힌 것은 장자의 지위를 의미하고 아버지의 사랑을 나타낸 것이다. 마찬가지로 예수는 하나님의 아들이시며 하나님의 사랑하는 아들, 기뻐하시는 아들이시다.

요셉은 아버지의 명령을 따라서 그 형들을 찾아간 것처럼 예수께서는 하나님의 명령을 받으시고 유대나라에 탄생하사 그의 족속을 찾아 오셨다. 그러나 형들이 요셉을 보고 죽이려 하고 팔아먹은 것같이 예수께서 자기 땅에 오매 자기 백성이 영접지 아니하고(요 1:11) 가룟 유다에 의해 팔려 십자가에 죽으셨다.

요셉이 감옥에 들어간 것은 예수께서 무덤에 내려가심이요 요셉이 종으로 팔린 것같이 예수는 종의 형체를 가져 사람들과 같이 되심이다(빌 2:7). 요셉이 감옥에서 나온 것은 예수께서 죽음에서 부활하심이다. 후에 요셉이 바로를 본 것은 예수께서 승천하여 하늘의 영광을 보심이며 총리가 되어 다스림은 예수께서 세상에 강림하여 왕으로 세상을 다스림의 모형이다.

요셉이 형들을 만난 것은 유대인이 장차 예수와 화합할 것이고 요셉이 형들을 3일간 감옥에 가두는 것은 유대인에게 재난을 겪게 하사 회개시키시는 것이다.

인간은 인생을 살면서 결단하지 않으면 안되는 순간을 맞는다. 결단의 시기를 잘잡느냐 놓치느냐에 따라서 인간의 성공실패가 결정되는 것이다. 야곱은 언제까지나 이렇게 베냐민을 붙잡고 마냥 있을 수만은 없었다. 마침내 자신의 고집을 꺾고 아들들과 함께 애굽으로 내려보내게 되었다. 그 땅에 기근이 심해지고 있었기 때문이다. 14절에 보면 "베냐민을 잃게 되면 잃으리라"고 했다.

그것은 야곱이 자신의 인간적인 마지막 기쁨과 소망을 온전히 포기한다는 결단인 것이다. 자기가 가장 사랑한 베냐민을 포기한다는 것이다. 그러나 결과적으로 살아계신 하나님의 놀라운 축복과 은혜가 야곱의 가정에 찾아오게 되었다. 세상적인 것을 포기할 때 하늘의 기적이 일어난다.

1. 가나안땅에 기근이 심했다.

그 땅에 기근이 심했다. "그 땅"은 야곱의 가족들이 살고 있는 가나안 땅이다. 하나님께서는 이 땅을 언약의 자손들에게 영원한 기업으로 주셨다. 그런데 그 땅에는 기근이 가끔씩 일어났다.

아브라함 때에도 가나안에 기근이 심했기 때문에 애굽으로 내려갔던 일이 있다. 그러나 야곱은 이렇게 심하게 기근이 계속되었지만 가나안 땅을 떠나지 않았다. 그것은 그 땅은 약속의 땅이기 때문이다.

베들레헴에 흉년이 들었을 때에 나오미의 가족 식구들은 모압으로 이주했다가 남편이 죽고, 아들 둘이 다 죽었다. 그것은 약속의 땅을 버리고 이방나라로 내려간 그들에게 주어진 형벌이었다.

가나안이라는 하나님의 약속지에도 기근은 있을 수 있다. 그것은 우리 하나님의 백성들을 연단시키고 믿음으로 교육하시기 위한 것이다. 더욱이 야곱 당시의 기근은 애굽에서 총리가 되어 있는 요셉에게 가까이 가게 하시는 하나님의 은혜였다. 기근과 흉년 때문에 풍년 때 저축한 곡물이 있는 애굽으로 가게 된 것이기 때문이다.

애굽에서 사온 곡식을 다 먹었다. 야곱이 결단을 내릴 수밖에 없었던 이유는 그땅에 기근이 심하고 애굽에서 사온 양식을 다 먹고 남은 것이 없었기 때문이다. 기근은 "무겁다, 도저히 감내할 수 없는 상황"을 의미하는 말이다. "다 먹으매"는 "먹는 것을 그치매" 즉 거의 그친 것이 아니라 완전히 소비된 것을 의미한다.

야곱의 가족식구가 손자들까지 70여명의 대가족이고 보면 애굽에서 사갔던 곡식이 매일 얼마나 소비되었겠나 하는 것은 짐작이 간다. 야곱의 가족들은 가나안 땅에서 나는 약간의 소산을 보태면서 연명했을 것이고 종들이 많고 그를 또한 먹어야 했기 때문에 나무 뿌리나 채소나 우유 등을 어떻게 매일 감당하기가 곤란했을 것이다. 대가족의 가장으로서 야곱은 견디는 데까지는 견디었지만 이제는 더 이상 어찌할 수 없다고 판단을 내려서 결단을 하게 되었다.

야곱의 가정 경제는 심각했다. 사랑하는 막내 아들 베냐민을 애굽으로 보내는 일은 절대로 못한다고 고집하던 야곱은 베냐민을 잃으면 잃으리라고 결심하고 결단을 내리게 되었다. 베냐민을 잃는 것은 한 아들을 잃는 것이지만 그러나 굶어죽는다면 70여명의 가족 생명들을 잃게 되는 것임을 야곱은 깊이 판단했던 것이다.

물론 야곱이 "베냐민을 잃으면 잃으리라"라고 한 말은 약간 믿음이 연약한 상태의 말이다. 왜냐하면 하나님은 그를 잃게 하려고 애굽으로 보내도록 섭리하신 것이 아니고 잃었던 아들 요셉도 찾고 70명의 가족의 생명을 다 얻게 하시려는 까닭이다.

야곱은 가정의 경제에 심각함을 보았다. 그러기게 "다시 가서 우리를 위하여 양식을 조금 하라"고 하였다. 야곱은 여기서 베냐민에 대한 말이나 애굽에 인질로 잡혀있는 아들에 대해서는 한 마디도 언급하지 않고 "우리를 위하여 양식을 조금 사라"고만 했다. 그만큼 야곱의 가정에 양식 문제가 심각했음을 암시하는 것이다. 사라는 말을 보면 그들에게는 돈이 있었다. 그런데 돈이 아무리 많아도 기근이어서 양식을 구하기가 어려웠던 것이다. 돈 가지고 안되는 일도 세상에는 많이 있다. "조금 사라"고 한 것은 지난 번에 자루에 넣어진 돈은 가서 주고 나면 그렇게 돈이 많이 남는 형편은 아니었던 모양이다. 아니면 조금만 더 사다 먹으면 기근이 끝나리라 생각했는지 알 수 없다. 그러므로 우리는 오늘의 풍요로움을 하나님께 감사해야 하는 것이다.

2. 유다와 아들들이 야곱에게 베냐민을 요청했다.

유다가 야곱에게 간청하였다. 유다는 야곱의 넷째 아들로 아버지에게 겸손하고 정중하게 베냐민을 데리고 갈 수 있게 해달라고 간청했다. 르우벤의 간청이 거절되었고(42:37-38), 시므온은 애굽에 인질로 갇혀 있고, 셋째 아들이 레위인데 레위는 시므온을 따라 세겜인에 대한 살인행위를 해서 아버지의 신망을 얻지 못했었는지 넷째 아들인 유다가 아버지에게 청했다. 유다는 그 형들이 요셉을 죽이려고 할 때에 구명하여 살인행위를 막았다.

후에 그는 "사자"라는 축복의 이름을 받았고 열두 지파가 나아갈 때 유다지파가 사자 깃발로 선두에 섰다(민 2:1-9). 그리고 그의 후손에서 다윗이 나고 메시야가 탄생했다(49:8-12). 유다가 여기서 야곱에게 간청하는 아들들의 대표자가 된 것은 그런 이유 외에도 다른 형제들보다 양심에 거리낌이 없이 소신껏 말할 수 있었기 때문일 것이다. 신중하고 능력이 있는 아버지의 인정받는 아들이었기 때문일 것이다. 유다는 "애굽의 총리가 엄히 말했다"는 것과 "너희 아우와 함께 하지 않으면 내 얼굴을 보지 못하리라"고 했다면서 베냐민을 데리고 가게 해달라고 했다.

하나님께 무슨 대가를 가지고 오지 않으면 얼굴을 볼 수 없으리라는 신령한 진리가 담긴 것이라고 생각할 수 있다. 우리가 믿음의 팔로 예수를 함께 모시고 가지 않으면 하나님을 뵐 수 없다. 우리가 주님께로 더 가까이 가려면 주님과의 약속을 지켜 예수 모신 믿음을 가지고 가야 하고(3-10절), 예물을 준비할 것이며(11-13, 25절), 엎드려 절하며 경배해야(26절), 주님의 식탁에 앉게 된다(27-34절).

이스라엘이 너희가 어찌 아우를 말했느냐고 했다. 여기서 "야곱"이라는 이름이 "이스라엘"로 바뀐다. 야곱은 개인의 이름이고 이스라엘은 그 민족의 머리됨을 의미한다. 야곱은 아들들에게 "너희가 어찌하여 아우가 있다고 그 사람에게 고하여 나를 해롭게 하였느냐?"고 나무랬다. 그것은 하나님의 섭리를 몰라서 한 말이다. 그것이 자기를 해롭게 하는 것이 아니고 요셉을 만나고 가족이 살 수 있는 길이었기 때문이다. 우리가 하나님의 구원 계획을 모르면 이렇게 비참해진다.

이 때 야곱의 아들들은 개인적으로 들어가 아버지께 고할 용기가 없었다. 그래서 여러 사람 속에 끼어서 유다가 발언한 것이다. 과거 요셉을 죽이려 했던 사건 때문에 그들은 아버지 앞에서 두려웠고 요셉 앞에서도 그의 묻는 말에 대하여 두려워하며 말했다.

유다는, 베냐민을 보내면 다 살고 죽지 않는다고 했다. 유다가 베냐민을 데리고 애굽으로 가기 위해서 두 번째 발언을 한다. 전번에 르우벤이 간청했지만 지나치게 부당했다(42:37). 이때 베냐민의 나이 20세가 넘었으나 아이라고 한 것은 그가 막내 동생이었기 때문이다. 영해한다면 예수 그리스도를 모시고 갈 때에는 하나님 앞에서 죽지 않고 영원히 살 것이라는 것이다.

하나님께서 지금 요구하시는 것은 시시하게 돈이 아니다. 다른 사람도 아니다. 베냐민이다. 야곱이 가장 사랑하는 아들이다. 하나님은 우리에게 베냐민을 요구하신다. 그 분을 모시고 가면 우리는 산다.

유다가 그 몸을 담보하겠다고 했다. 유다가 베냐민을 담보하겠다고 한 말대로 그들이 애굽에 내려가서 베냐민이 인질로 갇히게 될 때 담보하고 나섰다(44:33). 유다는 희생정신과 노부에 대한 효성심이 크고 형제에 대한 우애의 사람이었다.

결국 유다의 이러한 구속애 때문에 요셉이 자기를 요셉이라고 발표한다. 유다는 "만일 내가 베냐민을 아버지 앞에 데리고 오지 못하면 내가 영원히 죄를 지리이다"라고 했다. 이것은 "내가 모든 날들을 아버지에 대해서 죄인이 되리이다."라는 뜻이다. 즉 죄인으로서 형벌을 받겠다는 뜻이다.

유다는 지체하지 않았으면 두 번 갔다왔을 것이라고 했다. 유다가 한 말은 요셉 앞에서 그가 한 말과 일치가 되고 좋은 품성을 가진 그의 인격을 드러내 준다.

37장에서의 요셉 사건과 38장에서의 다말과의 사건 이후에 그의 내적 생활에 변화가 일어나는 것을 알 수 있다.

3. 이스라엘의 아들들이 애굽으로 내려갔다.

가나안 땅의 소산을 예물로 가지고 갔다. 야곱은 마음에 결심을 하고 아들들에게 허락했다. 다른 어떤 구체적인 방법이 없었기 때문이다. 우리의 목적과 결심을 변경시키는 것도 충분한 이유만 있으면 잘못이 아니다. 야곱은 아들들을 애굽으로 내려 보내면서 가나안 땅의 아름다운 소산을 그릇에 담아 애굽의 총리에게 예물로 드리게 했다.

동박박사들이 했듯이 우리도 우리의 요셉이신 예수 앞에 나아갈 때에 예물을 준비해서 드리는 것이 옳다. 그들은 어떤 예물을 가지고 갔을까?

첫째로, 유향이다. "이 땅의 소산"이란 "이 땅의 그 노래" 즉 가장 좋고 값이 나가는 산물을 의미한다. 야곱은 에서에게 나아갈 때에 예물을 들고 간 경험이 있다(33:8). 사람으로 화목하기를 힘쓰는 자임을 알 수 있다. 아들들에게 정탐이라고 비난한 총리의 마음을 누그러지게 하려한 것이다(잠 21:14). 유향은 향기나는 물건(37:25)으로 박하를 말하는데 영적으로 예배를 상징한다.

둘째로, 꿀이다. 여기 꿀은 헤브론 지역에서 지금도 애굽으로 수출하고 있는 가나안 땅의 특산물로 매우 감미로운 것인데, 하나님의 말씀을 의미한다고 할 수 있다.

셋째로, 향품이다. 향품은 각종 향료를 총칭하는 것으로 이는 성도의 기도이다. 기도는 귀한 것이어서 천사가 금대접에 담아 하늘나라로 올려가는 향이다(계 15:8, 8:3-4, 시 141:2). 막달라 마리아는 예수께 올 때에 향품을 가지고 왔다(눅 24:1).

넷째로, 몰약이다. 몰약은 죽은 시체에 바르는 방부제로 부활과 생명되신 예수 그리스도를 상징하는 것이다. 동방의 박사들도 몰약을 예물로 드렸다. 그것은 예수의 십자가의 죽음을 예비한 것이다.

다섯째로, 비자이다. 비자는 특수한 종류의 나무 열매를 말하는데 호도나 밤 종류에 속한다. 그것은 복음의 진리를 의미한다.

여섯째로, 파단행이다. 파단행은 살구나무, 즉 은행나무라고 하는데 살구나무는 겨울잠에서 먼저 깨어나기 때문에 이런 명칭이 붙었다. 그러므로 "잠이 없다"는 말에서 왔으니 아론의 지팡이를 만든 나무로 제사권을 상징한다.

위의 것들은 가나안의 특산물이나 성령의 열매를 의미하고 요셉이 이것을 받을 때 가나안 땅을 사모하게 될 것이고 가족들에 대한 정이 일어나게 될 것이다.

그리고 갑절의 돈을 가지고 갔다. 야곱이 아들들에게 "돈을 배나 가지고 가라"고 한 것은 충분히 곡식을 살 수 있다는 것을 총리에게 보이고 곡물가격이 그 사이에 인상되었거나 시므온에 대해 벌금을 내게 되는 경우거나 전번에 요셉의 몰래 넣어준 돈도 돌려주게 하려고 한 것이다.

그들은 남의 돈을 이유없이 취득하는 것은 원치 않는다는 것을 보여 주려 했고, 어떤 착오나 실수로 인해서 돈 뭉치가 자기들 자루 속에 있었다는 것을 말하여 정직성을 보이려 했다. 남의 돈을 움켜 쥘 만큼 가난뱅이는 아니라는 것을 보이려 한 것이다. 지혜롭게 처신한 것이다. 그것이 올무가 될 수 있기 때문이다.

야곱은 베냐민을 데리고 가라고 허락했다. 그런데 그것은 하나님을 향한 신앙으로였다. "하나님께서 너희에게 은혜를 베푸사"라고 기도한 것이다. "전능하신 하나님"은 아브라함과 야곱과 언약을 맺은 하나님이시다. 야곱은 이 때에 참 신앙이 무엇인가를 알았다. 자기에게 가장 중요한 것을 잊고 자기의 소유를 포기해야 했던 그는 하나님의 은혜에 의탁된 것이다. 신앙이란 우리가 의지할 그 어떤 것도 우리에게 남아있지 않을 때 우리를 하나님께 매달리게 한다.

야곱은 하나님께 신앙으로 은혜를 베풀어 달라고 기도했고 애굽의 총리라는 그 사람을 신뢰하기로 했다. 그 사람이 "돌려보낸다"고 약속했기 때문에 그 사람의 말을 신뢰한 것이다.

그리하여 아들들에게 예물을 챙기고 갑절의 돈을 주어 베냐민을 데리고 애굽에 내려가게 했다. 그래서 그들은 요셉 앞에 두 번째 서게 되었다.

"내가 자식을 잃게 되면 잃으리라"고 했다. 이것은 체념어린 결론을 내린 듯이 말했으나 하나님의 뜻에 모든 것을 맡겼다는 표현이다. 야곱은 그것이 하나님의 뜻이라면 복종하겠다는 결심을 말한 것이다. 사람은 하나님의 뜻에 역행하여 얻어지는 것은 아무것도 없다. 그리고 이 말 속에는 넷째 아들 유다를 다시 믿었다는 의미도 되는 것이다. 지금까지는 자식들을 믿을 수 없었으나 유다의 인간성을 믿고 베냐민을 허락한다는 것이다.

요셉을 두려워하는 형제들

(창 43:16-25)

　죽으면 살고 썩으면 많은 열매를 맺으며 낮아지면 높아지고 버리면 얻게 되는 진리를 생생하게 볼 수 있다.
　아브라함이 가장 사랑한 독자 이삭을 하나님께 바쳐 포기할 때 만 백성의 아비가 되었고, 이제 야곱이 노년의 유일한 기쁨인 베냐민을 요셉에게 내어놓을 때 이스라엘의 열두 지파를 형성할 수 있고, 애굽에서 생육이 중다하게 되었다. 예수 그리스도와 비교해 볼 때 요셉은 여러 가지 면에서 그리스도의 전형이라고 할 수 있다.
　야곱은 아들들에게 "예물을 가지고 가라"고 하였다. 우리 또한 그리스도에게 나아갈 때 우리의 자녀들을 빈손으로 가게 해서는 안된다. 우리 주님은 온 땅의 통치자로서 "세계와 거기 충만한 것이 내 것이라"(시 50:12)고 말씀하셨다.
　예수는 우리의 곡식이나 과일이나 우리의 돈을 필요로 하지 않으신다. 그럼에도 그는 우리로 하여금 하나님께 바치라고 명하신다. 시편에 "감사로 하나님께 제사를 드리며 지극히 높으신 자에게 네 서원을 갚으라"(시 50:14)고 하셨다.
　우리는 야곱의 아들들이 가지고 간 예물이 요셉의 마음에 들었을 것이라고 믿는다. 왜냐하면 그는 그 예물 자체의 가치보다 그것을 가지고 온 형제들 때문이다. 요셉은 그들을 보고 싶어했고 베냐민을 더욱 그리워 했었다. 우리 주님이 기뻐 받으시는 것은 예물이 아니라 그것을 드리는 사람의 마음인 것이다. 바울은 "나의 구하는 것은 너희 재물이 아니요 오직 너희니라"(고후 12:14)고 했다.

마침내 그들은 위대한 요셉 앞에 섰다. 요셉은 그들을 보고 베냐민을 알아 보았다. 그래서 청지기에게 자기 집에서 잔치를 마련하라고 분부했다. 그러나 이러한 새로운 친절이 오히려 그들을 새로운 두려움에 사로잡히게 했다.

그들은 청지기에게만이라도 해명해 보려고 노력했고 청지기는 오히려 그들을 위로하고 격려했다. 요셉에게 줄 선물을 준비하고 결과를 기다렸다. 이 모든 것에서 우리는 죄책감에 쌓인 영혼이 행복한 주위상황을 오히려 두려워 하며 떨었다는 것을 알 수 있다. 죄를 지으면 반드시 죄에 대한 대가를 받게 마련이다. 그들에게 죄의 대가는 두려움이었다.

1. 요셉이 형제들을 영접했다.

요셉은 베냐민을 보았다. 요셉이 애굽으로 종으로 팔려오기 전 요셉이 베냐민을 마지막 본 때는 22년 전 헤브론에서 한 살 때 쯤이다. 따라서 한 눈에 베냐민을 알아본다는 것은 무리일 것이다. 1차 애굽에 왔을 때 안보였던 그리고 제일 젊은 청년이 베냐민이라는 것을 짐작하기는 어려운 일이 아니었다. 요셉은 베냐민과 그들 형들과 함께 있는 것을 보고 매우 기뻐하면서도 그들에게 일체 말하지 아니하고 조금씩 그의 친절을 나타내고 있다. 하나님께서는 범죄한 자들을 먼저 괴롭게 하여 반성시키시고 그다음에 그들과 화해하시니 요셉은 하나님의 지혜를 가지고 행동한 것이다.

요셉은 청지기에게 준비시켰다. 요셉의 청지기는 그의 집을 주관하는 자이다. 요셉은 그들에게 형제들을 집으로 인도해 들이라고 명령했다. 그때까지만 해도 요셉은 청지기에게 이 사람들이라고 하고 형제들이라고 하지 않았다.

요셉은 그토록 그립던 베냐민이 형들과 함께 있는 것을 보았지만 참고 양식 파는 일에 힘썼다. 자기가 해야 할 일과 중에 그는 자기 위치를 떠나지 않았다. 다른 사람에게 임시로 맡기지도 않았다. 우리는 우리가 할 일에 대하여 소홀히 해서는 안된다. 요셉은 요셉의 할 일이 있고 청지기는 청지기로의 일이 있다.

요셉의 집에 형제들이 초대되었다. 요셉의 청지기들은 주인의 명령대로 요셉의 형제들을 집으로 인도해 들이고 짐승을 잡고 오정에 식사를 같이할 수 있도록 준비했다. 오정은 애굽인들의 일반적인 식사 시간이다. 진실한 청지기들은 언제나 주인이 내린 명령에 대하여 즉시로 순종한다. 요셉은 여기서 이렇게 함으로써 형들을 시험해 보고자 했다. 그들을 자기집으로 인도하여 잔치를 베풀면서 베냐민에 대한 형들의 생각과 감정을 시험하려는 것이었다. 따라서 그들은 이 잔치를 통해서 그들이 서로 형제지간임을 알게 되며 깊은 사랑을 체험하게 되었다. 그러나 그것보다 더 중요한 목적은 이 잔치에서 요셉은 자기 자신을 형제들에게 알리려 했다는 것이다.

2. 요셉의 형들이 두려워했다.

자루에 넣어있던 돈의 일로 끌려든다고 두려워했다. 요셉의 형들은 요셉의 집으로 인도된 때에 죄책감 때문에 두려워 떨었다. 그들은 깊은 불신감에 사로잡혀 있었기 때문에 그들에게 가장 좋은 상황조차도 나쁜 방향으로 해석할 수밖에 없었다. 그들을 위해 잔치처럼 음식을 차리고 대접하는 것부터가 의심스러운 것이었다.

그들은 옛날의 죄의 기억에 사로잡혀 시달리고 있었다. 곡식자루에 돈을 넣었던 사건도 사실은 그들에게는 무관한 것이었다. 그러면서도 그들은 죄진 사람들처럼 두려워 했다. 그들은 요셉의 손에 체포되어 노예로 삼지 않을까 걱정했다.

형들은 요셉의 청지기에게 결백함을 설명했다. 요셉이 자신의 신분을 형제들에게 밝히지 아니하고 이렇게 불안 초조하게 한 것은 그들의 과거의 죄에 대해 회개하게 하는 것이고, 반성할 수 있는 충분한 기회를 준 후에 구원의 기쁨을 주기 위함이었다. 하나님께서는 죄인들이 깊이 뉘우치고 회개할 때에 용서와 구원의 기쁨을 주신다.

요셉의 형들은 지난번 자루 속에 들어있던 돈에 대해서 청지기에게 변명하였다. 그들은 그때 총리로부터 정탐으로 몰렸었기 때문에 자신들의 결백함에 대하여 이렇게 말한 것이라고 생각된다.

요셉의 청지기가 요셉의 형들을 위로했다. 요셉의 청지기는 요셉의 형들에게 "너희는 안심하라 두려워 말라"고 하였다. 요셉이 무슨 계획을 하고 있는지는 알 수 없었지만, 그들을 결코 해롭게 하기 위해서 초대한 것이 아니라고 말하며 위로한 것이다. 청지기는 말뿐만 아니라 행동으로 친절하게 말해주었다.

그는 "너희 아버지의 하나님이 너희 자루에 넣어준 것이라"고 말했다. 그것은 그들의 정직을 인정한 것이다. "돈을 자루에 넣어준 이는 하나님이시라"고 했으니 신앙이 독실한 요셉 가정의 청지기와 그 주인의 신앙 영향을 받았다는 것을 알 수 있다. 그는 요셉 가정의 청지기가 된 것이 큰 축복이었다. 히브리인의 하나님을 신뢰한다는 것은 크나큰 은혜인 것이다.

3. 요셉이 시므온을 석방시켰다.

시므온을 그들에게 이끌어냈다. 요셉의 집에 혼자 있던 시므온이 그동안 어떻게 생활하고 있었는지에 대해서 우리는 알 수 없지만 아직도 요셉의 정체에 대해서는 모르고 있었다. 시므온은 매우 건강하고 행복한 모습으로 형제들 앞에 나왔을 것이다. 요셉이 형제들로 하여금 시므우을 만날 수 있도록 석방한 것은 그들을 어느 정도 안심시키기 위함이고 형제중 한 사람도 빠짐없이 한 자리에 모일 수 있게 하기 위함인 것이다.

시므온은 오랜만에 만난 형들과 동생들 사이에서 그동안 평안하게 지냈다는 것과 가나안의 안부를 물으면서 기뻐했다. 시므온을 보는 그들은 더욱 안심했을 것이다. 물을 주어 발을 씻게 했다. 물을 주어 발을 씻게 하는 것은 당시 손님을 접대하던 일반적인 관례였다. 그것은 가정을 방문한 사람에 대한 주인으로서의 최대한의 환대인 것이다.

요셉은 세심하게 형들을 대했고 그들의 거동이나 말하는 것 하나까지 살펴보았다고 할 수 있다. 이렇게까지 환대할 수 있는가? 첫 번 애굽에 곡식을 사러왔을 때는 정탐이라 해서 인질로 가두어 놓았는데 이제는 석방과 함께 청지기를 시켜 물을 준비케 하고 그 발을 씻게 했으니 완전히 요셉의 태도가 돌변한 것이다. 이일로 인하여 그들은 어느 정도는 마음을 놓고 안심을 했을 것이다. 그러나 오래 전에 지은 죄의 고발이 그들 마음 속에서 꿈틀거리며 머리를 들고 일어서는 두려움이 다 사라진 것은 아니었다.

　그 나귀에게 먹이를 주었다. 그 나귀에게 먹이를 주는 것은 짐승이 필요한 것까지 공급해 주는 것으로 요셉의 자상함을 알 수 있다. 그리고 나귀에게 먹이를 주지 아니하면 어떻게 곡식을 사서 가나안까지 운반할 수 있을까? 하는 데까지 관심을 갖고 그리한 것이다. 그것은 형들의 두려움을 없애고 마음을 안정시키는 것이었다. 우리 하나님은 천하보다 귀한 사람의 생명이나 참새 한 마리의 죽고 사는 것까지 주장하신다.

형제들을 맞는 요셉

(창 43:26-34)

요셉이 청지기에게 "이 사람들을 집으로 인도해 들이라"고 분부를 했는데 우리는 이것을 간단히 생각해서는 안되는 것이다. 왜냐하면 이 부분에서의 요셉의 말은 요셉이 형들에게 시험해 보고자 하는 목적이 들어 있기 때문이다. 요컨대 요셉은 그들을 집안으로 모이게 하여 잔치를 베풀면서 베냐민에 대한 형들의 생각과 감정을 시험해 보려고 했던 것이다.

따라서 그들은 잔치를 통해서 그들이 서로 형제지간임을 알게 되며 이전에 가혹하게 했던 요셉의 태도와는 대조되는 깊은 사랑을 체험하게 되었다. 요셉은 형들의 두 번째 애굽여행을 통해서 이 세 가지 기대를 가졌지만 그보다 더 중요한 것은 하나님이 없이 지내던 형제들에게 하나님에 대한 두려움을 깨닫게 하는 것이었다.

결국 요셉은 자기 자신을 밝히거나 형제들이 자기를 알아볼 수 있도록 하기 위하여 그들에게 잔치를 베풀었다는 것이다. 여기서 요셉의 형제들이 잔치에 참여하여 세 가지 일이 특별하게 진행되는 것을 보고 놀라게 된다.

초대잔치석에 있어서 식탁은 하나는 요셉을 위하여, 하나는 히브리인 손님들을 위하여, 하나는 애굽인들을 위하여 준비했다. 애굽인과 히브리인은 떨어져서 식사해야 한다는 사실을 요셉은 알았다. 그러므로 형제들이 이 잔치의 식탁 배열을 볼 때 실로 이 총리는 어떤 나라 사람인가 하는 생각을 했을 것이다.

다음에는 그들 열한 명의 식탁 자리 순서인데 그들은 요셉 앞에 자리잡았다. 그리고 나이 순서대로 차례로 앉게 한 것이다. 요셉의 형제들은 요셉을 몰랐으나 요셉은 그들을 잘 알고 있었다.

참으로 그들은 놀라지 않을 수 없었을 것이다. 총리가 무슨 점쟁이인가? 누가 인적사항을 이렇게 미리 알려준 것일까?

다음으로는 요셉이 베냐민에게는 호의를 베푼 일이다. 다섯 배의 음식을 주었다. 그렇다고 다섯 배의 음식을 그가 다 먹었겠는가? 요셉의 관심이 그에게 크다는 의미일 것이다. 형제들이 요셉을 다시 보고 관찰할 수밖에 없었다. 그들의 눈은 주님을 바라보고 있던 제자들의 눈처럼 감겨 있어서 요셉을 알아보지 못했다.

1. 열한 형제들이 요셉에게 절했다.

그들은 예물을 정돈하고 요셉을 기다렸다. 요셉은 자기의 공적인 책임을 다하기까지는 그렇게 보고 싶던 형제들에게 오지 아니했다. 그것은 요셉이 얼마나 공적인 책임에 사명을 갖고 충실하게 봉사했는가를 말해주는 것이다.

요셉의 형제들은 요셉의 궁궐에서 요셉과 함께 식사하게 될 것이라는 청지기의 말을 듣고는 예물을 정돈하고 요셉이 오정에 오기를 기다렸다. "정돈하고"는 "확실하게 예비하다"라는 뜻으로 성의를 다하여 준비한 예물을 더욱 돋보이게 하기 위해서 가지런히 놓은 것이다. 그것은 어떻게 하든지 요셉의 호의를 사보려고 애쓰는 모습이다. 그들이 요셉의 궁궐에 들어가 기다리고 있었다는 것을 보아 자기들끼리 여러 가지 이야기를 하며 대화하고 있었다는 것을 짐작할 수 있다.

요셉에게 예물을 드리며 절했다. 그들이 요셉에게 드린 예물은 가나안 땅에서 나는 값비싼 것으로 요셉이 잘 알고 있는 것들이었다.

"그들이 땅에 엎드려 절하니"라는 말씀은 17세 때의 요셉의 꿈이 그대로 이루어지는 순간이었다. 그들은 이로써 요셉의 꿈이 맞는다는 것을 깨달았어야 했다. 그들은 이렇게 하여 두 번째 요셉 앞에 무릎을 꿇었다. 이제 그들이 할 수 있는 행동은 엎드려 그에게 절하고 경배하는 그것 뿐이었다. 요셉의 꿈을 무너뜨리려고 했던 형들의 간계가 오히려 그 꿈을 성취시켜주는 계기가 되었다. 인간의 생각을 초월하여 세상만사를 하나님 뜻대로 주관해 나가시는 하나님의 섭리와 인간들에게 주어진 하나님의 모든 계시와 약속은 비록 더딜지라도 때가 되면 반드시 이루어진다는 사실, 그리고 이 사실이 예수를 팔아먹은 유대인들, 오늘 주님을 파는 인간들이 언젠가는 주님 앞에 서게 될 때의 모습이라는 것을 볼 수 있다.

예수께서 세상에 다시오실 때 주님을 팔고 십자가에 못박은 자들이 심판왕이신 예수이심을 전혀 모르면서 주님 앞에 꿇어 엎드려 경배할 것이다.

요셉이 너희 아버지가 안녕하시냐고 물었다. 요셉은 그들의 선물을 받고 그들의 안부와 너희 아버지가 안녕하시냐 하면서 안부를 물었다. 베냐민은 지금 여기 있어 보고 있으니까 안심했으나 아버지에 대한 안부는 대단히 궁금했다. 자신의 신분에 대하여는 여전히 숨기고 있고 아버지에 관한 관심만은 숨기지 못하는 것이다.

요셉은 연로하신 아버지가, 자기를 가장 사랑했던 아버지가 대기근 중에도 안녕하신지 궁금했으니 그는 어려서부터 효자였다. 요셉의 형들은 "주의 종 우리 아비가 평안하고 생존하였나이다" 하고 머리숙여 절했다고 했다. 요셉의 꿈은 점점 더 실현돼가고 있고 그의 아버지까지도 요셉에게 엎드려 절하게 된다. 요셉의 아버지 야곱이 "지금까지 생존했다"는 것은 놀라운 일이다. 요셉이 없어진 때에 "나는 음부로 내려가 아들에게로 가리라"(37:35)고 했었기 때문이다. 인간은 우리가 원하는 때에 마음대로 죽을 수가 없다. 이제 요셉은 "주"요 그들은 "종"이다. 참으로 하나님의 하시는 일은 오묘하다.

2. 요셉이 베냐민에게 친절하게 했다.

요셉이 눈을 들어 베냐민을 보았다. 자기 어머니는 라헬인데 라헬은 야곱의 가장 사랑한 아내로 요셉과 베냐민을 낳았다. 그런데 라헬은 베냐민을 낳을 때 난산으로 그만 죽었다. 그후 요셉은 애굽으로 팔려왔고 베냐민이 한 살 쯤에 헤어졌으므로 한시도 동생에 대한 그리움에서 헤어나지 못했다. 어머니의 얼굴조차 모르면서 요셉을 팔아먹은 악한 이복형제들 틈에 끼어 어떤 화를 당할지 모른다는 생각이 머무는 때면 잠을 잘 수가 없었던 것이다.

그런데 이제 그 친동생 베냐민 청년이 된 동생을 만난 것이다. 요셉이 눈을 들어 베냐민을 보았다. 그순간 아버지와 어머니를 대하는 것 같은 심정이었을 것이다.

요셉은 베냐민을 위해 기도했다. "네 작은 동생이냐" 묻고 그에게 "소자여 하나님이 네게 은혜 베푸시기를 원하노라"라고 기도했다. 소자는 아들 또한 조카라는 뜻이지만, 손아래 사람을 친근하게 부를 때 쓰기도 했다. 요셉은 친동생에 대하여 각별한 애정과 친근감으로 이렇게 불렀다.

요셉의 기도는 하나님 제일주의로 사는 진실한 성도의 기도이다. 요셉이 그 땅의 주인이었지만 하나님이 그에게 은혜 베푸시지 않으셨더라면 요셉의 호의나 친절도 베냐민에게 아무런 소용이 없었을 것이다. 사람들은 권력자, 지배자의 은혜를 구하지만 요셉은 하나님의 은혜를 구했으니 만고에 다시 없는 신자이다.

요셉은 안방으로 들어가서 울었다. 요셉은 베냐민을 인하여 마음이 타는 듯했다. 그것은 "타는 듯하다, 액체가 되다"라는 것으로 마음이 군급하여 심장이 녹아내릴 정도의 마음을 의미한다.

지도자로서의 요셉은 냉철한 판단력과 통솔력을 지닌 이지적인 인물이면서 형제에 대해서는 애정과 감정이 풍부한 다정한 인물이었다. 사랑하는 마음에서 요셉의 마음은 타고 있었다.

처음에는 그 형들이 자신에 대한 잔인성을 말할 때(42:24) 울었고, 여기 두 번째는 감정에 견디지 못해서 안방으로 뛰어들어가 울었다. 지도자는 사랑의 눈물이 있어야 하고 감정을 억제하는 의지도 있어야 한다. 그의 눈물은 어떤 것일까? 동생에 대한 애정과 기쁨의 눈물이다. 형들이 양식 때문에 고생하는 것을 보는 눈물이다. 그가 지금까지 당한 슬픔에 대한 회상의 눈물이다.

요셉이 "얼굴을 씻었다"고 한 것은 그의 울음이 대단했다는 것을 알 수 있다.

3. 요셉이 음식을 차리라고 했다.

식탁을 따로 하였다. 요셉은 자기 자신을 밝히거나 형제들이 자기를 알아볼 수 있게 하기 위해서 그들에게 잔치를 베풀었다.

이는 천국 향연에서 주님을 모시고 잔치할 것의 모형이다. 그 때 주님은 죄인들을 초대하신 천국 향연 석상에서 우리에게 세상에서 살던 안부를 물으시고 우리를 용서하시고 즐거움을 서로 나누게 하신다. 요셉은 잔치를 하는 때에 식탁의 배열을 이상하게 하였다. "요셉에게 따로 하고 그 형제들에게 따로 하고… 애굽인에게 따로" 하였다.

요셉은 자기가 히브리 사람임을 고집하려 하지 않았지만 애굽인들과 함께 앉으려고 하지 않았다. 요셉은 애굽의 주인이요 모든 사람이 그의 명령에 복종하나 애굽인에게 마음을 거슬려가며 히브리 사람과 함께 먹도록 강요하려 하지 않았고 그들로 하여금 그들의 방식대로 식사할 수 있게 했다.

유대인과 이방인의 따로 된 식탁은 애굽인은 히브리 사람과 같이 먹으면 부정을 입는다고 생각했기 때문이었다. 애굽인은 히브리인의 칼, 쇠꼬챙이 그릇을 사용하지 않았고 히브리인은 칼로 잡은 깨끗한 암소고기도 먹지 않았다.

애굽인들이 외국인들을 회피한 것은 애굽에서 매우 신성시한 암소를 잡아 먹는데서 오는 부정을 두려워했기 때문이다. 요셉은 자기 형제들과 떨어진 식탁에서 먹었다. 그것은 애굽의식을 준수한 것이고 나라 관습에 익숙했다는 것을 알 수 있으며 아직 그 형제들에게 자기 정체를 실토하지 않으려는 의지적인 행동이었다.

그러나 그는 애굽에서 외국인이었다. 우리 예수의 나라에 유대인과 이방인이 예수를 모시고 혼인잔치에 함께 참예할 것의 모형이다.

요셉은 그들을 자기앞에 앉히되 그 장유의 차서대로 앉게 하였다. 애굽인은 의자에 앉아서 먹는 법이 없다. 둥근 식탁을 놓고 그 주위에 앉아서 먹었는데 요셉은 자기 형제들을 자기 앞에 앉게 했으니 가까이 볼 수 있게 하려는 것이다. 그런데 나이를 따라 정확하게 차례로 앉게 한 것이다. 그들의 가정에 대해서 소상히 아는 사람이 아닌 한 이렇게 정확하게 앉힐 수가 없는 일이었다.

요셉은 정확하게 나이를 알고 차서대로 앉히고 있었다. 그들은 참으로 놀라지 않을 수 없었다. 여기서 요셉은 자신이 그들을 잘 안다는 뜻으로 자기 정체를 조금 나타내려고 의도적으로 한 것 같다. 형제들은 놀라면서 이상하다고 생각할 뿐 요셉으로 알아보는 데는 도달하지 못했다.

하나님은 하나님을 우리에게 알리심에 있어서 점진적으로 조금씩 나타내신다. 그러므로 그들은 요셉을 관찰할 기회를 가졌다.

요셉은 베냐민에게 다섯 배를 주었다. 손님에게 "오배"를 주는 것은 특별한 손님에 대한 경의와 애정을 표하는 고대 근동의 상징적인 풍습이었다. 특히 애굽인들의 숫자 개념에서 5는 완전과 충만함을 의미한다. 요셉은 이렇게 하여 자기 정체를 조금 더 나타내었고 베냐민에게 관심을 많이 두고 있다는 호의의 표시를 하였다. 따라서 이렇게 함으로 형들이 아직도 형제간에 서로 우애하지 못하고 시기하는 악습이 남아있는지를 시험해 보려고 한 것이다.

요셉의 형들이 전에 요셉을 채색옷 때문에 시기했던 것같이 더 많은 음식 때문에 베냐민을 시기하는지 알아보고 싶었다. 우리는 남이 가진 것으로 시기하지 말고 내가 가지고 있는 것으로 만족해야 하는 것이다. 그래도 그들의 눈은 가리워져서 요셉을 몰랐다.

식탁에서 음식을 공급했다. 요셉은 형제들에게 풍성하게 대접했고 그들에게 자기 자신의 식탁에서 음식을 보냈다. 식량이 부족한 기근의 때로서는 큰 은혜였던 것이다. 기근이 흑심한 때에는 끼니를 이어가는 것으로도 충분한데 그들은 잔치로 넘치는 대접을 받았다. 몇 년 동안 그들은 이렇게 진수성찬을 대하지 못했을 것이다. 그들은 마시며 함께 즐거워 했다. 우리는 주님 앞에 나가서 그에게 무릎을 꿇을 때 신령한 음식으로 축복을 받으며 즐거워 하게 된다.

요셉의 마지막 시험

(창 44:1-13)

요셉은 형제들과 두 차례의 만남을 가졌으나 진정한 만남의 기쁨은 없었다. 요셉은 그들을 알았으나 형들은 요셉을 몰랐기 때문이다. 따라서 요셉은 그러한 장애를 깨뜨리고 자신의 정체를 밝히려고 마지막으로 형제간의 우애를 시험한다.

요셉이 형들을 시험한 방법은 터무니없는 것같이 보인다. 그러나 그러한 방법에는 여러 가지 동기가 있다는 것을 알게 한다. 그것은 이전의 형들의 행위에 대한 일종의 징벌로 계획된 것이었다. 요셉은 형들에게 미움을 받고 애굽으로 노예가 되어 팔려왔으나 자기를 해롭게 한 형들을 용서했다. 그들은 자신들의 지은 죄를 깨닫고 철저하게 회개해야 했다. 요셉은 그들이 회개하기를 바랬고 그 후에 용서하려 했으며 벌써 그 마음에서는 용서해 주었다. 하나님께서는 우리 인간이 과거에 어떤 죄를 지었다고 해도 회개하기만 하면 용서해주시고 사랑해 주신다.

요셉이 형들을 시험한 두 번째 동기는 그들로 하여금 그들의 목숨이 요셉에게 달려있다는 것을 알게 함으로써 그들은 스스로 겸손하게 하려는 것이었다. 그리하여 베냐민의 자루에 은잔을 넣어 시험했다. 그 잔은 그들의 보다 선한 마음을 갖게 하기 위하여 넣어졌다. 그 잔은 요셉이 그 형제들에게 자기를 인식할 기회를 주기 위해 거기 넣어졌고 그들을 기근의 땅에서 곡식이 풍부한 땅으로 이끌어 내기 위하여 거기에 넣어진 것이다.

민수기에 보면 "너희 죄가 정녕 너희를 찾아낼 줄 알라"(민 32:23)

고 하였다. 과거에 요셉의 형들은 죄를 짓고 지금까지 숨겨왔으며 아버지에게는 피묻은 옷을 보여줌으로 자기들의 죄를 그 속에 감추고 있었다. 지금까지 아무도 그들의 죄에 대하여 논죄하는 사람이 없었다.

그런데 이제 요셉을 만난 것이다. 그 요셉이 그 형들의 죄를 찾아내는 것이다. 점차적으로 그들은 솔직하게 죄를 회개하게 되었다. 그것은 요셉을 새롭게 만나는 축복으로 이어졌다. 죄는 정녕 우리를 찾아내고야 만다. 왜냐하면 죄는 하나님께서 다 아시고 계시기 때문이다. 그 죄에는 벌이 따른다. 그냥 값을 치르지 않고 용서받는 법이 없다.

1. 요셉이 은잔을 소년의 자루에 넣게 했다.

요셉은 청지기에게 명하여 그들의 자루에 곡식을 채우게 하고 각인의 자루 아구에 각자의 돈을 넣게 했다. 전번과 같이 했지만 이번에는 그들을 시험하기 위해서가 아니고 베냐민에게만 시험의 잔을 넣게 된다.

이렇게 요셉이 곡식과 돈을 다시 자루에 넣어 보내는 것은 요셉의 마음과 관심이 항상 가나안에 계시는 아버지와 온 가족에게 있었기 때문이다. 가족을 구제하기 위한 사랑의 동기에서 자기 신분이 노출되지 않는 범위에서 최선을 다하는 것이었다. 구제하는 것은 귀하다. 그러나 아무도 모르게 하는 것은 더 아름다운 것이다.

우리 하나님의 백성들이 허물과 죄가 많을지라도 비록 철저하게 회개하지 못했다 할지라도 주님의 말씀을 믿고 영생의 양식을 얻으며 마음의 자루를 들고 오는 자들에게 빈손으로 돌려보내지 않으신다. 불쌍히 여기고 사랑하는 마음으로 곡식과 돈을 돌려보내 주신다.

"내 잔"은 고상한 뜻을 가진 어근에서 난 말로 여기서 "접시"라는 말이 생겼는데 큰 그릇을 의미한다. 스프나 다른 음료수를 담는 작은 접시와 구별된다. 그런데 요셉의 잔은 "은잔"이고 "점치는 데 쓰는 것"이라고 했다. 요셉이 은잔을 베냐민의 자루에 넣은 것은 베냐민에게 은잔 도둑의 누명을 씌워서 애굽에 억류시키기 위한 요셉의 의도적이고 계획된 행동이었다. 이 사건을 통해서 요셉은 베냐민에 대한 형제들의 태도와 우애를 다시 한번 확인해 보려고 한 것이다. 하나님은 성도들을 바로 되게 하기 위해서 이렇게 시험하신다. 하나님은 은밀하게 도와주시는 동시에 시험하시기도 하시므로 성도는 하나님의 시험으로 신앙 인격이 아름다워지고 도야된다.

"개동시에"는 "아침이 밝아오자마자"이다. 그들은 먼 길을 가야했기 때문에 아침에 태양이 뜨자마자 출발한 것이다. 그들은 애굽 총리대신의 융숭한 대접을 받았고 많은 곡식을 살 수 있었고 억류되었던 형제도 같이 떠나게 되었기 때문에 기쁜 마음으로 즐거워하며 떠날 수 있었을 것이다. 아침이 밝아오는 자연의 빛과 함께 그들의 마음도 그렇게 밝고 명랑하고 상쾌했을 것이다.

그들의 마음에도 기쁨의 아침 태양빛이 비취기 시작한 그때에 이 무서운 시험이 쫓아오고 있었던 것이다. 여기서 요셉의 형제들이 최대의 수난에 빠져 캄캄한 듯 했다. 성도의 생애 자체가 고난의 연속이지만 세상 끝날 곧 그리스도의 재림 직전에 대환난이 있고 그 직후에 우리는 우리 주님 예수를 뵙게 된다(딤후 3:1).

하나님은 은혜주신 후에 이렇게 시험하신다. 축복의 자루에 시험의 잔이 함께 넣어지는 것이다. 그것은 확실히 주님을 알 때까지 계속된다.

2. 요셉이 청지기를 추적하여 잡으라고 했다.

요셉은 너희가 어찌하여 악으로 선을 갚느냐고 했다. 요셉은 여기서 베냐민을 애굽에 잡아놓으면 형들이 베냐민을 버려두고 자기들끼리만 가나안으로 가는지의 여부를 살펴보려고 한 시험이었다. 전에 자기를 애굽으로 팔고 노예로 끌려갈 때에 그 형들은 냉정하게 돌아서서 가나안으로 갔던 자들이었기 때문에 이번에 친동생 베냐민에 대해서도 그렇게 하나 여부를 알려고 한 것이다.

그들이 성에서 나가 멀리 가기 전에 청지기가 따랐다. 그것은 형제들이 충분히 검토되지 못했거나 그 때에 자기의 정체가 들어나는 것이 현명치 못하다고 생각했기 때문일 것이다. 청지기는 형제들에게

"너희가 어찌하여 악으로 선을 갚느냐?"고 했다. 그것은 큰 죄악이다. 그것은 "너희가 어찌하여 나의 은잔을 훔쳤느냐?"라는 뜻인데 악으로 선을 갚는다는 것은 죄악 중에 큰 악이다. 그들은 과거에 요셉이 아버지의 심부름으로 멀리 도단성까지 먹을 것을 가지고 갔건만 악으로 갚아 요셉을 팔아 먹어 버린 잔인한 죄인들이었다. 그러므로 이것은 이전 그들의 죄악의 행위에 대한 일종의 징벌인 것이다.

주인의 점치 는데 쓰는 잔을 훔쳤으니 악하다고 했다. "점을 치다"라는 말은 본래 뱀이 기어다닐 때 내는 소리를 가리키나 여기서 "속삭이다, 주문을 외우다"라는 말이 생겨났다. 애굽에서는 술잔에 물을 채우고 악령께 기도한 후 물을 관찰하여 점을 쳤다. 이러한 미신행위는 율법에서 금지되어 있었다(레 19:26, 신 18:9-14).

요셉은 여호와 하나님의 사람이었기 때문에 미신적인 점술을 행하지 않았다. 다만 여기서 그가 애굽인인 것처럼 자기의 신분을 가장하기 위해서이고 또한 애굽인들은 점치는 술잔을 아주 중요하게 여긴다는 점을 염두에 두고 이렇게 한 것이다. 그리고 이것은 자기 형제들을 해롭게 하기 위함이 아니라 시험하기 위한 좋은 뜻이었다. 단순한 거짓말과는 다르다. 그러므로 시험은 주님을 밝히 볼 수 있는 망대다.

청지기가 따라 미쳐 그대로 말했다. 청지기들은 요셉의 명령대로 아무 이의를 제기하지 않고 순종하고 있다. 베냐민의 자루에 돈을 넣고 은잔을 넣었다. 흔적이나 이상해 보이는 점이 없이 조치했고 그 사실을 전혀 모르게 했다. 요셉이 동트는 시간에 그들을 떠내 보내라고 하니 그대로 했다. 얼마의 거리가 생긴 때에 그들을 따라 가서 잡으라고 하니 잡았다. 요셉이 명령하는 그대로 실행했다.

이제 그 형제들은 하나님의 주권을 인정하고 그들의 동생을 팔아 먹은 죄의 값으로 또 한번 심장이 멎는 것 같은 고난을 당할 수밖에 없었다. 그들은 이러한 엄청난 고난의 사건들이 지난 후에야 그들이 가장 두려워했던 그가 남이 아니라 형제라는 것을 알게 된다. 따라서 우리를 따라 잡는 시험은 어떤 때는 놀라운 전화위복이 될 수 있다는 진리를 배울 수 있다. 여기 청지기들은 주님 예수를 섬기는 성도의 모형으로 유능하고 성실한 종들이었다.

3. 요셉의 청지기가 베냐민의 자루에서 찾아냈다.

요셉의 은잔은 고난 많은 생애를 거쳐서 얻은 영광의 상징이다. 십자가 없는 곳에 면류관 없다는 진리를 볼 수 있다. 예수께서는 겟세마네의 고난의 쓴 잔을 받으신 후 십자가의 고통을 지나 영광의 축배를 받으셨다.

청지기들은 요셉이 노예생활할 때 충실했던 것처럼 요셉에게 충성했다. 그들을 따라 잡았다. 그러나 그들은 자기들의 결백함에 대하여 확신을 가지고 있었기 때문에 단호히 결백을 주장했다.

그들은 즐거운 걸음을 옮기고 있었다. 어젯밤에 형제들이 좋은 대화들을 나누고 동터 오는 햇살을 받으며 가나안 고향 땅으로 가고 있었다. 시므온도 베냐민도 같이 갔다.

환대받은 사실로 꽃피우며 기분좋게 가고 있었다. 방금 전에 "안심하라 두려워말라"(43:23)고 말했던 청지기가 갑자기 추적하여 호통을 치는데 놀라지 않을 수가 없었다. 확신의 순간이 위험의 순간이 될 수 있다. 은혜받은 저녁 다음날에 시험에 빠질 수 있다.

도적한 자는 죽거나 종이 되리라고 했다. 요셉의 형제들은 가나안에서 가져온 돈으로 그들의 정직함을 증명하면서 자기들은 결백하다고 주장했다. 그리고 그들은 "뉘게서 발견되든지 그는 죽을 것이요 종이 되리이다"라고 했다.

자신들의 결백을 확신하면서 말한 것이 요셉이 행한 시험의 중요한 초점이었다. 즉 이 상황은 그들이 어떤 의미에서는 베냐민을 죽이거나 버리고 돌아갈 것인지 아니면 베냐민과 생사를 같이 할 정도로 과거를 뉘우치고 있는지를 확인할 수 있는 아주 좋은 기회였던 것이다. 청지기는 "너희 말과 같이 하리라 그것이 뉘게서 발견되든지 그는 우리 종이 될것이라"고 했다.

이것은 은잔이 발견되는 자에게만 개인적인 책임을 묻고 연대적인 책임은 묻지 않겠다는 것이다. 이는 베냐민이 도적으로 몰려 애굽에서 종으로 남게될 때 자유의 몸인 형제들이 어떤 태도로 나올 것인가를 알아보기 위한 시험이었다.

그가 장유유서로 수탐했다. 청지기는 요셉의 열한 명의 형제들 자루를 검사하는데 나이많은 순서로 시작해서 막내 동생 베냐민에게까지 했다. 잔을 숨긴 자루에서 가능한한 멀리있는 맏형부터 찾기 시작한 것이다. 그들은 베냐민의 자루에 은잔을 넣었으므로 마땅히 그 자루 속에 있는 것을 알지만 자신들의 계획을 그 형제들이 눈치채지 못하도록 하기 위해서 그리한 것이다. 그래서 형제들은 청지기가 그렇게 했다고 의심하지 않았고 자루에서 아무 것도 발견되지 않으니까 차츰 안도의 숨을 쉬고 안심하기 시작했다. 그런데 맨 마지막 베냐민의 자루에서 은잔이 발견된 것이다.

그들은 옷을 찢고 성으로 돌아왔다. 그들 형제들은 옷을 찢고 각기 짐을 나귀에 싣고 애굽 성으로 돌아왔다. 옷을 찢는 것은 자신의 극한 슬픔을 나타내는 행위이다. 형제들은 베냐민만을 애굽의 종으로 넘겨주고 가나안으로 갈 수도 있었으나 애굽으로 가서 요셉을 만났다. 베냐민을 위해 자신들의 자유와 생명을 포기할 수 있는 사랑이 있음을 증명한 것이다.

요셉의 시험은 성공적이었다. 요셉은 과거에 자기를 팔아먹던 형들이 이제는 아버지와 베냐민에 대한 감정이 달라지게 된 것을 직접 보게 되었다. 이렇게 계획하게 된 동기가 요셉이 베냐민에 대한 나머지 형들의 애정을 시험하기 위함이었다.

형들은 베냐민이 종이 되든 죽든 모르겠다 하고 자기들만 가나안으로 떠나간 것이 아니다. 그러므로 요셉은 베냐민의 자루에서 은잔을 발견하려는 것이 아니라 형제들의 사랑과 마음을 발견하려 한 목적을 이룬 것이었다. 이제는 자기를 나타낼 차례가 된 것이다.

유다의 간절한 호소

(창 44:14-34)

요셉이 친동생 베냐민의 자루에 자기의 은잔을 넣은 것은 하나의 중요한 것을 알아보려고 시험한 것이었다. 과거에 요셉이 형들에게 미움을 받아서 팔려갈 때에 형들은 요셉을 바라다 보지도 않고 가나안으로 가버렸다.

이제 자기의 친동생 베냐민을 애굽의 종으로 잡아놓겠다고 하면 과거 요셉에게 대했던 것처럼 베냐민을 버려두고 자기들끼리만 가나안으로 가는지를 알아보고자 한 것이다. 우리의 예수께서도 가끔씩 우리를 이렇게 시험하시고 또 저렇게 시험하신다. 그 시험의 목적은 우리를 멸하게 하려는 것이 아니고 오히려 인정받은 후에 더 영광스러운 위치에 올려놓기 위해서인 것이다.

요셉의 집으로 끌려온 요셉의 형제들은 죄책감으로 인하여 두려워하며 불안하여 떨고 있었다. 그것은 혹시 자신들에게 어떤 불행이 오는 것이 아닌가 걱정했기 때문이다. 그들은 양식을 구해야 한다는 절박한 상황 아래 애굽으로 여행했기 때문에 재앙을 당하면 어떻게 하나 하는 불안감이 짓누르고 있었던 것이다.

그들은 오래된 뿌리깊은 불신감에 잡혀 있었기 때문에 그들에게 가장 호의적으로 보이는 상황조차 나쁜 방향으로 해석하면서 괴로워했다. 그들을 위해 요셉이 베푼 잔치도 이제 생각하니 의심스러운 것이었고 그들을 두려움에 떨게 만들었다.

그들은 요셉이 간사한 계획을 세워서 자신들을 함정에 빠뜨리고 노예로 삼으려고 한다는 생각을 할 수밖에 없었던 것이다. 이제 그들의 목숨은 요셉에게 달려 있었다.

소년들의 시절에 꿈 이야기를 기억해내지 못하는 형들이 엎드려서 절하며 벌벌 떠는 것을 본 요셉은 형들에게 가혹한 처사처럼 여겨지기도 했지만 이전의 그들의 행위에 일종의 형벌을 내리는 것이었기 때문에 그들은 철저히 여기서 회개해야 했다.

1. 요셉이 그들을 문책했다.

요셉의 형제들이 요셉 앞에 엎드렸다. 여기서부터 유다가 형제들을 대표하는 자격으로 자신들을 대변했으니 재차 애굽 방문에 대해 유다가 아버지께 건의 요청해서 허락을 받으면서부터 유다가 총책임자가 된 것 같다. 요셉이 오히려 그곳에 있었다고 하니 요셉이 그 청지기와 그 형제들 사이에 진행되고 있는 일의 추이에 대하여 세심한 관심을 갖고 지켜보고 있었다는 증거가 되는 것이다. 요셉은 이 일을 지체하지 않고 바로 신속하게 처리하기 위해서 그 집에 그대로 있었을 것이다.

그들은 "그 앞에 엎드려" 부복했으니 요셉의 꿈이 거듭 성취되고 있는 순간이었다고 할 것이다. 물론 형제들은 베냐민의 은잔 사건에 대하여 용서를 빌기 위해 요셉 앞에 엎드렸으나 그들의 생명은 요셉의 말 한 마디에 달려 있었다.

요셉이 너희가 어찌하여 이런 일을 행했느냐고 했다. 요셉은 "나같은 사람이 점잘 칠 줄을 알지 못하느냐?"고 했다. 사실은 요셉이 점을 쳐서 알아낸 것이 아니다. 처음부터 의도적으로 일부러 한 것이었다. 요셉이 꿈과 꿈해몽으로 잘 알려진 것은 사실이지만 이방 미신에 따라 점을 치는 일은 한번도 없었다. 요셉이 이렇게 말한 것은 형들을 속이기 위해서 이렇게 위장한 것이라고 생각된다. 요셉이 이렇게 해야 애굽의 총리로 알 것이고 의심을 하지 않을 것이 때문이었다. 요셉은 독실한 여호와의 사람이었고 성령에 감동된 자였다. 그러므로 독실한 성도는 점치는 일이나 미신의 행위는 하지 않는다.

유다가 주의 종이 되겠다고 했다. 하나님은 그들이 오래 전에 지은 죄를 찾아내셨다고 했다. 그것은 맞는 말이다. 죄는 죄인을 어디까지든지 따라가서 잡아내고야 말기 때문이다. 요셉의 형들은 오래 전에 요셉에 대해 악한 짓을 했다.

그러므로 그들은 지금 당하는 고난이 전에 요셉에게 저질렀던 죄악에 대한 하나님의 보응으로 간주하며 자신들의 허물을 시인한 것이다. 하나님은 의로우시기 때문에 은밀하게 지은 죄도 다 밝혀내신다. "다 주의 종이 되겠나이다"라고 했으니 죄에 대한 책임을 지겠다는 것이다. "네가 참으로 우리를 다스리게 되겠느냐"(37:8)고 힐난하고 비웃었던 형들의 말이 수십년이 지난 현재에 그 말대로 요셉의 꿈이 성취되었다. 그러므로 여호와의 계시와 약속은 변할 수 없는 것이기 때문에 성도는 어떤 비웃음과 모함에 빠져도 낙심하지 않는다.

2. 유다가 나아가 요셉에게 호소했다.

요셉이 베냐민만 종이 되라고 선언했다. 유다가 "우리와 이 잔이 발견된 자가 다 내 주의 종이 되겠나이다"라고 했는데 요셉은 "내가 결코 그리하지 아니하리라 잔이 그 손에서 발견된 자만 나의 종이 되고 너희는 평안히 너희 아버지께로 도로 올라갈 것이라"고 했다.

요셉은 유다의 말에 대하여 베냐민을 제외하고 모두 풀어주겠다고 선언함으로써 그들을 시험하되 마지막으로 했다. 요셉의 이 선언은 그들에게 큰 유혹이 되었다. 왜냐하면 그들은 모두 처자식이 딸린 몸으로써 이 때에 잘못하면 평생 가족과 헤어져서 애굽의 종살이 신세가 될것이었기 때문이다.

따라서 요셉은 이렇게 말해놓고 그 형들이 옛날 자기를 팔아 넘길 때 처럼 베냐민만 애굽에 두고 가나안으로 가나 안 가나를 초조하게 그 반응을 기다렸다.

유다가 그에게 가까이 나아가 말했다. 요셉은 베냐민 한 사람만 그의 종이 되고 다른 형들은 가나안으로 가라고 했다. 이렇게 되면 야곱은 죽게 될지도 모른다. 야곱은 이러한 불길한 예감 때문에 베냐민을 애굽에 그 형들과 함께 내려 보내려 하지 않았다. 야곱은 요셉을 잃은 경험이 지금껏 생생했다.

형들을 믿고 요셉을 보냈었는데 결국 그 형들이 요셉을 지켜주지 못했었다. 그런데 베냐민을 또 그 아들들에게 맡겨 애굽으로 내려보내면 또다시 요셉의 아우 베냐민을 잃게 되지 않을까? 만일 그렇게 된다면 야곱 자신은 죽을 것이라고 두려워 했던 것이다.

유다는 여기서 베냐민이 노예가 되는 것을 막기 위하여 요셉에게 나아가 엎드려 호소한 것이다. "종으로 내 주의 귀에 한 말을… 주의 종에게 노하지 마옵소서"라고 했다. 베냐민을 위해서 유다가 요셉에게 한 호소는 세계법정 변론 중에서 가장 짧으면서도 가장 감동이 있는 변론이었다.

유다가 이방인과 결혼하고 며느리 다말과의 사건에서 신앙이 저 밑바닥까지 내려갔다고 생각했으나 흘러가는 세월과 함께 그는 고상한 단계까지 그 신앙이 올라 있었다.

유다는 요셉에게 당신은 바로와 같다고 했다. 원문에는 "내 주여"라는 말 앞에 "오"라는 감탄사가 첨가되어 있어서 유다의 호소하는 분위기가 더욱 선명하게 나타나는 것을 볼 수 있다. 그러니까 "오 내 주여 당신은 주시고 우리는 당신의 종이며 당신은 바로와 같은 권세자 입니다"라고 말하는 것이다.

그러므로 부디 우리같이 불쌍한 자들을 용서해 달라고 하는 것이다. 신앙은 좋은 예절을 파괴하지 않는다. 우리는 높은 자리에 있는 자에게 존경하는 마음으로 경어를 써야 하고 바로와 같은 칭함을 받을 자에게 그에 합당한 경칭을 붙여야 한다. 힘없는 자가 힘있는 자에게 도움을 요청하는 것은 수치가 아니다.

3. 유다는 세 가지를 가지고 호소했다.

첫째, 유다는 베냐민에 대해 언급했다. 유다는 이 부분에서 베냐민에 대해서 22차례나 언급하고 있음을 우리는 볼 수 있다. 베냐민은 아버지가 노년에 낳은 아들들이라고 했으니 야곱이 107세경에 가나안 땅 에브랏(35:19)에서 얻은 아들이었다. 그의 어머니는 라헬인데 베냐민을 난산으로 낳고 죽었다.

그러므로 그의 아버지에게는 아내의 생명을 대신하여 얻은 아들이었다. 야곱은 라헬을 제일 사랑했고 그의 소생 요셉을 총애했었다. 유다는 베냐민이 죽었다는 요셉과 어머니로 인하여 아버지로부터 극진한 사랑을 받고 있는 아들이므로 베냐민의 노예가 되면 아버지는 죽는다고 말했다. "그 아이, 아우, 소년, 아이"라는 말로 온통 22차례나 베냐민에 대해 말하는 것은 베냐민의 생명과 아버지라는 직결되어 있었던 것이다,.

베냐민은 형들에 비하면 작은 아이였다. 세상을 모르고 고통에 익숙해지지도 않은 어린아이로 그의 아버지 곁에서 자랐다. "그의 형 요셉이 죽고 그가 홀로 남아있다"는 말이 더욱 가련함을 느끼게 했다.

둘째, 부친에 대한 애처로움을 말했다.

유다는 자기 아버지 야곱의 가련해진 처지를 여러 차례 말하고 있다. "아비가 노년에 낳은 아들", "아비가 죽으리니", "아비가 죽겠나이다"라는 말들이 그것이다.

그것은 유다가 아버지를 염려하는 효성어린 말들이었기 때문에 효자였던 요셉은 마음이 비감했다. 유다는 아버지에게 효자였다. 신앙 좋고 형제 우애하는 자식은 부모에게 즐거움이 된다. 유다는 뜨거운 눈물을 흘릴 만큼 효성심에 근거해서 호소하면서 베냐민을 대신하여 애굽에서 종이 되겠다고 말했다. 이것은 가나안에서 아버지에게 약속한 것이었다. 요셉은 눈물로 강을 잇고 있었다. 잠시 후에 요셉은 내가 요셉이라고 자기를 밝히게 된다.

셋째, 요셉에 대한 말을 했다.

유다는 "그의 형(요셉)은 죽고"라고 했고 "하나는 내에서 나간고로 내가 지금까지 그를 보지 못했다"고 했다. 그것은 요셉에 대해서 말한 것이다. 유다는 요셉이 팔렸다는 것을 알고 있었다. 그러므로 요셉이 아직 어딘가에 살아있을 수도 있다고 생각했다. 그러면서도 그들의 아버지에게는 요셉이 죽었다고 믿게 만들어 놓고 있었다. 그리고 그들은 지금 그 거짓말을 하도 오랫동안 해서 그들도 그 진실을 잊어버리고 그 거짓말을 믿기 시작했다. 요셉은 자기 자신에 대한 말을 들을 때 일찍이 형들에게 당했던 비극 때문에 더욱 비참한 생각을 했을 것이다.

　유다의 말은 한 마디 한 마디가 진실과 열정이었다. 그리고 유다는 아버지와 베냐민을 위하여 자기 자신을 희생물로 제공하였다. 베냐민은 라헬의 소생이고 자기는 레아의 소생이지만 이복동생을 위해 희생한 것이다.

　아버지가 요셉을 잃고 베냐민을 위하는 마음에서 위로를 받는 것을 잘 알았기 때문이다. 이스라엘의 가정은 교회이다. 교회는 하나님께 충성하고 형제에게 우애함으로 희생할 수 있어야 한다.

자기를 밝힌 요셉

(창 45:1-15)

유다의 감동적이고 희생적인 변론을 들은 요셉은 더 이상 감정을 억제하지 못하고 자신의 신분을 밝히게 되었다. 지금까지는 은연 중에 자신의 정체를 암시해 오던 요셉이 이제는 확실하게 정체를 드러내고 형제 간의 눈물 겨운 감격의 상봉을 한다.

이 사건에서 우리는 요셉이 또다시 그리스도 예수의 전형임을 발견하는 것이다. 특히 "그 형제에게 자기를 알리니 때에 그와 함께 한 자가 없었더라"는 는 말에서 우리는 예수께서 자기를 은밀히 드러내시는 그 상황을 연상하지 않을 수 없다.

시종들던 많은 신하들과 하인들, 외부에서 온 손님들은 일체 다 물러나고 정적만이 감도는 텅빈 궁에서 통역이 필요없는 자기들의 모국어로 자기가 요셉이라고 밝히는 요셉의 모습은 곧바로 우리에게 은밀한 중에 항상 천국의 비밀과 자신을 드러내시던 예수 그리스도, 또한 항상 고요한 가운데서 하늘 아버지께 기도하시던 그리스도의 모습을 연상케 하는 것이다. 세상의 복잡다난을 피해 고요한 가운데 자기 자신을 돌아보는 일은 신앙인들에게는 중요한 의미가 있다.

또한 그 정적 속에서 하나님과 나누는 은밀한 대화는 세상살이에 괴롭당하고 있는 우리 죄인들의 영혼을 고요히 잠재우는 것이다. 하나님과의 부단한 대화를 통한 은총과 거룩함만이 우리의 방종과 사랑과 희열과 세속에의 관심을 정화시킬 수 있는 것이다.

세상에서 큰 슬픔과 어떤 손실, 이별, 그리고 더 나아가서 모략과 핍박을 당할 때 우리의 영혼은 고독에 쌓인다. "때에 그와 함께 한 자가 없었더라"이다. 우리 인간들에게 진정한 정적, 영원한 침묵은 죽음이다.

바로 궁에서 하나 둘 빠져나가는 요셉의 신하들처럼 죽음을 향해 다가가는 인간에게는 모든 세계와 그 안에 깃든 만상이 하나 둘 멀어져간다. 모든 인간의 종말은 다가온다. 그러므로 우리는 죽음의 정적을 뚫고 우리에게 낯익은 예수께서 얼굴을 보여주시기를 기도해야 하는 것이다.

1. 요셉이 형제들에게 자기를 알렸다.

요셉이 시종자들을 물리쳤다. 요셉은 유다의 진실하고 애절한 호소를 듣고 자기를 가누지 못하는 형제애에 넘쳐서 시종들을 물러가라고 소리쳤다.

요셉은 처음에 형들이 애굽에 온 때부터 형들인 줄 알고 지금까지 마음 속에서 끓어오르는 벅찬 감정을 억제해왔고 그렇게 노력했다. 왜냐하면 그는 이렇게 함으로 여러 번 형제들의 진심을 시험해 볼 수 있었기 때문이다.

그런데 이제는 그의 형들이 진심으로 회개하고 아버지와 베냐민에 대한 형들의 사랑과 효성이 참이라는 것을 알았기 때문에 더 이상 감정을 억제할 필요가 없었다. 요셉은 권세의 옷을 벗어 던지고 그의 종들이 이일에 증인되는 것이 마땅치 않아 다 물러가라 했다.

예수 그리스도는 자기 자신과 사랑이 넘치는 친절을 세상이 보지 못하고 듣지 못하게 그의 백성에게만 계시하신다. "소리질러"는 격한 감정으로 부르짖듯 선언하는 것인데 그러한 요셉의 행동이 요셉의 총리로서의 품위를 손상시키는 것은 아니었다.

요셉이 방성대곡하며 울었다. 지금까지 억제해 오던 감정이 폭발되자 요셉에게선 걷잡을 수 없는 울음이 터져나왔다. 그는 대애굽제국의 총리였지만 여전히 순수한 인간미를 지니고 있었던 것이다. 애굽의 총리에서 양치던 아우로 돌아간 것이다 그리고 그가 울면서 자기의 소리를 낸다는 뜻이다.

애굽의 관리가 이것을 듣고 바로궁에 고했다. 요셉의 거처가 바로궁에 가까이 있어서 그 소리가 궁중 안에 들렸다는 것이 아니다.

진정한 나라의 지도자는 눈물의 사람이며 울 만한 때에 크게 울 수 있는 지도자는 많은 국민에게 존경을 받는다. 눈물은 요셉의 대화의 서언이었다. 그는 이 눈물을 오랫동안 참느라고 고통을 느꼈다. 이제 비로소 눈물을 흘림으로써 형제들을 엄하게 대했던 것에서 벗어난 것이다.

요셉이 그 형들에게 나는 요셉이라 했다. 지금까지 요셉은 자기 형제들에게 자신이 애굽인같이 처신했는데 이제 여기서 "내가 요셉"이라고 밝히고 그들이 너무 믿겨지지 않아서 의심할까 하여 "나는 당신들의 아우 요셉이라"고 한 것이다. 이것은 그를 팔아먹은 죄에 대하여 그들이 보다 겸손하게 되게 했을 것이고 친절한 처분에 대한 희망을 갖게 했다.

"내 아버지께서 아직 살아계시나이까?"라고 물었다. 전에 그는 "그 노인이 안녕하시냐"(43:27, 44:17-34)고 물어서 부친의 생존여부는 알고 있었다. 그러나 여기서는 "그 노인"이 아니라 "내 아버지께서…"라고 했다. 전에는 예의상의 질문이고 지금은 애정에의 질문이다. 아버지가 살아계시다는 것을 알고 보고싶은 심정으로 묻는 것이다.

2. 요셉이 형들을 위로했다.

요셉이 형들에게 가까이 오라고 했다. 요셉이 형들에게 "내가 요셉이다"라고 선언했으나 그 말에는 형들의 과거의 죄를 다 용서하면서 말한 것이다. 보복의사도 없었고 오히려 형들을 위로시키려 했다.

그러나 형들은 그의 말에 경악을 금치 못했다. 참으로 놀랐다. 그 순간 침묵할 수밖에 없었다. 자신들의 손으로 구덩이에 처넣었던 요셉이, 애굽의 종으로 팔아넘긴 그 요셉이 애굽 총리의 자리에 있는 것이다. 장차 보좌 위에 높이 앉은 그리스도를 바라보는 것이 행복일지 아니면 두려움이 될지는 오직 인간 자신에게 달려있는 것이다. 요셉은 친절하게 안심시키면서 가까이 오라고 했다.

아마도 그들이 자기를 팔아먹은 것에 관해 그가 말하려 했다면 그는 애굽인들이 듣지 않도록 크게 말하지 않았을 것이며 그랬더라면 그들은 그 히브리인들을 혐오했을 것이다. 그러므로 그는 그들을 가까이오게 해서 그들과 조용히 속삭이려 했다. 그것은 요셉의 지혜요 형들을 아낌이었다(히 4:16).

참마음으로 믿음을 가지고 은혜의 보좌 앞에 담대히 나아갈 수 있는 성도가 되어야 하는 것이다.

요셉은 당신들이 애굽에 판 자라고 했다. 요셉은 그들이 이전에 지은 죄에 대해서 언급하지 않을 수 없었다. 그러나 그것은 진노하는 분개심에서가 아니고 고상한 신앙과 전심에서 한 말이다.

요셉은 예수 그리스도의 모형이다. 높은 자가 낮은 자에게 먼저 손을 내밀며 "가까이 오라"고 한 것은 하나님께서 타락한 인간을 찾아오셔서 영생을 얻게 하시고 요셉의 형들에게 영원한 미래를 보장해 주기 위해서 요셉과 화해하는 것이 절실했듯이 예수께서는 화목의 제물이 되셨다. 요셉은 형들의 철저한 회개를 기대했기 때문에 그들이 당하는 양심의 가책을 덜어주려고 하지는 않았다. 나는 당신들이 판 요셉이라고 하여 그들이 과거의 죄를 깨닫고 회개하기를 바랬다.

요한은 "구름을 타고 오시리라 각인의 눈이 그를 보겠고 그를 찌른 자들도 볼터이요 땅에 있는 모든 족속이 그를 인하여 애곡하리라"(계 1:7)고 했다. 지금은 요셉을 판 자들이 그 팔린 자 앞에 있는 것처럼 장차 예수를 판 자들이 그 예수 앞에 서게 된다.

요셉은 그들에게 한탄하지 마소서라고 했다. 형들의 이전 죄악을 말함으로써 요셉은 그들의 얼굴에 나타나는 표정을 볼 수 있었다. 그들은 근심하며 한탄하고 두려움에 잡혔다. 그래서 요셉은 근심하지 말고 한탄하지 말라고 위로했다. "당신들의 눈에 불을 붙이지 마소서"(31:35)라는 뜻이다.

그들은 견딜 수 없을 정도로 자책에서 나오는 근심이 그들을 장악한 것이다. 참된 회개는 죄에 대하여 근심하는 것이고 마음 아파하는 것이다(고후 8:10).

하나님의 섭리는 야곱의 가족을 기근에서 구원하는 것이었다. 그러나 그당시에는 아무도 하나님의 손길을 알 수 없었다. 하나님의 섭리는 언제나 합동하여 유익하게 하시고 자신의 영광을 위한 방법을 사용하시며 신비한 계시가 있는 것이다.

요셉이 총리됨은 이스라엘이라는 교회를 구원하기 위함이요, 세상 국가들이 복을 받는 것도 교회 때문이다.

하나님은 어떤 때는 악한 자들의 행위를 동원해서 섭리의 목적을 달성하신다. 요셉은 "나를 이리로 보낸 것이 하나님이시라"고 했다. 형들은 애굽에 팔므로 요셉의 꿈을 깨뜨리려고 악행을 했지만 그 일을 통해서 하나님은 그 꿈을 실현시키셨다.

3. 요셉이 부친을 초청했다.

요셉이 아버지를 초대했다. 요셉은 형들에게 "속히 아버지께로 올라가서… 내게로 지체말고 내려오사"라고 하였다. 이 일이 속히 해야 할 일이기 때문에 두 번이나 이 말이 나왔다고 본다. 사람은 하나님의 뜻을 알고 나면 속히 행동에 옮겨야 하는 것이다.

요셉의 이 말에서 아버지에 대한 지극한 효성심을 볼 수 있다. 요셉이 살아있다는 것만으로도 그 아버지는 기뻐할 것이다. 아버지의 마음을 기쁘시게 해 드리고자 했다. 그것이 효도인 것이다.

형제들은 이것을 가나안의 식구들에게 전해야 했다. 부활하신 예수를 만나뵌 자들은 가족에게로 가서 예수는 죽지 않았고 살아서 높아지사 천국의 주가 되셨다는 것을 전해야 한다.

고센 땅에서 가깝게 하라고 했다. 아버지와 그 아들들과 손자들과 아버지의 짐승 떼와 모든 소유가 고센 땅에 있어서 나와 가깝게 하라고 했다. 형들은 요셉의 약속을 아버지께 전달하는 책임을 맡았다.

고센은 목초장이요 비옥한 땅이며 라암셋 땅과 같은 곳이다. 비돔과 라암셋의 두 성읍을 포함하였고 가나안 땅을 향하고 있어서 그들의 고향을 그리워하도록 했다.

수백년 후에 이곳에서 모세와 함께 이스라엘 사람들이 애굽 영역을 탈출하는데 지리적으로 유리한 곳이었다. 요셉은 먼 훗날에 가나안으로 그들 후손들이 가게 될 것을 알고 있었다. 성도는 세상에 살지만 천국 하늘 가나안에 가까운 곳에 진을 치고 가나안을 사모해야 하는 것이다.

"나와 가깝게 하라" 한 것은 성도는 언제나 예수 그리스도와 항상 가까이 있어서 생활하라는 것이다. 예수께서 제자를 택한 목적이 "예수와 가까이 있게 하고자함"(막 3:14)이었고, 영원히 가까이 있고자 하셔서 십자가에 죽으셨다(엡 2:11-18).

요셉은 아버지를 봉양하겠다고 했다. 흉년은 앞으로도 5년이 더 계속될 것이다. 아버지와 그 가솔들이 가나안에 그대로 있으면 결핍할 것이었다. 결핍은 "가난에서 노예가 된다"는 것이고, "봉양하리이다"는 "붙들다"는 뜻이다. 부모는 늙어 기력이 쇠해지기 때문에 자녀가 붙들어드려야 한다. 그것이 부모에 대한 자식의 의무이다. 아버지는 가난에 굶주리고 아들은 애굽에서 호의호식한다는 것은 견딜 수 없는 것이었다.

"속히 모시고 내려오라"고 했다. 그것은 아버지에게 용기를 주는 말이요 형제들에게 응답을 갖고 돌아오라는 사명의 말이며 부모에게 최고의 효도하는 말이다. 부모를 "모시는 것" 그것만큼 효도가 있는가? 이 말은 요셉이 직접 한 말이다. 그들은 모든 것을 직접 보았다. 똑똑히 보았다. 요셉의 영광과 존귀함을 보았다.

4. 형제들이 요셉과 대화했다.

요셉은 베냐민과 목을 안고 울었다. 요셉이 자기 친 아우 베냐민의 목을 안고 울고 베냐민 역시 요셉의 목을 안고 울었다. 그것은 기쁨의 눈물이었다. 회개의 눈물을 흘리는 자는 이렇게 예수를 직접 뵙는 기쁨의 눈물을 흘리게 된다.

눈물은 기쁨의 표현이요 감격의 장마비와 같다. 어머니 없이 자란 형제, 죽은 줄 알았던 형을 만나는 기쁨, 그 기쁨은 무엇으로도 형용할 수 없다.

형들과 입맞추며 안고 울었다. 이것은 사랑의 입맞춤이요 화해의 입맞춤이다. 요셉을 묶었던 것으로 여겨지는 시므온도 잊지 아니하고 화해의 뜨거운 눈물 속에 마음이 다 녹아졌다. 눈물은 진실의 표현이다. 이복 형제간이었으나 요셉의 진실한 울음은 그들의 마음을 울리기에 충분했다.

형들이 요셉과 말했다. 형들은 요셉의 관대함에 감격하면서 의심없이 말하기를 시작했다. 눈물에는 거짓이 없다. 말없이 두려움에 싸여 있던 그들이 이제는 입을 열어 말한 것이다.

탕자가 돌아와서 "하늘과 아버지께 죄를 지었다"고 고백할 때에 아버지가 입을 맞추고 "품꾼의 하나로 써 주소서"라고 할 때에 입을 맞추었다. 요셉은 할 말을 잃은 형들에게 입을 맞춤으로 용서를 표시한 것이다.

가나안으로 돌아간 형제들

(창 45:16-28)

　이제 애굽왕 바로가 요셉의 형제들이 왔다는 소식을 듣고 친절하게 대하며 같이 기뻐했다. 그리고 요셉이 가나안에 있는 가족을 애굽으로 초청한 것에 대해서도 바로는 허가와 함께 제반 편의와 배려를 아끼지 않았다.
　그것은 요셉이 얼마나 애굽에서 존경받는 정치가였는가를 알게 하는 것이다. 하나님께서는 요셉을 구원의 도구로 쓰신 것이다. 마침내 요셉은 가나안에 있는 아버지와 온 가족을 애굽으로 모시고 올 수 있게 되었다.
　본문에서 높은 지위와 풍요로움 중에 있는 요셉이 가나안땅에 계시는 아버지를 기쁘시게 해드리고자 하는 자식으로서의 순수한 마음을 보게 된다. 그리고 자신이 가진 지위와 권력으로 애굽은 물론 자신의 고향 동족에게도 혜택을 베풀고자 하는 정치인의 사명도 볼 수 있다.
　요셉은 아버지를 애굽으로 모셔오기 위해 많은 노력과 설명을 하고 있다. 그것은 가나안을 하나님의 약속된 땅이기 때문이다. 하나님께서 고민하는 야곱에게 내려가라고 응답하셨다. 우리는 이 기사에서 한 가지 특이한 점을 보게 된다. 즉, 요셉의 말처럼 그들은 남은 흉년 5년 간을 피하기 위해 이주를 의도했지만 실상 애굽으로의 길은 아브라함과 하나님 사이의 계약이 성취되는 길이며 이후 4백년 동안 애굽에서 억압받을 백성으로서의 운명을 향한 길이었다는 것이다.
　요셉의 가족은 오랜만에 화해하고 한 가족이 되었다. 성공한 아들이 오랜 세월 동안 헤어져 있던 부모와 형제를 모시게 될 때 이스라엘은 행복하기만 했다.

야곱의 가족은 애굽으로 내려가게 된다. 요셉의 초청 때문이다. 요셉의 형들의 가나안으로 가는 행로는 가벼웠다. 인질로 있던 형제도 베냐민도 가고 있기 때문이고 요셉이 애굽의 총리대신으로 있어 아버지에게 기쁨의 소식을 올릴 수 있었기 때문이었다.

주님 앞에서 죄사함 받은 영혼은 한없이 기쁘다. 그리고 부활하신 예수의 소식을 전하기 위해 걷는 발걸음 또한 가볍다.

1. 애굽왕 바로가 형제들을 친절하게 했다.

바로와 그 신복이 기뻐했다. 여기서부터 요셉 개인의 사적을 취급하지 아니하고 이스라엘 자손으로 취급한다. 이제 이스라엘 자손의 애굽시대가 시작하는 것이다. 바로왕은 요셉의 형들이 왔다는 소문을 들었다. 바로와 그 신복이 기뻐했으니 "바로의 눈과 그 종들의 눈에 좋았었다"는 뜻이다.

사람은 남의 기쁨이 나의 기쁨이라는 사실을 기억해야 하는 것이다. 그러기에 바울은 "기뻐하는 자와 함께 기뻐하고 슬퍼하는 자와 같이 슬퍼하라"(롬 12:15)고 했다.

바로가 요셉의 형제들의 상봉을 기뻐했다는 것은 요셉이 바로의 완전한 신뢰와 사랑을 받은 것을 보여주는 것이다. 그의 신복들조차 기뻐한 것은 요셉이 아래 사람들에게도 존경을 받고 있었음을 암시한다. 하나님의 사람들은 요셉처럼 이방 땅에 있으면서도 하나님의 살아계심과 우리의 신앙 인격을 나타낼 수 있어야 한다.

바로가 가속을 이끌고 오라고 했다. 이것은 바로가 즉흥적으로 초청한 것이 아니다. 사전에 요셉이 바로에게 의논하고 내약을 받았을 것이라고 생각된다. 요셉은 애굽땅의 주인이었기 때문에 자기 가족들에 대하여 마음대로 행할 수 있었을 것이지만 왕의 허락을 받는 것이 타당하다고 여겼다.

바로는 "너희 양식을 싣고 가나안 땅에 도착하면 너희 아버지와 가속을 이끌고 내게로 오라"고 했다. 그리고 바로는 요셉을 시켜 야곱을 모시게 하고 거기를 떠나는 일, 애굽에 정착하는 일에 필요한 모든 편리를 제공하겠다고 약속했다. 하나님은 이렇게 선한 의인들에게 이방인의 마음을 감동시키사 은혜를 베푸신다.

"아름다운 것"은 애굽에서 가장 좋은 고센이다. 그리고 그들은 그곳에서 나라의 기름진 것을 먹고 살 것이었다. 이것은 나라에서 가장 풍성하고 비옥한 지대이거나 나라의 산물 중에서 가장 좋은 것을 의미한다.

수레를 가져다가 데려오라고 했다. 바로는 요셉과 그의 형제들을 한 식구로 인정하고 수레를 내어주면서 가속들을 애굽으로 데려오라고 했다. 수레는 두 바퀴로 된 것으로 길없는 광야를 달리는 데 알맞고 통상적으로 짐승이 끌고 농사에도 사용된다. 이스라엘의 70명 식구들이 애굽으로 이주해 오는 일은 어려움이 많았을 것이기 때문에 바로는 수레를 제공하며 그들에게 용기를 불어넣어준 것이다.

우리는 우리의 요셉 예수 그리스도의 초청을 받았다. 구원의 수레를 타고 온가족 식구들이 예수께로 나아간다. 요셉은 풍부한 곡간을 가지고 있는 부자이듯이 예수께로 가는 자는 부요함을 얻는다(약 3:6-10).

바로는 기구를 아끼지 말라고 했다. 바로가 이렇게까지 호의적으로 은혜를 베푸는 것은 요셉에게 감동되었기 때문이다. 요셉은 이방제국에서도 하나님의 영광을 나타낸 의인이다. 바로는 요셉의 식구들을 애굽으로 이민 초청하면서 "그곳에 있는 그들의 기구를 아끼지 말라"고 했다. 즉, 그곳에 있는 살림살이는 다 버리고 오라는 것이다. 알몸으로 오면 애굽 땅에 좋은 것들이 너희의 것이기 때문이라는 것이다.

이 말은 "너희가 그것을 그대로 그 땅에 놓고 올지라도 너희 눈들을 너희 그릇들에게 집착하지 말라"는 뜻으로 곧 가구에 대해서 신경쓰지 말라는 것이다.

이와 같이 예수께서 그의 하늘의 영광을 우리에게 주려고 하신다. 그러므로 이 땅의 생활기구들을 걱정하거나 애착을 갖지 말아야 한다. 세상 것을 가지고 즐긴다는 것은 소꿉놀이 기구에 불과한 것이다. 축복된 땅에는 우리를 위해 준비된 것들이 있고 거기로 우리의 요셉 예수는 우리 있을 곳을 예비하러 가셨다(요 14:1-3).

2. 요셉이 형제들을 가나안으로 보냈다.

바로왕은 수레와 길 양식을 주었다. 바로왕은 요셉에게 이렇게 해서라도 요셉의 은혜에 감사하고 갚으려고 했다. 아무리 많은 것으로 은혜를 베풀어도 과하지 않다고 생각해서 이렇게 했다.

우리는 누구에게 은혜를 입었으면 그에게와 그 가족에게 또 그 후손일지라도 보답할 줄 알아야 한다. 요셉은 바로의 은혜로 형제들에게 수레를 주고 길 양식을 주었다.

야곱은 수레를 보고 얼마나 기뻤을까?

처음에는 아들들의 말을 믿으려 하지 않았을 것이다. 요셉이 보낸 수레를 보고서야 확신했을 것이다.

"왕의 수레"는 구름을 상징한다는 학자들이 있다. 예수께서 구름 타고 승천하셨고 다시 재림하실 때도 구름 수레를 타고 오실 것이다(행 1:9-11). 구름을 성령으로 해석한다면 우리도 성령의 구름을 타고 천국에 올라가서 주님을 뵐 수 있을 것이다.

왕의 수레는 애굽 궁궐에서 왔던 것처럼 예수의 수레는 하늘나라 궁궐로부터 많은 것을 싣고 온다. 예수의 곡식 창고가 세상 죄인을 구원할 수 있고 길의 양식, 일용할 양식도 그에게로부터 오는 것이다(마 6:9-14).

왕의 수레는 야곱에게 있어서는 가장 큰 기쁨의 소식을 싣고 온 것이다. 그것을 볼 때에 아들 요셉이 살았음을 알았다. 우리는 하늘나라에서 온 수레가 우리에게 도착했을 때 예수께서 살아계심을 알고 크게 기뻐할 것이다(계 22:21-).

양식과 옷 한 벌씩을 주었다. 그들의 양식은 가나안으로 갔다가 애굽으로 올 수 있도록 힘을 주기 위함이다. "길의 양식" 곧 일용할 양식이다. "길"은 예수시니(요 14:6) 천국가는 길이요, 아버지께로 이르는 길이다. 그 길을 아는 진리요, 길을 가도록 힘을 공급하시는 생명이시다.

그들에게 각기 옷 한 벌씩을 주었으니 바꾸어 입거나 갈아입을 옷이며 특수한 경우에 입는 의복일 수도 있다. 옷은 성도의 행실이다(계 19:7). 새 옷은 새 사람의 생활이다(골 3:10, 눅 15:22). 그리스도로 옷입고(롬 13:14), 빛의 갑옷을 입고(롬 13:12), 긍휼과 자비와 겸손과 온유, 오래참음의 옷을 입으며(골 3:12), 새 사람을 입고(엡 4:24) 갈 것이다.

베냐민에게는 "은 3백과 옷 다섯 벌"을 주었다. 친 형제이면서 가장 어린 동생에 대한 특별한 사랑에서였다. 은은 형제중 베냐민 혼자 받은 것이다. 옷 다섯 벌은 그의 최상의 아름다운 생활의 증거일 것이다. 구원은 믿음으로 받지만 상급은 행위로 말미암아 받는다. 베냐민은 잘못이 지적된 바가 없다.

하나님은 어떤 이에게는 하나, 또 어떤 이에게는 다섯의 은혜를 주신다. 그러나 받는 자의 입장에서는 값없이 주시는 것으로 불평없이 감사할 뿐이다(마 25:14, 15:, 요 21:21-22).

아버지에게 예물을 보냈다. 요셉은 아버지께는 애굽의 아름다운 물품들과 곡식을 선물로 보냈다. 이것은 맛있는 양식이기 때문에 흉년 때에 귀중한 것이었다. 빈 손으로 애굽에 팔려간 요셉은 많은 사람들에게 많은 것을 줄 수 있는 부요자가 되었다(고후 8:9).

짐승들은 물건을 싣고 가기 위함이지만 가나안에서 애굽으로 올 때에는 야곱이 타고 올 수 있었을 것이다. 야곱에게는 이날이야말로 최상의 날이요 기쁜 날이었다.

노중에서 다투지 말라고 했다. 요셉은 형제들이 가나안으로 돌아가면서 도중에서 요셉을 팔았던 과거의 일을 가지고 서로 책임 회피하면서 다투지 않을까 염려하여 이렇게 권면했다. "다투다"는 "원망하다, 불평하다, 반역하다"라는 뜻으로 마음 깊은 곳에서부터 응어리진 감정으로 인하여 투덜대거나 대드는 것을 의미한다. 이방 땅에서 형제끼리 싸우면 큰일이다.

우리는 영원히 완전한 평화 속에 있는 것을 기대하는 가나안으로 가는 길목에 있고 그 길은 많은 눈들이 있어서 우리를 지켜본다. 그러므로 죄사함 받은 교회 성도들은 다툴 수 없다.

3. 요셉의 형제들이 부친에게 고했다.

야곱에게 요셉이 살아있다고 했으나 믿지 않았다. 요셉의 형제들이 가나안에 돌아가서 그 아버지에게 애굽에서의 자초지종을 다 고했다. 요셉이 살아있으며 애굽의 총리가 된 일 등이다. 그들의 말은 진실했다. 진실을 그대로 고했으나 아버지는 너무나 좋은 소식을 들을 때 진실이 아닌 것 같아서 믿지 않았다.

"기색했다"는 "힘이 빠진다, 냉담해졌다"는 뜻으로 곧 냉정해져서 엄숙한 자세를 의미한다. 우리는 믿지 않기 때문에 놀란다. 다윗도 믿지 않았다면 기절했을 것이다(시 27:13). 그는 전에 아들들이 "요셉이 죽었다"고 거짓말했을 때 그것을 믿었다. 그러나 지금 그들이 요셉이 살아있다고 말할 때는 믿지 않은 것이다. 사람은 언제나 실망시키는 말을 더 잘 믿는다.

야곱은 수레를 보고 소생했다. 뜻하지 않은 소식에 충격을 받고 순간적으로 맥이 풀려있던 야곱은 요셉이 형들에게 한 말대로 고하고 자기를 태우려고 보낸 애굽의 수레를 보고는 살아났다. 야곱은 그들의 말의 진실성을 믿었다. 수레를 직접 보고는 더욱 그러했다. 그의 영이 되살아 났다.

탕자의 아버지가 그랬다(눅 15:24). 죽음은 우리를 그리스도에게 데려가기 위하여 보내진 마차들이다. 그것이 오는 것을 보고 우리의 영혼은 되살아난다. 요셉이 보낸 수레는 야곱의 마음을 움직이는데 큰 역할을 했다.

죽기 전에 가서 보리라고 했다. 야곱은 요셉의 초청에 허락한 것이다. 야곱은 여기서 "이스라엘"이라고 불리운다. 그것은 그가 본래의 원기를 회복하기 시작했기 때문이다. 이스라엘은 승리한다는 뜻이다. 오랫동안 비탄에 빠져 살았으나 승리의 기쁨으로 바뀌었다.

오순절 성령강림이 요셉이 보낸 수레와 같다. 야곱이 수레를 보고서 요셉이 살아있음을 믿듯이 성령강림의 사실이 예수의 부활승천하심을 믿게 한다.

"족하도다"는 성스러운 만족이 수반되는 것으로 야곱은 요셉에 대한 말을 듣고 보낸 수레를 보고 족했다. 요셉의 영광에 대해서는 한마디도 하지 않았다. 오직 살아있다는 사실로써 만족했다.

"내아들 요셉"이라 한 것은 부성애다. "내가 죽기 전에 가서 그를 보리라"고 한 것은 살아있는 아들 요셉을 보러간다는 것이 야곱에게는 최상의 기쁨이 아닐 수 없었다. 그러나 "그와 함께 살겠다"고 하지 않았다. 그는 늙었고 오래 살 것을 기대하지 않았다. 그래서 그는 "보리라"고 말한 것이다.

이스라엘의 발행

(창 46:1-4)

이 본문에서는 이스라엘이 장차 큰 국가를 형성하기 위하여 가나안에서 애굽으로 이주하는 사건을 기록하고 있다. 이것은 야곱이 그의 가장 사랑한 아들 요셉을 보고 싶어서 잠시 방문하는 것이 아니다. 하나님께서는 아브라함에게 벌써 언약을 맺으신 바가 있었다. 그것은 이스라엘이 애굽의 객으로 내려가게 되고 거기서 4백년 간 고역하다가 큰 국가민족을 이루어 가지고 가나안으로 오리라는 것이다.

이스라엘의 애굽 이주를 위한 발행은 순간적인 것이 아니고 하나님의 섭리가 이루어지는 첫걸음이었다는 것을 알 수 있다. 여호와 하나님은 언약의 하나님이시고 그것을 성취하시는 하나님이시다. 특히 본장에서는 야곱의 이름이 이스라엘이라는 이름으로 계속 불리워지고 있는 것을 볼 수 있다. 이스라엘은 바로가 이민을 초청하고 요셉이 긴급하게 소식을 전해오고 그의 따뜻한 사랑으로만 가나안을 떠나는 것은 아니었다는 것이다.

가나안은 하나님이 그들에게 준 약속의 땅이었다. 그러나 이스라엘은 요셉에 대한 인정에 끌려 70명의 가족을 이끌고 이민갈 수는 없었다. 하지만 하나님께서 그에게 나타나시고 애굽으로 내려가기를 두려워하지 말라고 하시는 말씀을 듣고서야 가나안 땅을 떠나겠다고 결심한 것이다.

하나님께서는 이스라엘 백성이 커다란 위기에 처했을 때에는 언제든지 이상 중에나 꿈으로나 말씀으로 나타나셨다. 그리고 이스라엘에게 몇 가지 중요한 약속을 하셨다.

아무튼 우리는 여기서 야곱이 잃었던 아들을 다시 보게 된다는 감격 때문에 이민하려는 결정을 내렸다는 것을 알 수 있다. 그런데 웬지 약속의 땅을 떠나야 되는가 하는 문제로 하나님의 뜻이 어떤 것인가를 늦게나마 물었다. 사람들은 자신의 고뇌로 인한 생의 방황을 겪을 대로 겪은 후에야 하나님 앞에 나와서 그 뜻을 묻는 경우가 많다.

하나님께서 야곱에게 응답하고 계시하심은 즉각적이었다. 하나님은 하나님의 비밀을 사랑하는 종들에게는 알리시고 행하신다.

1. 이스라엘이 모든 소유를 이끌었다.

앞장 마지막 절에서 "이스라엘"이라는 이름으로 바뀌더니 여기에서 계속해서 이스라엘이라는 이름으로 표기되는 것은 야곱이 애굽으로 이주하는 것이 야곱이라는 개인이 흉년을 피하여 가는 것이 아니라 하나님의 뜻과 섭리대로 장차 이루어질 언약의 거룩한 국가 백성의 대표자로서 이민해 가는 것임을 시사하는 것이다.

이스라엘은 모든 소유를 이끌고 발행하였다고 한 그것은 "장막의 말뚝을 뽑다, 여행을 출발하다, 행진하다"라는 뜻이다. 야곱이 오랫동안 거주했던 장막을 걷고 헤브론에서 애굽으로 향해 떠나는 것을 의미한다.

그들이 브엘세바에 이르렀다. 브엘세바는 아브라함이나 이삭이 오랫동안 머물면서 하나님께 제단을 쌓은 곳이다. 아브라함의 경우는 브엘세바에 에셀나무를 심고 거기서 영생하시는 하나님 여호와의 이름을 불렀고 그일 후에 독자 이삭을 모리아 산상에 바쳤다(21:33).

이삭의 경우는 블레셋 사람들이 이삭을 시기하여 아브라함 때에 판 우물을 메꾸고 이삭이 그랄 골짜기에 장막을 치고 아브라함 때에 팠던 우물들을 다시 팠지만 블레셋 사람들이 메꾸었다. 르호봇이라는 우물을 판 후에 브엘세바로 올라갔을 때 여호와께서 나타나시고 위로하시며 축복하셨다.

야곱은 하나님께 희생을 드렸다. 모든 소유를 이끌고가는 것은 어떻게 보면 야곱에게는 고민이었고, 타국에 정착하러 간다는 것은 중

대한 일이었기 때문이다. 그는 지금 하나님의 제단들이 도처에 세워진 약속의 땅 가나안을 버리고 제단이 없는 애굽으로 떠나는 것이다. 그러나 하나님의 뜻을 묻지 않을 수 없었기에 선조들의 제단이 있는 곳에서 희생을 드리게 된 것이다.

야곱이 애굽으로 내려가기 전에 합당한 예배로 희생제사를 드린 것은 이스라엘에게나 그의 조상들에게 있어서 애굽은 좋지 못한 곳이었기 때문에 제단에서 하나님의 허락 여부를 알아야 했기 때문이다. 그리고 요셉에 대한 소식과 요셉을 만나게 되는 기대로 축복된 변화를 감사하기 위해서 다시 그의 애굽으로의 하행에 있어서 하나님께서 함께 하실 것에 대한 믿음으로 제물을 드려 하나님과 화목한 것이다.

2. 밤에 하나님이 이상중에 나타나셨다.

야곱이 희생을 드리는 밤에 나타나셨다. 성경에는 여러 곳에서 밤에 이상을 보는 일이 있었다는 것을 기록하고 있다. 데만 사람 엘리바스는 사람이 깊이 잠들 때쯤에 그 밤의 이상으로 생각이 번거로웠다고 했다(욥 4:13). 소발은 밤에 보이던 환상처럼 쫓겨간다(욥 20:8)고 했다. 엘리후는 "사람이 침상에서 졸며 깊이 잠들 때에나 꿈에나 밤의 이상 중에"(욥 33:15)라고 했다.

다니엘이 그의 친구들을 자기 집으로 불러 바벨론 왕의 꿈헤몽에 대하여 기도를 요청했는데 이에 "이 은밀한 것이 밤에 이상으로 다니엘에게 나타나 보였다"(단 2:19)고 했다. 하나님은 아브라함이나 이삭에게도 밤에 이상중에 나타나셔서 계시하셨다. 이것은 단순한 꿈을 가리키는 것이기도 하지만 인간에 대한 하나님의 특별한 계시전달의 한 방법이었다.

하나님은 밤이라는 시간에 인간에게 잘 나타나신다. 하나님은 밤에 이상중에 나타나셨다고 한 것은 엄숙한 현현이요 분명하게 알아들을 수 있도록 음성이 들린 것이어서 이스라엘이 애굽으로 내려갈 확신을 가졌다. 하나님은 먼저 우리와의 교제를 끊는 법이 없다. 언제든지 하나님의 제단에 엎드리면 하나님은 이상중에 보이시며 말씀으로 응답해 주신다.

하나님은 "야곱"이라고 부르셨다. 하나님은 이스라엘의 이름을 그의 낮았던 지위를 기억하게 하기 위하여 그의 옛이름인 야곱을 부르셨다. 그의 현재의 두려움 때문에 이스라엘이라는 이름을 가질 수가 없었다. 그리고 하나님은 간곡하게 부르시는 뜻에서 "야곱아 야곱아"라고 두 번 부르셨다.

야곱은 "내가 여기 있나이다"라고 대답했다. 전능하신 하나님, 이삭과 맺은 언약의 하나님의 환상에 아주 익숙해진 사람처럼 대답했다.

"네 아비의 하나님이라"고 하셨다. 이것은 하나님이 야곱의 조상의 하나님이라는 것이다. 아브라함과 이삭에게 약속하신 그 하나님이라는 뜻이다.

이러한 하나님께서는 그 때의 성도에게 나타나셨을 때에 하나님이 계시 역사를 통하여 늘 나타나시는 계약의 하나님이심을 알려주신다. 하나님은 약속을 이행하시는 계약준행의 하나님이시다. 조상에게와 야곱에게 약속한 계시에 대하여 불변하시다는 것을 확신케 하신 것이다.

3. 하나님의 약속의 말씀이 있다.

하나님은 이스라엘에게 애굽으로 내려가라고 하셨다. 야곱은 애굽에 내려가는 것에 대해 두려워했다. 물론 요셉의 생존과 영광의 출세에 대해 알게 된 때에 "내가 가서 그를 보리라"(45:18)고 주저없이 말했으나, 다시 생각해 보면 그가 어떻게 극복할지 잘 모르는 상당한 어려움이 있었던 것이다. 그 속에 가장 큰 기쁨과 희망을 갖고 변화에 대해서는 근심과 두려움의 요소를 갖는 법이다. 그러므로 우리 인생은 우리 마음에 두려움으로 기뻐할 것이다.

야곱이 애굽으로 가고자 하면서도 두려워 한 이유는 아브라함이 애굽에서 시험당한 때가 있고, 이삭이 그곳에 내려가는 것을 금했으며(26:2), 이들의 후손에게는 애굽이 불행한 곳이었기 때문이다(15:13).

가나안은 약속의 땅이어서 그곳을 지켜야 한다는 신념 또한 그를 두렵게 했다. 야곱은 130세의 노인이다. 애굽까지는 멀고 먼 험로인 것이다. 야곱은 이 순간 라헬이 긴 여로에 죽은 사실도 기억했을 수 있다.

그의 자녀들이 애굽에 내려가서 우상숭배에 오염되어 여호와 하나님을 잊어버리고 약속의 가나안 땅을 잊어버릴까 두려웠다. 하나님이 아브라함에게 그의 자손이 노예생활에 고생한다는 예언의 말씀을 하셨는데 그 예언의 말씀을 기억할 때(15:13) 지금 애굽으로 가는 것이 노예의 길목으로 진입하는 것이라고 생각했다.

그는 죽어 애굽에 묻힐 수는 없었다. 그런데 하나님께서는 두려워 말고 애굽으로 내려가라고 말씀하신 것이다. 하나님의 이 말씀 한 마디가 야곱의 모든 염려를 없애기에 충분했다. 성도들에게 있어서도 유일의 소망은 하나님의 말씀이다.

큰 민족을 이루리라고 하셨다. 여기서의 "하나님"이라는 칭호는 "그 능력자"라는 뜻이다. "그 능력자" 하나님은 한 가족을 통해서도 큰 나라를 만들 수 있다는 것을 알 수 있다.

야곱은 이전에 "생육하고 번성하라"는 하나님의 축복이 수반되는 하나님의 말씀을 들은 바 있으며 그가 큰 민족이 된다는 것이 두 번이나 반복되었다(28:14, 35:11). 그의 주상들에게 하나님께서 약속하신 계약 조건중 가장 중요한 것으로서 지금은 70명의 소수 가족이지만 애굽에서 하나의 큰 민족을 이루어 주신다는 약속을 다시금 받게 되었다. 이 계약은 하나님이 성실하게 하심에 따라 그들은 커졌다고 말한다(출 1:7).

하나님께서 함께 가시겠다고 하셨다. 이것은 그들이 거소를 옮기어서 애굽에 거한다는 내용이 아니라 하나님의 보호하심이 애굽에서도 안전하다는 것을 표현하시는 것이다. 하나님이 보내는 곳으로 가는 성도에게는 하나님이 함께 하신다. 그것은 그들이 어디에 있든지 그들을 충분히 안전하게 해주며 두려움을 없게 해준다. 하나님이 우리와 함께 하시면 아무것도 우리를 해칠 수 없으나 하나님과 떨어져 있으면 세상에서 가장 좋은 고센 땅에 가서 거주한다고 해도 행복할 수가 없다(시 84:11).

"다시 올라오게 하고 네 눈을 요셉이 감기리라" 하셨다. 다시 올라오게 한다는 말씀은 재강조의 뜻이며 "그리고 내가 너를 올라오게 하고 올라오게 할 것이라"는 것이다. 야곱은 애굽에서 죽지만 매장지는 가나안이 되고 그의 후손들이 약속된 기업의 땅에서 거하게 되리라는 내용을 확신시키는 것이다. 이 약속은 그대로 실현되었다.

하나님의 이 약속이 없다면 야곱의 애굽행은 아브라함의 자손에게 가나안 땅을 주시겠다는 약속과 모순된 듯이 생각된다. 하나님의 선민은 약속의 땅에 살아야 한다. 그곳은 오늘의 교회이다. 예수께서 우리와 함께 죽음에로 내려가신다면 우리를 다시 영광에로 끌어올리신다.

"요셉이 네 눈을 감기리라"고 하셨다. 이것은 야곱의 바람을 만족시켜 주는 축복이다. 야곱은 요셉이 자기 눈을 감겨주기를 소원했을지 모른다. 야곱이 임종시에 요셉이 눈을 감게 하여 자식으로서 최후의 효도를 하게 된다는 말씀이다. 부모가 사랑하는 아들 앞에서 죽는다는 것은 행복한 마침이고, 자식이 부모의 임종에서 눈을 감겨드리는 일은 최고의 효행인 것이다.

이스라엘의 이주

(창 46:5-27)

　이스라엘은 하나님의 몇 가지 약속을 받고 애굽으로 내려갔다. 야곱은 신앙의 사람이었다. 그러므로 바로왕이 초대하고 사랑하는 요셉이 모시려 한다고 했다 해도 하나님의 지시와 허락이 없었다면 가나안을 떠나지 않았을 것이다. 잠시 애굽에 내려가서 그리웠던 요셉을 만나 보고 다시 가나안 땅으로 돌아왔을 것이다.
　그러나 하나님의 예언의 언약이 성취되는 섭리 가운데 이스라엘은 하나님의 허락을 받고 애굽으로 이주한다. 70명의 가족을 거느리고 초라하게 애굽으로 내려갔으나 430년 후에는 거대한 민족을 형성하여 영광의 출애굽을 하게 된다.
　하나님은 야곱에게 네 가지의 약속을 하셨다. "너로 큰 민족을 이루게 하리라 내가 너와 함께 애굽으로 내려가겠다 내가 정녕 너를 인도하여 다시 올라올 것이라 요셉이 그 손으로 네 눈을 감기리라"는 것이다. 참으로 전능하신 하나님의 백성은 행복한 자들이다. 네 가지 약속은 야곱을 크게 고무시켰고 용기와 위로와 감사를 발하게 했다.
　여기서부터 이스라엘 민족 역사의 시작과 윤곽이 드러나기 시작한다. 이것은 메시야의 부족을 구분해 준다. 애굽으로 내려간 이스라엘의 숫자는 성스러운 숫자 7과 완성을 나타내는 10을 곱한 70명이었다. 이것은 원시 민족의 우두머리였던 사람의 숫자와 같다. 왕국으로 변모시키는 도구이다.
　신명기 32:8에 "지극히 높으신 자가 열국의 기업을 주실 때 인종을 분정하실 때에 이스라엘 자손의 수효대로 민족들의 경계를 정하셨다"

고 했다. 10이라는 수는 세상 만수요 7이라는 숫자는 하나님의 완전 거룩수니 세상 속에 존재하는 하나님의 교회 숫자인 것이다.

하나님께서 인류를 지구상에 나누실 때에 교회의 수효에 따라서 나누셨다는 사실에 대한 직접적인 근거인 것이다.

1. 야곱이 모든 것을 거느리고 애굽으로 갔다.

야곱은 바로의 보낸 수레를 타고 갔다. 야곱이 브엘세바에 머문 시간은 그리 긴 것 같지 않다. 짐작컨대 하루나 이틀 정도밖에는 그곳에 있지 않았을 것이다. 그런데 야곱이 브엘세바에 도착했을 때에는 두렵고 불안한 마음이었으나 이제 떠날 때는 하나님의 뜻과 약속과 계시를 받고 가는 것이었기 때문에 담대함과 기쁨이었다.

이스라엘 아들들이 바로의 태우려고 보낸 수레에 아버지와 자기들의 처자들을 태웠다. 늙은 아버지 야곱과 어린 손자들을 수레에 태웠다는 것은 노인을 존경하는 경노사상이요 어린 아이들을 중요하게 여기는 정신이라고 할 수 있다. 요셉은 마차를 탔으나(41:43) 야곱은 짐마차를 탔다. 야곱은 평범한 사람의 성격을 가진 사람이었기 때문에 장엄하고 거창한 행차를 하지 않았다.

생축과 재물을 이끌고 애굽으로 갔다. 성도가 하나님의 뜻을 정확하게 알게 되면 결단성있게 실행에 옮겨야 한다. 야곱은 하나님이 함께 하시겠다는 약속을 받은 이상 주저함없이 발행하여 생축과 재물을 모두 정리해서 이끌고 애굽으로 내려간 것이다. 생축들은 애굽에 있어서는 가증한 것으로 여겼다. 그러나 이스라엘에게 생축은 좋은 것이며 선택해서 하나님께 제물로 바쳐야 했다. 뿐만 아니라 고센 땅은 애굽 궁궐에서 먼 변방지역이어서 그들이 마음놓고 목축을 경영할 수 있었기 때문이다. 재물 또한 70명의 대가족에게 있어서 없어서는 안 되는 것이었다.

야곱이 아들들과 손자들과 딸들, 손녀 곧 모든 자손을 데리고 애굽으로 갔다. 이때 야곱의 나이는 130세(47:9)였고, 400년 후에는 다시 그 애굽에서 나와 가나안으로 돌아가게 될 것이었다. 우리가 우리의 주인 예수에게로 나아갈 때에 온가족 식구와 전 재산소유를 다바쳐 그를 경외하는 것이 옳은 일이다.

가축과 물건들을 가지고 간 것은 애굽에서의 생활을 전적으로 바로와 애굽 정부의 신세를 지지 않기 위해서였으며, 후에 그들은 거지로 애굽에 왔다는 말을 듣지 않기 위해서였으며, 요셉의 체면도 생각한 것이다. 아무튼 믿음으로 사는 자들은 모든 일에 덕을 세워야 한다.

2. 애굽으로 70명의 가족들이 내려갔다.

애굽으로 내려간 숫자에 대한 이견들이 있다. 여기에는 애굽으로 내려간 이민자들의 숫자가 70명이다(신 10:22, 출 1:5). 그런데 26절에 보면 66명이라고 했고, 누가는 사도행전에서 스데반의 설교를 기록할 때 75명(행 7:14)이라고 했다. 그러나 애굽에 있던 요셉과 요셉의 두 아들 그리고 야곱까지 하면 27절의 70명이라는 기록이 맞는다.

70명이냐, 75명이냐에 대해서 세 가지 해석이 있는데 할레이에 의하면 75명은(행 7:14) 야곱에게서 난 자들의 숫자 66명(46:26)에 그의 자부들의 수효를 더한 것이라고 한다. 야곱의 자부들 중에 유다의 아내와 시므온의 아내가 가나안에서 죽었고 요셉의 아내는 가나안에 있지 아니하고 애굽에 있었다. 그러므로 저자는 야곱과 그 생들만 염두에 두었고 혼인해 온 여자들은 계산하지 않았기 때문이라고 한다.

옛날에 유대인 중에는 사람의 수를 말할 때에 약수로 말하는 경우가 있다. 그러므로 75명을 70명으로 했을 것이라고 해석하는 해석이 있다. 그러나 그 다음 해석은 스데반이 말한 75명 중에는 친족이 있었다는 것이다. 호주의 직계가족 이외에 친족이 있는 자들도 포함했다는 해석이다(눅 1:36). 그러므로 친족이란 말은 야곱의 아내들과 자부들을 포함하였을 것이라는 것이다.

3. 애굽으로 내려간 자의 명단이 있다.

첫째로, 레아의 소생들로 르우벤과 그 아들들이다.

하녹은 "시작함, 헌신됨"의 뜻으로 가인의 장자(4:7)와 야렛의 아들 이름이다(5:19). 하녹으로 말미암아 르우벤 가문의 제 이대가 비롯되는 것을 의미하는 이름이다.

발주는 "구별됨"이고, 헤스론은 "둘러싸임, 궁중의"라는 뜻이며, 갈미는 "포도원지기, 귀한 자"의 뜻이다.

둘째로, 시므온의 아들들이다.

여무엘은 "엘의 날"(대상 4:24)이라는 뜻이고, 야민은 "오른 손"이라는 뜻이며, 오핫은 "함께 연합함"이며, 야긴은 "하나님이 능력을 주시는 자, 그가 승리하리라"(대상 4:24)라는 뜻이고, 스할은 "순백"(대상 4:24 세라)이라는 뜻이며 가나안 여인의 소생 사울은 "묻는다, 크다"라는 뜻이다.

당시 야곱의 아들들은 일반적으로 메소보다미아 여인을 취하여 아내로 삼은 듯하다. 그런데 여기서 "가나안 여인"이라고 특별히 밝힌 것은 그러한 사례와는 다른 경우였기 때문일 것이다.

셋째로, 레위의 아들들이다.

게르손은 "축출"이며, 그핫은 "모임"이고 므라리는 "씀, 불행, 넘침, 무정한 자"라는 뜻이 있는 것이다.

넷째로, 유다의 아들들이다.

엘은 "경계하는 자"(38:3)라는 뜻이고, 오난은 "힘"(38:4)이며, 셀라는 "기도, 평화"를 의미하는 이름이다. 베레스는 "브레치(breach)"라는 뜻이며 베레스의 아들 헤스론은 "둘러싸임"을, 하몰은 "긍휼을 아는 자"라는 뜻이다.

다섯째로, 잇사갈의 아들들이다.

돌라는 "벌레, 진홍색"의 뜻으로 태어날 때에 아주 연약해서 벌레 같고 살아날 것 같지 않았던 모양이다. 그러나 그에게서 많은 자녀가 출생했다(대상 7:2). 부와는 "입"을, 욥은 "스스로 돕는 자, 원하다"라는 뜻이다(대상 7:1에는 야숩이다. 민 26:24). 시므론은 "파수"라는 뜻이다.

여섯째로, 스불론의 아들들이다.

세렛은 "두려움"의 뜻이며, 엘론은 "상수리나무"라는 뜻이다. 얄르엘은 "하나님이 병들게 한 자"라는 뜻이다. 이리하여 레아의 소생이 30명이었다. 디나는 세겜사건 이후 미혼으로 있지 않았나 생각되고 야곱의 식구 중에서 한 사람으로 언급되고 있다.

실바의 소생들이다.

첫째로, 갓의 아들들이다.

시본은 "기대"(민 26:16)라는 뜻이고, 학기는 "잔치"라는 뜻이며, 수니는 "조용함"이라는 뜻이다. 에스본은 "수고"(민 26:17)라는 뜻이고, 에리는 "지킴"의 뜻이며, 아로디는 "야생나귀, 배회자, 후손을"(민 26:17)이라는 뜻이고, 아렐리는 "엘의 사자, 영웅의 자식, 영웅적인 것"의 뜻이 있다.

둘째로, 아셀의 아들들이다.

임나는 "번영"을, 이스와는 "수평"을 뜻한다.

이스위는 이스와와 함께 "수평"의 뜻으로 쌍둥이가 아닌가 생각된다. 브리아는 "선물, 죄약속에"라는 뜻이고 세라는 "풍성, 넘침"이라는 뜻이며, 브리아의 아들은 헤벨로 "친교"라는 뜻이다. 말기엘은 "엘의 왕, 나의 왕은 엘이니"라는 뜻이다. 이들은 도합은 16명이다.

라헬의 소생들이다.

첫째로, 요셉의 아들들이다.

요셉의 아내는 애굽 온 제사장 보디베라의 딸 아스낫이었는데 (41:45) 그녀는 두 아들을 낳았다.

므낫세는 "망각"이라는 뜻으로 "잊어버린다"는 뜻이다. 에브라임은 "두 배의 창성함, 두 배의 땅, 창성함"이라는 뜻이다(41:51).

둘째로, 베냐민의 아들들이다.

벨좌는 "삼킴"이라는 뜻이며, 베겔은 "어린 약대"라는 뜻이고, 아스벨은 "하나님의 뜻, 새싹, 짧음"이라는 뜻이다.

게좌는 "곡식, 싸우는 자"이고 나아만은 "기쁨"이라는 뜻이다. 에히는 "형제같음"을 의미하고, 로스는 "머리"를, 뭅빔은 "치장한 자, 뱀"을 의미하는 이름이다.

훔빔은 "덮기"(민 26:39)이며 아룻은 "도망자, 배회자, 다스리는 자"라는 뜻이다.

민수기 26:40에서는 나아만과 아룻이 베냐민의 손자 벨라의 아들로 되어 있는데 이것은 베냐민의 아들이 일찍이 죽었거나 가장의 명단에 이들의 이름을 따른 벨라의 두 아들이 있었기 때문일 것이다. 라헬의 소생은 14명이다.

마지막으로, 빌하의 소생이다.

첫째로, 단의 아들 후심이다.

후심은 "성급한 자"(민 26:42)라는 뜻이다.

둘째로, 납달리의 아들들이다.

야스엘은 "하나님의 분배하심"이라는 뜻이고, 구니는 "치례함, 채색함, 보호함"을 의미한다. 예셀은 "형상, 모양"을 실렘은 "응보, 복수"의 뜻이며 빌하의 소생은 일곱 명이다.

요셉과 야곱의 상봉

(창 46:28-34)

야곱은 그의 아들 요셉이 보낸 수레를 타고 어린 손자들과 함께 애굽으로 내려갔다. 처음에는 하나님께서 허락하시지 않으시면 가나안 약속지를 떠날 수 없다고 생각하여 그가 갈 수 있는 범위에서 가장 남쪽에 위치한 브엘세바에 이르러 아버지 이삭의 하나님께 제사를 드렸다.

그때에 이상중에 나타나신 하나님께서 그의 소원을 따라 은혜를 베푸시고 애굽으로 가는 것을 허락하셨다. 하나님께서는 옛날의 약속을 이루시기 위해 허락하셨다.

아버지의 사절 역할을 한 아들은 유다이다. 유다는 전에는 아버지와 아들을 떼어놓는 데 주된 역할을 했었는데 이제는 아버지와 요셉을 만나게 주된 역할을 했다. 아버지와 요셉을 만나게 하는 데 가장 활동을 많이 한다. 나쁜 일을 한 사람은 이미 자기가 저지른 나쁜 짓을 돌이킬 수 없지만 가능하면 속죄해야 한다. 이 두 기간 사이에 나타나는 유다의 변모를 생각해 볼 수 있다. 유다의 현재 행동, 이를테면 베냐민을 위해 중재에 나선 것 등은 그에게 영적으로 급격한 변화가 있었음을 알게 한다.

야곱과 요셉이 헤어진 지 22년의 세월이 흘렀다. 그런데 자식이 탕자가 되어 부모곁을 떠났다가 만나게 되는 경우라고 할지라도 기쁜 일이다. 그런데 사랑하는 아들이 이역만리 타국에서 살아있다는 것과 그처럼 높은 지위에 올라있다는 소식을 들었으니 얼마나 자랑스러운 만남인지 형언할 수 없었을 것이다.

하나님을 경외하는 사람도 자식이 세상적으로 성공하고 많은 사람들에게 존경받고 기아선상에 있는 사람들에게 꼭 필요한 선정을 베푼다고 할 때 그것을 마다할 필요는 없는 것이다.

요셉은 지혜로운 아들이요 정치가였다. 애굽인들이 목축업을 가증스럽게 여겼으나 그것을 부끄럽게 여기지 않았고 고센 땅에 살면서 목축업을 마음대로 할 수 있도록 했으니 요셉의 현명한 처사로 말미암아 이스라엘 민족은 고센에 함께 살며 출애굽의 날을 준비할 수 있게 한 것이다. 그리고 요셉은 애굽의 신하들이 있는 데서 보잘것없고 늙은 목자인 아버지와 형제들을 조금도 부끄러워 하지 아니했다. 덕망과 용기가 있는 신앙인은 천한 태생을 조금도 부끄러워 하지 않는다.

1. 야곱이 고센 땅에 도착했다.

야곱이 유다를 요셉에게 미리 보냈다. 야곱은 70명의 대가족 식구들이 애굽의 고센 땅에 도착한 것을 알리기 위해 유다를 요셉에게 먼저 보냈다. 이차 애굽 방문 때의 공적으로 인해 야곱이 유다를 아들들 중에 제일 신임한 증거인 듯 하고 그것은 야곱의 신중함이다.

바로왕이 이스라엘의 이민을 초청했고 요셉이 또한 이민을 권한 것이고 요셉의 지혜로운 판단에 의해서 넓고 넓은 애굽의 국토 중에서 고센 땅으로 가족을 정착하게 했지만 야곱으로서는 가나안에서 애굽 정부의 보호를 인하여 여기 온 것이기 때문에 애굽 정부에 존경의 표시를 하기 위해서 유다를 보낸 것이다.

자기를 고센으로 인도하게 했다. 유다를 보내서 이런 중요한 일을 오고가면서 덕스럽게 처리한 것은 유다가 훌륭한 인품을 지녔을 뿐 아니라 요셉에게도 유다가 이런 중재역을 맡는 것이 좋았기 때문일 것이다. 사람은 어느 단체에서나 그 단체를 대표할 수 있는 그런 인품을 갖추어야 할 것이다.

하나님의 아들 예수께서 하나님과 인간 사이를 중재하셨다. 하나님의 종들은 예수와 인간과의 중간에서 많이 수고하며 인도하는 일을 하는 자들이다.

유다는 높은 사람에게 예의가 바르게 행동했고 그리하여 70명의 이스라엘은 다 고센 땅에 도착할 수 있었다. 이스라엘의 70명 식구들은 영적으로 암시적인 숫자이다. 성스러운 숫자 7, 즉 완전 거룩 수와 완성을 나타내는 세상만수를 곱한 것으로 그들은 세상에서 거룩히 구별된 하나님의 교회인 것이다. 교회는 어느 국가의 정부에 대해서 조심스럽게 예의를 지켜 대하는 신중함이 필요하다.

2. 요셉이 아버지를 맞았다.

요셉이 수레를 갖추고 고센으로 올라갔다. 요셉이 수레를 갖추고 올라간 것은 정중하게 예의를 갖추고 아버지를 뵈오려 했다는 것이다.

요셉은 높은 지위에 있었다. 그러나 그는 아버지 보다는 높지 못했다. 아무리 아버지가 무식하고 가난하고 초라하다고 해도 자식은 부모에게 정중하게 예절을 갖추어 뵙도록 할 것이다. 성경에 "너는 센머리 앞에 일어서고 노인의 얼굴을 공경하며 네 하나님을 공경하라 나는 여호와니라"(레위기 19:32)고 하였다. 여기 노인과 하나님, 노인 공경 하나님 공경을 강조한 것이다. 하나님을 공경한다 하는 사람들은 노인을 공경할 줄 알아야 한다.

요셉이 아버지에게 보이며 울었다. "아비 이스라엘을 맞으며 그에게 보이고"는 "그가 그에게 보이고"라는 것이니 하나님이나 하나님의 사자가 나타날 때에 사용된 말이다. 그러니까 요셉이 그 아버지 야곱을 만나게 된 것을 하나님이나 만나는 것같이 영광스럽게 여겼다는 것을 알 수 있다.

요셉은 아버지 뵙기를 하나님 뵙듯이 보이고 그 목을 어긋 맞겨 안고 얼마 동안 울었다. 그것은 실로 22년간의 부자 상봉의 눈물이었다. 그것도 이미 죽은 줄로만 알고 있던 아들과 아버지의 극적인 만남에 따르는 감격한 눈물이었다. 그것은 존경이요 사랑의 표시였다.

요셉이 베냐민을 껴안을 때는 "그의 목을 안고 울었다"(45:14)고 했는데 아버지를 포옹할 때는 그의 목을 안고 얼마동안 즉 보다 오랫동안 울었다고 했다. 동생 베냐민도 좋았지만 아버지 또한 더 좋았다는 것이다.

평소 야곱의 가슴 속에 뿌리깊은 한이 어려 있었음을 알 수 있다. 죽은 줄만 알았던 요셉이 살아있을 뿐 아니라 총리로 있는 이 때에 만났다. 그가 어떤 위치에 있거나 관계하지 않고 살아있어서 이렇게 만날 수 있다는 사실 하나만으로도 그는 더 바랄 것이 없이 만족했다.

아버지는 "나는 이제 죽어도 가하도다"라고 했다. 루터는 "이제 나는 기쁘게 죽을 것이다"라고 해석했고, 지금 당장 죽는다 해도 만족했던 것이다. 이것이 아마 야곱의 마지막 만족일 것이다.

금방 죽어도 좋다고 말한 야곱은 그 후로 17년을 더 살았다. 그러므로 죽음은 우리가 요구할 때 꼭 찾아오지 않는다. 그것은 하나님의 손에 있는 것이다. 인간은 하나님이 원하시는 때에 죽는 것이지 우리 인간이 원한다거나 비애에 빠진다고 해서 죽는 것이 아니다.

3. 요셉이 신중하게 배려했다.

요셉이 바로에게 고했다. 야곱의 대가족 70명이 바로왕의 통치를 받는 애굽에 정착하려고 왔다는 것을 바로에게 알리는 것은 당연한 것이었다. 특히 바로왕이 그의 가족들이 애굽에 이민해서 살라고 초청했기 때문에 비밀리에 슬그머니 들어와 정착하게 해서는 안된다. 요셉은 바로왕에게 존경을 바치면서 주의를 기울여 이러한 점에도 세심하게 처리했다.

형제들의 정착을 배려했다. 형들은 요셉을 제거해서 없애버리려고까지 했었는데 요셉은 지금 그 형들을 어떻게 하든지 유리한 곳에 정착시키려고 힘쓰고 있다. 이것은 악을 선으로 갚는 일이다. 요셉은 형제들에게 사전에 정보를 제공해 주는 것이었다. 그 가족이 애굽 땅에 도착했다는 보고가 바로에게 들려지면 처소에 대해 바로가 묻게 될텐데 그 때 "고센 땅을 말하라"고 했다. 요셉은 형제들의 복된 생활에 관련된 문제에 깊은 관심을 이와 같이 한 것이다.

바로는 고센 땅에 거하게 했다. 고센은 애굽의 국경지대이고 가나안으로 가려면 가장 가까운 거리에 있다. 나일강 하류 비옥한 땅의 푸른 초장이 있어 목축업이 주업인 이스라엘에게는 매우 적합한 곳이다.

따라서 고센 땅에 살아야 후에 가나안 땅으로 갈 때에 여러모로 편리했다. 그리고 가나안이 가까운 지역이므로 애굽인들로부터 아주 멀리 떨어져 있었다. 그것은 애굽인들의 악에 적게 물들고 애굽인들에게 덜 멸시받기 위함이었다. 애굽인들은 목자를 경멸했고 목자들과 어울리는 것도 싫어했다

그러나 요셉은 형제들이 고센 땅에 있어 목자생활을 계속하게 했으니 직업에 대해 부끄럽게 생각지 않았다는 것이다. 목축을 계속해야 하나님을 예배하며 제물을 바칠 수 있었다. 요셉의 권한으로 그 형제들을 취직 주선을 얼마든지 할 수 있었을지 모른다. 그러나 그것은 애굽인들의 질투를 사게 되고 형제들이 제사 생활을 잊어버려 하나님의 약속을 망각할까 염려했다.

바로 앞에 선 이스라엘인들

(창 47:1-12)

본문에 요셉의 아버지와 그 가족들이 바로왕을 궁궐에서 뵙고 공식적인 승인을 얻어 고센 땅에 정착하게 되는 것을 본다. 하나님께서 이미 오래전에 아브라함에게 약속하셨던 예언이 그대로 성취되어 가는 것을 볼 수 있다.

흉년이라는 섭리 때문에 애굽으로 내려오는 동기가 되었고 그것이 하나님의 예언대로 430년 동안 애굽에 살게 되었다. 이것은 하나님의 백성의 역사는 하나님의 주권적인 섭리하에 정확하게 진행됨을 보여준다.

하나님은 가장 좋은 것을 주신다. 하나님은 이스라엘 사람들에게 가장 좋은 것을 주신다. 하나님은 사랑하는 사람들에게 좋은 안식의 땅을 주신다. 비옥한 땅을 주신다. 그리고 그땅에서 가장 좋은 것들을 성도들에게 주신다. 하나님께서는 왜 성도들에게 좋은 것을 주시는가?

그것은 그가 일을 행하시는 곳이면 그 어디서나 위대하게 행하시기 때문이다. 하나님이 행하시는 일은 무엇이나 하나님으로서 행하시는 것이며 그 일은 하나님과 같은 가치를 갖는다. 우리는 때로 우리 자신들 보다 가치없는 일을 하기도 하지만 하나님께서는 결코 그 분 자신보다 가치없는 일은 행하지 않으신다.

또 다른 이유는 하나님께서 당신의 이스라엘을 향해 가지고 계신 바로 그 사랑 때문이다. 마지막 이유가 있다면 하나님의 백성 이스라엘이 애굽 땅에서 누렸던 모든 축복은 진실한 요셉 때문이었다.

다시 말해서 오늘 우리가 받는 축복은 우리 자신 때문이 아니고 그리스도 예수 때문인 것이다.

우리는 하나님께 깊은 감사를 드려야 하는 것이고 비록 죄악의 애굽땅 고센에 몸 담고 살고 있으나 영원한 고향 가나안 천국을 소망하며 기대해야 하고 애굽의 세력에 주의해야 하는 것이다.

이제부터 이스라엘은 애굽에서 부강한 하나의 민족으로 발전한다. 그러므로 어떤 의미에서 우리에게 있는 박해와 탄압은 강인한 인간으로 만들어주는 교사이기도 하다.

1. 요셉의 형제들이 바로 앞에 섰다.

요셉이 바로에게 도착 소식을 전했다. 요셉이 바로에게 가서 "나의 아비와 형들과 그의 양과 소와 모든 소유가 가나안에서 와서 고센 땅에 있다"고 했다. 요셉은 신하된 자로서 그의 왕에게 존경을 표했다. 요셉은 총애받는 총리면서 아버지의 가족을 애굽으로 모셔오도록 왕의 명령을 받았으나 바로의 명이 떨어지기 전에는 고센 땅의 정착을 허락하려 하지 않았다. 우리 구주 예수께서도 주는 것은 하나님이시라고 하셨다.

요셉은 열한 형제 중에서 다섯 명을 택하여 대표를 바로 왕 앞에 서게 했다. 5(다섯)이라는 숫자는 애굽인들의 완전수로서 그들이 가장 좋아하는 수이다(43:34). 어떤 이들은 바로가 근위병으로 뽑지 못하도록 약한 자 중에서 다섯을 선택했다고 하고, 또다른 이는 애굽 왕이나 대신들이 요셉의 가정에 대한 존경심을 갖도록 가장 힘이 센 자 중에서 택했다고 한다. 또한 가장 어린 자와 나이가 많은 자로 했다고 하기도 하나 여기서 우리는 요셉이 그 형들을 인정하고 존경했다는 것을 알 수 있다. 요셉은 높은 자리에 있었고 그들은 애굽에서 천하고 업신여김을 받을 위치였지만 그들을 인정했으니 예수 그리스도는 "우리를 형제라 부르기를 부끄러워 하지 않으셨다"(히 2:11-14)고 하심의 모형이다.

그러므로 세상에서 높아지고 위대해졌다고 해서 가난한 형제, 친척들을 멸시해서는 안된다.

요셉은 다섯 형제를 바로 궁궐에 보내서 애굽인들이 그들에게 존경해 주기를 바랬다. 그리스도 예수께서는 그의 형제된 성도들을 하늘나라 궁전으로 보내시며 그들에게 높은 관심을 가지신다.

바로는 그들에게 "너희 생업이 무엇이냐?"고 물었다. 그들은 이미 요셉으로부터 목자의 직업을 가졌다고 대답하라고 했던 대로 "종들은 목자이온데 우리와 선조가 다 그러하나이다"라고 정직하게 사실대로 대답했다.

생업은 주로 고용, 사업을 의미하는데 사람은 각자가 생업을 가지고 있다. 그러므로 사람의 생업은 여러 가지이고 그것이 어떤 생업이든지 생업을 가진 사람은 하나님의 영광을 위해서 해야 하는 것이다 (고전 10:31). 생업은 경제적인 면에서 생존의 조건이고, 생리적인 면에서 육체의 건강과 보람이며 도덕적인 면에서 부지런함은 마땅한 것이다.

바로가 생업을 물은 것은 당연하다. 왜냐하면 그들의 생업도 없이 애굽에 와서 비축해놓은 곡식이나 축내며 놀고 먹는다면 애굽은 그것을 용납할 수 없기 때문이다. 그들의 생업은 목축이었다. 그것은 선민에게는 좋은 직업이었으나 애굽인들에게는 아주 미워하고 싫어하는 것이었다.

그들은 애굽에 온 목적을 설명했다. 요셉의 형제들은 바로에게 애굽에 영원히 정착하려고 온 것이 아니라 흉년 기간 동안만 잠시 거하려고 왔다고 했다.

그들의 생각은 잠시 몇 년이라고 생각했지만 하나님의 뜻은 4백년 후에야 그것이 성취되는 것이었으므로 생각은 인간이 해도 성취는 하나님이 하신다. 이스라엘이 애굽에 와서 목축업을 했기 때문에 얼마 동안은 애굽인들에게 시기의 대상은 되지 않았다.

그들은 소원을 천명했다. 그들은 바로에게 고센 땅에 거하게 해달라고 했다. 요셉이 이렇게 할 수 있었지만 바로에게 구한 것은 하나의 예의 문제였다.

경배할 자에게 경배하는 것이 예의가 되고 신앙인의 자세가 되는 것이다. 예의바른 삶에는 얻어지는 것이 많다. 그리고 사람에게 있어서는 그가 어디에 살면서 생을 유지하느냐가 중요한 것이다.

이스라엘이 바로 궁궐 가까운 곳에 있었더라면 독립 당시 빠른 시간 안에 애굽왕의 통치지역을 빠져 나가지 못했을 것이다. 고센은 가나안과 가장 가까운 곳이고 애굽의 바로 통치 영역에서 아주 먼곳이었다.

바로왕이 그들의 소원을 수락했다. 바로는 그들의 소원에 대하여 즉시 대답했다.

"애굽 땅이 네 앞에 있으니 그 땅의 좋은 곳에… 거하게 하라"고 한 것이다. 바로는 관대한 인물이었다. 이것은 요셉에 대한 바로의 감사 표시였으니 요셉 때문에 애굽이 축복받는 것이 너무나 많았던 것이다,.

그들에게 바로는 직책을 주었다. 바로는 "그들 중에 능한 자가 있으면 자기의 짐승을 주관케 하라"고 하여 그들에게 직책을 맡겼다. "능한 자"란 "힘센 자가 밧줄을 틀어서 꼬는 것"을 의미한다. 그리고 "네가 그들로 나에게 속한 가축의 주인으로 삼고"라고 하면서 직책을 부여했다. 하나님은 성도들에게 가장 좋은 것을 주신다.

그들에게 안식의 땅을 주시고 그 땅에서도 가장 좋은 것들을 주신다. 감당할 수 있는 책임과 능력을 주신다. 그러므로 성도는 감사해야 하고 가장 좋은 땅 천국을 사모할 것이며 성스러운 청지기의 직책에서 하나님을 봉사하면서 가장 좋은 것을 하나님께 바쳐야 하는 것이다.

2. 요셉의 아비가 바로 앞에 섰다.

요셉이 아비를 바로에게 인도했다. 두 사람은 미묘하게 만났다. 그들은 묘한 인연으로 인해 만나게 되고 아버지가 초라한 모습일지라도 요셉은 자랑스럽게 여겨 바로에게 소개했다. 이 만남의 결과는 4백년 후에도 결코 지워지지 않을 흔적으로 역사에 남겨놓았다. 그것은 이스라엘이 애굽에 미친 결과였다. 이후로 야곱과 바로는 다시 만난 적이 없다.

이상한 대조였다. 야곱은 한 가정의 족장이요 바로는 한 나라의 왕이나 한 사람은 소수의 초라한 그리고 미천한 직업을 가진 사람이었으나 결국에는 큰 나라를 이룩할 선택받은 백성의 지도자였고, 바로는 이미 큰 나라를 이룩한 부강한 나라의 지도자였다.

한 사람은 하나님의 종이요, 한 사람은 우상숭배하는 자였다. 야곱은 위대하고 강하게 될 민족의 어른이었으나 바로는 후에 낮아지게 될 나라의 왕이었다. 이스라엘의 목자와 애굽의 군왕, 가난한 사람과 부유한 사람, 노인과 전성기에 있는 사람의 만남이었다.

야곱이 바로에게 축복했다. 이것은 귀한 은사였다. 야곱은 만남의 순간에 축복했으니 그는 하나님은 축복의 근원이라는 신관을 가지고 살았기 때문이다. 이스라엘에게 관대하게 해주는 바로에게 하나님의 사람인 야곱이 하나님의 이름으로 축복한 것이다. 이전에는 야곱이 애굽의 고위관리에게 예물을 보냈었다. 이번에는 왕 앞에 서게 되었다. 그리하여 물질적인 축복이 아닌 하나님의 이름으로 축복한 것이다. 그는 제사장적 은사로 이렇게 한 것이다.

그는 간절하게 축복했다. 야곱은 왕에게 나아가자마자 축복했다.

마음에 준비하고 있다가 축복한 것이다. 그는 이방인 왕에게도 축복했다. 성도는 높은 지위에 있는 자나 이방인까지도 위하여 기도하고 친구만 아니라 적이거나 핍박하는 자까지 위하여 기도하고 축복해야 하는 것이다.

엄숙하게 축복했다. 야곱이 궁중에 들어가서 축복을 먼저 했다. 그리고 그곳을 떠나면서 다시 축복했다. 애굽 궁궐에서 그와 같은 기도와 축복을 한 자도, 들어본 자들도 결코 예전엔 없었다. 성도는 언제나 어디서나 누구에게든지 축복하고 저주하지 말아야 하는 것이다.

바로가 야곱의 연세를 물었다. 이것은 두 가지로 생각할 수 있다. 하나는 바로가 야곱을 만날 때 존경받을 만한 경건에서 감화받았기 때문에 압도당한 채 나이를 물은 것이다. 하나는 노인에게 보통 던지는 질문으로 장수하는 것을 찬양하고 존경하는 것이 당연하고 그것을 경멸하는 것은 부당하기 때문이다. 야곱은 늙었다. 노동과 숱한 불행을 많이 겪은 사람이었기 때문이다.

애굽인들은 가나안 사람들처럼 장수하지 못했기 때문에 바로는 요셉의 아비를 보고 놀라지 않을 수 없었다. 바로는 야곱보다 훨씬 젊었다. 주님 앞에 설 때 네가 어떻게 살아왔느냐? 네 입으로 고하라고 하실 것이다.

야곱이 130세라고 대답했다. 야곱은 우선 "나그네 길을 걸었다"고 했다. 인생은 영원한 나그네이다. 야곱은 계속해서 세상에서 나그네로 방황했고 다른 세계를 가고 있는 여행자였다. 지구는 인간의 여인숙이지 집이 아니다(히 11:13). 과거에 그는 나그네 길을 걸었고 지금 또한 가본 적이 없는 애굽에 왔다. 앞으로 또 어디론가 가야 하는 나그네였다.

"연세가 얼마 되지 못한다"고 했다. 짧은 생애라는 뜻이다. 조상들은 나그네였으나 장수했다고 한다. 야곱의 나이 130세인데 그것은 조상에 비하면 짧다는 것이다.

그리고 "조상의 나그네 길에 미치지 못한다"고 했다. 전체 세월들에 비교할 때에 지극히 작은 시간이었다. 젊어서 보면 긴 것 같지만 늙어서 보면 짧은 것이다.

"험악한 세월을 보내었나이다"고 했다. 야곱의 생애는 연속적인 고난의 생애였다. 그것은 불행으로 점철된 생애였다. 고통과 슬픔, 근심과 걱정이 그의 생애를 장식한 것이다. 하나님의 백성은 고난이 많다. 그 나라에 들어가기까지 고난의 연속인 것이다.

야곱이 바로에게 축복했다. 바로 궁궐에 들어가자마자 바로에게 축복한 야곱은 바로의 앞에서 물러나면서 다시 축복했다. 그것은 그에 대한 예의이고, 바로에게 경의를 표함이며, 그의 친절에 대하여 감사드리는 의미도 포함된 것이었다. 경건은 사람을 품위있게 만든다. 세상적인 부와 권세로는 바로가 더 큰 자였지만 하나님과의 관계에서는 야곱이 더 큰 자였다.

3. 요셉이 바로의 명대로 했다.

좋은 땅 라암세스를 기업으로 주었다. 이것은 바로의 동의하에서 되어진 일이지만 그 배후에는 요셉의 활동이 있었다. 애굽의 구석에 있는 라암세스를 받게 함은 요셉의 조정으로 된 것이었다.

그 땅이 비옥하여 살기 좋고 초장이 풍부하여 목축하기에 적합했고 가나안이 가까워 해방하기가 쉬운 지역이었다. 요셉은 나라의 질서를 지키면서 자기 가족 식구들을 도왔다.

라암세스는 고센 땅의 다른 이름인데(출 1:11) 그 이름은 얼마 후에 바로를 위하여 세운 성 이름 때문에 유래된 듯 하다.

식구를 따라 식물을 주어 공궤했다. 요셉은 그 가족 식구들 전체에 대하여 기근이 있을 동안 음식을 제공했다. 그것은 부모와 형제에 대한 의무이행이며 사랑의 발로였다. 하나님은 인자하시다. 요셉은 가나안 식구들에게 선을 베풀어 기근의 날에도 풍족하게 살았다. 예수 그리스도의 가족이 된 사람들은 아무런 공로도 없이 풍성한 은혜를 받는다.

형제들에게 소유권을 주었다. 요셉은 그 아버지와 형제들에게 거할 처소를 주고 가장 좋은 땅을 기업으로 주어 소유권을 갖게 함으로 그들의 것이 되게 했다. 그것은 그들에게 어떤 대가도 받지 않았고 그들의 어떤 공로도 없이 그리한 것이다. 성도가 하늘나라의 기업을 얻고 영주권을 갖게 되는 것은 우리의 요셉 예수 그리스도의 은혜 때문이다.

요셉의 정책

(창 47:13-31)

요셉은 성실하고 뛰어난 지혜가 있었다. 그는 애굽에 종으로 팔려 와서 보디발의 집사장이 되었다. 그만큼 그는 성실하고 충성하는 종이었던 것이다. 다시 누명을 쓰고 감옥에 들어가 3년 간 그곳에서도 성실했다. 그래서 여러 죄수들 중에도 책임자가 되었다.

성경은 "네가 적은 것으로 충성했으니 내가 많은 것으로 갚겠다"고 하였고, 작은 것에 충성된 자가 큰 것에도 충성한다고 했다. 요셉은 자기 가정에서도 진실했고 자기 책임에 성실했다. 그리하여 하나님은 작은 곳에서 충성한 요셉에게 크고 넓은 애굽 제국의 전국을 충성할 수 있도록 맡기셨다.

7년의 긴 기근 중에서도 요셉은 탁월한 정책을 써서 애굽이 더욱 견고한 반석 위에 설 수 있었다. 요셉은 현명한 양곡 정책을 폈다. 그리고 새로운 토지법과 조세법을 확립했다. 애굽의 본국인이나 이민 와서 사는 이스라엘에게 부족한 것이 없이 안전하게 살 수 있게 한 것이다.

기근 때에 가족 식구들을 먹인 사람은 요셉이었다(행 7:11). 그는 그 형제중 뛰어났고(49:26), 종으로 팔렸으며(시 105:17), 시험을 당하고 해를 받고 옥에 갇혔었다. 그 몸이 쇠사슬에 매였던 요셉은(시 105:18), 형제에게는 객이 되고 모친의 자녀에게는 외인이 되었으며(시 69:8, 88:7, 18), 종의 형체를 가지고(빌 2:7), 매맞으며 고난을 당한(사 53:4, 5) 우리 주 예수 그리스도의 전형이었다. 그리고 옥에서 풀려났으며 애굽 온 땅에 높여졌으며(시 105:21), 사브낫바네아 즉 세상의 구원자(41:45)라고 칭송을 받았다. 요셉이 놀랄 만한 방법으로 양식을 공급함으로써 각국 백성들의 목숨을 유지시켜 주었듯이 곤욕과 심문을 당하고, 끌려갔으며, 모든 권세를 받았으며, 하나님께서 오른 손으로 높이사 임금과 구주를 삼으신 참 요셉이며 우리 주 되시는 예수님도 자신을 먹여 영혼을 살게 하신다.

1. 기근이 더욱 심해졌다.

사방에 식물이 없었다. 여기 사방을 직역하면 "그 모든 땅"이다. 이것은 고센 땅을 제외한 애굽의 전지역을 가리킨다. 왜냐하면 12절에는 고센에 있는 야곱의 가족들에게 특별한 양식이 제공되었다고 했기 때문이다.

요셉은 아버지와 그 형제들, 그 가족들을 보호하기 위해서 최선을 다했다. 그러나 그는 부정하거나 불법을 행하면서 그리한 것이 아니고 체계와 합리성을 최대한 지켰다. 바로의 명대로 했고 그 식구를 따라 식량을 공급한 것이다. "그 식구를 따라"란 "그들이 부양하는 자의 수에 따라"라는 뜻이다.

애굽 땅과 가나안 땅이 기근으로 쇠약했다. "쇠약하니"는 "타다, 발광 끝에 기진하다"라는 뜻으로 거듭되는 흑심한 흉년으로 인하여 굶주림에 지친 사람과 짐승들은 기력을 상실하고 농작물들은 바닥을 드러냈다는 것이다.

이와 같은 극심한 절망상태의 기근은 애굽지역만 아니라 가나안 땅에도 마찬가지였다. 만일 이스라엘의 70명 가족 식구들이 요셉에 의해 애굽에 오지 않았다고 하면 그들은 굶어죽을 수밖에 없었을 것이다. 만일 예수 그리스도의 구속이 아니었더면 세계 인류 아니 하나님의 백성들은 죄 가운데 멸망했을 것이다.

요셉이 곡식을 팔아 돈을 거두었다. 기근은 애굽뿐 아니라 가나안에까지 미쳤으며 그 결과 가나안의 돈마저 애굽의 국고로 들어갔다. 따라서 이때 가나안은 경제적으로 애굽의 통치하에 있었을 것이다.

요셉의 업적 중 가장 대표적인 것은 정치로 성공한 것이다. 그의 치적중 가장 중요한 것은 7년의 한재에서의 양곡정책이었다. 기근에 처한 백성의 비극상과 그로 인해서 생긴 정치적인 큰 변혁을 처음으로 설명하고 있다. 요셉은 곡식을 저축해 두었다가 그것을 팔아 그 땅에 있는 돈을 몰수히 거두어 들였다.

"몰수이"는 "모든"의 뜻이다. 그리고 그 돈을 바로의 궁으로 들어가게 했다.

2. 가축을 주고 식량을 받았다.

애굽과 가나안 땅에 돈이 진했다. "진한 지라"는 "실패하다, 그만두다, "끝나다"는 뜻으로 여기서는 돈이 완전히 고갈된 상태를 말한다.

바로의 꿈에 대한 요셉의 해몽이 점차적으로 성취되는 것을 본 애굽인들은 이제 이 대기근을 타결할 수 있는 해결 방안도 요셉에게만 있는 것으로 믿었다.

하나님은 일찍부터 애굽인들과 이스라엘인 사이에 차이를 두셨으니 야곱의 가족은 이방인으로서 애굽에 있었지만 양식을 무료로 제공 받았고, 애굽인들은 본토인이지만 먹을 것이 없어서 아우성쳤다. 인간들 모두가 궁핍해도 하나님의 자녀들은 풍부하다(시 34:10).

요셉이 짐승을 내면 바꾸어 주리라고 했다. 요셉이 곡식으로 무상으로 배급하지 않고 처음에는 돈을 받고 팔았다. 그러므로 국고에는 돈이 가득했다. 그러나 애굽인들은 이제는 돈이 다 떨어져서 곡식을 살 수가 없으니 우리가 다 죽을 지경이라고 하면서 우리에게 식물을 달라고 애원하였다. 요셉은 "너희의 짐승을 내라 돈이 진하였으니 내가 너희의 짐승과 바꾸어 주리라"고 했다. 그것은 혹독한 정치가 아니다. 왜냐하면 사람이 죽어가는 판국에 가축을 먹이며 기른다는 것은 가치가 없는 일이기 때문이다.

"그들에게 식물을 주되"는 돌봐주고 살게 해 준다는 뜻이다. 이것은 흉년 6년째의 일이다. 요셉이 짐승을 받고 그 해 동안의 식물을 주었다. 요셉이 애굽인들에게 이렇게 가혹하리만큼 냉정하게 한 것은 사회질서를 유지하고 백성들의 맹목적인 의타심을 배제케 하려는 궁극적인 목적이 있었던 것이다. 그 결과 요셉은 왕권의 공고와 토지의 국유화, 체제의 합리화를 이룩할 수 있었던 것이다. 요셉은 참으로 지혜있는 정치가요 경제가였다.

3. 토지와 몸을 받고 식량을 내어주었다.

그들은 몸을 바치겠다고 했다. 새해는 "둘째 해"인데 기근 시작으로부터 둘째 해가 아니고 가축을 곡물과 교환한 다음해 즉, 기근 마지막 해인 일곱째 해를 가리킨다.

그 때 그들은 요셉에게 와서 돈도 진하고 가축도 없으니 이제는 아무것도 곡물 대신 내놓을 것이 없다면서 우리의 몸을 드리겠다고 한 것이다. 애굽인들이 양식을 사기 위하여 짐승도 없으니 몸을 바치겠다고 한 것은 정부의 하는 일이 백성을 위한 것이라고 믿기 때문이다. 요셉의 정치 제도는 당시 애굽인들에게 신임을 얻고 있었기 때문에 국민들은 애굽 정부의 정책에 불평하지 않았다.

애굽의 토지가 국유화가 되게 했다. 요셉이 애굽의 토지 전부를 다 사서 바로에게 드렸다. 그것은 왕의 사유재산을 만들었다는 것이다.

사실 그들은 7년 풍년 때 많이 저축했다가 7년 흉년에 절제하며 생활했더라면 이렇게까지는 되지 않았을 것이다. 요셉은 풍년 때에 공적인 지출비를 들여서 곡식을 사들이지 않고 왕의 비용으로 사들였던 것 같다. 그리고 백성의 필요에 따라 공급해 줄 때 무상으로 했다면 몇 년 못가서 바닥이 났을 것이다. 그렇게 되면 나라도 망한다. 그러므로 요셉은 지혜롭게 이런 정책을 감행한 것이다.

애굽인을 성읍으로 이사시켰다. 요셉이 애굽 이끝에서 저끝까지의 백성을 성읍들에 옮긴 것은 그들에게 양식을 공급하는 데 있어서 편의를 도모한 것이다. 그리고 바로의 절대적인 권력을 보여주기 위하여 그들이 때가 되면 그들의 땅에 대한 그들의 권리를 잊지 않도록 하기 위하여, 그리고 보다 쉽게 그들의 새 노예상태에 화해하도록 하기 위하여 옮긴 것이라고 볼 수 있다.

제사장의 전지는 사지 않았다. 당시 제사장은 요셉의 지도를 받았는데 요셉의 하나님을 공경하는 자들이었을 것이다. 그때에도 제사장은 존중히 여겼다. 녹을 받았기 때문에 토지를 팔 필요가 없었다.

백성들은 하나님의 공적인 봉사에 종사하는 성직자를 존경하고 나라에서도 그들에게 혜택을 주었다. 추수의 1/5을 상납케 했다. 요셉이 애굽 토지를 국유지로 만든 것은 강제로 한 것이 아니었고 백성의 소원을 들어준 것이므로 그들에게 토지를 다시 주고 추수의 1/5을 바치게 한 것은 선정인 것이다.

추수의 오분의 일을 바친 것은 흉년이 지나간 때의 일이다. 그들은 "주께서 우리를 살리셨나이다"라고 했다. 우리의 구주 예수는 우리의 생명이시다. 그가 우리를 살렸으니 우리는 온전히 그의 것이다.

4. 야곱이 애굽에 거주했다.

야곱이 고센에서 번성했다. 이것은 이스라엘 자손의 숫자가 많아진 것을 의미하는데 약속의 말씀이 성취되는 서두에 속하는 것이다(46:3). 애굽인들이 자기들 땅에서 곤궁한 반면 야곱은 이방 나라에서 다시 풍성해졌다. 그들이 이방 땅에서 번성한 것은 하나님의 축복으로 된 것이다.

이것은 길게는 250년의 아브라함에게 주어졌던 약속, 짧게는 17년 전 애굽 이주때의 야곱에게 주신 하나님의 약속이었다. 요셉의 아비 이스라엘은 147세에 죽는다. 밧단아람에서 돌아와 애굽에 내려가기까지 가나안에 머문 것은 33년 간이었다는 것을 알 수 있다.

이스라엘이 죽을 기한이 가까웠다. 야곱은 17년을 요셉을 위해 사랑을 베풀고, 이제 늙어서 17년을 요셉의 손에 봉양하게 된다. 17년 간의 양육 기간만큼 효도를 받은 것이다. 아들에게 쏟은 애정에 대한 보상인 셈이다. 부모는 자녀를 양육해야 하고 자녀는 부모를 보답해야 한다.

야곱의 나이 147세가 되었다. 죽을 기한이 가까웠다. 바로 앞에서 조상의 나그네 길의 세월에 미치지 못한다(47:9)고 하더니 얼마 안 있다가 죽게 될 것을 예상했던 듯 하다. 천사를 이긴 하나님의 사람도 죽음을 피할 수 없었다.

　손을 환도뼈 아래 넣는 것은 엄숙한 서약 의식이다. 환도뼈는 생명의 근원과 권위를 상징한다. 야곱은 애굽에 장사될 수는 없었다. 그리하여 내가 죽으면 "나를 애굽에서 메어다가 선영에 장사하라"고 했다. 그것은 자기 선조 곁에 묻히고 싶다는 바람이었다. 가나안 땅은 하나님의 약속의 기업이 있었기 때문이었다. 선영은 아브라함이 헷족속에게 샀던 막벨라 굴을 의미한다. 우리는 세상이라는 애굽에서 죽으나 영원한 천국 가나안을 사모하는 소망을 가지고 잠든다.

　요셉이 아버지의 말씀대로 하겠다고 했다. 야곱은 늙어 쇠약했으므로 침상에 앉아서 대화했다. 그는 요셉으로부터 확답을 받고 얼굴을 침상머리 쪽으로 돌이켜 하나님께 감사하며 경배했다. 히브리서 기자는 지팡이 머리(히 11:21)에 의지하여 경배했다고 하였다. 참으로 아름다운 장면이다.

이스라엘의 두 손자

(창 48:1-7)

하나님의 섭리는 인간의 제한된 사고와 지혜를 가지고는 헤아릴 수 없는 불가사의한 것이다.

야곱은 요셉의 두 아들 므낫세와 에브라임에게 축복하는데 둘을 바꿔서 축복한다. 그 옛날 에서와 야곱 형제도 야곱이 동생으로 장자의 축복을 받았는데, 여기서 야곱은 두 손자를 자기의 양자 아들로 입양하면서 동생에게 장자의 축복을 주었다. 그것은 인간들의 고정관념과 법칙을 뒤집는 것이었다.

하나님께서 일하시는 것이기 때문에 이것은 야곱의 실수가 아니었다. 하나님은 자연의 질서를 깨시고 차자를 장자보다 앞서게 하셨다. 가인보다 아벨, 르우벤보다 유다를, 아론보다 모세를, 다윗과 그 형들, 솔로몬을 그 형들보다 먼저 선택하셨다.

그러면 야곱은 무엇 때문에 요셉의 두 아들을 자기의 아들로 입양시키고 축복했는가? 그것은 요셉을 극진히 사랑했던 야곱이기에 이스라엘의 열두 지파 속에 요셉의 몫으로 두 지파를 세우려 함이었던 것이다.

야곱의 손자들은 많았다. 그러나 손자들 중에는 요셉의 두 아들만이 야곱의 아들로 해서 열두 지파 중의 두령이 되게 한 것이다. 그리고 애굽에서 부패되어 가는 세상으로부터 요셉의 두 아들을 자기 아들로 만들어 구출하려 한 것이다.

어머니가 애굽인이고 환경이 애굽에 속했지만 두 손자를 애굽에 남길 수는 없었다. 자기의 아들로 올려놓아야 장차 애굽을 떠나 가나안으로 가서 하나님께서 약속하신 땅을 기업으로 얻을 수 있는 것이었다. 그것은 그 손자들이 하나님을 믿고 가나안 땅을 사모하도록 고무시키는 것이었다.

그러나 손자들에게 축복한 야곱은 하나님에 대한 믿음과 예배로서 이루어진 엄숙한 일을 행한 것이다.

1. 야곱이 마지막 병이 들었다.

야곱은 이 일 후에 병이 들었다. "이 일 후에"는 앞장 마지막 부분에 기록된 사건 이후, 즉 야곱이 자신의 죽음을 예상하고 요셉에게 사후의 일을 부탁한 사건 이후이다. 고센 땅에 거한 지 17년, 그러므로 147세의 고령의 때이다. 병은 어떤 병인지에 대한 설명은 없으나 노환일 것이다(49:32). 그가 극도로 쇠약해져 있음을 보여주는 표현이기 때문이다. 사람은 여러 형태로 죽는다. 수한이 다 하도록 살다가 죽는 것은 하나님의 은혜요 축복이다.

요셉이 소식을 들었다. 네 부친이 병들었다고 소식을 전한 사람이 누구인지 모르나 그 병들었다는 말이 바로 야곱이 나이가 많이 병들어 쇠약해진 것을 전해주는 말이다. 요셉은 지극한 효자였다. 아버지의 노환으로의 죽음의 시간이 다가옴을 들었을 때 여러 가지 추억들이 되살아났을 것이다.

요셉이 두 아들을 데리고 왔다. 요셉의 두 아들은 므낫세와 에브라임인데 당시 그들의 나이는 18-20세 쯤 되었을 것이다. 요셉이 그들을 데리고 아버지에게 온 것도 효성심에서이다. 그리고 할아버지의 축복을 받게 하여 그들에게 영속적인 감동을 갖게 하려는 목적이 있었다. 요셉은 정치에 바빴지만 노환중에 있는 아버지를 뵈러 왔고 두 아들을 데리고 와서 아버지를 즐겁게 하려 했다.

경건한 부모는 후손들에게 축복한다. 이제 두 손자는 어머니가 애굽 여인이지만 이스라엘의 일원으로 인정되고 마지막 가는 야곱에게 큰 힘이 되었다.

야곱은 힘을 내어 침상에 앉았다. 가족 중에서 요셉이 왔다고 알리자 야곱은 이스라엘이라는 이름으로 기록되면서 힘을 내었다. 그것은 정신을 가다듬고 마음껏 축복하기 위하여 최선을 다함이요, 일어나 앉았으니 애굽의 총리에 대할 예의를 갖추고 맞이하려는 것이었다. 그리고 마지막 자기 일을 하려고 한 것이다. 죽는 사람이 바로 앉아서 하나님께 간다는 것은 후손들이 역경의 날에 쓰러지지 않기 위해 좋은 일이다.

2. 야곱이 추억했다.

야곱은 루스에 나타나신 하나님을 추억했다. 사람은 젊었을 때는 희망으로 가득차 있지만 늙게 되면 추억만이 남게 되는 것이다. 노인들이 과거의 추억을 잊지 못하는 것은 당연한 것이다.

과거의 사실은 결코 우리의 기억 속에서 사라지지 않는다. 그러므로 과거가 결코 우리에게서 떠나가지 않듯이 현재 또한 우리의 기억을 통하여 미래에까지 남는 것임을 명심해야 하는 것이다.

야곱은 밧단아람에서 되돌아올 때 벧엘에서의 하나님 현현에 대한 추억을 회상한다(창 28:10-19, 35:6-13). "전능한 하나님"은 지금까지 야곱이 경험한 하나님이시다. 그는 이와 같은 속성을 가지신 하나님이 오랫동안 이방에서 생활할 그의 후손에게도 큰 힘이 되어 주실 것을 믿으며 이 말을 하고 있는 것이다.

생육하고 번성하라고 축복함을 추억했다. 하나님은 야곱에게 나타나셔서 복을 주셨다. 그의 후손이 생육하고 번영하여 그들에게서 많은 백성이 날 것이라고 하신 것이다(28:12-15, 36:9-13). 야곱은 여기서 하나님께 받은 벧엘의 언약을 요셉에게 계승시켜 주기 위해 회고하는 것이다.

지금은 이스라엘의 가족이 70명에 불과하지만 출애굽기 1장에 내려가 읽어보면 애굽이 두려워할 만큼 번성했다. 생육번성은 하나님의 축복이다.

가나안 땅을 영원한 기업으로 주심을 추억했다. 땅과 후손은 예수의 통치권과 함께 하나님 나라를 구성하는 삼대 요소가 되는 것이다.

야곱의 후손이 가나안 땅을 차지하게 된다는 것은 아브라함 때 부터의 약속이었는데 야곱은 이 약속을 확신하기 때문에 그 후손이 그 땅을 차지할 분깃에 대해서도 벌써부터 생각하고 있었다.

야곱은 이제 요셉에게 돌아갈 땅의 분깃이 어떠할 것을 생각했기 때문에 이 말을 통하여 하나님은 약속의 말씀을 지키시는 분이시다라는 것이다. 하나님이 나를 축복하셨으니 그 축복을 그에게 물려주리라는 것이다.

3. 두 손자를 양자 삼았다.

두 손자를 야곱의 것이라고 했다. 이 말은 야곱이 애굽에 도착하기 전에 요셉이 낳은 두 아들이라는 것이다(41:50-52). 그 두 손자는 내 것이라고 함은 자기의 친 아들로 삼아 그들을 가족의 일원으로 공평하게 취급하겠다는 것이다. 요셉이 그 형제들과 떨어져 있어서 여호와의 상속으로부터 자격이 없는 것처럼 보였으나 야곱은 그들을 받아들이고 가시적 교회원으로 삼는 것이다.

그리하여 그 두 손자도 친아들이 되어 가나안 땅에 분참하게 한 것이다. 요셉은 두 아들을 통하여서 다른 형제들보다 배의 기업을 받게 된다.

이로써 요셉은 야곱의 맏아들로 인정받았다(대상 5:1-2). 요셉은 라헬의 맏아들이다. 요셉의 두 아들에게 이렇게 야곱의 양자가 되게 한 것은 첫째로, 세상으로부터 두 손자를 구원하기 위함이다. 둘째로, 약속받은 땅을 그들에게 주기 위함이다. 셋째로, 요셉에게 특별한 사랑과 명예를 주기 위함이다.

즉, 아버지 요셉같이 애굽의 권력과 명예를 누리는 것을 계승하지 말고 아브라함에게 주어진 약속의 상속받은 야곱을 계승시키기 위한 것이다.

본문에서 르우벤과 시므온처럼 내 것이 될 것이라고 했다. 야곱의 슬픈 추억을 보게 된다. 그는 자기의 아들 르우벤과 시므온이 지난날 지은 죄를 생각했다.

에브라임과 므낫세는 축복을 빼앗긴 야곱의 두 아들 대신에 선택된 것이다. 르우벤과 시므온이 중죄를 범했기 때문에 받을 유업을 빼앗김으로써 르우벤의 몫은 에브라임에게, 시므온의 몫은 므낫세에게 각각 주어졌던 것이다.

아들로 인해서 요셉에게 주어진 두 배의 분깃은 르우벤에게서 빼앗은 장자권을 그에게 실제적으로 준 것을 말한다(대상 5:1). 이 분깃은 예수의 강림 때까지 이어졌는데 장자권은 유다에게 넘어간 듯 하다(49:8-10).

요셉의 소생은 다음에 낳을 자식이라고 했다. 요셉이 에브라임과 므낫세 외에 또 자녀를 낳았는지는 알 수가 없다. 성경에 없기 때문이다. 아마 요셉의 자녀가 두 아들 외에 있었다고 해도 이들 형제의 가족에 포함되었을 것이다.

그러나 이후에 가지게 될 아들은 에브라임이나 므낫세처럼 부족의 장으로 간주되어서는 안되었다. 하지만 그들은 형들의 명의로 산업을 같이 해야 한다.

4. 야곱은 라헬에 대해 추억했다.

야곱은 가나안 땅에서 이미 세상을 떠난 요셉의 친어머니이자 에브라임과 므낫세의 할머니인 라헬을 추억했다. 요셉에게 그가 사랑하는 어머니를 언급하였기 때문에 마음에 동요가 일어났을 것이고 야곱의 마음 속에도 슬픈 생각이 떠올랐을 것이다. 결코 잊을 수 없는 추억은 감회를 낳는다.

우리에게 죽음이 다가올 때 먼저 죽은 사람들의 죽음을 상기해서 죽음과 무덤을 우리에게 보다 친밀하게 만드는 것이 좋다. 라헬이 죽은 곳은 에브랏길이었고 말이 지치지 않고 갈 수 있는 거리에 있었다(35:16).

삶과 죽음 사이는 그 정도로 가까이 있다. 사랑하는 사람을 최후 순간까지 잊지 못하고 그리워하는 것은 얼마나 귀한 일인지 모른다.

에브라임과 므낫세의 축복

(창 48:8-22)

본문에서는 야곱의 손자들인 에브라임과 므낫세가 법적으로 이스라엘의 아들이 되어 야곱의 아들들과 동등한 반열에 오르게 된 사실을 기록하고 있다.

이스라엘 열 두 지파는 기존 야곱의 열두 명의 아들이 야곱의 상속권을 계승한 것이 아니라 후일 레위 지파가 하나님께 구별되어 바치고, 요셉의 두 아들이 합류하게 됨으로써 그 모양을 달리하게 된 것을 여기서 보인다.

즉 요셉의 분담에 따라 그의 아들들이 이스라엘이라는 공동체의 일원이 되는 축복을 받은 것이다. 그후 에브라임과 므낫세는 큰 지파를 이루고 이스라엘의 기둥이 되고 이스라엘 역사 속에서 큰 활약을 한다. 참으로 하나님의 섭리는 인간이 알 수 없다. 놀라워 찬양드릴 뿐이다.

성도들은 처음부터 하나님의 백성으로 태어난 것이 아니다. 예수 그리스도의 구속의 은혜로 말미암아 하나님의 양자가 되고 법적으로 하나님을 아바 아버지라고 부르게 된 것이다.

성경은 이방 민족이 어떻게 하나님의 선민 영적 이스라엘이 될 수 있는가를 보여주었다. 아무런 공로나 아무런 공적도 없이 예수 그리스도의 손에 이끌리어 하나님의 자녀가 되었으니 구원은 하나님의 무조건적인 은혜로 인한 것이다.

또한 본문에서 부모에 대해 자식이 갖추어야 할 효도의 미덕에 대해 읽을 수 있다. 요셉은 애굽의 권세를 쥐고 있었으나 목자에 불과했던 늙으신 아버지를 뵙고 그 아버지를 기쁘게 해드렸다. 그리고 야곱에게서는 엄숙하고 진지하게 손자들에게 축복하고 있는 경건성을 보게 된다.

그리하여 사람이 이 세상을 떠나면서도 자식들에게 바라는 소원은 자식들이 오래 오래 믿음 안에서 하나님의 축복을 받고 영광스러운 교회의 일원이 되기를 기원하는 것이다.

1. 야곱은 손자들을 보고 이들이 누구냐고 물었다.

야곱이 요셉의 두 아들들을 보고 누구냐고 물은 것은 이스라엘의 눈이 어두워서 보지 못하기도 했겠지만 그보다도 두 아들을 신정 정치 가족의 일원으로 간주하는 일이 자연적 감상에 의해서 되어진 것이 아니라 내적인 하나님의 신의 감동으로 되어졌다는 것을 말해주는 것이다.

요셉은 "하나님이 내게 주신 아들들"이라고 대답했다. 그러나 조금 후에 그들은 애굽에서의 요셉이 아들들이 아니라 가나안의 이스라엘의 아들들이 되는 것이다.

야곱은 "하나님이 내게 네 소생까지 보게 하셨다"고 했는데 야곱이나 요셉은 하나님의 주권을 믿었으며 하나님의 은혜가 아니면 이렇게 귀한 자녀를 얻을 수 없다고 믿는 신앙인들이었다. 신앙의 부모들은 언제나 자식들은 하나님의 선물이라고 믿고 자식을 인하여 하나님께 감사한다.

야곱이 그들을 내 앞으로 나아오라고 했다. 타향에서 나그네 시절에 하나님께서 자식을 주시고 인자한 아버지의 축복을 받는다는 것은 참으로 고귀한 은총인 것이다. 요셉은 두 아들들을 축복해 줄 수 있는 아버지께로 데리고 나아갔다. 예수님 당시 여인들은 자기들의 아들들을 축복하시는 예수께로 데리고 나아갔다. 제자들에게 "어린 아이들이 내게 오는 것을 금하지 말라"고 하셨다. 우리는 예수 그리스도로 인하여 하나님께 나아가 아무 공로없이 구원의 축복을 받는다.

인간이 평생을 살아가면서 조부의 축복을 받고 축복된 삶을 산다는 것은 귀중한 것이다. 야곱이 그들에게 입맞추고 안았다. 야곱은 요셉의 아들들을 좋아했다. 손자는 노인의 면류관이다. 그는 손자들에게 사랑으로 입맞추고 품에 꼭 끌어 안았다.

야곱은 눈이 어두워 있었다. 그의 아버지 이삭이 그랬다. 야곱은 손자들을 볼 수 없었다. 곧 그는 장손자와 다음 손자를 바꾸어서 축복했다. 먼 옛날 이삭이 둘째 아들 야곱에게 장자의 축복을 했던 기억이 되살아 난 듯 했다(27:26-27).

야곱은 요셉을 못볼 줄 알았는데 그를 만났고 그의 소생까지 품에 안고 축복하게 되었으므로 하나님의 은혜에 감사했다. 요셉은 하나님의 은혜로 아들들을 얻었다고 했고, 야곱 또한 하나님의 은혜로 이들을 보게 되었다고 했다. 신앙의 사람은 하나님의 은혜에 감사한다.

2. 야곱이 손자들에게 하나님의 축복을 베풀었다.

요셉이 두 아들을 가까이 나아가게 했다. 요셉이 아비 무릎 사이에서 두 아들들을 물리고 땅에 엎드려 절하고 아버지의 축복을 받을 자세를 취했다. 야곱의 우수는 에브라임을, 좌수는 므낫세를 향하게 하고 가까이 나아가게 했다.

이것은 야곱의 오른손이 장자 므낫세의 머리 위에 임하기를 바람이었는데 이 문제에 대해서 요셉은 이스마엘보다 이삭이, 에서보다 야곱이 우선권을 얻었던 것을 기억하지 못했기 때문이었다.

야곱이 손을 어긋 맞겨 얹었다. 야곱이 요셉의 두 아들들에게 축복할 때에 왼손을 므낫세에게, 오른 손을 에브라임의 머리에 얹었다. 그것은 요셉의 바람과는 반대였던 것이다.

축복과 안수는 서로 관련되어 있는데 안수가 축복의 상징으로 사용된 것은 이곳이 첫번째의 일이다. 이 일이 축복의 형식과 필연적인 관계가 있는 것은 아니지만 영적 축복을 전가하는 상징으로서는 자연스러운 모습이다.

구약에서는 제사장의 축복에서, 신약에서는 하나님의 일꾼을 세우는 일에서 사용되었고, 예수와 사도들이 기적을 행하는 일에서 사용되기도 했다.

야곱이 그들에게 축복했다. 하나님의 성호로 축복했다. 삼위일체의 교리가 분명한 것은 신약이지만 구약에도 그 암시는 많이 나타나 있다.

민수기 6:24-27에는 세 가지 하나님의 성호를 통하여 이스라엘 자손들에게 주어졌다. 이름은 인격을 말한다. 하나님의 성호는 하나님에 관한 계시로 하나님의 인격을 알게 해준다. 야곱의 세 가지 하나님 명칭은 세례형식과 부합된다고 할 것이다(마 28:19).

이에 비해서 축복이라는 어휘는 단수로 이는 하나님은 삼위이지만 신격은 단일하다는 것이다. "내 조부… 섬기던 하나님"은 계약의 하나님, 나를 기르신 하나님은 체험한 하나님, 모든 환난에서 건지신 사자는 그리스도이시다.

그들에게 아브라함과 이삭의 이름을 붙였으니 그것은 그 조상들의 받은 은혜가 그들 두 손자들에게서 다시 새로워짐을 가리킨다. 이들로 세상에서 번식되게 하시기를 원했다. 번식은 신속히 자손들이 퍼지는 것을 의미하는 것으로 하나님의 주신 축복이다(1:28).

에브라임이 므낫세보다 더 큰 자가 되리라고 했다. 그것은 광야에서의 인구 조사에서 그렇게 나타남으로써 그대로 성취되었다.

야곱은 그 손을 어긋 얹고 축복했다. 요셉은 장자의 명예가 보존되기를 원하여 "그리하지 마옵소서"라고 했다. 그러나 아버지는 알고 있었다. 하나님의 영에 의한 것임을 이해하게 했다. 므낫세는 크다. 그러나 에브라임은 더 커야 한다는 것이다(민 1:32, 35, 2:18, 20). 그 지파가 광야에서 먼저 호명되었고(시 80:2) 여호수아, 여로보암 등이 그 지파 출신이다. 그런데 므낫세는 나누어져서 반은 요단 한쪽에, 반은 그 건너편에 있었기 때문에 힘이 없었다. 하나님은 축복을 주시되 어떤 이에게는 더 주신다.

3. 야곱이 요셉에게 마지막 한 말이 있다.

야곱은 가나안 땅의 회복에 대한 언약의 성취를 보지 못하고 죽었다. 그는 전능하신 하나님을 믿었기 때문에 이 약속이 반드시 이루어지는 날이 올 것을 의심치 않고 죽었던 것이다.

야곱은 "나는 죽으나"라고 말했다. 인간은 누구나 다 죽게 되어 있다. 다윗도 죽음의 날이 임박했을 때에 솔로몬에게 "내가 이제 세상 모든 사람의 가는 길로 가게 되었노니"(왕상 2:1-2)라고 말했다.

야곱은 이 말로써 항상 죽음에 대하여 두려워하지 않고 준비하고 살았음을 나타내고 있다.

애굽에서 가나안으로 가리라고 했다. 야곱은 죽는다. 그러나 야곱과 함께 하신 하나님께서 그들과 함께 계셔서 그들을 인도하여 가나안 땅, 조상의 땅, 언약의 땅으로 돌아가게 하실 것이라고 말했다. 하나님은 죽는 일 없이 하나님이 홀로 약속을 이루실 것이기 때문에 그 약속의 말씀을 믿고 안심하고 죽는다는 것이다. 만고에 길이 남을 신앙적 유언이라 할 것이다.

따라서 요셉은 죽을 때에 이 점을 그의 형제들에게 상기시켰다(50:24). 그러므로 그들은 애굽이 마음에 들 때도 애굽을 사랑하지 않았고 애굽이 그들을 억압해도 많이 두려워 하지 않았다. 죽음의 문 앞에 선 자에게 이 말씀은 용기를 준다. 하나님이 우리를 약속의 나라로 데려가시기 때문이다.

요셉의 형제는 열둘이었다. 이스라엘의 열두 지파와 가나안 땅의 분배에 있어서 요셉의 두 아들들 곧 에브라임과 므낫세에게 주게 될 것을 예언한 것이다. 요셉은 그 두 아들들로 말미암아 두 지파 두 분깃을 받은 셈이다.

그런데 "내 칼과 활로 아모리 족속의 손에서 빼앗은 땅"을 그리 분배한다고 했으니 야곱이 친히 가나안 땅을 위해 전쟁한 것은 아니다. 그 전쟁은 그의 자손들이 할 것이었다.

그러므로 여기서 야곱이 "내가"라고 한 것은 그 자손들을 자기와 같이 생각한 것이다. 아모리 족속은 그때까지 가나안을 점령하고 있었다. 무덤은 이땅에서 우리가 차지하는 유일한 것이요 천국은 영원한 우리의 기업이다. 그러나 천국은 싸워서 이겨야 들어가는 나라이다.

레아의 아들들의 예언

(창 49:1-15)

이 예언은 야곱의 예언과 신정하의 약속이 최후 만발한 꽃이라고 할 것이다. 여기서 예언의 그룹을 일곱과 다섯으로 한 그룹씩 분리하고 있다. 첫째 그룹에서는 메시야적 성격을, 둘째 그룹에서는 더 광범위한 세계인을 갖는다. 첫째 그룹에서 왕적 지파 유다는 신정정치를, 둘째 그룹에서 이스라엘과 애굽 사이의 관계의 고리인 요셉은 그리스도의 나라가 세계적인 나라가 되며 그로부터 이스라엘의 반석되신 목자가 난다고 묘사하고 있다.

야곱은 임종하면서 자식들을 하나도 빼놓지 않고 모이게 했다. 부모가 죽을 때에 자식들이 다 모인다는 것은 큰 위로가 될 것이었다. 마지막 순간의 경건한 아버지의 모습을 본다는 것은 지켜보는 자식들에게 여러 가지를 생각하게 한다.

"함께 보이라"고 한 것은 사랑으로 결합하라는 의미도 될 것이다. 함께 모이고 애굽인들과 혼합하지 말며 단합하여 하나의 백성을 이루라는 암시가 되는 것이다.

야곱은 아들들에게 후일에 당할 일을 미리 말했다. 그것은 예언인 것이다. 유언이 아니고 예언이다. 하나님의 감동으로 그들의 장래에 되어질 일을 예언한 것이다. 이 예언은 후에 오는 자들에게 그들이 가나안으로 돌아올 때와 거기서 정착할 때 그들의 믿음을 확고하게 하고 그들의 길을 안내하는 데에 유용한 것이다.

사람이 죽을 때 자녀들에게 장차 일어날 일을 예언해 준다는 것은 참으로 경건한 믿음이 아니고서는 할 수 없는 값진 것이다. 반복해서

"들으라"고 한 것은 말하는 자의 권위와 중요한 계시의 긴박성 때문이다.

그러므로 이 말은 권위와 사랑을 함께 한 말이라고 할 수 있다(잠 4:1). 자식들은 부모가 죽을 때 말씀하시는 것을 잘 듣고 그대로 실행하는 결단이 있어야 하는 것이다.

1. 르우벤에 대해 예언했다.

르우벤은 야곱의 장자라고 했다. 야곱은 르우벤의 탁월성에 대해 말한다. 그는 장자요, 능력이요, 기력의 시작이며, 위광이 호등하고, 권능이 탁월한 아들이다(27:29, 신 21:17).

르우벤은 장자로 태어나서 장자의 권리를 가질 수 있었는데 아버지의 첩 빌하를 간통한 죄로 그 권리를 상실했다. "기력의 시작"은 장자를 표현한 말이다. 위광이 초등하고 권능이 탁월함은 야곱의 장자로서 르우벤이 차지할 수 있는 위치가 언급되어 있다.

첫째로, 특별히 장자가 누릴 수 있는 제사장직의 수행과 관계된 말이다. 족장시대에는 장자가 제사장적 수행을 하였다(출 29:9).

둘째로, 가족들을 통솔하는 능력이다. 그리하여 전쟁시의 가장은 가족들을 지휘한다. 그러나 르우벤은 이 모든 권리를 상실했다.

르우벤은 야곱의 장자로서 아버지의 기쁨이요, 기력의 시작이며, 그의 자랑이었기 때문에 "보라"의 뜻의 말을 발하며 이름을 짓게 되었다. 예수는 많은 형제들 중에 장자시다. 그러므로 그리스도를 통하여 탄생한 교회는 장자와 같다.

르우벤은 세 가지의 영예의 위치에서 불행하게 장자권을 빼앗겨 다른 아들에게 준다고 선언했다. 한 지파를 가질 것이다. 빼어남은 갖지 못한다. 재판관이나 선지자나 왕도 또 다단과 아비람을 제외하고 어떤 사람도 나오지 못했으니 이 예언이 그대로 적중된 것이다.

모세에게 반항했고 요단 저편에 정착지를 택하고 전진하지 못했다. 장자면서 동생들에게 아무런 영향을 주지 못했다. 그것은 동생들이 르우벤의 말을 듣지 않았다는 것을 보아 알 수 있다(42:22).

그는 물의 끓음 같아서 장자권을 잃었다. 장자의 분깃은 요셉에게로 갔고(대상 5:1-2), 지도 자격은 유다에게로 갔다. 이런 의미에서 그는 탁월하지 못했다. 물의 끓음은 물과 같이 넘쳐 끓는 것으로 색욕이 넘쳐 끓는다는 뜻이다. 자신과 자신의 욕망을 다스리지 못하고 조급하고 정욕적이며 충동적이었다는 것이다.

아비의 침상에 올랐다고 했다. 이것을 장자권을 상실당한 이유를 설명한 것이다. 아비의 첩 빌하와 동침한 죄악을 의미하는 것이다(35:22, 대상 5:1). 더럽힘은 르우벤이 신실하게 여겨야 될 것을 더럽혔다는 것이다.

이것은 지나간 오래 전의 일이지만 야곱이 지금까지 얼마나 분노하고 불쾌해 하는가를 알 수 있다. 40년 전의 죄악이지만 이제와서도 그에게 기억케 하니 그의 죄는 그 가정에 지울 수 없는 것이었다(잠 6:320-33). "그가 내 침상에 올라"라고 르우벤의 이름 대신에 삼인칭을 사용한 것이 바로 그의 불쾌함을 나타내는 것이다.

2. 시므온과 레위에 대해 예언했다.

그들의 칼은 잔해하는 칼이라고 했다. 그들은 한 아버지와 어머니의 피를 받았고 기질적으로도 유사했기 때문에 형제라고 했다. 피로써도 형제요 그들의 소행에서도 형제라는 것이다.

세겜인들의 대량 학살에서 그들은 형제였다. 그들은 잔인한 기계처럼 세겜 사람들은 학살했다. 그들의 칼은 잔해하는 기계라는 말은 잔인한 기구들이 그들의 처소에 있다, 그들의 칼은 폭력의 무기다 즉, 그들 자신의 칼이 자신들을 보호하는 무기가 아니라 남을 해치기 위한 폭력의 무기로 쓰여진 것이다. 이 살인의 사건 역시 야곱은 잊을 수가 없었다.

그들의 모의에 상관말자고 했다. 이것은 야곱이 시므온과 레위의 야만적인 행동에 대하여 저항하는 말이다. 야곱은 여기서 자기의 결백을 주장하고 언제나 그들의 악에 참여할 수 없다는 것을 분명하게 말한다. 우리는 우리의 영혼이 악한 자들의 회의에 참여하지 않도록 조심해야 한다.

"내 영혼아 그들의 모의에 상관하지 말지어다"라는 말은 "그들의 회의에 들어가 앉지 말라"는 것이고, "내 영광"은 영혼으로 영혼을 인간 존재의 귀중한 분야로 간주하는 것이다.

야곱이 여기서 다른 아들들이 이 두 사람의 자리에 함께 하는 것조차 거부하는 것이다. 성경은 어리석은 자를 훈계할 것을 명령했고(딤전 4:11), 또한 악한 자와 연합하지 말라고 권고하고 있다(출 23:2, 시 1:1, 잠 24:1, 고후 6:14).

그들은 저주를 받을 것이라고 했다. 그들은 세겜에서 극도로 잔인했다고 한다. 이 말씀은 세겜 사건(34장)에 대한 보충적인 설명이기도 하다. 창세기 34:28, 29에 나오는데 여기서는 가축을 노략한 사실만 기록되어 있다. 그들은 세겜의 가축들을 모두 노략할 수 없으므로 취할 수 없는 가축은 불구로 만들어서 그 가축을 다시는 사용할 수 없게 한 것이다. 그들의 발목 힘줄까지 끊으면서 살해했으니 가공할 만한 잔인함이었다.

그들은 두 번씩이나 저주를 받을 것이라고 강조했다. 야곱은 그들의 죄에 대하여 엄숙한 저주를 선포했다. 그들 자신에게가 아니라 그들의 행위에 대하여 저주를 선언한 것이다.

나누며 흩으리라고 했다. 이것은 시므온과 레위가 가나안 땅을 나눌 때에 뚜렷한 분깃을 받지 못할 것을 예언한 것이다.

시므온과 레위가 야합하여 살인의 죄를 도모한 것에 대한 죄값으로 흩어짐과 분리의 저주를 선포한 것이다. 이 저주는 후에 이스라엘 역사 중에 정확하게 성취되어 레위인들은 모든 지파에 흩어져 살았고, 시므온 자손은 함께 모여 있지 않고 유다 지파에 부속하여 살았으며, 너무나 궁핍해서 생계를 위하여 스스로 흩어졌다(수 19:1-9, 21:1-40). 두 번째 인구조사의 결과에도 나타나는 것을 보면 시므온 지파는 가장 적은 숫자(민 26:12)였고 가나안 땅 분배에 있어 몇몇 성읍 외에는 받지 못했다.

3. 유다에 대해 예언했다.

유다에 대해서는 형제의 찬송이 된다고 했다. 첫째, 둘째, 셋째 아들에 대하여 책망과 저주를 한 야곱은 넷째 아들 유다에 대해서는 축복했다.

유다는 "찬송, 찬미"를 의미하기 때문에 "너는 네 형제의 찬송이 될찌라"고 한 것이다. 그러므로 그의 형제들이 그를 찬송해야 한다. 하나님에게 칭찬받을 만한 사람은 형제들의 찬송이 되는 것이다(29:35).

그의 어머니 레아는 유다 출생으로 여호와께 찬양했고 그의 형제들은 유다의 고결한 인품을 칭찬했다. 유다에게는 범죄사실이 도무지 없는 것이 아니다(37:26, 38:26). 그러나 그는 훌륭한 성품의 사람이 되었다. 곧 요셉을 죽이려는 때에 차라리 죽게 하는 것보다는 팔아서 살게 했고, 자신을 베냐민의 담보물로 삼았고, 요셉 앞에 진실하게 변호했다. 그것은 그의 형제들에게 찬송을 받을 만한 행동이었다.

전쟁에서 승리한다고 했다. "너의 손이 너의 원수의 목을 잡는 것이라"는 것은 그들의 원수와 싸우게 될 때에 유다가 승리한다는 것이다. 이 예언은 유다의 자손 다윗과 솔로몬의 승리에서 성취되었다(시 18:44). 다윗은 격렬한 싸움들을 겪었으나 곧 승리를 거두고 평화의 왕국을 건설했다.

다윗은 예수의 모형이다. "네 손"에 대해 말했는데 예수께서 "저희 위에 안수하시고"(마 19:15)라고 한 말씀이다. "예수께서 즉시 손을 내밀어"(마 14:31)라는 말씀에서 예수의 손은 권능을 행하시고 사망과 지옥을 이기시고 모든 원수마귀를 정복하시고 계신다.

다른 지파보다 우월하리라고 했다. 유다는 중재의 간구에 있어서, 지혜에 있어서 예물을 드림에 있어서(민 7:12), 행진함에 있어서 선두를 차지했다(민 10:14, 삿 1:2). 유다는 모든 일에 있어서 탁월하다(시 68:67-68).

그 자체가 수가 많고 그들을 지배한다는 점에서도 뛰어나기 때문에 "네 아비의 아들들이 네 앞에 절하리라"고 한 것이다.

르우벤이 상실한 장자의 특권이 유다에게 돌려진 것이다. 유다지파의 후손이신 예수 그리스도는 모든 인간들에게 경배를 받으시는 분이시다(시 60:7).

사자와 같다고 했다. "사자"는 용감하고 힘찬 모습으로 유다가 어린 사자에 비유되었다. 강인한 힘에 먹이를 찾아 수풀을 헤매며 산에 있는 굴에서 웅크리고 있는 모습이다. 사자는 먹이를 발견하면 다른 짐승에게 절대로 빼앗기지 않는다. 그러므로 사자는 지상 짐승의 왕이다. 이것은 유다에게서 메시야 왕 예수께서 탄생할 것을 예언한 것이다(믹 5:2, 3, 8, 민 24:9).

"사자가 움킨 것을 찢고 산에 있는 그 침소를 올라갔다"는 것은 하늘에서 오신 하나님의 아들이 십자가 위에서 생명을 바쳤을 때 그 움킨 것을 찢고 그것을 정복하셨다는 것이다.

예수는 십자가 위에서 원수 마귀와 죄와 죽음과 무덤에 대한 대승리를 하셨다. 그리고 그 전리품을 움켜 쥐시고 아버지 보좌에 올라가셨다는 것이다. 여기서 우리는 그리스도의 양면을 보게 된다. 인류의 죄를 지신 어린양 또는 왕으로서의 영광을 지닌 유다지파의 사자 그리고 "어린 것을 방어하는 사나운 암사자" 즉 심판의 왕으로 묘사된 것이다.

홀이 떠나지 않는다고 했다. 이것은 유다지파에서 왕이 날 것을 예언하는 것이다. 다윗 왕 때부터 바벨론 포로 때까지 왕권이 유다지파에게 있었고 이어서 유다의 통치자들도 그 지파였다.

"홀"은 제왕의 지배권의 상징이다. 법적인 명령의 상징인 것이다. "실로"는 메시야를 가리킨다. 실로가 오실 때까지는 유다가 통치권을 잡는다는 것이다. 그러나 실로(메시야)가 오시면 유대의 지배가 끝나는 것이 아니라 메시야의 인격을 통해서만 완성된다는 것이다. "실로"는 "안식, 평화, 평안, 평온함"을 의미한다.

풍성한 지파가 된다고 했다. 포도가 풍성해져 그들의 나귀를 거기에 매었고 열매가 많아서 그들의 나귀에 실었다고 한다. 나귀는 평화의 상징이다. 나귀를 포도나무에 맨다는 말이나 옷을 포도주에 빤다는 말은 그 땅이 평안하고 물질적으로 풍성할 것을 의미하며 메시야 시대에 영적 은혜가 많을 것이다.

나귀는 나무에 매는 것이 보통인데 포도나무에 매는 것은 포도나무가 흔하다는 것이다.

4. 스불론과 잇사갈에 대해 예언했다.

스불론에 대해 예언했다. 스불론에 대하여는 그의 자손이 바닷가의 땅을 기업으로 하고 상인이 되며 선원이 되고 무역하는 자들이 되리라고 예언했다.

이 예언의 2-3백년 후에 가나안 땅을 제비로 나누어 스불론의 경계가 바다로 올라갔을 때 이루어졌다(수 19:11). 야곱은 정확한 영감에 의하여 예언했다. 하나님은 우리의 주거지의 경계를 정하신다(행 17:26). 그들은 지중해와 갈릴리 사이에 거주했다. 배와 시돈은 무역과 관계가 있다.

잇사갈에 대해 예언했다.

첫째로, 건강한 나귀라고 했다. 잇사갈은 "뼈대와 굵은 나귀, 뼈의 한 나귀"라는 뜻이다. 이 말에서 강하고 힘센 짐승에게 적용된 어휘가 되었는데 잇사갈의 위치는 양의 우리 사이에 꿇어 앉아있는 나귀처럼 우유부단함 가운데 앉아있었다는 것이다.

악하고 불행한 처지를 묘사한 것이다. 울은 가축을 보호하는데 사용되었는데 이것은 종류가 다른 가축을 분리했다는 것인 듯 하다. 겉으로는 하나님의 나라 안에 있는 것 같으나 매우 어중간한 위치에, 즉 가나안과 애굽의 사이에 정착하는 것을 의미한다.

그는 새생명으로 태어나지 못한 이름뿐인 그리스도인이다. 그는 스스로를 성도들 중에 포함시키지만 사실은 성도가 아니다.

둘째로, 쉴 곳을 좋게 여겼다고 했다. 잇사갈은 쉴 곳, 곧 안식을 보고 좋게 여겼다. 그의 안식은 그를 유혹하고 그의 갈망을 불러일으켰던 것이다. 지나치게 안락한 환경은 사람을 쇠약하게 만든다.

그의 기업은 아름답고 기름지고 경작이 쉽고 수입이 많아서 만사를 쉽게 보고 살다가 게으르고 사치하며 자신의 안일만 생각했고 결국에는 세금을 곡물로 바치는 신세로 전락했다. 성품을 강하게 하는 데는 투쟁이 필요하다. 노력이 없으면 무능해진다. 지나치게 부요한 것은 불행일 수 있고 번영은 종종 커다란 불운이 될 수 있다.

셋째로, 압제 아래에서 섬긴다고 했다. 섬긴다는 말은 외국인의 통치하에서 신음해 온 모습을 설명하는 낱말이다(신 20:11, 수 16:10).

대개는 노동을 해서 납세의 의무를 수행하는 일에 사용된다. 잇사갈은 갈릴리 지방의 하단을 점령했으니 그곳은 비옥하고 아름다웠다. 그리하여 경작지와 농작물 양쪽으로 세금을 냈다. 그것은 고통을 겪은 것이고 거기서 생산한 것을 세금으로 바쳐야 했다.

사람이 안일하고 토지가 비옥하듯 행복하면 필연적으로 수반되는 영적인 수고와 고통과 짐들이 무겁게 눌러온다. 짐은 죄가 아니고 기독교신앙을 의미하는데, 풍요로움과 만족과 안일과 평안은 기독교 신앙이 도리어 짐이 되는 것이다.

첩들의 아들들의 예언

(창 49:16-21)

    이스라엘 공동체는 야곱의 두 아내 곧 레아와 라헬, 그리고 야곱의 첩들 곧 빌하와 실바의 몸에서 낳은 열두 아들이 십이지파로 발전함으로써 이루어졌다. 본문은 야곱의 열두 아들들이 장차 이스라엘 나라를 건설함에 있어서 어떤 지위와 역할을 분담하게 될 것인지를 야곱의 예언을 통해 보여주고 있다.
    야곱은 그의 아들들에게 그들 각자의 분량대로 축복(28절) 하는 것을 잊지 않았다. 이것은 야곱의 편견이나 편애에 의한 축복이나 예언이 아니다. 하나님의 성령에 감동되어 하나님의 예정하심과 미래에 대한 예지로 이루어진 것이다.
    야곱은 자기의 후손들이 구속사의 전개과정에서 감당해야 할 사명에 대하여 신령한 눈으로 보고 알았기 때문에 그 분량대로 그들에게 예언하고 축복했다. 그렇기 때문에 사람은 그의 예언에 대해서 불공평한 부분이 있을지라도 불만을 말할 수 없다.
    후손들의 재능에 따라서 받은 임무가 다른 것이지 결코 상속의 많고 적음에 따라 하나님의 사랑이 불공평한 것이 아니다. 아들들에 대한 야곱의 축복은 하나님의 섭리가 야곱 한 사람을 통해서 이루어지는 시대의 종말을 의미하는 것이다.
    이후부터는 하나님이 인간에게 축복을 내리시는 경로는 한 개인이 아니라 한 민족 국가가 된다는 것이다. 이제는 한 족장대신에 한민족이 그리스도를 대표하고 하나님의 축복을 받으며 그리스도께서 오실 때까지 그 축복을 후세에 전하는 것이다.

이와 같이 한 족장을 통한 섭리의 시대가 끝나자 이제 섭리에 들어 있던 모든 축복은 한 민족에게로 향해진다. 이제 야곱의 축복은 분배되어 각 사람은 제각기 취할 수 있는 것을 받는다. 이때 어떤 족속은 축복을 받지 못한 것처럼 보이지만 그 전체로서 볼 때에는 그들이 모두 어우러져 하나님의 축복을 받는 하나의 몸, 즉 교회를 이룩한다.

1. 야곱은 단을 예언했다.

한 지파같이 심판하리라고 했다. 단은 자기 백성, 곧 이스라엘 백성에게 이스라엘의 다른 어느 지파 못지않게 진실히 정의를 행할 것이며 그 점에 있어서라면 단 지파는 이스라엘 지파 중에도 뒤지지 않을 것이라는 뜻이다.

심판은 판결을 내린다는 뜻이 아니고 수호한다는 뜻이다. 즉 사사 삼손이 단 지파 출신이다. 단은 라헬의 여종 빌하의 장자였으나 그의 자손은 한 지파의 위치에 달한 것이다.

길의 뱀, 첩경의 독사라고 했다. 뱀은 "천천히 움직인다, 바늘로 찌르다, 문다"는 말에서 왔는데 모래 색깔로 뿔이 있는 뱀이다. 이 뱀은 희고 검은 반점이 있고 독성이 강하여 한번 물리면 치명적이다. 이것은 단 지파의 이중적 성격을 의미하는데 지혜라는 교활한 악독이 그것이다.

단지파인들은 라이스 거민들을 악독하게 죽였고 그 땅을 점령했다(삿 18:17-29) 가나안에 정착한 후 최후의 우상숭배를 한 지파이다(삿 18:). 여로보암 때는 금송아지 두 개를 만들어 벧엘과 단에 하나씩 두고 숭배케 했다(왕상 12:30, 렘 8:16-17, 암 8:11, 14). 요한계시록에는 이스라엘의 지파를 열거하는 중에 단지파가 없다(계 7:), 적 그리스도가 단 지파에서 나온다고 했다.

주의 구원을 기다린다고 했다. 야곱이 아들들의 이름을 불러가며 말하는 중에 여호와의 구원을 기대하는 말이 나온다. 그는 그 아들들에게 선언한 모든 물질적 세속적 축복은 이 큰 구원의 그림자와 모형에 지나지 않으며 그가 단을 독사에 비유할 때 구원을 회상하게 되는 것이다.

단지파같은 악당의 모해에서 성도들을 구원해 주시기를 원함이니 곧 메시야의 구원을 기다림이다. 구원이라는 말이 여기서 처음 사용되었다. 그것은 "넓게 된다, 자유롭게 된다, 구원된다"는 뜻이다. 야곱은 이러한 기도로써 그들에게 하나님의 구원이 내리기를 바라는 간절한 영혼의 갈망을 표현했다.

죽음의 문턱에서 구원을 갈망했으니 야곱이 말한 구원은 육신의 짐으로부터의 해방, 죄로부터의 해방, 영원한 안식의 복락, 죽음에서의 해방인 것이다.

2. 야곱은 갓을 예언했다.

갓은 군대의 박격을 받는다고 했다. 이것은 갓 지파의 용감성에 대한 예언이다. 그들은 요단강 동편에 살면서 여러 번 동방 족속으로부터 침략을 받았다.

갓은 큰 떼를 의미하며 전쟁을 좋아하는 지파이다(대상 12:8). 그러므로 그들은 용감했다. 갓이 군대의 박격을 받는 것처럼 하나님의 성도들은 마귀의 끊임없는 공격을 받고 있다.

야곱의 예견은 요단 건너편의 위치에 살면서 모압과 암몬 족속에게 침략당할 것이라고 했다. 우리는 언제 어디서나 사단의 무서운 공격권 안에서 위협을 받는다. 도리어 그 뒤를 추격하리라고 했다. 갓 지파는 여러 번 공격을 받았다. 그러나 모든 공격자들을 오히려 쳐서 반격하여 승리하리라고 하는 것이다. 이것은 갓지파로 하여금 자만하지 않고 방심하지 말고 항상 적을 주시하며 싸울 준비를 갖추고 있어야 함을 교훈하는 것이라고 할 수도 있다.

사울왕과 다윗 시대에 이르러 모압과 암몬이 완전히 멸망하여 이 예언대로 실현되었다(대상 5:18, 12:8-15). 그러므로 성도는 원수마귀와 휴전없는 전쟁에서 승리하기 위해서 준비해야 한다. 영혼에게 필요한 것은 영적 전쟁의 훈련이라고 믿고 영적 전쟁 준비에 만전을 기해야 한다.

3. 아셀과 납달리를 예언했다.

아셀에 대해 예언했다. "아셀에게서 나는 식물은 기름진 것이라 그가 왕의 진수를 공궤하리로다"라고 했다.

하나님은 자연 만물, 특히 일용할 양식을 주시고 맛있고 기름진 풍요로운 것으로 주셨다. 그러나 진미 같은 것은 특정한 곳에만 주셨다. 이 예언은 그대로 성취되어 솔로몬은 아셀지파의 땅 가멜 평원지대에서 나는 곡식으로서 두로왕 히람에게 양식을 공급하였다(왕상 5:11).

아셀의 축복에 들어있는 영적인 교훈들은 첫째로 아셀에게서 나는 식물은 기름진 것이니 예수께서는 지금도 영원히 기름진 생명의 떡이라는 것을 암시한다(시 65:5, 36:8). 둘째로, 그가 왕의 진수를 공궤하리라고 했으니 기름진 것을 받은 자들에게는 그에게 의무가 주어지는데 곧 왕 예수를 공궤하는 일이다. 하나님은 우리에게 진수 곧 성찬을 주신다.

납달리에 대해 예언했다. 그는 놓인 암사슴이라고 했다. 이것은 작은 영양을 의미하는데 "놓인"이라는 것은 "멋대로 달아나는, 귀여운"이라는 뜻이다. 보기좋고 민첩한 전사로서의 납달리를 묘사한 것이다. 후에 북왕국에 속한 지파로서 웅변과 노래에 재능이 있었다(삿 4:6-9, 5:1-31). 암사슴은 사랑스러워서 자기들끼리는 물론 다른 종족과도 친근하고 공손하게 지내고 상냥하고 다정하다(잠 5:19).

여기 "놓인"이라는 말이 중요하다. 새로운 생존 영역에서 영혼이 누리게 될 자유와 환희를 생각하게 한다. 죄와 어두움과 비참한 감옥에서부터 놓인 것을 의미하는데 감옥의 문은 예수에 의해 열려졌다. 그러므로 "놓였다"는 말은 예수의 숭고한 구속사역의 결과를 적절하게 표현한 것이다.

납달리는 "맞붙어 싸움"이라는 의미이다. 곧 전쟁에서 승리할 것을 가리킨다. 납달리 지파가 가나안 왕 야빈을 이겼다(삿 4-5장). 놓인 암사슴처럼 자유를 갈망하고 직분을 충실하고 신속하게 처리했다. 그러면서 붙임성있고 예의바르고 언어는 세련되고 유순하여 좋은 말을 했다.

하나님은 제각기 다른 성격의 차이가 있어 서로 상반되는 점이 많았으나 그것을 통하여 영광받으시기를 원하셨다. 유다는 사자, 잇사갈은 나귀, 단은 뱀, 납달리는 암사슴이라고 했다. 피부색이나 신장의 차이와 마찬가지로 성격과 체질이 다르다고 서로 헐뜯고 비방할 것이 아니라 서로 아름답게 조화를 이루어야 하는 것이다.

아름다운 소리를 발한다고 했다. 갓에게서 믿음의 전쟁에 원수를 이기는 그리스도 군병을 배우고, 아셀에게서 기름진 생명의 떡을 먹고 살 때 왕의 진수를 공궤하는 것을 보았다. 요셉은 그 뿌리가 생명의 샘 속으로 뻗어내려간 가지이므로 많은 열매를 맺는 것을 알 수 있다. 그러므로 성도는 그리스도를 의지하여 살며 그 안에 거할 것이다. 그리하면 왕의 진수 아름다운 소리, 많은 열매가 된다.

성도는 이렇게 왕의 진수, 아름다운 소리, 많은 열매같이 높은 신앙의 수준으로 자라가야 한다.

라헬의 아들들의 예언

(창 49:22-33)

　열두 아들들에 대한 야곱의 여러 가지 축복 속에 나타나는 야곱의 정신은 진실로 위대한 것이다. 그의 육신의 눈은 어두워 있었건만 어떻게 모든 것을 꿰뚫어보고 먼 훗날의 것을 예언했는가?
　그의 감긴 눈은 날카로운 비평으로 번득이며 예리한 통찰력으로 빛나고 있다. 그의 감긴 눈에서는 영혼의 빛이 나오고 있었다. 따라서 야곱의 축복과 예언은 결코 중언부언 종잡을 수 없이 뒤섞어 놓은 인사말이나 고별사가 아니다. 그것은 인간의 문화에서 볼 수 있는 고양된 정신을 처음으로 보여주는 말로써 일종의 비평이라 할 것이다. 그것은 또한 애정의 말이어서 한 마디마다 그것 자체의 독특한 어떤 애정의 표현이 들어있다.
　그것은 무엇보다도 계시의 말씀이기도 하다. 땅보다는 오히려 하늘에 가까이 살았던 이 사람의 예리한 통찰력과 거룩한 응시 앞에서 앞으로 일어날 모든 일들이 계시되고 있는 것이다.
　야곱에게는 자식들에게 분배해 줄 재산은 아무것도 없었지만 재산보다도 더 귀중한 유언의 축복이 있다. 그리고 거룩한 순간에 야곱의 의식은 불꽃처럼 타올라서 그의 아들들의 죄악에 대해 질책했다. 그것은 야곱은 죄의 값을 알고 있었기 때문이다. 범죄하고는 이 세상에서 결코 자유한 사람이 될 수 없다는 것을 체험적으로 알고 있었다.
　이제 그의 유언이 끝나려는 무렵, 즉 그가 요셉의 이름을 입에 올릴 때 그는 자신의 어조를 바꾸면서 부드럽게 말한다. 사랑하는 몇 사람의 얼굴들은 야곱의 마음을 무척 밝게 만들어 주었다.
"요셉은 무성한 가지 곧 샘곁의 무성한 가지"라고 했다. 이 말에서 "나는 포도나무요 너희는 가지니"(요 15:5)라고 하신 주님의 말씀을 상기할 수 있다. 그리스도인은 생명나무이신 예수님의 가지에 불과하지만 그 가지는 무성하여 열매를 맺어 아버지께 영광을 올리는 것이다.

1. 요셉에 대해 예언했다.

샘곁의 무성한 가지라고 했다. 이곳의 어휘나 사상은 지극히 사랑하는 요셉에게 비길 데 없는 축복을 주고 싶은 심정이 있음을 드러내고 있다.

무성한 가지는 우물가에 심은 포도나무인 듯 하다. 샘은 보이지 않고 은밀하게 흐르나 그 곁에 심은 나무로 물을 흡수해서 모든 가지로 공급하며 무성해진다. 이것은 요셉의 두 아들이 후일에 누릴 복된 상태를 의미한다. 요셉의 특성은 언제나 하나님 편에 가까이 서서 끊임없이 교제를 나누는 생활이었다. 요셉은 어떤 경우에도 샘곁에 뿌리를 내린 신앙이기 때문에 조금도 요동하지 않은 것이다.

그 결과 요셉은 많은 열매를 맺었다. 두 가지가 담을 넘었다고 했나. 요셉의 자손이 무성한 가지처럼 왕성할 뿐 아니라 그 가지들이 담을 넘었다. 그것은 멀리까지 뻗은 무성함을 의미한다. 이방세계 어느 곳에라도 구원의 열매를 맺게 하시는 것은 하나님이시다.

포도원 안에만 있는 것이 아니고 담 넘어까지 뻗쳤으니 담 밖의 세계 인류를 섬기고 봉사하고 열매를 얻게 한다. 그리하여 세계의 모든 사람들에게 무한정 주는 것이었다. 우연히 길을 지나가는 나그네들도 포함되었으니 성도는 담을 넘는 가지여야 한다. 열매를 잘 맺으려면 가지치기를 잘하듯이 요셉은 수많은 시련과 고난의 가지치기 끝에 창성하게 되었다(갈 6:10).

군박당하나 건강하다고 했다. 요셉의 원수들이 요셉을 자극했고 쏘았으며 그를 잡기 위해 덫을 놓았다. 그들은 잔인한 공격자들이었으나 활을 다루는 데 매우 숙련된 사람들의 공격을 받았다.

요셉은 형들의 시기와 미움을 받았다. 원수는 집 안에 있기 쉽다. 애굽의 종살이에서 감옥의 고난을 당했다. 총리 재직시에도 요셉을 시기하는 고위층들이 있었을 것이다. 형제의 시련, 이성의 유혹, 정치적 모함 그 어느 것도 신앙으로 잘 견디어왔다.

요셉의 활은 하나님이셨다. 그러므로 그 활은 계속 강하고 꺾이지 않았다. "건강하다"는 것은 "머물러 있다"는 뜻으로 힘에 머물러 있었다는 것이다. 요셉은 공격을 받았으나 하나님의 힘에 머물러있고 대항하지 않았다는 것이다.

이스라엘의 반석 목자가 난다고 했다. 하나님은 "전능자, 이스라엘의 목자, 이스라엘의 반석"이다. 요셉의 지파는 전능하시고 반석이시며 목자이신 하나님이 계신 곳에서부터 힘을 받는다는 것이다.

야곱의 전능자는 야곱의 확신을 의미한다. 하나님이 자기의 하나님이라는 확신이 그에게 있었다. 목자는 자기 직업, 아들들의 직업에서 배우고 경험한 교훈들을 집약한 것이다.

하나님은 이스라엘의 목자가 되셔서 보호하신 것이다. 반석은 믿음의 견고함으로, 죽으면서도 야곱은 반석의 하나님을 향하는 것이다.

요셉은 그리스도의 모형이다. 예수께서 군박당하셨으나 목자와 반석이 되셨고 교회의 모형도 되신다. 지옥 화살이 성도를 쏜다 해도 하나님은 그들을 보호하신다(고전 15:54-57).

풍성하고 영원한 축복을 받는다고 했다. 지금까지 도와주신 하나님은 장래에도 도와주신다. 야곱에 대해서 하나님은 도우셨다. 그 아들 요셉도 돕는다는 것이다. 여호수아가 그에게서 났다. 가나안 전쟁의 주도적 인물이다. 야곱의 이 예언은 성취되었다.

그리고 전능하신 하나님으로 말미암아 복을 주시는데 그것은 다양하고 풍성한 축복이다. 위로 하늘에 있는 복은 비와 좋은 기후 등으로, 아래로 원천의 복은 지하의 동굴과 빗물이 있는 커다란 원천으로 우로와 수원이 풍부하여 생산이 많은 것이다. 이 두 가지 복은 영육의 복이다(엡 1:3). 하늘의 신령한 영적 복과 세속적인 복, 즉 물질의 복, 젖먹이는 자녀의 복이 있다. 그들은 팔레스타인 중앙지대를 점령하여 물산이 풍부했다. 이 예언 또한 그대로 이루어졌다.

요셉이 받는 복은 부여조의 축복보다 더 나은 축복이다. 아브라함과 이삭에게서 야곱이 받은 축복보다 월등하다는 것이다. 이삭은 하나의 복을 야곱에게 주어 에서에게 줄 복이 없다고 했다. 그러나 야곱은 열두 아들 각자에게 복을 주었으니 아브라함이나 이삭보다 나은 복이었다.

영속적이고 광범한 축복이다. 영원한 산들이 한없음과 같다고 했다. 태초부터 있는 산이 변함이 없는 것처럼 그가 받는 복은 영원히 변하지 않고 지속되는 복이다.

2. 베냐민에 대해 예언했다.

물어뜯는 이리라고 했다. "한 마리의 이리가 산산조각을 내리라"는 것인데 베냐민 지파가 호전적으로 살 것을 예언하는 것이다. 그의 자손은 강하고 두려움을 모르는 호전적인 종족이 될 것이라는 의미이다.

베냐민 지파는 이 예언대로 움직였다. 그 대표적인 예로는 기브아 전투 때의 베냐민 용사들(삿 20:21, 25)과 이스라엘의 초대왕이 된 사울이 베냐민 지파 기스의 아들이었다(삼상 11:6-11, 14:47-52).

아침 저녁에 먹고 움킨다고 했다. 아침과 저녁이라는 말은 하루의 시작과 끝으로 항상 끊임없이 성공적으로 노획물을 사로잡고 원수들에 대하여 승리할 것을 의미한다.

밤새 먹이를 구하여 나누어 놓았다. 왼손잡이가 많았고 에훗과 사울왕과 에스더와 모르드개 그리고 신약의 사울(바울) 등이 베냐민 지파 사람들이다(롬 11:1, 빌 3:5).

베냐민 사람들은 그들이 기브아 사람들인 벨리암 사람들의 뜻에 (삿 20:14) 필사적으로 성원을 보낼 때 이리들처럼 물어뜯었다.

예수께서는 강력한 힘으로 좌우의 원수들을 멸하고 전리품을 움켜 쥐게 되는 것의 모형이다. 저녁에는 즉 어두움과 죄와 슬픔의 시대의 종말에는 그 예언이 결정적으로 성취되어 세상이 이제껏 보지 못했던 아침 즉 부활의 아침이 올 것이다.

야곱은 25인의 분량대로 축복했다. 이것은 예언과 축복의 결론이다. 야곱이 자식들을 축복하나 그 배후에는 각 지파의 미래에 대한 예언이며 비록 르우벤과 시므온과 레위는 불쾌한 예언을 했지만 각인의 분량대로 모두에게 축복한 것이다. 에서가 버림을 받은 것같은 아들은 없었다.

어느 때든지 하나님의 말씀과 섭리가 우리를 무엇이라고 꾸짖으시든지 하나님의 약속에 관련을 갖고, 하나님의 백성들 사이에 이름과 장소를 가지며, 하늘나라의 가나안에 참여한다는 것은 축복인 것이다.

3. 야곱의 유언과 죽음이다.

부여조와 함께 장사하라고 했다. 야곱은 이제 자기가 "열조에게로 돌아가리라"고 했다. 죽음을 바람직한 것으로 생각한 것이다.

죽음은 이세상의 만민과 자식들로부터 우리를 떼어놓지만 타계에 있는 우리 선조와 동포에게 우리를 데려다주는 것이기 때문이다. 그곳에는 부조 아브라함과 이삭이 있다. 그러므로 인생은 죽음에 대한 인식을 옳게 해야 하는 것이다. 죽음은 누구에게나 오는 것이며 피할 수 없고 돌아가는 것이요 열조를 만나는 소망인 것이다.

막벨라 굴에 장사하라고 했다. 막벨라 굴은(24장) 아브라함이 헷사람 에브론에게서 밭과 함께 사서 그 소유매장지를 삼았다. 여기에 아브라함과 사라, 이삭과 리브가가 장사되었고, 야곱의 첫째 아내 레아가 묻혀 있었다.

레아는 애굽에 내려가지 않았다는 것을 알 수 있다. 야곱이 이곳에 장사하라고 유언하는 것은 하나님의 약속대로(15:16) 장차 이스라엘의 분깃이 될 것을 믿었기 때문이다. 그는 하나님의 약속을 믿고 산 신앙인이었다. 이렇게 하여 아들들로 하여금 약속의 땅에 대한 기억을 간직케 하고 장례가 끝나고 나면 그들이 더 큰 기대와 소망을 가지리라고 생각했다. 야곱은 죽는 최후 순간에 막벨라 굴에 대해 자세히 설명했다.

그것은 그 아들들이 애굽에 있는 동안 장지에 대해 잊어버리지 않게 하려 함이요, 가나안 사람들이 그 땅의 소유권을 가지고 시비하지 못하게 함이며, 하늘나라 가나안에 대한 소망이 얼마나 간절했는가를 보여 주기 위함이었다.

앉아서 축복한 야곱이 이제는 누워서 그 발을 침대에 모두었다. 그 발을 침상에 거두고 잠자는 사람처럼 평안의 긴 잠을 자려는 신앙의 자세이다. 죽음은 곧 자는 것이다. 자는 것은 깨기 위한 시작일 뿐이다.

"기운이 진하여 그 열조에게로 돌아갔다"(25:8, 35:29)는 것은 그의 명대로 살고 순조롭게 갔다는 것이다. 그리고 내세에 들어갔다는 뜻이며 무덤에 방금 들어갔다는 뜻이 아니다(신 31:16, 왕상 2:10, 16:28, 왕하 21:18).

히브리서에는 "야곱이 죽을 때에 그 지팡이 머리에 의지하여 경배하였다"(히 11:21)고 했다. 그는 죽는 순간까지 하나님을 경배하고 십자가를 붙잡고 의지했다. 출생 때에는 형의 뒷꿈치를 잡고 세상에 왔는데 천국에 갈 때도 십자가를 잡고 갔다. 세상에 왔던 인생들은 모두 돌아간다.

야곱의 장례

(창 50:1-14)

　야곱은 파란만장한 일생을 다 마치고 열조에게로 돌아갔다. 그의 유언에 따라 가나안 땅에 있는 막벨라 굴에 장사되고 이어서 요셉도 죽어 아브라함과 이삭과 야곱을 거쳐 요셉에게까지 이르는 이스라엘의 족장시대가 모두 끝나게 되었다.
　이로써 창세기 1장의 빛과 생명과 소망으로 우주에 충만함으로 시작된 창세기의 역사가 마지막장에 와서는 슬프고 어두운 죽음의 사건으로 끝을 맞고 있는 것을 보게 된다.
　야곱의 죽음은 이스라엘 민족이라는 국가를 탄생시켰고 요셉의 죽음은 이스라엘 민족의 출애굽 사건을 태동시키는 발판이 되었다. 야곱과 요셉의 죽음은 이스라엘 역사에 새로운 구원의 소망을 가져다 주었다. 이와 같이 그리스도인의 죽음은 더 나은 생명을 받는 축복이다.
　창세기 1장에서 성부, 성자, 성령 하나님에 의하여 새로운 피조물로 창조받은 인간은 역사의 질곡에서 수많은 시련과 실패와 영욕을 체험하면서 사망의 문에 도달하는 것이다. 그것은 영생에의 문인 것이다. 하나님을 떠나 현실에 안주한 자들에게는 죽음이 모든 삶의 종말이라고 하겠지만 하나님 안에 있는 신앙인에게 있어서 죽음은 새로운 탄생인 것이다.
　우리는 야곱의 죽음을 보면서 참으로 그는 축복받은 족장이라고 할 수 있다. 그는 여러 날을 험악하게 살아왔으나 자식들을 하나도 먼저 앞세우지 않았다.

사랑하는 라헬이 일찍 죽어서 한없이 슬펐지만, 요셉이 한때 죽은 줄 알고 실망했었지만, 야곱의 자식들은 모두 아버지보다 앞서간 자는 없었다. 야곱은 과거와는 달리 이복 형제들로서 서로 우애하고 사랑하면서 자기의 대를 이어 나갈 수 있음을 보는 중에 눈을 감게 되었기 때문에 더할 나위없이 만족했다.

그리고 야곱은 그가 줄 수 있는 신령한 축복을 자식들에게 다 쏟아주고 갈 수 있었다는 점에서 여한이 없고 열조에게 돌아가는 기쁨 속에 조용히 잠들었다.

1. 요셉이 아버지 장례를 주관했다.

요셉이 울며 입맞추었다. 요셉은 돌아가시는 아버지에게 마지막으로 구푸려 울며 입맞추었다. 그는 의지적 인물인 동시에 정서적인 사람이어서 눈물을 잘 흘렸다. 사랑하는 아버지를 잃고 눈물 흘리지 않을 자식은 없다.

떠나가신 이의 시체는 영광스럽게 부활할 것이기에 경의를 표했다. 죽은 자를 위해 애곡하는 것은 자식의 의무이니 슬퍼하지 않는 자는 천하에 다시없는 불효자식이다. 요셉은 헤어져 있던 형들을 만날 때도 울었다(45:2).

요셉은 향재료를 넣게 했다. 수종의사는 그 치료하는 자인데 같이 꿰맨다, 수선한다는 뜻에서 왔다. 고대 애굽에는 이런 신분의 사람들이 많이 있었다. 그들의 명성은 널리 알리어져 있었고 타국인에게도 치료를 해주었다. 프리니(pliny)에 의하면 의학연구는 애굽에서 기원되었다고 한다.

그들은 요셉의 명대로 했다. 그것은 애굽의 풍습대로 한 것이다. 시체가 썩지 않도록 몰약같은 향을 사용하는데 이것은 40일이 걸렸다. 왜냐하면 죽은 사람의 비공을 통하여 뇌를 긁어 내고 옆구리를 째고 내장을 긁어낸 후 그 빈속에 향재료를 채운 다음 온 몸을 종료나무 열매의 술로 씻는다. 그리고 온몸에 고무진액을 바르고 흰 천으로 싸서 함소에 넣는 일이기 때문이다. 야곱의 죽음에 애굽인들이 70일 동안 곡한 것은 그를 귀족으로 취급했기 때문이다.

요셉이 아버지의 시체를 이렇게 한 것은 애굽의 의식을 따르면서도 가나안으로 옮기려 함이었다. 영혼이 떠나간 인간의 육체는 비천한 흙에서 왔으니 티끌로 돌아간다.

바로의 사람들도 곡했다. 바로의 신하와 애굽사람들은 70일 동안 그를 위하여 곡했다. 이 기간은 요셉의 부친을 귀족으로 인정한 것이다. 애굽인들은 이렇게 고관대작, 귀족이 죽으면 70일간 곡한다는 풍속 때문이다.

어떻게 보면 7이라는 완전 거룩수에 세상 만수라는 10을 제곱한 70일이 신령한 의미가 있을 듯도 하다. 그러나 요셉을 별로 존경하지 않던 애굽인이라고 할지라도 야곱에 대한 문상에 이렇게 참예하여 고관대작의 장례처럼 10주간 동안 엄숙하게 상의를 치렀으니 우는 자와 함께 곡하는 것은 우리 모두의 인지 상정이요 의무이다(롬 12:15). 잔치집에 가는 것보다 초상집에 가는 것이 지혜로움은 곧 장례에서 인생을 배울 수 있기 때문이다.

2. 요셉이 바로의 허락을 받았다.

이것은 바로왕을 경외함이다. 요셉이 부친의 시신을 아버지 유언대로 가나안땅에 매장하려고 할 때에 먼저 바로왕에게 가서 그 뜻을 고했다. 그것은 옳은 일이었다. 대개 장례는 경황이 없어서 앞뒤 순서도 잊는 경우가 많은데 요셉은 무엇이 먼저 할 일이고 무엇이 나중 할 일인가를 알았다.

요셉은 애굽 제국의 유명한 총리이다. 그것은 막중한 중직이었다. 바로왕의 두터운 신임을 얻고 있었다. 그러므로 아버지의 장례에 대해서 바로왕의 허락도 받지 않고 그 직무를 장시간 비어둔다는 것은 있을 수 없는 일이었다.

이것은 예의를 지키는 것이다. 요셉이 바로 왕에게 직접 말하지 않고 다른 사람을 통해서 말한 것은 상복을 입고 왕 앞에 나아갈 수 없었기 때문이었고 또한 자기의 사리에 대해 지나친 망언을 삼가기 위한 것이었다.

요셉은 겸손과 순종의 사람이었다. 요셉은 애굽의 관습에 따라서 왕 앞에 나아갈 때에는 수염을 깎고 면도를 해야 하는데 애곡하는 기간 동안에 그렇게 할 수 없었을 것이다. 그래서 다른 사람을 통해서 알리고 허락을 받고저 했다.

아비의 유언을 지킬 수 있게 해달라고 청했다. 요셉이 이렇게 바로 왕에게 요청한 것은 자만이나 기분에 따른 것이 아니었다. 회피할 수 없는 자식으로서의 부모에 대한 책임감에서이고 고상한 효성심에서였다. 백성 모두가 명약은 지켜야 하며 고인의 뜻은 받들어 지켜져야 한다.

요셉은 가나안에서의 아버지 장례가 끝나면 다시 애굽으로 돌아오겠다고 약속하였다. 요셉은 애굽의 국경선을 넘는 일이기에 더욱 바로의 허락을 원했던 것이다. 우리는 아무리 정든 아버지라도 시체를 땅에 묻는 일이 끝나면 다시 집으로 돌아가고 직장으로 왕궁으로 돌아가야 한다.

우리 예수께서 우리에게 다시 돌아오겠다고 약속하셨다. 무려 1518회 이상 재림에 대해 언급했고, 신약에는 318회 재림약속이 되어져 있어서 신약의 이십오 분의 일이 재림에 관한 것이다.

요셉이 떠날 허락을 받았다. 바로는 자기의 직무가 그때까지 중단되어도 좋다면서 장례식 행사에 참석하라고 허락했다. 그러나 그리스도를 모심은 더 중요한 일이어서 예수께서는 자기를 위해 할 일이 남아있은 자에게 먼저 가서 아버지를 장례하도록 허락하시지 않으셨다(마 8:22). 죽은 자들은 죽은 자들로 장사하게 하라고 하셨다. 전자는 영혼의 죽음이요 후자는 육체의 죽음이다.

3. 야곱의 장례행사가 장엄했다.

장례에는 요셉과 바로의 장로들과 애굽 땅의 모든 국가 고위직에 있는 자들과 요셉의 온 집과 그 형제들과 그 아비의 집이 함께 참석했고 그들의 어린 아이들과 양떼와 소떼만 고센 땅에 남겼다. 이것은 장엄한 장례절차였던 것이다.

애굽인들의 장례는 맨앞에는 과일, 케익, 꽃, 화병, 포도주 및 기타 음료수, 세 마리의 거위, 제사용 황소, 손수건 및 다른 물건 등을 나르는 종들이 간다. 그 다음에는 단도, 활, 부채, 미이라 상자가 가며 그 뒤에 제상, 안락 의자, 상자와 병거가 따르고 이어 황금잔과 많은 재물이 운반된다. 이 뒤에 신성한 배를 나르는 자와 안정의 신 오시리스(osiris)의 신비한 눈이 뒤따르고, 죽은 자를 넣은 미이라 관이 네 마리의 황소와 일곱 사람에 의해서 장례집 행자의 지휘하에 운구된다.

영구차 뒤에는 죽은 자의 남자 인척과 친구들이 따르게 되는데 그들은 가슴을 치거나 침묵을 지킴으로 슬픔을 표시하고 엄숙하게 발걸음을 옮긴다. 긴 막대기를 집고서 관 곁을 바싹 따른다.

전에는 애굽인들이 히브리인들을 멸시했을지 모르나 이제 그들은 히브리 사람을 존중했다. 그것은 야곱이 살아생진에 호의적인 처신을 했기 때문이며 요셉이 총리직위에 있었기 때문이다.

슬픈 장례였다. 요단강 건너편에서 호곡 애통했다. 요단강 건너편은 요단강의 다른 쪽으로 서쪽이다. 장례 행렬은 블레셋 지역을 지나서 직행하게 되는 것이다. 그런데 아닷 타작마당은 후에 유다의 영토가 된 헤브론 남쪽 어딘가에 위치한 것 같다.

이것이 팔레스틴을 기점으로 해서 되어졌다면 요단강의 동쪽에 해당한다. 이 경우에 장례행렬은 후에 이스라엘이 행한 것과 같이 광야를 지났음이 분명하다. 애굽인들은 죽은 자에 대해서 크게 호곡했다.

옷을 찢고 가슴을 치며 머리에 먼지와 흙을 뿌리면서 호곡했다. 죽은 자의 이름을 부르며 북을 치고 장송곡을 부르기도 했다. 요셉이 아버지를 위해 7일 동안 애곡했으니 장례 전의 특별한 애곡이다. 의인의 죽음은 큰 손실이요 슬픈 일이다.

그곳을 아벨미스라임이라고 했다. 그 땅 거민 가나안 백성들이 아닷 타작 마당의 애통을 보고 "이는 애굽 사람의 큰 애통"이라고 하였다고 해서 이렇게 명칭을 붙인 것이다.

"아벨미스라임"은 요단강 건너편에 있다. "애통(에벨)"이라는 말에서 온 것으로 애굽의 목초지였다. "애굽인들의 곡함"이라는 뜻으로 이것은 애굽인들의 추후 세대에게 거슬리는 역사의 증거로 남게 되니 이들은 자기의 선조들이 그와 같이 경의를 표했던 야곱의 후손에게 탄압을 가했다.

부명을 좇아 장사했다. 야곱의 아들들이 아버지의 유언대로 그를 가나안 땅으로 메어다가 마므레 앞 막벨라 밭 굴에 장사했다. 이것은 아브라함이 헷 족속 에브론에게 밭과 함께 사서 매장지를 삼은 곳이었다(23장).

이것을 보면 가나안 땅을 약속으로 받은 조상들이 때가 이르기 전에는 그 땅을 발 붙일 만큼도 거저 사용하지 않았다는 것을 알 수 있다. 그것은 하나님의 뜻을 존중히 여기는 신앙이었다.

요셉은 장사한 후에 자기 형제들과 호상군과 함께 애굽으로 돌아왔다. 장례 때에는 많이 울고 통곡했다. 그러나 이제 그는 울지 않았다. 울고만 있을 수는 없었다. 애굽으로 돌아가서 자기 직무수행에 충성해야 했고 바로 왕과의 약속도 지켜야 했다. 예수께서 승천하실 때에 천사는 "갈릴리 사람들아 어찌하여 서서 하늘을 쳐다 보느냐"(행 1:10-11)라고 말했으니 하늘만 쳐다보고 있을 수 없었다. 돌아가서 부활의 증인으로 일해야 했다.

요셉의 죽음

(창 50:15-26)

위대한 인물들의 죽음 뒤에는 종종 커다란 변화가 생긴다. 죄의식은 두려움에 매우 민감하다. 야곱을 장사 지내고 난 다음 요셉의 형들은 죄의식으로 말미암아 두려워 떨었다. 그것은 이제 아버지는 죽고 없으니 자기들이 요셉에게 과거에 지은 죄의 앙갚음을 하지않을까 하는 생각때문이었다. 그들은 이러한 문제를 어떻게 막을 힘도 없고 방도가 없었기 때문에 불안해 하였다.

그들은 요셉의 감정이 상하게 해서는 안된다고 생각해서 아버지의 하신 말씀을 중재자로 삼아 사람을 요셉에게 보내 용서해 달라고 간청하게 되었다.

아버지를 중재자로 세운 이상 요셉이 자기들을 해하지 않을 것이라고 믿었던 것이다. 그들은 친히 요셉에게 와서 "엎드려 당신의 종이 되겠나이다"라고 했다. 요셉은 마음이 너무나 아팠다. "두려워 마소서 내가 하나님을 대신 하리이까?"하며 형들을 위로했다. 이 말은 형들에게 커다란 위로가 되었다.

하나님의 섭리는 죄인을 이용하여서 선한 의인을 구원하신다. 요셉은 형제들의 죄를 용서해 주었다. 그리고 요셉은 아버지의 뒤를 따라 죽었다. 요셉은 믿음으로 살다가 믿음을 안고 죽은 족장이었다.

요셉은 죽음을 예상했을 때 "나는 죽으나"라고 말했다. 어떠한 공포도 의심도 없었다. 그에게는 자신의 인생이 종점에 다달았다는 데에 대한 아무런 유감도 없었다. 따라서 고통스러움도 없었다. 그리고 두고 가야 하는 형제들에게 "하나님이 너희를 권고하사…" 하면서 위로 하는 말을 잊지 않았다.

　요셉은 죽었다. 결국 요셉은 우리와 마찬가지로 죽을 운명이었다. 우리는 그의 불변의 충성, 꾸준한 인내, 영웅적 자질, 그리고 그의 초인적이라고 할 수 있는 아량과 너그러움 등을 보고 우리와 다른 뛰어난 어떤 것이 있다고 생각한다. 그러나 우리와 똑같은 성정을 가진 인간이었다. 우리는 요셉의 위대함을 본받다가 요셉처럼 죽음의 환영 속으로 사라져가야 할 것이다.

　1, 요셉의 형님들의 간청이 있었다.
　그들은 요셉이 악을 갚지 않을까 의심했다. 죄는 범하기는 쉬우나 범한 뒤에는 그것이 늘 양심을 찌르는 것이다. 요셉의 형들은 그 옛날에 요셉을 시기하여 종으로 팔아먹은 죄 때문에 두려워 한 것이다.
　죄의 기억은 사람의 머리를 떠나지 않고 늘 불안하게 한다. 그들은 당연히 요셉의 보복에 대해 두려워했다. 자기들의 죄를 알고 있는 그들을 볼 수 있다. 그들이 자기들의 지난 날의 죄를 시인하고 용서를 빈 것은 잘한 일이지만 요셉이 벌써 그 죄악은 용서하고 다 잊어버렸다는 것을 알지 못한 것은 유감이다. 요셉은 벌써 형들을 두 번째 만날 때에 "내가 요셉이라"고 하면서 울 때 이미 그들을 용서했다.
　죄의 용서를 빌었다. 요셉에게 그 형들은 죄의 용서를 비는 말을 베냐민을 통해서 보냈다. 요셉의 마음에 어떤 동요가 일어나서 자기들을 복수하려 하고 있는지의 여부를 알려한 것이다. 그러나 그들의 말에서 우리는 그들의 겸손을 볼 수 있다. 회개의 신실성, 신실한 믿음의 고백인 것이다.
　범죄한 형들이 동생에게 사죄받기를 원한 것이다. 하나님의 사람들 모습이라고 할 수 있다. 부모가 죽은 후에 곧잘 자식들끼리 살아남아서 재산 때문에 두고 두고 싸우는 예를 우리는 보고 경험하기도 한다. 그러나 하나님의 백성들은 피차 멀리 떨어져 살아도 화평하고 화목하여 서로 용서해야 하는 것이다.
　요셉이 형들의 말을 듣고 울었다. 그것은 요셉의 마음과 형제를 향한 애정을 의심하고 있다고 생각해서 울었을 것이다. 그들은 형제였으며 아버지 하나님의 꼭같은 종들이다. 요셉은 그들을 이미 용서했고 이 말을 들을 때 형들이 불쌍하고 측은하기조차 했을 것이다. 그들이 불쌍해서 울었다.

예수께서는 "예루살렘의 딸들아 나를 위하여 울지 말고 너희와 너희 자녀를 위하여 울라"(눅 23:28)고 하셨다. 예수께서는 세 번 울으셨다. 베다니 나사로의 무덤에서 동정의 눈물을 흘리시고(요 11:33), 멸망할 예루살렘을 바라보시면서 애국의 눈물을 흘리시고(눅 19:41-44), 겟세마네 동산에서 사명 수행을 위해 눈물 흘리셨다(히 5:7-8). 그것은 심한 통곡과 눈물이었다.

형제들이 와서 엎드렸다. 형들은 요셉의 마음에 대한 정보를 듣고 요셉 앞에 나아가 엎드려 절하고 그들의 생명을 요셉의 손에 맡기는 표시를 했다. 그것은 진심에서 나온 겸손이요, 그들의 말과 자세는 자책과 진실한 사죄를 갈구하는 것이었다. 그들은 낮아져서 "우리는 당신의 종이니이다"라고 했는데 요셉은 그들을 한 아버지의 같은 아들로 관계하기를 더 원했다. 그것이 요셉의 진심이었다.

2. 요셉이 간곡히 형들을 위로했다.

"내가 하나님을 대신 하리이까"라고 했다. 요셉은 회개하고 뉘우치는 형들에게 두려워 말라고 안심시키면서 하나님을 공경하도록 인도했다.

"내가 하나님을 대신 하리이까?"는 "내가 하나님에게 속한 복수를 하리이까"라는 뜻이다. 요셉은 오히려 자기를 낮추면서 자기는 남을 허물할 만한 높은 자리에 있지 않다고 말한 것이다.

베드로가 고넬료에게 "일어나소서 나도 하나의 사람이니이다"(행 10:26)라고 한 것과 비슷하다. 복수를 행하는 것은 하나님의 자리를 범하는 죄악이다. 왜냐하면 복수하는 것은 하나님께만 권한이 있기 때문이다(롬 12:19).

하나님은 선으로 바꾸셨다고 했다. 요셉은 과거 형들의 악한 죄는 하나님의 섭리로 돌려 만사 합동하여 유익하게 바꾸어 주신 것이라고 말했다(롬 8:28).이런 용서는 하나님의 진리와 그의 섭리에 근거한 참된 용서이다. 문자적 해석을 한다면 "당신들은 나에게 대해서 악한 것을 생각하고 있었으나 하나님은 좋은 것을 생각하고 계시었다"는 것이다.

여호와의 말씀에 "내 생각은 너희 생각과 다르며 내 길은 너희 길과 다르다"(사 55:8)고 하셨고, "너희를 향한 나의 생각은 내가 아나니 재앙이 아니라 곧 평안이요 너희 장래에 소망을 주려 하는 생각이라"(렘 29:11)고 했다. 형들은 요셉을 해하려고 애굽으로 팔았으나 하나님은 그것을 선으로 바꾸셨다.

당신들의 자녀를 내가 기르겠다고 했다. 요셉은 형제들을 초청할 때 약속한 바가 있었는데(45:11, 18-19) 그것을 그대로 이행하겠다고 재언한다. 형들에게 끊임없는 친절과 간곡한 위로를 장래 그들의 자녀를 양육하는 것까지 책임지겠다고 한 것이다. 용서는 이와 같이 철저해야 하는 것이다.

요셉은 탁월한 인간이다. 악을 선으로 갚았다. 그는 형제들에게 잘하고 있다고 말하지 않았고 그들이 잘하면 봐가면서 친절하게 해주겠다고 하지 않았다. 그들을 의심하거나 사기하려 하지 않았다. 우리는 행실만 아니라 말로써도 좌절한 형제들을 참으로 위로할 줄 알아야 한다.

3. 요셉이 110세에 죽었다.

요셉은 장수했다. 요셉은 110세까지 오래살면서 그 아버지의 가족들과 사이좋게 지내며 은혜를 끼쳤다. 사람은 권세가 높으면 교만해지기 쉬운데 요셉은 그렇지 않았고 은혜생활도 변함이 없었다. 하나님께서는 요셉에게 장수를 주셨다.

그것은 그의 가족들과 친족들에게 더 큰 은혜가 된 것이었다. 그의 장수로 말미암아 그 친족들이 양식을 조달받고 신분을 굳건히 할 수 있었기 때문이다. 아버지보다는 짧은 수한이었다. 수한은 하나님에게 있는 것이요 인간에게나 조상에게 있는 것이 아니다.

요셉이 가정을 이루었다. 요셉은 에브라임의 자손 삼대를 보았고 므낫세의 아들 마길의 아들들도 요셉의 슬하에서 양육했다. "요셉의 슬하에서 양육되었다"는 것은 "요셉의 무릎 위에서 낳았더라"는 것이다. 이름을 통해 알 수 있는 것은 태어나자 마자 요셉이 그들을 양자로 삼았거나, 아니면 그들을 귀히 여겼다는 것이다.

자손이 번성하는 것을 보며 특히 그들로 인하여 이스라엘에게 평화가 깃들게 되는 것을 볼 수 있다는 것은 늙은 부모에게는 큰 위로가 아닐 수 없다.

요셉이 유언을 남겼다. 요셉은 "죽으나"라고 말하여 죽음 앞에도 침착했음을 알 수 있고, 죽음을 항상 준비하고 있었음을 알 수 있다. 요셉같은 권세자, 위인, 신앙인도 죽음에서 제외될 수 없었다.

요셉의 유언에서는 "하나님이 너희를 권고하시고 가나안 땅에 이르게 하시리라"고 하여 가나안에 대한 신앙의 확신을 주고 있다. 이 말은 대단히 중요한 유언이 아닐 수 없다.

하나님은 권고하신다는 것이다. 세상 사람들은 우리를 버릴지 몰라도 하나님을 절대로 버리지 아니하시며 따라다니면서 권고하신다. 권고는 "너희를 방문하신다"는 뜻이다. 사람은 끝까지 방문하고 위로하며 동행하지 못하나, 하나님은 세상 끝날까지 우리를 찾아 다니시며 방문하시고 권고, 위로, 동행하신다.

하나님은 가나안으로 인도하시리라고 했다. 처음 그 맹세를 한 이후로 약 3백년이 지났다. 이 일이 성취되려면 아직도 백년 이상의 시간이 지나야 했다(15:16). 그것이 어떻게 수행되는지도 요셉은 몰랐다.

그러나 하나님께서 말씀하셨기 때문에 그대로 믿었다. 그들이 애굽에서 정주하기를 바라거나 기대해서도 안된다. 언제든지 그들은 자기들의 약속의 땅을 염두에 두고 그 땅을 사모해야 한다. 그들 형제들은 요셉이 죽으면 애굽의 세속에 속히 젖어질 위험이 있었을지도 모른다.

내 해골을 메고 올라가라고 했다. 요셉이 야곱처럼 자신이 죽자마자 유해를 가나안 땅에 안장하라고 지시하지는 않았지만 훗날 출애굽의 날에 자신의 유골을 가나안 땅으로 이장하라고 당부한 것은 그의 깊은 신앙을 보여주는 유언이다.

이것은 모세와 그의 후손들이 애굽에서 해방되어 가나안으로 갈 때에 모세가 요셉의 유언대로 해골을 메고 올라감으로써 성취되었다(출 13:19). 그리고 가나안 땅에 들어간 후손들이 요셉의 뼈를 세겜에 장사했다(수 24:32, 히 4:22).

애굽에서 그를 입관했다. "몸에 향 재료를 넣음"은 요셉의 시신을 미이라로 만든 것을 가리킨다. 요셉의 장례는 야곱의 장례행사에 비교하면 매우 간단하게 언급된다. 그러나 그는 보기 드문 세기적 인물이었기 때문에 성대하게 거행되었을 것이다.

티끌이라는 세상 애굽에 묻힐 시체가 있고 가나안 땅에 고이 안장되어야 할 시체가 있다. 그들이 죽은 요셉의 시체를 미이라로 하여 오랫동안 보존시키는 것은 그 시체가 언젠가는 가나안 땅으로 옮기는 날이 올 것이라는 소망 때문이었다.

"무덤 속에 있는 자가 다 그의 음성을 듣는 때가 오나니 선한 일을 행한 자는 생명의 부활로 악한 일을 행한 자는 심판의 부활로 나오리라"(요 5:25-29)고 하셨다.

하나님께서는 "성도의 죽는 것을 귀중히 보신다"(시 116:15)고 하셨으므로 죽어 입관된 성도의 영원한 소망은 부활과 영생이다.

창세기 강해 (하)

초 판 1쇄 — 1999년 5월 15일
개정판 1쇄 — 2024년 11월 10일

지은이 — 박 종 안
펴낸이 — 이 규 종
펴낸곳 — 엘맨출판사

서울시 마포구 토정로 222
출판등록 — 제10-1562호(1985. 10. 29.)

TEL. — (02) 323-4060
FAX. — (02) 323-6416

잘못된 책은 바꾸어 드립니다.

값 35,000원